浦东道教年鉴

2013-2017 PUDONG DAOJIAO NIANJIAN

丁常云 主编

上海三联书店

《浦东道教年鉴》编委会

上海市浦东新区道教协会第四次代表大会

浦东新区道协第四次代表会议合影（2013年）

浦东新区道协第四次代表会议会场（2013年）

浦东新区道协组织赴安徽涡阳参访（2016年）

丁常云会长在香港蓬瀛仙馆作道教文化讲座（2016年）

丁常云会长参加"中华文化与宗教中国化"论坛（2017年）

浦东道教书画院成立大会（2015年）

浦东道教养生委员会成立大会（2017年）

浦东道教书画展暨《道教与当代社会》新书发行式（2017年）

三元宫坤道院道乐团表演道教音乐（2014年）

浦东道教宫观负责人讲经交流会（2016年）

丁常云道长荣膺上海太清宫住持升座仪典（2013年）

钦赐仰殿道观重修竣工庆典（2013年）

十泽道院迁建工程竣工庆典（2013年）

仙鹤观坤道院奠基仪式（2016年）

圣堂庙会被列为上海市非物质文化遗产（2014年）

钦赐仰殿道观皈依弟子合影（2017年）

三元宫坤道院皈依弟子合影（2017年）

崇福道院皈依弟子合影 （2017年）

钦赐仰殿道观爱心助学活动（2017年）

目　录

道协篇

领导讲话

工作报告

重要会议

〔全体会议〕

〔理事会议〕

〔会长会议〕

协会章程

组织情况

4

宫观篇

新增道观

学术篇

新书介绍

学术交流

论文发表

附 录

人物名录

其他组织

道协篇

在浦东新区道教协会第四次代表会议上的讲话

上海市民宗委副主任　王君力

（2017 年 10 月 29 日）

各位代表，各位朋友：

在区委统战部、区民宗委和市道协的关心支持下，今天浦东新区道教协会第四次代表大会顺利召开。各位代表将选举产生新一届领导班子，共同谋划浦东道教未来发展。在此，我谨代表上海市民族和宗教事务委员会向大会的成功召开表示热烈的祝贺！

五年来，在区相关部门的指导和各位道教界同仁共同努力下，区道教协会把握正确方向，积极走与社会主义社会相适应的道路，认真履行协会章程，在自身建设、公益慈善、宫观管理等方面做了大量工作，取得了一定成绩，为推动社会和谐与发展做出了积极贡献。但应该看到，相比其他宗教，道教的发展相对滞后，存在一些亟待解决的问题。希望区道教协会换届以后，团结奋进，努力开创浦东道教健康发展的新局面。借此机会提出以下几点建议，供与会代表参考：

一、继承和发扬优良传统，
坚持走与社会主义社会相适应的道路

长期以来，浦东道教界始终坚持爱国爱教，走与社会主义社会相适应道路。希望新一届区道协领导班子更加站高望远，树立大局意识，关注国家、上海和浦东新区的整体发展。浦东道教界要认真学习党的十九大精神、习近平新时代中国特色社会主义思想，深入学习贯彻习近平总书记关于宗教工作的重要论述精神，全国宗教工作会议、上海宗教工作会议精神，落实市道协第七次代表大会提出的各项任务目标，始终坚持中国化方向，把思想统一到推动道教健康发展上来，统一到围绕中心、服务大局上来，进一步增强使命感，用社会主义核心价值观来团结和引领全区教职人员和信教群众，助力上海道教未来发展，为社会和谐作出更大贡献。

二、提高宫观管理水平，
扎实推进道教团体自身建设

宗教活动场所是宗教界开展宗教活动的主要基地、联系信教群众的重要纽带和展示自身形象的重要窗口。在创建和谐寺观教堂活动中，区道协发挥了积极作用，道观的管理水平都有所提高，但还需要精心耕耘，加强管理。一直以来，浦东地区的道教宫观约占全市的一半。因此，浦东宫观的发展对上海道教整体发展起到了至关重要的作用。可以说，道教未来的发展就在每个宫观的管理之中。希望浦东道教界能"走出去、请进来"，主动向优秀场所学习经验，把握浦东信教群众的需求和特点，遵守国法，符合教法，讲究方法，提高自养能力，使管理水平迈上新的台阶。

人是宫观管理的核心要素。国家宗教局多次发文指出道门中戒律松弛问题。大家可以对照自省，看看有没有这些现象。刚刚召开的陈莲笙道长诞辰 100 周年纪念大会上，我们回顾了陈道长对于道教发展的思想，仍具有现实意义。房剑森副部长在大会上对道风问题提出了具体要求。浦东道教协会要深刻领会，规范道众言行，严肃清规戒律，坚定道教信仰，增强自律约束，落实奖惩制度，引导道士深入经藏、研习教义、做"有道之士"。只有不断提高宗教造诣，才能为信众提供更丰富的宗教产品，满足信教群众日益增长的信仰需求，从而形成信教群众、教职人员和宫观发展的良性循环。

人才促进宫观发展，宫观发展了又反过来更加吸引人才，两者相辅相成。国家宗教局特别重视道教的人才培养问题，近期出台了《关于指导和支持道教界加强人才队伍建设的若干意见》。区道协要把人才培养放在首位，打破陈规，着力推动人才建设，要宽阔胸怀，破除壁垒，大力参与市道协的人才库建设。上海道教学院是上海道教界的人才摇篮，在座的道长基本都毕业于上海道学院。希望浦东道教界积极支持和关心上海道学院新校区的建设，相信上海道教学院必定会促进浦东道教的人才建设。

三、主动服务社会，充分发挥在构建社会主义和谐社会中的积极作用

服务社会是宗教界与社会主义社会相适应的重要内容之一。希望浦东道教界深入挖掘道教经典，采用信众易于接受的方式，大力

弘扬尊道贵德、尊重自然、热爱生命、慈爱和亲等优秀传统文化，促进社会和谐。在树立文化自信方面，发挥更重要的作用。

希望浦东区道教界进一步主动服务社会，本着"齐同慈爱、异骨成亲"的传统，一如既往地积极参与社会公益事业，开展养老助残、捐资助学、救灾救急等公益慈善活动，积极探索服务社会的新途径、新方法，突出特色，量力而行，发挥在促进上海又好又快发展中的积极作用。

各位代表、道教界的朋友们，党和政府支持道教界健康发展。希望浦东新区道教界以此次大会为契机，统一思想，积极进取，与时俱进，齐心协力地推动浦东新区道教发展，为上海经济社会发展做出更大的贡献！

在浦东新区道教协会第四次代表会议上的讲话

浦东新区统战部副部长、民宗委主任　施炳弟

（2017 年 10 月 29 日）

各位领导、各位代表、朋友们：

　　在喜庆党的十九大胜利闭幕，深入学习十九大的精神之际，浦东新区道教协会第四次代表会议今天在此隆重举行，我代表区委统战部、区民宗委对新区道教协会第四次代表会议召开表示热烈祝贺！

　　新区三届道教协会成立以来，始终围绕服务浦东创新发展，围绕浦东不同时期的中心任务，在加强爱国主义、社会主义教育，发扬中华民族传统美德，积极参与社会公益慈善事业等方面做了大量卓有成效的工作；在依法履行宗教法律法规和协助政府落实宗教政策、支持政府重大工程建设，发挥了积极作用；在重大宗教活动时，精心组织，周密安排，确保安全，受到广大信教群众的好评；在加强自身建设，积极发挥政府与信教群众之间的桥梁和纽带作用，引导广大信教群众与社会主义社会相适应，为促进宗教和睦、社会和谐做出自己的努力。借此机会，我代表区委统战部、新区民宗委，向道教协会、各位朋友致以崇高的敬意和衷心的感谢！

各位代表、朋友们，习总书记在党的十九大报告中所说"全面贯彻党的宗教信仰自由政策，坚持我国宗教的中国化方向，积极引导宗教与社会主义社会相适应""人民有信仰，国家有力量，民族有希望"，是对宗教工作和宗教界人士提出了殷切希望和要求，为此我们要深刻领会和学习。

各位代表，浦东经济社会又好又快地发展态势，是浦东宗教领域保持团结稳定良好局面的重要依托。我们要以习近平新时代中国特色社会主义思想为指导，以新颁布《宗教事务条例》为准绳，进一步增强责任感和使命感，全面学习贯彻落实党的十九大和全国宗教工作会议精神，与时俱进、开拓创新，团结一致，扎实工作；积极运用道教中的优秀文化，来引领道教信众，使道教与社会主义社会相适应，保持与党和政府同心同行、和舟共济，充分发挥宗教在促进社会和谐方面的积极作用，希望各位代表珍惜大好形势，继续努力维护浦东宗教界和信教群众团结稳定的良好局面，认真开好第四次代表会议，积极支持即将产生的新区第四届道教协会，认真规划和安排好新区道协未来几年的各项目标和任务，带领广大信教群众为浦东的创新发展，为弘扬道教的优秀传统文化，为构建和谐浦东，做出新的更大的贡献！

在浦东新区道教协会第四次代表会议上的讲话

上海市道教协会副会长　姚树良

（2017 年 10 月 29 日）

各位领导、各位代表：

大家好！

今天，在浦东新区道教协会第四次代表大会隆重召开之际，我谨代表上海市道教协会，对大会的召开表示热烈祝贺！对全区广大信教群众表示亲切慰问，并祝大会取得圆满成功！

五年来，浦东新区道教协会在新区民宗委的正确领导下，在广大道友和信教群众的支持下，高举"爱国爱教、团结进步"的伟大旗帜，加强时政学习，不断推进自身建设，为推动浦东新区道教事业发展、促进社会和谐进步做了大量积极、有效的工作，得到了相关政府部门的充分肯定和社会各界的广泛赞誉。

五年来，新区道协在自身建设方面，不断建章立制，提升管理能力。在教务指导方面，不断规范宫观管理和推进文明创建工作。在 2013—2015 年度文明创建活动中，钦赐仰殿道观、三元宫坤道院、崇福道院、十泽道院、社庄庙、龙王庙等六所道观，荣获市级

9

"文明和谐寺观教堂"荣誉称号。钦赐仰殿道观荣获"全国和谐寺观教堂"荣誉称号。在文化建设方面，出版道教书籍，推进讲经讲道活动，树立良好的学修氛围。在公益慈善方面，秉承道教"济世利人"传统，多形式、多渠道积极开展慈善活动，树立良好的公益形象。

诸多成绩，有目共睹，可喜可贺。在为所得成绩感到骄傲的同时，也必须清醒地认识到，我们上海市以及浦东新区道教事业的发展还面临着许多困难，存在着诸多亟待解决的问题，为此，我代表市道教协会对新区道教协会今后的工作提出以下几点建议，与大家共勉。

一、加强学习培训，坚持爱国爱教方向。爱国爱教既是我们必须高举的伟大旗帜，也是我们道教界必须坚持的政治方向。加强理论学习，对于高举爱国爱教的伟大旗帜、坚持爱国爱教的政治方向，具有决定性的意义。浦东新区道教协会要紧紧围绕中央精神，通过组织学习、交流比赛、参访等多种形式，进一步加强道教理论和时事政治的学习。通过学习培训，进一步坚定爱国爱教的政治方向，自觉地在思想上、行动上与党和政府保持高度一致。

二、加强自身建设，发挥桥梁纽带作用。浦东新区道协是党和政府团结、联系道教界人士和广大信教群众的桥梁和纽带，切实抓好道教团体建设，履行团体组织职能，是做好当前道教组织工作的重要任务。新区道协要不断要加强自身建设，树立大局意识，及时传达党和政府的宗教法规、方针政策，及时反映基层宫观和信徒群众所关注的热点和难点问题。同时，积极做好教务指导工作，规范宫观管理，推进文明创建活动，不断提升管理水平。

三、加强文化建设，弘扬道教优秀文化。道教文化是中华民族传统文化的重要组成部分，对社会方方面面影响很大。浦东新区道教协会要在新时代进一步加强道教文化建设，以讲经讲道为抓手，多形式的开展宣传优秀道教文化的活动，扩大道教社会影响。同时，不断加强信徒队伍建设，服务信徒，造福社会，促进浦东道教健康发展。

最后，希望浦东道教协会认真总结发展过程中的成功经验，认真思考和研究所面临的问题和挑战，在新的历史时期为促进浦东地区的道教事业发展做出更大的贡献。

祝大家身心康泰，吉祥如意！谢谢！

在浦东新区道教协会第四次代表
会议闭幕式上的讲话

浦东新区统战部副部长、民宗委副主任　黄建祥

（2017 年 10 月 29 日）

各位代表、各位嘉宾、朋友们：

在各位与会代表的共同努力下，浦东新区道教协会第四次代表会议顺利完成了会议的各项议程，取得了圆满成功，我代表浦东新区区委统战部、新区民宗委，对本次会议召开，并向新当选的新区道协领导班子成员，表示热烈的祝贺！向与会代表表示衷心感谢！

新区第三届道教协会成立以来，围绕浦东新区的中心任务，以"爱国爱教、团结进步"为目标，开展了多种形式的爱国主义、社会主义教育活动，在做好区委区政府与信教群众之间联系沟通桥梁和纽带，积极引导广大信教群众投身于浦东创新发展等多方面，发挥了积极的作用。

为了进一步顺应浦东经济社会不断发展的要求，满足道教信教群众多样化的需求，我提几点希望：

一、牢固树立爱国爱教、团结进步的理念，进一步加强道协的自身建设

新区道协要全面学习贯彻落实党的十九大和全国宗教工作会议精神，始终高举爱国爱教、团结进步的旗帜，切实加强自身建设。随着经济社会的不断发展，浦东道教信徒人数和结构的改变以及信徒求知解惑要求的变化，对教职人员自身知识和能力的提高提出了新的要求。因此，道教协会全体成员要保持一种不断进取的人生观，注重文化知识的学习，深入研究道教教义和经典，提高道教造诣水平，不断提升自身素质，造就一支"政治上靠得住、宗教上有造诣、品德上能服众、关键时起作用"的高素质爱国爱教教职人员队伍。道协要依法履行宗教法律法规，协助党和政府贯彻执行党的宗教工作基本方针，努力为促进浦东社会和谐稳定发挥更加积极的作用；要切实加强领导班子的建设，进一步提高民主管理水平；要切实加强制度建设，加强道风建设，以制度管人管事；要切实加强教职人员后备力量建设，培养一批有宗教学识造诣、有群众基础并有较强管理能力的教职人员，解决好道教事业发展的问题。

二、充分发挥道教传统文化的优势，强化示范引领功能

习总书记在全国宗教工作会议中明确指出："坚持宗教中国化发展要求，努力挖掘教义教规中有利社会和谐、时代进步、健康文明内容的传统文化，与社会主义核心价值观相一致"。在党的十九大报告中又提出"让中华文化展现永久魅力和时代风采""坚持我国宗教

的中国化方向"的要求，道协要以"济世利人""无为无不为"的态度，坚持道教中国化的方向，挖掘传承道教中的优秀文化，利用庙会、道学讲堂、讲经堂和民族宗教法制宣传月、道教书画展示等等平台和渠道，采用"玄门讲经"、个别疏导等方式，将道教教义中积极向上的因素，主动向道教信徒传播，慰藉信徒的心灵，正信道教，发展道教事业。希望新区道协新班子以良好的精气神，努力塑造和展示浦东新区道教的新风采。

三、加强宫观管理，进一步走向社会、服务信众

加强对宫观的民主管理和财务管理。指导宫观文明和谐寺观教堂的创建，强化宫观管理的民主理念和集体讨论、集体决策的做法，积极探索宫观的管理模式。要通过"救灾扶贫""爱心助学""慈善义诊"和"关爱孤老""慰藉心灵"等途径，积极参与社会公益和慈善活动，以回报社会，同时要拓展公益慈善渠道，拓宽公益慈善平台，进一步做大做强道教的公益慈善事业功能。

各位代表、朋友们，宗教工作是党和政府工作的重要组成部分。区委区政府十分重视宗教工作。希望道教协会全体成员以本次会议为新的起点，紧紧围绕促进经济发展、维护社会和谐稳定的大局，围绕推进浦东创新发展的重大任务，勤勉工作，乘势而上，奋发进取，作出新的更大的贡献！

在浦东新区道教协会第四次代表
会议闭幕式上的讲话

浦东新区道教协会会长　丁常云

（2017 年 10 月 29 日）

各位领导、各位代表：

　　上海市浦东新区道教协会第四届代表会议，在各位领导的关心支持下，在全体代表的共同努力下，顺利完成了各项议程，会议开的圆满成功。这次大会，是一次团结、民主的大会，更是一次求真、务实的大会。各位代表，以饱满的热情，本着对道教事业高度负责的精神，认真履行代表职责，积极为浦东道教事业的发展建言献策。在此，我要向所有与会的各位代表致以崇高的敬意！谢谢大家！

　　这次大会，得到了市、区各级领导的关心和支持，上海市民宗委副主任王君力先生，浦东新区统战部副部长、区民宗委主任施炳弟先生，浦东新区统战部副部长、区民宗委副主任黄建祥先生，以及市道协副会长兼秘书长姚树良道长等领导亲临大会祝贺并作重要讲话。各位领导的讲话，为浦东道教的发展指明了方向，为新时期道教文化的弘扬提出要求。在此，我谨代表新区道协新一届领导班子全体成员向各位领导表示衷心的感谢！

这次大会，选举我们七位成员组成新一届道协领导班子，感谢大家的信任！我们深知这份信任，凝聚着浦东道教界和广大信教群众的重托，我们也深知这份信任，更是沉甸甸的责任！因此，我们新一届班子成员，要恪尽职守，努力工作；要勇于担当，不负重托；要以实际行动，挑起浦东道教事业振兴发展的重担。

这次大会，是浦东新区道教界的一次空前盛会，承前启后，继往开来，具有深远的历史意义。会议全面总结了新区道协过去五年来的工作成绩和经验，提出了今后工作的意见和建议，为新区道教的进一步发展指明了方向。我们相信，在新区统战部、民宗委的正确领导下，在市道协的关心指导下，在新区道协全体代表和理事的大力支持下，浦东新区道教界一定能以更加饱满的热情，依教奉行，纯洁信仰，坚持正信，不断推进浦东道教事业的健康发展。

这次大会，是新时期浦东道教界的一次重要会议，也是新区道教工作稳步发展的关键时期。当前，是我国道教发展的黄金时代，党和政府对我们的道教给予了极大的关心和重视，我们必须要抓住这一难得的历史机遇，顺势而为，有所作为，要不断加强道教团体建设，促进道教教风建设，规范道教宫观管理，努力开创浦东道教工作的新局面。

借此机会，我就加强浦东道教团体建议问题，谈几点意见：

第一，要进一步加强区道协团体组织建设，不断提高自我管理的能力。新区道协是浦东道教唯一的爱国道教团体组织，是党和政府团结、联系浦东道教界人士和广大信教群众的桥梁和纽带，切实加强浦东道教团体组织建设，以此团结广大信教群众为浦东经济社会发展和中华民族伟大复兴作贡献，是浦东新区道教界人士的历史责任，也是做好当前浦东道教组织工作的重要任务。但是，随着社会现代化进程的不断加快，浦东道教团体组织建设相对滞后，一定程度上影响了道教团体积极作用的发挥。面对新形势、新任务和新要求，浦东道协必须要大力加强团体组织建设，不断提高道教团体的自我管理能力。一方面，要进一步增强对道教组织建设重要性的认识。全国宗教工作会议上，习近平总书记明确指出："宗教团体是党和政府团结、联系宗教界人士和广大信教群众的桥梁和纽带。"根据这一要求，我们认为，浦东道教组织建设只能加强，不能削弱。因此，新区道协必须要固本强身，要进一步加强组织建设，充实协会本部工作力量，规范组织管理。班子成员要做到分工明确、职责到位，不断提高协会班子成员的工作能力、组织能力和管理水平，充分发挥其"团结、联系浦东道教界人士和广大信教群众的桥梁和纽带"作用。另一方面，要进一步提高浦东道教团体的自我管理能力。要进一步完善内部的组织机构，提高自身的工作协调能力，充分发挥其管理、教育、协调、服务和引导等自身职能，实现自我教育、自我管理，建立自我约束、自我监督机制。这是社会发展的需要，也是浦东道教团体健康发展的必然要求。

第二，要进一步加强区道协团体制度建设，不断提高依法管理的能力。习近平总书记指出："要提高宗教工作法治化水平，用法律规范政府管理宗教事务的行为，用法律调节涉及宗教的各种社会关系。要保护广大信教群众合法权益，深入开展法治宣传教育，教育

17

引导广大信教群众正确认识和处理国法和教规的关系，提高法治观念。"这就要求道教团体进一步加强制度建设，不断提高依法管理能力。一方面，我们要积极加强浦东道教团体的制度建设。道教团体要进行规范管理，对人事、财务、培训等工作建章立制，建立目标考核制度和奖罚机制，不断提高道教团体的现代管理能力。另一方面，要积极增强浦东道教团体依法管理道教教务的能力。根据有关规定：道教团体的基本任务，就是协助党和政府贯彻落实宗教信仰自由政策，帮助广大信教群众和道教界人士不断提高爱国主义和社会主义的觉悟，代表道教界的合法权益，组织正常的道教活动，办好教务，自觉接受党和政府的领导，在宪法和法律的范围内按照《章程》规定开展工作，成为党和政府团结和联系道教界人士的桥梁。因此，浦东道教团体组织要不断增强法制观念，不断提高依法管理的能力和水平，始终保持道教教务活动的规范有序开展，充分发挥浦东道教团体组织的积极作用。

第三，要进一步加强区道协团体队伍建设，不断提高服务社会的能力。道教团体队伍建设的关键是领导班子的自身建设，是道教人才队伍建设。对于如何加强道教团体班子建设，习近平总书记指出：加强宗教团体建设，就是要"努力建设政治上可信、作风上民主、工作上高效的高素质领导班子。要坚持政治上靠得住、宗教上有造诣、品德上能服众、关键时起作用的标准"。因此，我们要大力加强浦东道教团体队伍建设，不断提高道教服务社会的能力。一方面，要积极加强道教团体队伍建设，不断提高道教团体的工作能力。道教团体的队伍建设主要是靠人才，这就要求道教团体的全体班子成员，要有较高的品德修养和人格魅力，有较强的行政管理能力和现代管理意识，还要有较高的道教学识和深厚的信教群众基础。只有具备了上述这些条件，才能发挥其领导道教团体发展、化解道教内部矛盾的能力。这就需要尽快建立道教团体内部人才培养机制，在岗位实践中锻炼培养。同时，还要以开放、包容的心态，吸收、引进社会优秀人才，参与道教团体管理，确保道教团体健康发展。另一方面，要充分发挥道教团体的积极作用，不断提高道教服务社会的能力。服务社会，服务信众，是道教团体和宫观的重要职能，其积极作用的发挥也是主要体现在上述两个方面。浦东道教团体要充分发挥自身优势，以道教宫观为纽带，教化、引导广大道教信徒，化解社会矛盾、净化人类心灵、促进社会稳定，为社会主义和谐社会的建设发挥积极作用。

各位代表，当代社会，我们所处的时代，是开拓创新的时代。开拓创新是与时俱进的本质要求，是时代精神的核心内容，是推动社会前进的强大动力。历史经验告诉我们，不前进就要落后，不发展就要被淘汰。特别是在世界经济走向统一、文化走向融合、宗教走向兼容的时代，世界各大宗教都在不断变革中求发展，在不断适应中接受民众的信仰选择，各大宗教都在展示和发挥它们的积极向善、利世导人的功能和形象，各大宗教都在展开积极的传教活动，以满足社会民众的信仰需要。

当代道教，必须要与时俱进、适应时代需要，要在服务社会发展中求生存，在服务信众中求发展。面对新时代，我们的道教必须要有所作为，要有使命担当。面对前进道路上的困难，我们要有战胜困难的决心；面对工作中的诸多问题，我们要有解决问题的办法；面对发展中的各种挑战，我们要有迎接挑战的勇气。我们要顺势而为，紧跟时代步伐，适应社会要求，服务社会，造福人类，要积极践行社会主义核心价值观，为实现中华民族伟大复兴的中国梦贡献力量，要积极关注人类社会的和谐发展，为维护世界和平与安宁贡献智慧，不断谱写浦东道教历史的新篇章。

浦东新区道教协会三届二次理事会工作报告

刘喜宏

（2013 年 12 月 30 日）

各位理事：

我受区道协三届理事会的委托，向大会报告工作，请予审议。

2013 年，是全面贯彻党的十八次全国代表大会精神，高举中国特色社会主义伟大旗帜，以科学发展观为指导，全面建设小康社会的起步之年。新区道协在市、区民宗委的正确领导下，在市道协关心指导下，依靠全区各道观和各位同道的共同努力，以十八大精神为指引，以"教风年"主题创建活动为抓手，努力加强自身建设，组织学习培训，开展教务指导，传承道教文化，加强友好交流，关心社会公益事业，圆满完成了年初制定的各项工作计划，现将主要工作总结如下。

一、认真组织学习，提升综合素质

（一）坚持政治学习，提高思想觉悟

新区道协始终坚持双月组织中心组时事政治学习，先后组织学

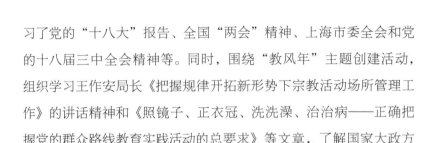

习了党的"十八大"报告、全国"两会"精神、上海市委全会和党的十八届三中全会精神等。同时,围绕"教风年"主题创建活动,组织学习王作安局长《把握规律开拓新形势下宗教活动场所管理工作》的讲话精神和《照镜子、正衣冠、洗洗澡、治治病——正确把握党的群众路线教育实践活动的总要求》等文章,了解国家大政方针,激发爱国爱教热情,坚定走与社会主义社会相适应的道路。

(二) 组织各类培训,提高整体素质

1. 依法规范浦东道教档案管理工作,举办《浦东道教档案业务知识培训班》。邀请浦东档案馆专业老师授课指导,各道观主要负责人及相关档案工作人员参加了学习培训。培训班依据档案工作要求,结合浦东道教档案实际,求真务实,理论联系实际,进一步规范了浦东道教档案工作。

2. 为提高浦东道教教职人员的讲经讲道水平,组织开展讲经技能培训,邀请上海市演讲学会副会长、同济大学郭永康教授和友教牧师、法师讲授演讲和讲经讲道方面的知识,取得了明显效果。

3. 为提升浦东年轻道长的音乐素养和道乐演练水平,开办了浦东道教音乐第二期培训班,聘请专业笛子和二胡老师授课指导,全区共有13位年轻道长参加培训学习。

4. 为加强宗教教职人员队伍建设,进一步提升宗教教职人员综合素质。新区道协协助区民宗委联合社会主义学院分期分批举办的2013年度浦东道教团体、场所负责人及教职人员的学习培训,使青年道长增长了知识,开阔了眼界。

5. 为进一步增强教职人员的法制观念和法律意识,在6月份

22

"宗教政策法规学习月"期间，组织聆听相关法律法规讲座。各道观通过拉横幅、出板报、召开学习会等形式宣传党的宗教政策和相关法律法规。通过学习和宣传，提高了认识，扩大了影响。

二、加强自身建设，促进规范管理

1. 加强区道协团体自身建设，充分发挥协会的协调管理职能。区道协根据国家有关法律法规和协会《章程》规定，重新修订了《浦东新区道教协会管理制度》，并经三届五次会长办公（扩大）会议讨论通过，进一步完善了协会自身管理制度。

2. 坚持单月会长办公（扩大）会议，民主议事，民主决策。会议始终坚持工作有计划，事后有回顾。集体讨论、商量、决策有关道观修缮、房产拆迁、人事管理、大型活动等重大事宜，通报布置或反馈常规工作的开展及完成情况等，进一步规范了民主议事制度。

3. 组织召开协会班子成员民主生活会，交流思想，凝聚共识。大家立足浦东道教工作实际，结合自身工作情况，围绕加强团体建设、信仰建设、宫观管理等内容，畅所欲言，建言献策。通过多从自身找问题、查找不足，有利于各项工作的顺利开展。

4. 组织开展调研活动，促进宫观管理民主化、制度化和规范化。根据浦东道教宫观管理现状，区道协组织对宫观民主管理及规章制度落实情况调研，通过实地走访、检查和召开座谈会等形式，深入了解宫观管理情况，掌握第一手资料，为制定《浦东道教宫观管理办法》提供了重要依据。

5. 加强道教宫观财务监管，全面贯彻"两个专项"工作事项。

23

根据"两个专项"工作要求，区道协积极规范财务制度，监督指导各宫观制定相关财务管理制度。区道协还积极配合区民宗委组织的财务自查和专业检查工作，协助查找存在的问题，督促整改，进一步规范浦东道教财务管理工作。

6. 推进浦东道教宫观消防安全工作常态化，签订《消防安全责任书》。年初，区道协与各宫观负责人签订了《消防安全责任书》，并督促道观与每一位教职员工签订类似的安全责任书，使消防安全工作层层落实，责任到人。同时，还配合相关职能部门进行消防安全检查，督促各道观根据相关消防要求定期进行安全自查、排查，及时发现并消除安全隐患，逐步推进浦东道教宫观消防安全工作常态化。

三、加强教务指导，增强服务能力

1. 协助上级做好有关工作，发挥好桥梁纽带作用。协助区民宗委完成浦东各道观"2012年年检报告"以及有关宗教活动场所信息采集工作。配合市民宗委、市道协做好"关于宗教界从事社会公益慈善项目情况问卷调查"工作，做好以创建和谐寺观教堂创建工作情况为主题的巡查和调研等工作。

2. 协助做好有关庆典活动，发挥协会的服务职能。区道协先后协助做好崇福道院传统"三月半"庙会活动，十泽道院修复竣工暨神像开光庆典活动，钦赐仰殿道观重建竣工、神像开光暨住持升座庆典活动，龙王庙鲁班圣诞庆典活动等。特别是协助钦赐仰殿道观成功举办了住持升座仪式，对于进一步规范道教宫观管理和促进道教教风建设具有十分重要的意义。积极协助做好社庄庙整体搬迁重建工作协调，顺利完成整体搬迁协议签订工作。还先后协助上海财神庙、龙王庙成立公共安全事务管理协调小组，做好道观公共事务安全管理创新模式试点工作。

3. 组织做好有关具体工作，发挥协会的指导职能。组织调研道观档案工作，针对存在的问题和不足，进行监督、指导和帮助，统一购置档案封面等，进一步推进浦东道教档案管理规范化、制度化。还积极组织推进讲经活动，支持崇福道院承办讲经讲道法会，搭建交流学习平台，推动浦东道教界深入研究道教文化经典，弘扬传统伦理道德文化，促进社会和谐健康发展。

四、加强教风建设，推动创建工作

根据市、区民宗委《关于推进 2013 年以"教风"为主题开展和谐寺观教堂创建活动的实施意见》的文件精神，按照新区民宗委总体工作部署和具体阶段工作要求，结合浦东道教实际情况，扎实有效推进浦东道教"教风"创建工作。

1. 统一思想认识，明确目标任务。新区道协召开会长办公扩大会议，认真学习相关《实施意见》精神，成立教风工作领导小组，制定详细活动计划。举办"教风建设与道教发展"为主题的专题讲座，组织召开了"浦东道教教风存在的问题与不足"和"教风创建与整改方案"专题讨论交流学习会，互相沟通交流，相互学习借鉴，促进共同提高，将"教风"主题创建活动真正落到实处。

2. 督促自查排查，配合组织协查。新区道协要求各道观及时组织教职人员采取个人自查，相互协查，集体合查，信众督查等方式方法，查找道观和教职人员自身"教风"方面存在的问题和不足。针对信仰淡薄、不坚定，有"世俗化"倾向；道装不整齐统一，外表形象欠佳；忏务活动中随时吸烟、接听手机，缺乏严肃性、庄严性；荤口诵经，缺少神圣性；个别道观无管理制度，纪律松懈等共性问题及个性问题，通过专题座谈、听取意见等形式，深入了解，分析原因，寻找解决的办法。

3. 直面问题和不足，形成整改方案。新区道协督促、指导各道观针对存在的问题和不足，形成整改意见和方案。如钦赐仰殿道观制定"教风建设公约"和"文明服务公约"，制定《道观"教风"管理制度》，形成长效管理机制。崇福道院推行量化改进措施，采取"打分累积奖惩制"，进一步完善道观管理。三元宫采用每日"教风"建设监督表，形成"教风监督机制"。姚家庙设立"道职坛场纪律"，规范服务并保障道教仪式的神圣性。东岳观"细化上班制度"，改变原先上班制和值班制相结合的现状，统一了道观新、老教职人员的上班制度。一王庙以"十要十不要"，提倡遵规守戒。各道观设置"意见箱"、教职人员"公示栏"等，广泛接受信众和社会的监督。部分道观还尝试"中餐素食制"，严禁"荤口诵经"，完善各项管理制度。通过加强"教风"建设，全面提升了道教宫观的管理能力和管理水平，推动了浦东和谐寺观教堂的创建工作。

五、加强文化建设，增进对外交流

1. 注重文化建设，编修《道教年鉴》。为了更好的保存浦东道

教资料，新区道协十分注重对于道教文化的收集整理工作，继《浦东道教音乐集成》出版后，又积极组织续编《浦东道教年鉴》（第二卷），目前编修工作已基本完成。同时，还协助崇福道院完成中国道教文化之旅丛书《浦东名观崇福道院》的编写出版工作。

2. 组织参访交流，拓展学习渠道。根据年初工作安排，新区道协组织班子成员及宫观负责人赴福建参访学习，先后参访了福清石竹山、莆田湄洲妈祖祖庙。在石竹山还专门召开了"浦东新区道教工作会议暨民主生活会"，听取福建省道教协会谢荣增会长有关宫观管理经验的介绍。还参观了福州马江海战纪念馆、鼓山涌泉寺、林则徐纪念馆等。通过参访学习，大家增长了知识，开拓了眼界，接受了爱国主义教育。

3. 做好接待服务，树立良好形象。今年，新区道协及道观先后接待了中国道协副会长黄信阳和秘书长王哲一等，接待了市政协副主席、浦东新区区长姜樑，市政协副主席方慧萍，浦东新区区委常委、统战部部长陈庆善，新区政协副主席方柏华等，接待了浦东新区人大主任唐周绍及人大常委会一行、黄浦区人大侨民宗委、长宁区宗教界人士、新区统战部老干部等。还接待了"世界宗教与环境保护基金会"中国项目部主任一行，新加坡道教总会会长陈添来及新加坡道教经乐团，香港蓬瀛仙馆理事会全体理事等。通过接待和交流，宣传了道教文化，树立了良好形象。

4. 参加各类活动，扩大对外交流。区道协领导和宫观负责人积极参加各类道教活动，进一步加强了浦东道教的对外交流。协会有关领导先后参加苏州"穹窿山上真观修复竣工暨神像开光"庆典活动，参加"乾元观恢复二十周年暨紫光坛神像开光庆典"活动，参加马来西亚沙巴州"世界道教节"开幕式活动，参加西安都城隍庙神像开光庆典活动，参加吉林玄帝观体道班活动，参加中国道协举办的"第五届玄门讲经暨华山论道"活动等；参加北京东岳庙召开的"东岳信仰与北京东岳庙学术研讨会"，参加苏州穹隆山召开的"施道渊与江南道教学术研讨会"，参加上海城隍庙召开的"正一道教研究国际学术会议"等，部分道观也组织了参访学习活动。此外，协会领导还应邀为中国道教学院培训班授课，应邀为"杭州市道教界人士培训班"授课，应邀为江西龙虎山天师府"名师讲堂"作专题讲座，还应邀参加在香港中文大学举行的"第一届全国道教中青年骨干培训班结业典礼"，应邀参加全国政协民宗委"关于推动宗教界办好公益慈善事业的情况"的调研等。通过加强对外交往，进一步增进友谊，宣传了道教文化。

六、加强自养建设，关心社会公益

做好道教房产管理工作，力争提升协会自养经济能力。一方面对现有动迁补偿的道教房产进行出租，并逐步提高经济收益；另一方面积极维护管理遗留教产，为浦东道教发展及合理布点道观预留"空间"。对于因城市发展建设需要动迁部分教产时，一方面积极支持国家市政建设，另一方面始终坚持维护道教合法权益。

在加强自养建设的同时，新区道协也积极倡导"济世利人"优良传统，关心社会公益事业。如：今年四川省雅安地震，浦东道教界积极为受灾地区捐款 18.5 万元。钦赐仰殿道观捐资 10 万成立

"帮困助学基金",推动慈善工作常态化。同时,各道观还一如既往继续开展慰问孤老、爱心助学、服务社区等活动,延续善举,传递爱心,获得社会各界的广泛好评。

各位理事,2013年新区道协各项工作取得的进展和成绩,是在新区民宗委的领导下,全体理事共同努力的结果,是全区各道教宫观协同配合和全体代表大力支持的结果。在此,我谨代表新区道协三届理事会,向长期以来关心支持协会工作的各位理事和代表表示衷心的感谢!

回顾2013年的工作,我们也清醒地认识到,与浦东新区道教发展的要求相比,我们的工作还存在一定的差距,主要表现在:协会的自身建设有待于进一步完善;管理工作的创新要有所突破;指导监督工作的针对性、实效性要进一步加强;道观的合理布点工作还需要进一步推进。对此,我们将在今后工作中不断加以改进。

根据区道协五年工作计划和安排,2014年将继续推进以"文明和谐寺观教堂"创建工作为抓手,以加强团体和道观建设为目标,不断加强组织建设、制度建设和教风建设,主要做好以下七个方面工作。

一、以提升综合素质为目标,开展学习培训

1. 坚持双月组织中心组时事政治学习活动,提升政治素养。

2. 召开"道教音乐培训班"工作座谈会,做好道教音乐培训学习工作,提升音乐素养和演练水平。

3. 围绕"宗教政策法规学习月",举办宗教政策和法律知识讲

座，增强法律意识，提升依法开展教务活动的能力和水平。

4. 举办"道教戒律知识学习班"，加强戒律建设，提升信仰修持，同时探索建立道风道貌考核制度。

5. 举办"讲经讲道"学习座谈会和交流学习活动，提升教职人员的讲经讲道技巧和水平。

6. 举行一次（国际、国内）形势报告会，了解和掌握国内外政治形势，坚定爱国爱教思想信念。

二、以巩固团体建设为基础，推进民主管理

1. 坚持单月召开会长办公（扩大）会议，集体商量，民主决策，推进民主管理。

2. 定期召开班子成员（扩大）民主生活会，听取意见和建议，加强团体组织建设，增强凝聚力。

3. 明确工作分工，责任落实到人。协助班子成员做好各自分管工作以及协会日常事务工作。

三、以推进教风建设为根本，促进规范管理

1. 巩固浦东教风建设成果，继续督促各道观完善教风创建制度，逐步建立教风建设长效机制。

2. 推行《浦东道教宫观管理试行办法》，促进浦东宫观管理民主化、制度化、规范化。

3. 组织财务内部审计，加强宫观财务监管，促进财务管理规范化、制度化。

4. 继续与各道观负责人签订《消防安全责任书》，同时协助做好重大香汛安全工作，推进消防安全常态化管理。

5. 组织召开道观管理工作座谈会，探索宫观负责人述职和考核制度。

6. 组织档案工作情况调研，继续督促和指导各道观完善档案制度，规范档案管理。

四、以加强宫观建设为抓手，强化服务指导

1. 协助社庄庙做好整体动迁规划设计重建工作。

2. 协助上海财神庙整体规划设计，分步实施改扩建工程。

3. 协助龙王庙推进改扩建工作和鲁班圣诞庆典活动。

4. 协助崇福道院"三月半"庙会活动。

5. 协助指导各道观举办大型活动及重大教务活动。

6. 加强沟通协调，努力推进合理布点，恢复开发道观工作。

五、以道教文化建设为载体，扩大道教影响

1. 召开《浦东道教年鉴》（第二卷）编写审定工作会议，做好浦东道教资料和收集整理工作。

2. 协助钦赐仰殿完成《沪上古观太清宫》《陈耀庭道教论文集》等的编辑出版工作。

3. 协助有关道观加强文化建设和出版道教文化丛书。

4. 举办一次道教书画文化交流笔会。

六、以加强对外交流为平台，做好联谊工作

1. 继续开展与海内外道教界的友好交流，增进友谊。

2. 做好浦东道教接待工作，加强沟通交流，增进了解，扩大影响。

七、以增强自养能力为重点，做好慈善工作

1. 继续做好道教房产的日常管理和开发工作，提升自养能力；

2. 加强监督和指导，督促道观拓展服务途径和方式，提高管理能力，提升服务水平，增强自养能力。

3. 倡导"济世利人"的传统，鼓励各道观采取各种形式参与社会服务。召开"道教与慈善"工作座谈会，探讨道教慈善文化，进一步拓展浦东道教慈善工作，更好地服务社会和信众。

各位理事，时代进步和发展对我们提出更高要求，我们务必虚心学习，努力工作，不负众望，为圆满完成 2014 年的工作而共同努力。

浦东新区道教协会三届三次理事会工作报告

刘喜宏

（2014 年 12 月 30 日）

各位理事：

我受区道协三届理事会的委托，向大会报告工作，请予审议。

2014 年，新区道协在区民宗委的正确领导下，在市道协教务指导下，高举爱国爱教伟大旗帜，继续推进"教风年"主题创建活动，依靠全区各道观和各位理事的共同努力，基本完成了年初制定的各项工作计划，现将主要工作总结如下。

一、认真组织学习，提升综合素质

1. 坚持双月时事政治学习，提高政治觉悟。先后组织学习了全国两会《工作报告》、十八届四中全会精神以及习总书记关于《培育和弘扬社会主义核心价值观》讲话精神等。同时结合当前的形势，立足道教的发展，组织学习《道教思想对人类社会发展的价值》《从社会学角度看宗教的发展与走向》等，通过学习，提高了思想认识，增强了使命感和责任感。

2. 组织学习道教戒律知识，提升信仰修持。道教戒律和道风建设是道教自身建设的根本，也是道教生存的根基。为此，我会组织了《道教戒律历史回顾与时代价值》专题学习会，促进践行戒律，纯洁信仰，提升道教形象，促进道教健康发展。

3. 召开慈善工作学习会，提升慈善理念。为进一步做好浦东道教慈善工作，本会组织召开了"道教与慈善工作学习座谈会"，充分认识道教参与公益慈善是自身发展的需要，也是社会发展的需要。同时听取意见和建议，不断注入新的慈善理念，进一步拓展浦东道教慈善工作。

4. 举办"玄门讲经"交流活动，提升综合素养。新区道协在三元宫成功主办了浦东道教"玄门讲经"交流学习活动。通过对道教思想作出适应时代要求的挖掘和阐发，以良好的道风道貌，严格的宗教操守，教化服务信众，为提升社会幸福指数，提供思想智慧和心灵启迪。

5. 加强法制宣传教育，增强法制观念。围绕民族宗教法制宣传周和宪法宣传周，组织聆听相关法律法规讲座。督促指导各道观通过拉横幅、出板报、召开学习会等形式宣传学习党的宗教政策和相关法律法规；组织学习《中共中央关于全面推进依法治国若干重大问题的决定》等，增强法制观念，提高法律意识，从而提升依法办教的能力和水平。

6. 抓好音乐培训班学习，提升音乐素养。为提高浦东年轻道长的音乐素养和演奏技能，新区道协开办了音乐培训班，学员经过近两年的学习培训，音乐演奏水平有了一定的提高。

二、加强组织建设，推进民主管理

1. 坚持民主议事制度。新区道协重视制度建设，规范工作程序，始终坚持民主议事制度。坚持单月召开会长办公（扩大）会议，民主讨论新区道协重要工作和决策，回顾和总结前两个月工作，讨论和安排后两个月工作计划，合理分工，明确职责。

2. 组织召开班子成员民主生活会。为更好的交流思想，凝聚共识。新区道协专门组织召开班子成员民主生活会，大家立足浦东道教工作实际，结合自身工作情况，围绕加强团体建设、信仰建设、宫观管理等内容，畅所欲言，建言献策。通过多从自身找问题、查找不足，有利于各项工作的顺利开展。

三、加强服务指导，发挥团体作用

1. 协助做好有关落政工作，推进场所合理布点。根据上海市"合理规划布点宗教场所"相关精神，在市、区民宗委以及相关街镇等部门的关心支持下，合理布点道教场所工作有所推进。浦东泥城镇仙鹤观坤道院的设立已经主管部门批复同意，目前各项申报筹建工作正在积极推进之中；川沙新镇西市街的城隍庙和关帝庙，配合古镇改造，经保护性维修，拟恢复开放一所道观；周浦医药园区范围内，道教遗留教产拆迁，拟协调置换恢复设立"药王庙"；高桥镇老宝山城城隍庙拆迁协议的落实工作也有所推进。

2. 协助做好文明道观创建工作。根据市、区民宗委新一轮"文明和谐寺观教堂"创建工作通知精神和要求，组织动员学习，推进文明道观创建工作。目前，浦东有 11 所道观报名参加创建工作。同时，还积极配合市、区民宗委和市道协开展的督查工作，针对道观存在的问题，督促整改，有效推进文明创建工作的顺利开展。

3. 协助做好财务检查和培训工作。根据"两个专项"工作要求，积极配合民宗委组织的新一轮财务抽查工作，协助查找存在的问题，督促整改完善；同时协助部分道观出纳人员参加统一培训，规范浦东道教财务管理工作。

4. 协助部分道观做好改扩建工作。协助上海财神庙整体规划重建、分步实施工程。在新区民宗委的关心下，在唐镇镇政府的大力支持下，道观大殿重建工程经多次论证，最终形成共识，目前重建工程正有序推进，预计明年完成。协助社庄庙整体搬迁重建工程，目前规划设计、土地平整等基本完成，工程报批、招标等各项工作正有序推进。

5. 协助部分道观做好大型教务活动。区道协先后协助崇福道院举办传统"三月半"庙会活动，龙王庙鲁班基金换届及圣诞庆典活动等。协助钦赐仰殿道观举行东岳圣诞祈福法会、三元宫坤道院中秋法会等重大教务活动。

6. 协助道观做好消防安全工作，推进常态化管理。新区道协继续与各宫观负责人签订《消防安全责任书》，使消防安全工作层层落实，责任到人。同时，今年还组织两年一次内部检查评比工作，对照相关标准，评选出浦东道教消防安全"优秀道观"并颁发荣誉证书。同时，配合相关职能部门进行消防安全检查，督促各道观根据相关消防要求定期进行安全自查、排查，及时发现并消除安全隐患，推进浦东道教宫观消防安全工作常态化管理。

四、加强文化建设，增进对外交流

1. 弘扬传统文化，举办道教文化展。为庆祝建国 65 周年，新区道协举办了"发挥道教正能量，同心共筑中国梦"为主题的"庆祝建国 65 周年·浦东道教文化展"。通过"道教文化篇、道教书画篇、道教宫观篇、道教慈善篇"，以实物、展板、演示等形式，全方位、多角度地展示了道教文化的内涵和精髓。

2. 注重文化传承，续编《浦东道教年鉴》。为了更好的保存浦东道教资料，新区道协积极组织续编《浦东道教年鉴》第二卷，目前已基本完成初稿校样，近期将正式出版。

3. 组织参访学习，加强沟通交流。根据年初工作计划，协会组织班子成员及宫观负责人赴浙江临海城隍庙、雁荡山北斗洞参访学习，围绕团体和宫观管理，座谈交流，开阔了眼界，拓展了思路。

4. 做好接待服务，树立良好形象。今年，新区道协及道观先后接待了市民宗委副主任王凡和市妇联主席、市侨联主席等领导；接待了上海社科院宗教所、上海复旦大学哲学系和上海中医药大学等师生一行；还接待了马来西亚道教总会、新加坡道教学院、香港六大宗教慈善团体代表、台湾养生专家协会、台湾新竹信众参访团、江西省道协等海内外同道和朋友。通过接待和交流，广交各界朋友，宣传道教文化，树立道教良好形象。

5. 参加各类活动，扩大对外交往。区道协领导和部分宫观负责人积极参加各类道教活动，先后参加"第四届中华梦乡福清石竹山梦文化节"、浙江省道教协会第二届玄门讲经、"中国道教第六届玄门讲经暨泰山论道"、"中国道教协会弘扬传统文化座谈会"、茅山"第五届长三角地区道教论坛暨江苏省第二届道教文化艺术节"、四川省成都第四届中国道教文化节、江西省鹰潭市"第三届国际道教论坛"等；参加了"香港道教联合会庆祝中华人民共和国成立六十五周年纪念（系列）活动"、印度尼西亚世界道教节开幕仪式等活动。另外，我会领导还应邀为新加坡道教学院、浙江天台山道教科仪学习班授课，应邀赴北师大人文宗教高等研究院作专题讲座等。通过出访交流和座谈学习，增长了知识，扩大了影响。

五、加强自养建设，热心公益事业

1. 加强协会自养，合理开发利用。新区道协的自养经济来源主要依靠团体仅有的一点教产，虽然难以自养，但是我们仍然不断努力，对拆迁补偿的房产进行合理开发利用，对历史遗留的教产主动维护管理，尽力提高协会的自养能力。

2. 热心公益慈善，关爱社会人群。新区道协积极倡导"济世利人"优良传统，鼓励关心社会公益事业。浦东道教界一如既往积极开展赈灾救急、爱心助学、敬老爱老、慈善公益、服务社区等各种形式的公益慈善活动。今年新区道协捐助 1 万元，钦赐仰殿捐助29.9 万元，财神庙捐助 10 万元，崇福道院捐助 4.6 万元，三元宫坤道院捐助 2.8 万元，龙王庙捐助 1.1 万元，十泽道院捐助 1 万元，社庄庙捐助 1 万元，东岳观和陈王庙各捐助五千元等，获得了社会各界的广泛好评。同时，浦东各道观也积极支持市道协"两个基金"建设，用于道教人才培养和教育事业等。

各位理事，2014 年新区道协取得了一定成绩，这是新区民宗委的正确领导、全体理事的共同努力以及全区各道观协同配合支持的结果。在此，我谨代表新区道协三届理事会表示衷心的感谢！

同时，我们也必须清醒地看到，浦东道教还存在不少问题和困难，制约着浦东道教的发展。比如协会的自身建设有待于加强，宫观的发展和管理还不平衡，信仰建设和教风建设需进一步提高，服务信徒的能力需要进一步提升，合理规划布点道观工作需切实推动等等。对此，我们将在今后工作中加强探索研究，努力加以解决。

根据区道协五年的工作计划和安排，2015 年以新一轮"文明和谐寺观教堂"创建为契机，以"内强素质，外树形象"的目标，以"学习培训、组织建设、教风建设、协调服务、文化建设、公益慈善"为抓手，不断推进团体和宫观建设。

一、以学习培训为抓手，不断提高综合素质

1. 坚持双月中心组时事政治学习，提高政治素养。

2. 举办道教经典学习班，促进学习、钻研、践行道教经典，提升个人修为。

3. 围绕"宗教政策法规学习月"，举办宗教法律法规知识学习培训，增强法律意识，提升依法开展教务活动的能力和水平。

4. 定期举办形势报告会，了解国际、国内形势，坚定爱国爱教思想信念。

二、以组织建设为抓手，不断提高管理水平

1. 坚持单月召开会长办公（扩大）会议，集体商量，民主决策，推进民主管理。

2. 定期召开班子成员（扩大）民主生活会，听取意见和建议，加强团体组织建设，增强凝聚力。

3. 加强道教宫观组织建设，促进道观管理进一步规范有序。

4. 做好浦东各道观年终总结汇报交流工作，探索建立评议和考评制度。

5. 组织巡查浦东道教遗留教产，加强维护和管理；协调解决部分拆迁教产补偿以及权证登记工作；继续做好道教房产的日常管理和开发工作，提升团体自养能力。

三、以教风建设为抓手，不断提升道教形象

1. 以新一轮文明创建活动为契机，督促规范道观人事管理、财务管理、档案管理等。

2. 组织开展以"教风建设"为主题的调研活动，促进道观纯洁道风，提升道教形象。

3. 组织"道教戒律建设"专题讲座，不断提升道教徒戒律修持。

4. 制定有关管理细则，推动《道教清规榜》的贯彻落实。

5. 以"玄门讲经"交流活动为平台，不断加强道教徒自身修持。同时，鼓励、协助各道观开展讲经弘道活动，促进信仰和教风建设，提升服务质量和水平。

四、以协调服务为抓手，不断推进工作开展

1. 协助部分道观开展信徒皈依工作，加强信众队伍建设。

2. 协助社庄庙整体动迁规划设计重建工作。

3. 协助上海财神庙整体规划设计，分步实施改扩建工程。

4. 协助龙王庙道观改扩建工作。

5. 协助崇福道院"三月半"庙会活动、龙王庙鲁班圣诞庆典活动以及各道观重大教务活动等。

6. 加强沟通协调，努力推进上述四所开放条件相对成熟道观的恢复开放工作，进一步推动浦东道教合理布点工作。

7. 继续推进浦东道教消防安全工作常态化管理，督促落实逐级签订《消防安全责任书》，同时协助做好重大香汛安全工作。

五、以文化建设为抓手，不断扩大道教影响

1. 拟举办一次道教文化研讨交流活动。

2. 拟成立浦东道教书画联谊会，团结道教书画爱好者，定期举办道教文化讲座和书画交流笔会。

3. 继续开展与海内外道教界的友好交流，增进友谊。

4. 做好浦东道教接待工作，加强沟通交流，增进了解，扩大影响。

六、以公益慈善为抓手，不断提升服务功能

1. 倡导"济世利人"的传统，鼓励道观开展形式多样的公益慈

善活动。

2. 协助部分道观成立"慈善功德会",建立新的慈善平台,更好的服务社会公益慈善事业。

3. 探讨研究道教慈善文化,拓展浦东道教慈善工作,不断提升道教慈善的服务功能。

浦东新区道教协会三届四次理事会工作报告

刘喜宏

（2015 年 12 月 30 日）

各位理事：

现在我代表浦东新区道教协会作三届四次理事会《工作报告》，请各位理事予以审议。

一年来，新区道协在区民宗委的领导下、在市道协的关心指导下及全区各道观和各位理事的共同努力下，扎实、有序推进各项工作，基本完成了年初制定的工作计划。现将 2015 年主要工作回顾如下：

一、加强学习培训，提高综合素质

1. 组织时政学习，提高思想认识。 新区道协坚持中心组双月时事政治学习活动，先后组织学习了"两会"《政府工作报告》、王作安局长在中国道教协会第九次全国代表大会开幕式上的讲话精神、许嘉璐在第三届国际道教论坛上所做的主旨发言和《中国共产党统一战线工作（试行）条例》等，促进提高思想认识，增强责任感、使命感。

2. 组织专题讲座，提升道教素养。 新区道协邀请陈耀庭教授作《道教神学概论》讲座，专题讲解道教教义思想概述和定位，加深了对传统道教教义思想的理解和认识。

3. 学习法律法规，增强法制观念。围绕民族宗教法制宣传月和宪法宣传周，组织各种形式的学习和培训活动，宣传相关法律、法规，增强法律意识，树立法制观念。

二、加强组织建设，规范民主管理

1. 加强团体建设，推进民主管理。 新区道协坚持单月召开会长办公（扩大）会议，民主讨论、商量、决策有关道观修缮、房产拆迁、人事管理、大型活动等重大事宜，通报布置或反馈常规工作的开展及完成情况等，工作有计划，事后有回顾，民主议事，民主决策。

年中，新区道协组织召开以"自身建设和宫观管理"为主题的班子成员（扩大）民主生活会，围绕"道教面临的形势，道教今后的发展"展开讨论学习，凝聚共识，践行民主，规范管理。

2. 充实管理组织，完善道观管理。 新区道协根据逐步完善和规范宫观组织和管理的计划，今年先后调动傅元宏和成润磊两位道长分别增补一王庙、姚家庙道观管理组织，充实年轻力量，增添新鲜血液，有序推进完善和规范道观管理。

3. 组织参访调研，创新管理措施。 新区道协组织参访苏州道教，交流学习先进的宫观管理经验和模式；组织调研浦东部分道观管理的现状，针对存在的差异或问题，结合浦东道教的实际情况，进一步征询意见和建议，统一思想认识，探索建立《浦东宫观负责人考核（试行）办法》，推动形成一套适合浦东道教且相对规范统一的管理模式或管理措施。

三、加强文化建设，提升信仰修持

1. **倡导组织讲经讲道，弘扬道教教义思想。** 为推动浦东道教讲经讲道活动，促进教风和信仰建设，进一步拓宽服务信众和社会的途径，提升服务质量和水平。新区道协于 11 月 12 日邀请上海道教"玄门讲经"巡讲团三位道长在十泽道院举行现场讲经开示，围绕道教《太上感应篇》和《三官经》等经典，阐释道教教义思想及其现实意义。另外，协助和支持部分道观根据自身实际情况开展各种形式的讲经讲道活动。如钦赐仰殿、崇福道院、三元宫等道观的定期讲经活动。

2. **创建宣传学习平台，传扬道教书画文化。** 为更好地弘扬道教书画艺术和文化，新区道协成立了上海市浦东道教书画联谊会（筹），搭建新的文化交流平台，先后组织与上海小兰亭书画院、茅山书画院开展笔会交流，筹备"道教书画精品展"等活动，扩大浦东道教影响力。

四、加强教务指导，巩固夯实基础

1. **协助数据采集，规范信息管理。** 协助完成团体及场所宗教教职人员基本信息采集工作；收集整理浦东道教活动场所基本数据

45

信息；协助做好浦东道教教职人员年检工作；完成浦东道教主要教职任职备案工作等。

2. **组织动员学习，推进文明创建。** 根据市、区民宗委新一轮"文明和谐寺观教堂"创建工作通知精神和要求，及时传达通知精神并组织动员学习，安排指导协助整理台账资料，定期组织检查、配合协查，督促整改完善，顺利完成创建工作。浦东道教共 10 所道观参与创建，6 所道观获市级"文明和谐寺观教堂"荣誉称号，4 所道观获区级"文明和谐寺观教堂"荣誉称号。获得市级文明场所的 6 所道观分属不同星级，其中钦赐仰殿道观为五星级、三元宫坤道院和崇福道院为四星级，社庄庙、龙王庙、十泽道院为三星级；获得区级文明场所的 4 所道观分别是陈王庙、东岳观、姚家庙和陈行关帝庙道观。

3. **协助道观整体规划，推动改建扩建工作。** 新区道协协助上海财神庙进行整体重新规划设计，推进分步实施改扩建工程，在方方面面的关心支持下，目前道观大殿已基本改建完成；协助社庄庙道观完成整体规划设计，举行搬迁重建奠基仪式，沟通催促报批程序，推动落实搬迁协议；对于龙王庙道观的改扩建工作，根据当前形势和道观周边情况，鉴于原址改扩建的阻力，适时调整思路，协助沟通推进移地重建。

4. **加强沟通协调，推动布点道观。** 根据"合理布点宗教活动场所"精神，新区道协积极推动浦东道教场所的"布点"和"补点"工作。浦东泥城镇新建仙鹤观坤道院已基本完成报批手续，12 月 28日举行了奠基仪式；川沙城隍庙的恢复开放工作，在川沙名镇文化

发展有限公司的支持下，双方完成了有关交接手续，成立了筹备小组，正式启动了筹备工作。另外，新区道协还通过教内人大代表和政协委员提案形式，推动协调了高桥镇老宝山城隍庙拆迁协议的落实、北蔡镇相公殿纳入规范管理以及周浦医药园区机口庙拆迁重建等多年悬而未决的事宜。

5. **加强教产管理，维护合法权益。** 在相关职能部门的关心支持下，联合执法终止了外来和尚私自占用新营关帝庙的非法侵占行为，取缔了非法宗教活动；部分年久失修的"代经"教产，通过多年政协提案呼吁，引起相关部门的关注，组织安全检测并形成相关报告。同时，积极沟通协调解决大团镇三墩杨社庙教产的侵占行为和维修工作以及周浦镇衣庄街关帝庙私拆补偿工作，维护合法权益。

47

6. **协助服务指导，助创"一观一品"。** 新区道协一直鼓励各道观结合自身主神信仰努力创建各自场所的"品牌"活动，提升社会影响。近年来崇福道院"三月半"庙会、钦赐仰殿道观东岳圣诞法会、三元宫坤道院八月十五中秋祈福法会等已累积了一定的品牌效应。其他如川沙关帝庙、上海财神庙、十泽道院等道观也在积极参与探索和推进品牌创建活动。同时，区道协积极配合道观做好其他教务或庆典活动，如钦赐仰殿道观信徒皈依活动、崇福道院九月初九拜斗法会、龙王庙"鲁班圣诞"庆典、社庄庙迁建奠基仪式、仙鹤观坤道院奠基仪式等活动。

7. **加强消防安全，推行常态管理。** 消防安全无小事，区道协继续与各宫观负责人签订《消防安全责任书》，使消防安全工作层层落实，责任到人。同时，配合相关职能部门进行消防安全检查，督促各道观根据相关消防要求定期进行安全自查、排查，及时发现并消除安全隐患，推进浦东道教宫观消防安全工作常态化管理。

五、加强友好交流，增进互动友谊

1. **做好接待服务，树立良好形象。** 今年，新区道协及道观先后接待了中国道协领导，上海市民宗委领导，接待了浦东新区政协、区人大侨民领导等。还接待了新加坡道教总会、马来西亚道教总会访问团等，接待了澳门道教代表团、澳中文化交流协会等。还接待了江西省道教协会领导、上海宗教文化研究中心领导，接待了"和瑄文化"团队、黄浦区政协参访团、浦东新区八大民主党派负责人等。通过接待和交流，广交了朋友，宣传了道教文化，树立了良好形象。

2. **参加各类活动，扩大对外交流。** 区道协领导和部分宫观负责人积极参加各类道教活动，先后参加无锡三山道院举行的"灵霄宫神像开光庆典暨太湖仙岛道教养生基地揭牌仪式"、昆明第十五届道教音乐汇演活动暨真庆观财神开光庆典、太仓双凤玉皇阁玉皇殿落成竣工典礼、南通排河庙神像开光暨颁证仪式、江苏海安西场佑圣观的奠基、澳门道教文化节等活动；应邀参加"2015年新加坡道教论坛"和"基督教《圣经》与环境保护国际学术研讨会"并作《道教的生态智慧与当代社会环境保护》交流发言、台湾高雄道德院"2015年宗教生命关怀国际学术研讨会"，应邀随上海道教代表团赴新西兰、澳大利亚参访学习等；应邀为新加坡道教学院、浙江天台山道教科仪学习班授课，应邀赴北师大人文宗教高等研究院作专题講座等；部分道观还组织朝拜四川鹤鸣山、青城山等道教名山宫观。通过出访交流和座谈学习，增长了知识，扩大了影响。

六、倡导公益慈善，扩大社会影响

浦东各道观秉承道教关爱社会的优良传统，积极组织开展"关爱社区弱势群体""慰问孤老""公益慈善捐助""帮困助学"等力所能及的慈善公益活动，同时积极资助市道协"两个基金"和上海道教慈善基金会。其中钦赐仰殿道观全年捐助 60 万余元，并被推选参与浦东新区十四届慈善公益奖的评选、崇福道院捐助近 5 万元、十泽道院 4 万余元等。另外，钦赐仰殿、崇福道院、上海财神庙、三元宫坤院等道观还通过重大活动或传统节日，组织派送"福面""福米""福字""福糕"等，开展"送福到万家"活动，受到社会广泛好评。

各位理事，过去的一年，浦东道教取得了一定的进步，但我们基础还相当薄弱，各个道观的管理、建设、发展也不平衡，我们将继续努力，不断改善浦东道教的面貌，积极推动浦东道教健康发展。在此，我谨代表新区道协对支持关心我会工作的各级领导、社会同仁表示衷心的感谢！

根据区道协五年工作计划和安排，2016 年将继续推进团体和宫观建设，围绕以下六个方面开展工作：

一、继续坚持定期组织学习和培训

1. 坚持双月中心组时事政治学习，提高政治素养。

2. 围绕"宗教政策法规学习月",举办宗教法律法规知识学习培训,拟举行一次相关宗教政策和法律知识比赛活动;

3. 结合"宪法宣传周"活动,举办一次国内外形势报告会。

二、继续推进团体和宫观组织建设

1. 坚持单月召开会长办公(扩大)会议,集体商量,民主决策,推进民主管理。

2. 定期召开班子成员(扩大)民主生活会,听取意见和建议,加强团体组织建设,增强凝聚力。

3. 协助完善道观管理组织,健全管理制度,促进道观管理规范有序。

4. 广泛征询意见和建议,专题讨论完善《浦东宫观负责人考核(试行)办法》,适时推行。

三、继续加强教务指导和管理

1. 配合协助各道观做好春节"烧头香"工作及其他重大香讯和节日的消防安全工作。

2. 调研浦东各道观宗教活动的现状,探索建立《浦东道教场所宗教活动管理(试行)办法》。

3. 协助并指导浦东各道观创建和做强"一观一品"活动及道观大型教务活动或庆典活动。

4. 沟通协调推进"合理补点、布点"恢复开放道观工作,继续做好浦东道教遗留教产的维护和管理工作;协调解决部分拆迁教产补偿以及权证登记工作等；

5. 配合协助上海财神庙的改扩建项目、泥城仙鹤观坤道院新建项目、社庄庙整体搬迁重建项目、龙王庙道观移地改扩建项目和崇福道院西厢房分期改造项目等。

6. 推进浦东道教消防安全工作常态化管理，逐级落实签订《消防安全责任书》。

四、继续拓展传统文化传承和交流

1. 推进浦东道教宫观负责人"玄门讲经"交流活动，倡导、协助各道观组织开展形式多样的讲经弘道活动，探索汇编《讲经文集》，弘扬道教传统文化。

2. 发挥浦东道教书画联谊会的平台作用，组织相关交流或书画笔会及展示活动，尝试开展书、画作品慈善义卖活动。

3. 联合或协助道观举办道教经典讲座活动，举办读经班或道教知识培训班等。

4. 联合或协助道观组织开展传统文化学习体验活动，拟举办太极拳学习班、书法学习班、茶道茶艺学习班等。

五、继续开展互动交流和联情联谊

1. 开展与海内外道教界的友好交流，增进友谊。

2. 做好浦东道教接待工作，加强沟通交流，增进了解，扩大影响。

六、继续提升自养能力和服务质量

1. 做好道协房产的日常管理及开发工作，协助和指导各道观拓展服务方式和途径，提升自养经济和服务质量。

2. 倡导"济世利人"的传统，鼓励道观开展形式多样的公益慈善活动；协助道观创建新的慈善平台，拓展浦东道教慈善工作，不断提升道教慈善的服务功能。

浦东新区道教协会三届五次理事会工作报告

刘喜宏

（2016 年 12 月 28 日）

各位理事：

现在，我代表浦东新区道教协会作三届五次理事会《工作报告》，请各位理事予以审议。

2016 年，新区道协在区民宗委的领导下、在市道协的关心指导下及全区各道观和各位理事的共同努力下，各项工作稳步有序推进，圆满完成了年初制定的工作计划。现将 2016 年主要工作总结如下：

（一）注重学习，努力提升综合素养

1. **坚持双月时事政治学习。** 新区道协坚持中心组双月时事政治学习活动，先后组织学习了全国"两会"、全国宗教工作会议和上海市宗教工作会议精神等，学习了党的十八届六中全会公报等。通过学习进一步提高了大局意识，增强了责任感、使命感。

2. **认真组织法制学习宣传。** 在"宗教政策法规学习月"和"宪法宣传周"期间，组织或督促各道观开展形式多样的学习宣传相关法律、法规活动，增强法律意识，提升法制观念。

3. **组织爱国爱教参访学习。** 区道协组织场所负责人赴山东枣庄瞻仰淮海战役纪念馆和台儿庄战役爱国主义教育基地，接受爱国主义思想教育。朝拜老子故里安徽涡阳天静宫和庄子祠，增强了道教徒对道祖老子的崇敬。参访学习期间，还分别与涡阳天静宫、江苏徐州道协，就团体建设、宫观管理、公益慈善、服务社会等方面进行座谈交流，开阔了眼界，提高了认识。

（二）规范管理，努力加强自身建设

1. **坚持团体民主议事制度。** 区道协坚持单月召开会长办公（扩大）会议，民主讨论、商量、决策有关道观修缮、房产拆迁、人事管理、大型活动等重大事宜，通报布置或反馈常规工作的开展及完成情况等，工作有计划，事后有回顾，民主议事，民主决策。

2. **定期召开民主生活会。** 今年民主生活会以"健全管理制度 规范宫观管理"为主题，与会成员结合自身实际情况，就如何进一步加强自身建设，促进宫观管理的规范化、制度化和民主化谈经验，找不足，促进宫观规范管理。

3. **组织开展年度总结交流。** 新区道协自 2012 年开始，组织开展年度总结暨新一年工作计划交流会，旨在更好地总结年度工作，检阅宫观负责人的工作成绩，总结经验、交流学习。今年的交流学习会上，全区 16 所道观全部进行了总结交流，对来年的工作作了很好的规划，取得了良好成效。

4. **督促规范道观财务管理。** 新区道协积极配合新区民宗委组织的年度财务抽查工作，对部分存在社会保险缴纳违规操作行为的

道观，及时通知纠正违规行为，督促依法规范操作，规范财务管理。

5. **加强教产管理，提升自养能力。** 一方面做好现有教产的管理和利用，另一方面加强对遗留教产的维护和管理，维护合法权益，提高协会自养能力。

（三）弘扬文化，积极传播社会正能量

1. **组织开展讲经讲道活动。** 新区道协联合浦东各道观先后组织开展了浦东道观负责人专场讲经交流活动和六场年轻道长讲经讲道活动，围绕《道德经》《太上感应篇》等道教传统经典，结合社会主义核心价值观，从不同的角度阐释了道教劝人为善、济世利人、公平正直、修养心性等优秀传统教义思想。

同时，新区道协还鼓励和协助钦赐仰殿、崇福道院、三元宫坤道院等道观定期组织的讲经活动，逐步推进浦东道教讲经弘道常态化。

2. **组织开展文化讲座活动。** 新区道协邀请华东师范大学刘仲宇教授主持，丁常云会长主讲的"道教文化及其人文关怀"专题文化讲座活动，围绕道教的道德文化、和谐文化、养生文化、慈善文化和生态文化，阐述道教的人文思想与普世情怀。

3. **开办传统文化培训班。** 新区道协先后组织开办了公益书法培训班和茶艺培训班；协助钦赐仰殿道观举办皈依信徒道教《早晚功课》学习班和太极拳公益班等，系统讲解早晚功课经典，弘扬道教传统文化。

4. **组织书画展示交流活动。** 新区道协依托浦东道教书画联谊会平台，成功举办了浦东道教书画精品展示活动。组织部分书画联

55

谊会成员与浙江省道教协会开展书画笔会交流，参加崇福道院组织的"翰墨明道"丹青会，挥毫泼墨，广结善缘。另外，还积极征集30余幅书画作品参与了新区民宗委主办的"庆祝建国67周年浦东民族宗教界人士书画作品展"等活动。

5. **倡议开展抄经活动。** 新区道协倡议浦东道教界开展抄写《道德经》活动，组织动员教职人员、皈依弟子、信教群众以及喜爱传统文化的民众抄写《道德经》，深入学习、理解和认识传统道教优秀文化，进一步拓展传承和弘扬道教优秀传统文化的方式和途径。

（四）服务宫观，努力发挥桥梁作用

1. **协助做好道教信息工作。** 协助采集团体及场所教职人员认定备案信息，收集整理浦东道教活动基本数据信息和教职人员年检工作等，配合做好教职人员管理工作。

2. **协助推动文明创建工作。** 今年，是新一轮"文明和谐寺观教堂"创建启动之年，道协及时组织学习，传达相关精神和要求，动员宫观积极参与，深入推动浦东道教文明创建工作进程。另外，上一轮荣获本市五星级"文明和谐寺观教堂"荣誉称号的钦赐仰殿道观，经考察、调研和综合评比，荣获"全国和谐寺观教堂"荣誉称号。

3. **协助做好道观改扩建工作。** 区道协积极参与协调社庄庙和龙王庙道观的迁建工程，协助泥城镇仙鹤观坤道院新建工程审批工作，配合崇福道院西厢房改建工程等，推进浦东道观改扩建工作。

4. **协助做好重大教务活动。** 区道协积极协助钦赐仰殿东岳圣诞祈福法会、崇福道院"三月半"圣堂庙会、三元宫坤道院中秋拜月法会、上海财神庙财神圣诞法会、陈行关帝庙关圣帝君圣诞法会以及龙王庙鲁班圣诞法会等大型教务活动，鼓励各道观逐步形成自身特色和品牌，打造"一庙一品"。

5. **协助推进合理布点工作。** 在新区民宗委和川沙新镇人民政府、高桥镇人民政府以及社会各界的关心支持下，呼吁多年的川沙西市街城隍庙和高桥天后宫的修复开放得以落实，先后分别成立了筹备工作小组和修复委员会负责相关筹备工作，目前两所道观"边修复，边开放"，各项筹备修复工作有序推进。

6. **协助做好消防安全工作。** 消防安全无小事，区道协继续与各宫观负责人签订《消防安全责任书》，每两年组织一次消防安全检查评比活动，促进消防安全工作层层落实，责任到人。今年钦赐仰殿道观、上海财神庙、十泽道院、陈行关帝庙、崇福道院和龙王庙道观荣获 2015—2016 年度消防安全工作"优秀道观"荣誉称号。同时，积极配合相关职能部门做好消防安全检查，推进道教宫观消防安全工作常态化管理。

（五）友好交流，积极扩大自身影响

1. **做好联谊接待，增进文化互动。** 道协先后接待了各地来访的领导和嘉宾，主要有：全国政协领导、"中宗和"领导、中国道协领导和上海市政协领导、市委统战部、市民宗委领导以及新区统战部、新区侨民宗委、新区民政局领导等。接待的专家学者主要有：复旦大学传媒学院教授，上海社科院哲学所、宗教所研究人员，美国佛罗里达大学教授等。还接待了国内外参访团队 6 批。通过接待和交流，广交了朋友，宣传了道教文化，树立了道观的良好形象。

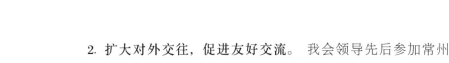

2. 扩大对外交往，促进友好交流。 我会领导先后参加常州"首届道文化大会""茅山崇禧万寿宫落成暨神像开光庆典"、松江广富林关帝庙、城隍庙开光庆典、福建省福州市鹤山道观大罗宝殿落成暨神像开光庆典、"黎遇航道长诞辰100周年"纪念活动等；应邀赴香港讲学与交流，应邀参加"第四届尼山世界文明论坛""上海首届北斗文化研讨会""2016崂山论道""第六届长三角地区道教论坛"和吉林道教文化艺术周活动等。还应邀参加2016年龙虎山内地授箓和海外授箓活动，参加全国政协民宗委组织的专题调研活动等。部分道观还组织参访道教名山，朝拜祖师，感受道教信仰和文化的熏陶，通过对外交往，增长了知识，扩大了影响。

（六）回报社会，努力树立良好形象

新区道教界发扬"济世利人"的优良传统，服务社会公益事业。今年6月，江苏阜宁、射阳部分地区发生龙卷风冰雹特大灾害，浦东道教及时组织捐款活动，通过浦东慈善基金会共向灾区捐款11.2万元善款用于援助当地受灾民众。部分道观还举办祈福和普度法会，为灾区人民祈求福佑，超度已故亡灵。同时，浦东各道观还积极开展扶贫济困、帮困助学、敬老爱老等慈善公益活动。组织义工服务社区，开展"戏曲敬老"活动等，不断提升道观慈善新理念，受到社会好评。

各位理事，在即将过去的一年里，浦东道教的各项工作取得了一定成绩，但我们也必须清醒的看到，我们的工作还存在许多不足之处，自身综合素质还有待提高，基础建设还相对薄弱，各道观的管理、建设、发展也不平衡，我们必须高度重视存在的问题和不足，

认真调查研究，采取切实可行的措施加以解决，积极推动浦东道教健康发展。在此，我谨代表新区道协对支持关心我会工作的各级领导、社会同仁表示衷心的感谢！

2017 年，我们将以全国宗教工作会议精神为指导，在新区民宗委的领导下，紧紧围绕新一轮"文明和谐寺观教堂"创建活动，切实加强团体自身建设，规范宫观管理，推动浦东道教事业全面健康发展。

（一）加强思想建设，坚定爱国爱教信念

1. **坚持时政学习。** 继续坚持双月中心组时事政治学习，树立大局意识、服务中心工作，提高思想认识，坚定爱国爱教信念。

2. **坚持法制学习。** 加强党的宗教工作方针、政策以及相关法律法规的宣传学习，树立法制意识，依法开展宗教活动，维护合法权益，维护社会稳定，促进社会和谐。

3. **坚持文化学习。** 通过举办各种形式的学习培训活动，提升素养，提高服务信教群众的水平和能力。

（二）加强团体建设，强化服务指导职能

1. **规范会议制度。** 坚持单月召开会长办公（扩大）会议，集体商量，民主决策，推进民主管理。

2. **推进民主办教。** 定期召开班子成员（扩大）民主生活会，听取意见和建议，加强团体建设，优化指导职能。

3. **做好换届工作。** 今年是区道协换届之年，新区道协将积极做好有关准备工作，统一思想，明确分工，确保风清气正，圆满完成换届工作。同时，加强协会新班子成员的作风建设，合理分工，明确职责，树立正气，充分发挥团体的桥梁纽带作用。

（三）加强宫观建设，规范场所民主管理

1. **推进文明创建。** 围绕新一轮"文明和谐寺观讲堂"创建工作，协助指导，全面推进各宫观参加文明创建。强化组织建设，重视消防安全，促进宫观管理规范有序。

2. **提升浦东形象。** 继续协调社庄庙改扩建项目和龙王庙道观迁建工程，协助上海财神庙二期建设工程和仙鹤观坤道院新建工程以及崇福道院厢房改造工程，协助川沙城隍庙和高桥天后宫的修复开放工作等，不断提升浦东道教新形象。

3. **加强制度建设。** 配合年度财务检查或抽查，及时反馈信息，督促整改，规范财务管理。协助道观做好重大教务活动，推动打造"一庙一品"制度。

4. **评比表彰先进。** 根据年度的道观人事、财务、消防等方面的规范管理情况以及道观年度工作总结和来年工作计划安排，包括配合和参与各类组织活动等方面进行考评，评选出优秀道观予以表彰。

（四）加强文化建设，树立社会良好形象

1. **开展书画联谊。** 继续举办书画等传统文化公益培训班，开展书画交流和展示活动，协助宫观举办"送福进万家"活动，弘扬中华传统文化。

2. **推进讲经工作。** 继续组织开展讲经讲道活动，动员、鼓励各道观定期讲经弘道，逐步推动讲经工作常态化，弘扬道教传统文化，传播优秀教理教义思想，服务信教群众。

3. **传播养生文化。** 成立浦东道教健康养生委员会，定期开办养生文化讲座和开展义诊活动，传播道教"贵生""养生"理念，弘扬道教养生文化，服务广大信教群众。

4. **注重文化建设。** 协助钦赐仰殿道观编修大型道教文化书籍《历代高道传》，填补道教史的空白。提升道观文化内涵，加强道教文化建设。

（五）加强友好交流，扩大浦东道教影响

1. **组织学习交流。** 继续保持与国内外道教界的友好交流，参访悟道，互学互动。积极加强与港台道教的联系沟通，发挥道教民间交流渠道。

2. **做好接待工作。** 做好接待服务工作，加强沟通交流，增进友谊和了解，展现良好风貌，扩大道教影响。

（六）加强自养建设，积极开展慈善公益

1. **做好自养工作。** 道协将继续加强对现有教产的管理和利用，努力做好解决自养工作。同时，协助道观增强服务社会的能力，拓展服务信徒的渠道，增强自养能力。

2. **做好慈善工作。** 发扬道教"济世利人"的优良传统，开展力所能及的"帮困助学""敬老爱老""救灾扶困"等传统社会慈善公益活动，将慈善工作生活化、常态化。

各位理事，我们将进一步加强自身建设，不断提高自身素质，提升管理和服务水平，努力为和谐社会构建和经济社会发展作贡献。

浦东新区道教协会第四次代表
会议工作报告

丁常云

（2017 年 10 月 29 日）

各位代表：

我受浦东新区道教协会三届理事会委托，向大会报告工作，请予审议，并请各位特邀代表提出意见。

五年来，在党的"十八大"精神和全国宗教工作会议精神的指引下，在市民宗委和市道协关心指导下，在浦东新区民宗委领导下，新区道协高举"爱国爱教、团结进步"的伟大旗帜，发挥道教团体桥梁纽带作用，协助党和政府贯彻落实宗教政策，坚持政治理论和业务学习，履行协会组织职能，切实加强自身建设，开展道教文化研究，组织讲经讲道，推进文明道观创建，各项工作稳步推进。

一、注重培训学习，提高思想认识

坚持双月时政学习。以学习中共十八大、十八届三中、四中、五中、六中全会精神和习近平总书记系列讲话精神为重点，牢固树立政治意识和大局意识。全面贯彻全国和上海宗教工作会议精神，深入学习习近平总书记的重要讲话精神，明确工作目标和方向。组织学习全国和上海"两会"精神，学习《统一战线工作条例》、《中华传统文化传承发展实施意见》等相关文件，提升政治素养，统一思想认识。

坚持开展培训学习。举办道观档案知识专题培训学习，着力规范道观档案工作。举办青年道长"讲经讲道"知识技能培训，着力提高教职人员讲经水平。组织开展"道教神学知识"讲座，开展"道教戒律建设"专题学习座谈，着力加强信仰建设。组织召开"当代道教建设"专题研讨会，着力增强责任感、使命感。我会领导参加中央社院组织的培训学习。配合区民宗委推进"浦东青年教职人员轮训学习计划"，强化队伍建设，提升综合素质。

坚持组织普法学习。以"宗教法规宣传月"和"宪法宣传周"为重点，组织开展形式多样的普法学习和宣传活动。组织学习国家《宪法》和有关法律法规，深入学习《宗教事务条例》《全面推进依法治国若干重大问题的决定》等。各道观通过拉横幅、出板报、组织座谈等形式，学习宣传党的宗教政策和法律法规，引导广大道教徒，增强法制观念，提高法律意识。

二、注重建章立制，加强自身建设

注重推进民主管理。召开双月会长办公（扩大）会议，坚持民主议事原则，集体讨论决定有关工作事项，民主管理意识不断增强。

召开年度协会班子成员民主生活会，围绕"教风建设、信仰建设、制度建设和宫观管理"等主题展开座谈讨论，立足浦东道教实际，结合自身工作，查找问题，分析问题，讨论解决问题办法。

注重推进制度管理。三届区道协以制度建设为抓手，不断提高自我管理能力。完善《浦东新区道教协会管理办法》，健全规章制度，强化自身建设。组织道观管理工作专题调研，制定《浦东道教宫观管理办法》，推动道观管理民主化、制度化和规范化。指导部分道观健全管理制度，规范管理组织，先后帮助一王庙、姚家庙充实管理班子力量，增强自我管理能力。

注重开展创新管理。探索开展浦东道教宫观年度工作交流学习活动，总结成绩，交流经验，相互学习，促进发展，成为推进浦东道观管理新模式，并得到市道协肯定和推广。开展全区道观消防安全评比活动，推进区道协与宫观签订《消防安全责任书》，强化宫观消防安全责任意识。倡导道观与教职员工签订《消防安全责任书》，实现消防安全工作常态化。

注重规范财务管理。指导道观制定和完善财务管理制度，规范财务管理工作。协助新区有关职能部门做好道观财务监督检查，查找问题和不足，推进整改和规范。钦赐仰殿道观、三元宫坤道院荣获财务工作"免检道观"。推进开展"两个专项"工作，指导监督道观财务管理。协助开展财务检查和监督管理"回头看"专项工作，组织道观负责人和财务人员培训学习，有力推动道观财务规范管理。

三、注重协调指导，发挥团体作用

推进道观合理布点。在新区民宗委和相关职能部门的关心支持下，道观合理布点工作稳步推进。泥城镇仙鹤观的筹建工作有序推进，即将开工建设；川沙城隍庙完成保护性修缮，已经对外开放；高桥天后宫通过协议置换，在"钟家祠堂"进行修复，开始"边修复、边开放"，成为上海地区第一座开放的妈祖庙。

推进文明道观创建。积极开展"文明和谐寺观教堂"创建活动，组织召开浦东道教宫观文明创建工作推进会，促进创建工作有序开展，取得可喜成绩。在 2013 年至 2015 年文明创建活动中，钦赐仰殿道观、三元宫坤道院、崇福道院、十泽道院、社庄庙、龙王庙 6 所道观，荣获市级"文明和谐寺观教堂"荣誉称号。其中，钦赐仰殿道观荣获"全国和谐寺观教堂"荣誉称号，道观住持还应邀赴北京参加由中央统战部、国家宗教局联合召开的表彰会，并代表道教作交流发言。在新一轮"文明和谐寺观教堂"创建中，全区共有 12 所道观申报创建，目前各项工作有序开展。

推进道观规划改建。道观改扩建工作稳步推进，成果丰硕。财神庙修建工作，整体规划、分步实施方案基本形成，大殿工程和部分建筑已经竣工，逐步成为浦东乃至上海地区较有影响的道观。陈行关帝庙，历经五年改建，先后完成大殿、东西厢房及门楼等建筑，道观整体布局初具规模。社庄庙整体修复方案已经形成，改建工作开始启动。崇福道院西厢房改建首期工程基本完成，二期工程有序推进。通过合理规划、改建，极大地改善了浦东道教宫观的整体面貌。

推进道观特色活动。开展"一庙一品"创建活动，逐步形成"品牌"效应。崇福道院"三月半"庙会、钦赐仰殿东岳圣诞祈福法会、三元宫中秋祈福法会、财神庙财神圣诞法会、龙王庙鲁班圣诞庆典等已初步形成特色，其社会影响也不断扩大。十泽道院、陈行关帝庙等也在努力探索和推进品牌创建活动。积极协助道观重大庆典活动，钦赐仰殿成功举办重建竣工、神像开光暨住持升座庆典活动，十泽道院顺利举行修复竣工暨神像开光庆典活动等。

　　推进信徒队伍建设。积极推动钦赐仰殿、财神庙、三元宫、崇福道院举行信徒皈依法会，满足道教信徒的信仰需求。推动钦赐仰殿成立道教信徒联谊会，开展信徒联谊交流和学习活动。协助钦赐仰殿举办信徒"早晚功课学习班"，三元宫、财神庙组织信徒联谊学习活动等，各道观通过组织各类道教知识学习，为浦东道教信徒队伍建设打下了良好基础。

　　推进教产维权管理。认真做好目前现有教产的管理工作，合理开发利用，维护合法权益。顺利完成佛、道教遗留教产置换工作；妥善解决浦东三官堂、周浦机口庙教产拆迁工作；合理解决张江猛将堂遗留问题。大团杨社庙的维修事宜、周浦关帝庙和高东土地堂动拆迁工作稳步推进。部分年久失修教产，通过多年政协提案呼吁，引起相关部门关注。

四、注重文化传承，促进创新发展

　　组织出版道教文化书籍。开展道教文化研究，着力做好打基础工作。组织力量梳理浦东道教资料，编修出版《浦东道教年鉴》第二卷。浦东各道观先后出版《江南全真道研究》《陈耀庭道教研究文集》《道教与当代社会》等书籍，组织编写《沪上古观太清宫》《浦东名观：崇福道院》等道教丛书。《历代高道传》的编修工作已经启动，此项工程得到中国道协的肯定和市道协的支持，计划用五年时间完成。

组织开展讲经讲道活动。举办全区宫观负责人专场讲经讲道交流活动，着力提高宫观负责人的讲经水平，发挥示范引领作用。举办全区各宫观年轻道长讲经比赛活动，分别举行 6 个场次，实现浦东青年道长讲经全覆盖。钦赐仰殿、崇福道院、三元宫、财神庙等道观还定期开展讲经讲道活动，其社会影响不断扩大。通过场所负责人带头讲经，部分宫观积极参与，有效推动了浦东道观讲经活动的开展。

组织开展文化展示活动。以庆祝建国 65 周年为契机，举办以"发挥正能量，共筑中国梦"为主题的"浦东道教文化展"活动，全面展示道教文化及其思想内涵。举办"浦东道教书画展"和《道德经》抄经展，彰显道教书法的独特魅力。积极参与"民族和睦、宗教和谐·2017 浦东民族宗教文化月"主题系列活动，举行道教书画展、太极拳展演、《道德经》专题讲座，举办《道教与当代社会》新书发行式，扩大道教文化的影响。

组织开展书画交流活动。组织成立浦东道教书画联谊会，开展道教书画联谊交流活动，先后组织赴江苏茅山、浙江杭州、河南鹿邑举行笔会，分别与上海小兰亭书画院、市第十人民医院书画社举行笔会交流，成功举办"浦东道教书画精品展"。组织参与崇福道院

"翰墨明道"丹青活动、财神庙书画交流活动和"浦东民族宗教界人士书画作品展",弘扬道教书画文化。

五、注重友好往来,扩大道教影响

注重做好接待联谊工作。先后接待国内各地道教界人士和专家学者 50 余批次,接待我国港澳台道教界人士和信徒 20 余批次,接待美国、法国、日本、澳大利亚、新加坡、马来西亚等国际道教友人 20 余批次。通过接待联谊交流,相互学习,广交朋友,树立浦东道教良好形象。

注重做好出访交流工作。我会领导和宫观负责人,先后应邀参加全国各地"道教文化节"和"宫观庆典"活动 20 余次,应邀参加马来西亚和中国台湾"世界道教节"活动,随团出访日本、新西兰、澳大利亚、中国台湾等地。我会领导还应邀参加全国政协民宗委调研活动。通过出访交流,增长见识,增进友谊,扩大浦东道教影响。

注重做好学术交流活动。我会领导先后应邀参加全国各地"道教文化研讨"活动 16 次,参加各类国际性道教文化论坛 6 次,应邀赴新加坡道教学院、香港中文大学、浙江天台道教科仪班、湖南坤道院等授课,应邀赴香港蓬瀛仙馆、香港飞雁洞佛道社、北京师范大学作专题讲座。通过学术交流和讲学活动,弘扬道教文化,传播道教思想。

六、注重公益慈善,提升道教形象

组织开展社会公益活动。秉承道教"济世利人"传统,积极开

展爱心助学活动、组织敬老活动、参与突发自然灾害捐助、参加慈善周联合捐活动、捐赠传统神诞"福面"、资助市道协"两个基金"和基金会、资助中国道协"上善若水"基金等。钦赐仰殿设立爱心助学专项基金，专款用于爱心助学。财神庙、三元宫组织"中秋送月饼"活动。据不完全统计，五年来浦东道教界共捐助善款和物品近 300 万元，获得社会广泛好评。

组织开展养生义诊活动。组织成立浦东道教养生委员会，着力弘扬道教养生文化，传承道教慈善理念，先后在钦赐仰殿、陈行关帝庙组织开展慈善义诊活动，数十位专家医生亲自坐诊，现场指导，健康咨询，开创上海道教慈善义诊之先河，受到广大道教信徒的欢迎。

组织开展文化公益活动。区道协和全区各道观，积极举办公益书法学习班、茶艺培训班、太极学习班、信徒唱经班、《早晚功课》学习班、道教知识学习班等，传播道教思想文化和慈善理念。钦赐仰殿"道学讲堂"，致力于弘扬中华优秀文化，围绕《道德经》、道学智慧、养生文化，每二周举行一次专题讲座，传播道教文化正能量。

各位代表，过去五年浦东道教工作取得的成绩，是在浦东新区统战部、民宗委的领导下，深入学习《宗教事务条例》和贯彻全国宗教工作会议精神的结果，是市民宗委和市道协关心的结果，是全区各道观支持的结果，也是区道协三届领导班子集体、理事和代表共同努力的结果。各位代表以高度的责任心、使命感和良好的精神风貌，认真履职，扎实工作，为浦东道教事业发展付出了辛劳、贡献了智慧。在此，我代表新区道协理事会向大家表示衷心的感谢！

回顾总结五年来的工作，我们也清醒地认识到，适应新形势、新任务和新要求，区道协工作还存在一些需要进一步加强和改进的地方，比如，服务指导工作如何更加深入，民主管理制度如何更加健全，场所布点工作如何更加合理，自身建设工作如何更加完善。希望各位代表对理事会工作提出批评和建议，共同把各项工作做好。

今后五年，是我国"十三五"规划全面发展的关键时期，也是上海持续深化改革、推进创新转型的重要时期。我们要始终高举爱国爱教伟大旗帜，积极服务社会发展大局。始终保持奋发有为、开拓进取的良好精神状态，牢记使命、恪尽职守、积极履职，着力在加强自身建设、提高管理水平、增强工作实效上下功夫，推进教风建设工作常态化，推进协调指导、民主监督工作制度化，推进文明道观创建工作规范化，充分发挥道教"两个服务"功能，为浦东新区的社会稳定和繁荣发展作出新贡献。重点做好六个方面工作：

第一，深入开展政策理论学习。坚持双月中心组学习活动，安排专人负责，制定学习计划，注重学习成效，指导各道观定期组织学习，营造良好的学习氛围。深入学习贯彻中共"十九大"会议精神，切实把思想和行动统一到会议精神上来，把智慧和力量凝聚到会议确定的目标任务上来。认真组织学习新修订的《国家宗教事务条例》，深入领会《条例》精神，切实贯彻落实到实际工作中，坚持依法办事，依法开展各项宗教活动。及时组织学习国家和上海重大方针政策，贯彻有关重要会议精神，进一步统一思想、凝聚共识。

第二，切实履行团体组织职能。道教团体是党和政府团结、联

系道教界人士和广大信教群众的桥梁和纽带，切实抓好道教团体建设，履行团体组织职能，是做好当前道教组织工作的重要任务。我们要充分发挥区道协团体组织作用，依法依规履行职能，依据《章程》规定开展工作。认真做好道观财务监管工作，建立《浦东道教财务监管制度》，严格重大支出报批手续，严格执行财务预算方案，切实提高道观自养能力。继续深化浦东道教宫观年度工作总结交流活动，着力推动宫观的规范管理和责任担当。探索建立《浦东道教宫观负责人考核办法》，逐步推行"岗位责任制"和"目标考核制"，力争抓出成效。继续签订《消防安全责任书》，实现消防安全工作常态化。严格规范大型宗教活动，实行事先报批手续。积极协助道观做好改扩建工作，完善整体功能布局。

第三，大力加强道教自身建设。自身建设是道教发展的根基，也是当代道教必须解决的重要问题。我们要大力加强团体自身建设，着力提高班子成员的管理能力和水平，明确分工、责任制度，建立述职、考核制度。继续举行班子成员民主生活会，精心选择主题，提升民主氛围，力争取得新成效。大力加强教风建设，建立浦东道教教风制度和巡查小组，实现教风监管工作常态化。大力加强戒律建设，修改完善《道教清规榜》，建立"持戒修行"监管机制。大力加强制度建设，进一步完善道观管理制度，促进道观管理更加规范。大力加强信徒队伍建设，着力做好信徒皈依工作，建立信徒培训学习制度，促进道教信徒队伍健康发展。举办讲经讲道专题学习班，培养讲经人才。组织开展道教知识、宗教法规知识竞赛活动，进一步提高教职人员的道教文化素养和法制意识。

第四，全力推进文明道观创建。深入开展"文明和谐寺观教堂"创建活动，明确创建目标，规范道观管理，促进道教宫观组织规范、有序、健康发展。按照国家宗教局和市、区民宗委"关于文明和谐寺观教堂"创建工作要求，统一思想，提高认识，逐步推进文明创建工作全覆盖。精心组织文明创建工作评估会，对创建工作进行全面评估，找不足，补短板，将创建工作纳入日常管理之中。精心组织文明创建工作交流会，总结创建成果，交流创建经验，促进创新发展。积极倡导"文明敬香"活动，推进生态道观建设。继续推进"一庙一品"创建活动，倡导"一庙一文化"建设，促进道观融入社区，服务社会。通过文明创建等系列活动，进一步增强道观组织的责任意识和使命意识，更加有效地推进道观民主化、规范化、制度化、科学化管理。

第五，高度重视道教文化研究。弘扬道教优秀文化，助推中华文化繁荣发展，是当代道教徒的责任和使命。我们要积极推动有条件的道观成立道教文化研究室，开展道教文化研究工作。积极做好《浦东道教年鉴》第三卷的编修工作，以详实的史料记录浦东当代道教发展情况。积极推动《浦东道教史料》编修工作，系统研究浦东道教发展史迹。积极推进钦赐仰殿《历代高道传》的编写工作，为中国道教史研究提供重要资料。积极做好"《申报》中的道教"资料整理工作，为近现代道教研究提供参考。探索开展《当代道教研究》丛书的编写工作，聚焦道教自身建设和关注的社会热点问题，并对道教未来发展等诸多问题进行研究。

第六，积极做好服务社会工作。深入开展讲经讲道活动，逐步推进道观开坛讲经，做好服务信徒工作。充分发挥浦东道教书画院的平台作用，以道教书画为载体，组织书画笔会和联谊交流活动，创办道教书画结缘室，服务信徒，传播文化。充分发挥浦东道教养生委员会的平台作用，积极开展道教养生文化研究，举办道教养生系列讲座，组织开展慈善义诊活动，传播道教慈善新理念。继续推进钦赐仰殿道观"专题讲座"系列活动，传播道教优秀文化，扩大道教社会影响。继续做好传统慈善公益活动，不断创新慈善内容。继续举办道教公益培训活动，积极做好道教信徒服务工作。

各位代表，历史在发展，时代在召唤，浦东道协肩负着浦东道教发展的历史重任，责任重大，使命光荣，我们要倍加珍惜道教代表的荣誉和责任，倍加珍惜道教发展的机遇和使命，奋发有为，开拓进取，勇于担当，不断前行，不辜负广大道教徒的信任和重托，积极推进浦东道教事业的健康发展。让我们继续高举爱国爱教伟大旗帜，紧跟时代发展步伐，适应社会进步要求，服务社会，造福人类，为上海"四个中心"建设，为实现我国"两个一百年"宏伟目标，为实现中华民族伟大复兴的中国梦作出新贡献！

【重要会议】
〔全体会议〕

浦东新区道教协会召开第四次代表会议

2017 年 10 月 29 日，浦东新区道教协会召开第四次代表大会。代表、特邀代表共 126 人。新区佛教、基督教、天主教、伊斯兰教等友教领导到会祝贺。

上海市民宗委副主任王君力、市道协副会长姚树良、新区统战部民宗委主任施炳弟等出席会议，并作重要讲话。会议听取并审议了新区道协第三届理事会工作报告，修改并通过了《浦东新区道教协会章程》。大会民主选举产生了新一届理事会，理事会选举丁常云为会长，范金凤、张开华、叶有贵、邵志强、郑土有、夏光荣为副会长，张春鸿为秘书长。根据秘书长提名，刘喜宏、葛乃君、王进、徐炳林、钟再虎、袁荣、陆华平、戚右飞、高勤珠为副秘书长。大会一致通过第四次代表会议《决议》，礼请王贵荣道长为区道协第四届理事会顾问。

最后，新区统战部副部长黄健祥作重要讲话，希望大家围绕中心、服务大局，注重学习、固本强身、团结一致、锐意进取、珍惜机遇，努力开创浦东道教工作新局面，谱写浦东道教事业的新篇章。

浦东新区道教协会第四次代表会议决议

上海市浦东新区道教协会第四次代表会议于 2017 年 10 月 29 日隆重召开。本次会议共有代表 122 名，特邀代表 4 名，具有广泛的代表性。

会议期间，上海市民族和宗教事务委员会、浦东新区民族和宗教事务委员会、上海市道教协会和浦东新区各友教团体领导等到会祝贺。市民宗委副主任王君力，市道教协会副会长姚树良，浦东新区统战部副部长、区民宗委主任施炳弟等领导在会上作重要讲话。

会议听取、审议并通过了丁常云代表新区道协三届理事会所作的《工作报告》，代表们对新区道协过去五年工作给予了充分肯定和高度评价，对今后新区道协的工作提出了许多有益的意见和建议。会议还讨论修改并通过了《浦东新区道教协会章程》。会议经过充分协商和酝酿，选举产生了浦东新区道教协会第四届理事会，选举丁常云为浦东新区道教协会会长，范金凤、张开华、叶有贵、邵志强、郑土有、夏光荣为副会长，张春鸿为秘书长。会议圆满完成了各项议程。

会议认为，过去的五年，是我国经济社会快速发展的五年，也是浦东改革开放取得重大成就的五年。新区道协在市民宗委和市道协的关心指导下，在新区民宗委的领导下，高举"爱国爱教、团结进步"的旗帜，协助政府贯彻落实宗教政策，发挥桥梁纽带作用，服务浦东发展大局，团结带领全区道教徒，不断加强自身建设，各项工作取得新进展，浦东新区道教事业稳步、健康发展。

会议指出，今后五年是上海"十三五"规划发展时期，是上海"四个中心"建设和浦东全面推进"二次创业"的关键时期。党和政府对道教界提出了更高要求，信教群众对我们寄予厚望。面对前所未有的机遇和挑战，我们要有强烈的历史使命感和高度的政治责任感，勇于担当，开拓进取。我们要以加强自身建设和人才培养为抓手，以加强信仰建设和道风建设为根本，以加强制度建设和宫观管理为基础，凝聚力量，求真务实，努力促进浦东道教工作再上一个新台阶。

会议要求，与会代表和各道观要认真贯彻落实本次会议精神，认真学习领导讲话精神，切实完成会议提出的今后工作目标和任务。要建立学习型道教组织，着力提高道教服务社会的能力。要不断强化服务和指导职能，着力发挥好桥梁和纽带作用。要不断加强道教宫观管理，着力探索现代道观管理新模式。要不断加强道风建设，着力提高道教徒的自身修持。要不断加强人才队伍建设，着力弘扬道教优秀文化。要深入开展调查研究，着力推动道观的合理布点。要积极加强对外联谊交流，着力扩大浦东道教影响。要积极加强公益慈善事业，着力探索道教服务社会的新途径。

会议号召，全区道教徒要继续高举"爱国爱教，团结进步"的旗帜，全面贯彻落实科学发展观，深入学习党和政府的各项方针政策，按照区委、区政府的指示精神和要求，要广泛凝聚智慧和力量，围绕中心，服务大局，要积极开拓创新和发展，坚持不懈，团结奋进，不断谱写浦东道教事业发展新篇章。

〔理事会议〕

新区道协三届二次理事会

　　2013 年 12 月 30 日，浦东新区道教协会召开三届二次理事会，浦东新区统战部胡志国副部长、民宗委钱月明处长、调研员徐锦昌等领导应邀参加，25 位理事出席会议。丁常云会长主持会议，刘喜宏秘书长从加强"学习培训、自身建设、教务指导、道风建设、文化建设、自养建设"6 个方面总结回顾了新区道协 2013 年的主要工作，同时计划以"文明和谐寺观教堂"创建工作为抓手，围绕加强团体和道观建设的目标，从 7 个方面方面部署了 2014 年的主要工作。会议还宣读了《上海市浦东新区宫观管理管理办法》（下称《管理办法》），并提交理事会审议。胡志国副部长在会上作了热情洋溢的讲话。他肯定了新区道协 2013 年所做的各项工作，特别对新区道协制定《管理办法》，加强道观建设，规范道观管理，完善制度建设的举措给予充分肯定和赞同。同时从"认清形势任务，明确自身职责；健全规章制度，加强科学管理；加强教育培训，增强队伍素质"三方面提出希望和要求。最后，理事们表决通过了《工作报告》和《管理办法》，会议圆满结束。

浦东新区道协三届三次理事会

2014 年 12 月 30 日，浦东新区道教协会召开三届三次理事会，新区统战部副部长、民宗委主任钟翟伟、新区统战部副部长胡志国、民宗委调研员徐锦昌等领导应邀参加，27 位理事出席会议。丁常云会长主持会议，刘喜宏秘书长作《工作报告》，与会理事认真审议并提出了很好的意见和建议。新区统战部钟翟伟副部长充分肯定了新区道协过去一年的工作，同时希望大家了解新常态、把握新常态、主动适应新常态；不断加强自身建设，弘扬传统优秀文化，自觉抵御邪教，促进和谐团结，努力传递正能量。最后，理事们表决通过了《工作报告》，会议圆满结束。

浦东新区道协三届四次理事会

2015 年 12 月 30 日，浦东新区道教协会召开三届四次理事会，新区民宗委钱月明处长应邀参加，23 位理事出席会议。丁常云会长主持会议，刘喜宏秘书长作《工作报告》，与会理事认真审议并提出了很好的意见和建议。会上钱月明处长肯定了新区道协过去一年的工作，同时要求继续围绕"外树形象，内强素质"的目标，不断加强团队建设、自身建设、形象建设、文化建设和人才培养。丁会长作会议总结，从加强"自养经济能力、信仰教风建设、信徒队伍建设、文化建设和人才队伍建设"5 各方面提出希望和要求。最后，与会理事表决通过了《工作报告》，会议圆满结束。

浦东新区道协三届五次理事会

2016年12月28日，浦东新区道教协会召开三届五次理事会，新区民宗委钱月明处长应邀参加，25位理事出席会议。丁常云会长主持会议，秘书长刘喜宏作《工作报告》，与会理事认真审议并提出了相关意见和建议。钱月明处长充分肯定了新区道协过去一年的工作，希望在今后的工作中继续加强信仰建设和道风建设，加强宫观管理，进一步提高服务质量，打造浦东宫观场所"一庙一品"特色格局。最后，理事们表决通过了《工作报告》。

新区道协三届三次会长办公会议

2013年1月7日，新区道协召开三届三次会长办公（扩大）会议，丁常云会长主持会议，会议回顾了前二个月的主要工作情况，组织召开上一年年度工作总结和计划交流会，协助做好姚家庙修复竣工典礼暨神像开光活动，协助完成了十泽道院、上海财神庙固定处所申报、登记工作，协助做好浦东道士身份年检工作，继续与宫观负责人签订《消防安全责任书》等。会议还就做好春节香讯工作和区道协更新工作用车等进行讨论，计划安排修改完善区道协内部规章制度，做好春节消防安全检查和慰问工作，协助做好浦东各道观的年检工作等。

81

新区道协三届四次会长办公会议

2013年2月22日，新区道协召开三届四次会长办公（扩大）会议，丁常云会长主持会议，会议回顾了新区各道观香讯工作情况，完成了道观年检工作，商讨了举办"道教音乐培训班"（第二期）相关事宜。会议决定召开《浦东道教年鉴》（第二卷）编写筹备工作会议，开展一次全区道观档案工作调研，召开"浦东道教文化丛书"

编写筹备工作会议。同时，还就举办讲经讲道学习班和组织外出学习参访等相关事宜进行讨论。

新区道协三届五次会长办公会议

2013年5月3日，新区道协召开三届五次会长办公（扩大）会议，丁常云会长主持会议，会议回顾前二个月主要工作，启动《浦东道教年鉴》（第二卷）筹备编写工作，修改完善新区道协规章制度并听取意见，组织中心组成员学习全国"两会"精神，协助崇福道院做好"三月半"庙会活动，还就川沙关帝庙保护性维修与川沙新镇形成初步意向等。会议围绕"教风年"主题创建活动，组织成立浦东道教"教风"创建活动领导小组，讨论通过创建活动计划；做好档案工作，举办浦东道教档案培训班；加强制度建设，讨论通过"浦东道教协会管理制度"；围绕"宗教政策法规学习月"，举办宗教政策法规讲座；计划组织班子成员及宫观负责人赴福建石竹山参访学习，并在石竹山召开一次班子成员工作务虚会暨民主生活会，以加强自身建设和教风建设为抓手，进一步规范协会和宫观管理。

新区道协三届六次会长办公会议

2013年7月2日，新区道协召开三届六次会长办公（扩大）会议，丁常云会长主持会议，会议回顾了班子成员及宫观负责人赴福建石竹山学习参访情况，协助上海财神庙成立了公共安全事务管理协调小组，协助完成浦东道教教职人员培训工作，成功举办浦东道教档案培训班等。会议要求各道观积极参加"文明和谐寺观教堂"创建活动，计划召开一次"教风"创建专题座谈会，通过调研进一步完善《浦东道教宫观管理办法（试行）》，进一步规范浦东道教宫观的管理。

新区道协三届七次会长办公会议

2013 年 9 月 4 日，新区道协召开三届七次会长办公（扩大）会议，丁常云会长主持会议，会议回顾前二个月主要工作，根据区民宗委工作要求，组织召开"教风"创建专题会议，撰写第二阶段工作小结；配合市民宗委、市道协组织的"教风"和文明宫观创建调研活动，分别巡查了东岳观、姚家庙、财神庙等道观。会议就有关工作安排进行讨论：一是协助做好钦赐仰殿道观重建竣工、神像开光暨住持升座庆典活动，二是协助做好十泽道院修复竣工暨神像开光庆典活动，三是酝酿成立"浦东道教书画联谊会"和举办浦东道教音乐培训班相关事宜。

新区道协三届八次会长办公会议

2013 年 11 月 1 日，新区道协召开三届八次会长办公（扩大）会议，丁常云会长主持会议，会议回顾了前二个月主要工作，推进浦东道教"教风"主题创建活动，召开第三阶段专题交流会议；协助钦赐仰殿道观做好了重建竣工神像开光暨住持升座庆典活动；协助十泽道院做好了修复竣工暨神像开光庆典活动等。会议还就川沙镇西市街关帝庙事宜、财神庙整体设计规划等进行讨论；布置各道观年度工作总结和计划完成时间和要求；讨论召开区道协三届二次理事会。还就组织年末消防安全检查并签订年度《消防安全责任书》，组织财务内部审计等工作进行讨论。

新区道协三届九次会长办公会议

2014年1月16日，新区道协召开三届九次会长办公（扩大）会议，丁常云会长主持会议，会议回顾了前二个月主要工作，组织年末消防安全检查并与各道观签订年度《消防安全责任书》；组织召开宫观年度工作总结和计划交流学习会；成功召开区道协三届二次理事会，通过《浦东道教宫观管理办法》等。会议就做好各道观春节香讯工作进行了布置，要求各道观要做好预案，确保春节香讯工作安全有序；就社庄庙搬迁重建启动工作和财神庙大殿建造前期准备工作进行讨论。

新区道协三届十次会长办公会议

2014年2月28日，新区道协召开三届十次会长办公（扩大）会议，丁常云会长主持会议，会议回顾了前二个月主要工作，完成了春节香讯工作，组织学习国家宗教局《关于推进文明敬香、建设

生态寺观工作的通知》和中道协《关于在全国道教界开展"文明敬香"活动的倡议书》，协助做好各道观年检工作等。会议讨论通过了"浦东新区道教协会文明敬香倡议书"，正式在浦东各道观开展文明敬香活动；提出要建立浦东道教界人事档案，要求各道观进一步做好档案工作。

新区道协三届十一次会长办公会议

2014年5月5日，新区道协召开三届十一次会长办公（扩大）会议，丁常云会长主持会议，会议回顾了前二个月主要工作，组织中心组成员学习全国"两会"精神，完成浦东道教教职人员人事档案工作，协助崇福道院"三月半"庙会等。会议还就相关工作进行安排，主要是做好《浦东道教年鉴》（第二卷）审定出版工作，做好高东教产（土地堂、猛将堂）拆迁补偿房产的权证事宜，协助川沙镇做好西市街城隍庙和关帝庙维修及开放工作，协调推进上海财神庙大殿修建工程，围绕"宗教政策法规学习月"组织相关学习或讲座。

新区道协三届十二次会长办公会议

2014年7月1日，新区道协召开三届十二次会长办公（扩大）会议，丁常云会长主持会议，会议回顾了前二个月主要工作，积极配合上海财神庙改扩建工程前期工作，稳步推进设立泥城坤道院相

85

关事宜，协调做好部分拆迁补偿教产权证登记工作等。会议还就相关工作进行安排，主要是做好"庆祝建国65周年·浦东道教文化展示"活动准备工作，筹备召开"道教与慈善"学习座谈会和班子成员民主生活会。还就浦东"讲经讲道"学习交流活动有关事宜进行讨论。

新区道协三届十三次会长办公会议

2014年9月12日，新区道协召开三届十三次会长办公（扩大）会议，丁常云会长主持会议，会议回顾了前二个月主要工作，协助财神庙改扩建工程奠基仪式，协助社庄庙召开搬迁重建工程整体设计论证会，组织参访雁荡山、召开班子成员民主生活会，组织"道教与慈善"专题学习座谈会等。会议还就相关工作进行安排，主要是举办"庆祝建国65周年·浦东道教文化展"，配合新区民宗办做好各道观财务人员培训工作和文明宫观创建预查工作，协助三元宫（承办）做好浦东道教"讲经讲道"学习交流活动，组织"道教戒律"知识学习等。

新区道协三届十四次会长办公会议

2014年11月6日，新区道协召开三届十四次会长办公（扩大）会议，丁常云会长主持会议，会议回顾了前二个月主要工作，成功举办"庆祝建国65周年·浦东道教文化展"，举办浦东道教"玄门讲经"交流活动，组织道教戒律知识学习等。会议布置各道观做好年度工作总结和新一年工作计划；组织年度消防安全工作检查评比，促进消防安全工作常态化；筹备召开新区道协三届三次理事会；酝酿成立浦东道教书画联谊会等。

新区道协三届十五次会长办公会议

2015年1月9日，新区道协召开三届十四次会长办公（扩大）会议，丁常云会长主持会议，会议回顾了前二个月主要工作，组织年度消防安全工作检查评比并表彰4所"优秀道观"，组织召开了全区各道观年度工作总结和计划交流考评会，继续与各道观负责人签订《消防安全责任书》，组织召开了新区道协三届三次理事会等。会议还就春节香汛工作进行布置，要求各道观积极做好安全检查工作，做好香汛开放方案、应急预案和节日值班等；讨论成立"浦东道教书画联谊会"相关事宜，决定正式成立道教书画联谊会等。

新区道协三届十六次会长办公会议

2015年3月19日，新区道协召开三届十六次会长办公（扩大）会议，丁常云会长主持会议，会议回顾了前二个月主要工作，浦东各道观就春节香汛工作进行总结交流，配合做好了浦东各道观年检工作，做好春节慰问工作及协会日常事务工作等。会议讨论任命侯程道长为区道协办公室副主任，讨论决定举办"文明场所"创建经验交流会，探讨建立宫观负责人述职考核制度等。

新区道协三届十七次会长办公会议

2015 年 5 月 7 日，新区道协召开三届十七次会长办公（扩大）会议，丁常云会长主持会议，会议回顾了前二个月主要工作，组织召开浦东道教书画联谊会成立大会，组织区道协中心组学习全国"两会"精神，举办全区道教宫观"文明场所"创建经验交流会等。会议还就下半年"讲经讲道"工作相关事宜进行商讨，讨论决定召开区道协班子成员民主生活会，组织中心组成员学习宗教政策及相关法律法规等。

新区道协三届十八次会长办公会议

2015 年 7 月 10 日，新区道协召开三届十八次会长办公（扩大）会议，丁常云会长主持会议，会议回顾了前二个月主要工作，组织召开了区道协班子成员民主生活会，协助做好崇福道院"三月半庙会"和钦赐仰殿"东岳圣诞祈福法会"等大型宗教活动，对浦东道教六处遗留教产进行危房检测，基本解决祝桥关帝庙被非法侵占问题等。会议还就浦东"文明和谐道观"创建检查整改工作进行讨论，协助道教书画联谊会举办书法学习班，协助浦东宫观主要教职人员备案事宜。

新区道协三届十九次会长办公会议

2015 年 9 月 10 日，新区道协召开三届十九次会长办公（扩大）会议，丁常云会长主持会议，会议回顾了前二个月主要工作，协助钦赐仰殿道观完成首次皈依法会，做好钦赐仰殿和三元宫坤道院主要教职任职备案工作，协助区民宗委做好浦东道教"文明场所"创建检查初评工作等。会议还就宫观负责人"讲经讲道"交流活动方案进行讨论，组织开展道教宫观管理工作的调研，协助道教书画联谊会筹备举办一次道教书画精品展等。

新区道协三届二十次会长办公会议

2015 年 11 月 5 日，新区道协召开三届二十次会长办公（扩大）会议，丁常云会长主持会议，会议回顾了前二个月主要工作，组织专题学习《中国共产党统一战线工作条例》，协助社庄庙道观完成异地重建奠基仪式（后因故未能动迁）等。会议还就进一步充实姚家庙管理组班子成员进行讨论，并就组织召开区道协三届四次理事会有关事宜进行商讨。

新区道协三届二十一次会长办公会议

2016 年 1 月 7 日，新区道协召开三届二十一次会长办公（扩大）会议，丁常云会长主持会议，会议回顾了前二个月主要工作，组织召开了区道协三届四次理事会议，组织召开全区各道观年度工作总结考评会，协助三元宫做好泥城仙鹤观奠基仪式，配合十泽道院做好市道协玄门讲经"巡回演讲"活动，继续与各道观负责人签订《消防安全责任书》，选派成润磊道长担任姚家庙管理组副组长。会议还就围绕各道观春节香汛及大年夜"烧头香"活动进行布置安排，配合做好各道观年检工作，协助浦东道教书画联谊会和部分道观组织好"送春联"、"送福字"活动等。

新区道协三届二十二次会长办公会议

2016年2月29日，新区道协召开三届二十二次会长办公（扩大）会议，丁常云会长主持会议，会议回顾了前二个月主要工作，组织浦东道教书画联谊会和部分道观开展"送春联"、"送福字"进万家公益活动，协助各道观做好春节香汛工作和年检工作等。会议还就有关工作进行商讨，推进各道观负责人讲经工作的落实，开展各宫观"一观一品"工作的调研，协助推进仙鹤观坤道院等拟新设立道观的筹建开放事宜，协助崇福道院"三月半"庙会活动等。

新区道协三届二十三次会长办公会议

2016年5月10日，新区道协召开三届二十三次会长办公（扩大）会议，丁常云会长主持会议，会议回顾了前二个月主要工作，组织区道协中心组成员学习全国"两会"精神；协助崇福道院成功举办"三月半"庙会活动；组织刊印道德经古本篇，倡导浦东道教抄经活动；落实高桥老宝山城城隍庙拆迁置换协议；举办浦东道教首期公益书法学习班等。会议还就举办首期场所负责人茶艺班进行商讨，围绕"宗教政策法规学习月"组织开展相关法制宣传工作等。

新区道协三届二十四次会长办公会议

2016 年 7 月 5 日，新区道协召开三届二十四次会长办公（扩大）会议，丁常云会长主持会议，会议回顾了前二个月主要工作，组织学习习总书记全国宗教工作会议讲话精神和国家宗教局《关于在宗教界深入开展培育和践行社会主义核心价值观活动的意见》，举办首届道教宫观场所负责人讲经讲道交流会，举办首期场所负责人茶艺班等。会议还通报了川沙城隍庙和高桥天妃宫恢复开放推进情况，布置新一轮"文明和谐寺观教堂"创建工作，组织区道协中心组成员学习会等。

新区道协三届二十五次会长办公会议

2016 年 9 月 8 日，新区道协召开三届二十五次会长办公（扩大）会议，丁常云会长主持会议，会议回顾了前二个月主要工作，组织区道协中心组成员学习上海宗教工作会议精神，协助完成浦东新一轮"文明和谐寺观教堂"创建申报工作，协助做好姚家庙、财神庙、钦赐仰殿、三元宫等年轻道长讲经讲道活动，协助完成市道协七届道代会浦东代表的推荐工作等。会议还就川沙城隍庙和高桥天后宫近阶段筹备工作情况进行通报介绍，就协会班子成员民主生活会主题等进行研究，就组织场所负责人参访学习事宜进行讨论。

新区道协三届二十六次会长办公会议

2016 年 11 月 7 日，新区道协召开三届二十六次会长办公（扩大）会议，丁常云会长主持会议，会议回顾了前二个月主要工作，召开以"健全规章制度，规范宫观管理"为主题的民主生活会，组织场所负责人以"爱国爱教"为主题的参访学习活动，协助龙王庙、崇福道院做好（两场）年轻道长讲经讲道活动，配合做好区民宗委主办的"庆祝建国 67 周年浦东民族宗教界人士书画作品展"活动，主持召开了高桥天后宫修复方案民间专家代表意见征询会等。会议还就筹备召开区道协三届五次理事会进行商讨，就做好本年度浦东宫观道士年检工作进行安排等。

新区道协三届二十七次会长办公会议

2017 年 1 月 5 日，新区道协召开三届二十七次会长办公（扩大）会议，丁常云会长主持会议，会议回顾了前二个月主要工作，组织召开了区道协三届五次理事会，组织召开各场所年终总结和新一年计划交流学习会，组织消防安全检查，评选出 6 所消防安全工作"优秀道观"等。会议还就筹备成立浦东道教养生委员会等工作进行讨论。

新区道协三届二十八次会长办公会议

2017 年 2 月 28 日，新区道协召开三届二十八次会长办公（扩大）会议，丁常云会长主持会议，会议回顾了前二个月主要工作，组织专题学习《关于实施中华优秀传统文化传承发展的意见》，成立浦东道教健康养生委员会，组织召开浦东道教书画院年会，协助做好了 2016 年度浦东宫观年检工作等。会议还就相关工作进行安排，并就区道协准备启动换届工作进行讨论。

新区道协三届二十九次会长办公会议

2017 年 5 月 6 日，新区道协召开三届二十九次会长办公（扩大）会议，丁常云会长主持会议，会议回顾了前二个月主要工作，组织区道协中心组成员学习全国"两会"精神，组织浦东道教养生委员会在财神庙举办慈善义诊活动，浦东道教书画院和上海财神庙联合小兰亭书画院、上海第十人民医院书画社举办书画笔会活动，协调解决周浦医药园区教产拆迁遗留事宜等。会议还就相关工作进行安排，并就全面推进新一轮"文明道观"创建工作进行布置，就组织召开班子成员民主生活会进行商讨，同时还就筹备浦东新区道教文化系列活动讨论交流。

新区道协三届三十次会长办公会议

2017年7月4日，新区道协召开三届三十次会长办公（扩大）会议，丁常云会长主持会议，会议回顾了前二个月主要工作，组织召开班子成员"教风建设与规范管理"民主生活会，推进浦东道教新一轮文明道观创建活动，协助钦赐仰殿道观举行第三届信徒皈依法会，协助川沙关帝庙开展关帝圣诞义诊活动等。会议还就相关工作进行讨论，组织召开区道协换届筹备工作会议，联合天后宫召开"妈祖文化与浦东发展"座谈会，筹备浦东新区道教文化系列活动等。

【协会章程】

上海市浦东新区道教协会章程

第一章　总　则

第一条　本会名称：上海市浦东新区道教协会。英文译名为 Shanghai Pudong Taoist Association，缩写：SPTA。

第二条　本会性质：上海市浦东新区道教徒联合的爱国爱教的宗教团体和教务组织。

第三条　本会宗旨：团结带领全区道教徒爱国爱教，拥护中国共产党的领导和社会主义制度，遵守国家宪法和法律，协助政府贯彻落实宗教信仰自由政策。遵循道祖教诲，兴办道教事业，弘扬道教教义，维护道教界合法权益。发扬道教优良传统，传扬道教优秀文化，培育和践行社会主义核心价值观。坚持道教中国化方向，促进道教与社会主义社会相适应。积极参与社会主义物质文明、政治文明、精神文明、社会文明和生态文明建设，为维护宗教和睦、民族团结、社会和谐、祖国统一、世界和平作贡献，为实现中华民族伟大复兴的中国梦发挥积极作用。

第四条　本会行政主管部门为上海市浦东新区民族和宗教事务委员会，同时接受登记机关上海市浦东新区民政局的管理监督。

第五条　本会活动地域是浦东新区。会址在上海市浦东新区源

95

深路 476 号（上海钦赐仰殿道观内）。

第二章　任　务

第六条　本会任务：

1. 团结带领全区道教徒，发扬爱国爱教优良传统，遵守宪法、法律、法规和国家政策，发挥道教在构建和谐社会和促进经济社会发展中的积极作用。

2. 协助党和政府贯彻落实宗教信仰自由政策，依法维护道教界合法权益，积极反映道教组织和道教界人士的意见与要求，充分发挥桥梁纽带作用。

3. 加强道教徒爱国主义、社会主义和法制教育，不断提高思想政治觉悟。

4. 加强道教宫观管理，负责和协调全区各道观的人事安排。

5. 严格规范财务制度，加强对道观的财务监督和管理。

6. 加强道教自身建设，严肃戒律，纯正道风，提高道教徒整体素质。

7. 建立健全有关规章制度，依法办好教务，促进道教活动正常化、规范化。

8. 依法管理浦东道教教产，合理开发利用，提高自养能力。

9. 加强道教文化建设，推动中华传统优秀文化传承和发展，促进道教与社会主义社会相适应，为构建和谐社会贡献力量。

10. 秉承道教"济世利人"优良传统，积极开展社会公益慈善事业，服务社会，利益人群。

11. 协助做好道教文物、古迹与非物质文化遗产及道观环境的保护工作。

12. 加强与海内外道教界的友好交往，积极开展联谊活动。

第三章　组织机构

第七条　本会的组织原则：广泛协商，民主议事，集体决策，分工负责。

第八条　本会最高权力机构为上海市浦东新区道教协会代表大会。

代表大会的职责：1. 制定和修改章程。2. 选举和罢免理事。3. 审议理事会工作报告和其他有关报告。4. 决定其他重大事项。

第九条　代表由本会和有关方面协商产生，并经本会代表资格审查小组核定。代表大会每届五年，因特殊情况需提前或延期换届的，须由理事会表决通过，报行政主管部门审查并经社团登记管理机关批准同意。但延期换届最长不超过一年。代表会议须有三分之二以上代表出席方能召开，其决议须经到会代表半数以上表决通过方能生效。

第十条　本会设理事会，由代表大会选举产生。理事会是代表大会的执行机构，在代表大会闭会期间领导本会开展日常工作，对代表大会负责。

第十一条　理事会的职责

1. 执行代表大会的决议。

2. 选举、罢免会长、副会长、秘书长。

3. 筹备召开代表大会。

4. 向代表大会报告工作。

5. 制定内部管理制度。

6. 决定其他重大事项。

第十二条 理事会每年召开一次会议，必要时可以提前或延期召开，理事会由会长或会长授权副会长召集。理事会须有三分之二以上理事出席方能召开，其决议须经到会理事三分之二以上表决通过方能生效。

第十三条 本会设会长一人，副会长若干人，秘书长一人，副秘书长若干人。会长、副会长、秘书长由理事会选举产生，副秘书长由秘书长提名，报理事会通过。

第十四条 本会会长、副会长、秘书长每届任期五年，可连选连任。会长、秘书长任期一般不超过二届，副会长任期一般不超过三届。

第十五条 本会会长为本会法定代表人，不得兼任其他社会团体法定代表人。

第十六条 会长职责

1. 对外代表本会，对内领导会务。

2. 召集和主持会长办公会议、理事会议及重要会议。

3. 检查代表大会、理事会决议的落实情况。

4. 代表本会签署有关重要文件。

5. 履行法律、法规及章程规定的职责。

第十七条 副会长职责

1. 协助会长工作。

2. 根据会长办公会议的安排，负责相关工作。

第十八条 秘书长职责

1. 协助会长、副会长工作。

2. 贯彻落实会长办公会议有关工作事项。

3. 主持本会日常工作，组织制订实施年度工作计划，并作年度工作总结。

4. 处理其他日常事务。

第十九条 副秘书长职责

1. 协助秘书长工作。

2. 根据秘书长办公会议的安排，负责相关工作。

第二十条 本会根据需要，可设置名誉职务。

第四章 资产管理、使用原则

第二十一条 本会经费来源

1. 会费收入。2. 社会捐赠。3. 政府资助。4. 其他合法收入。

第二十二条 按照有关规定各宫观须向本会交纳会费。

第二十三条 本会的资产管理执行国家规定的财产管理法规，接受社团登记机关和行政主管部门的日常监督和财务审计。

第二十四条 本会的资产任何单位、个人不得侵占、私分和挪用。

第二十五条 本会按章程换届，会长按程序离任或变更法定代表人时，必须进行财务审计，审计结果须上报行政主管部门和登记管理机关。

第二十六条　本会按照《社会团体登记管理条例》的规定，接受登记机关组织的年度检查。

第五章　章程的修改程序

第二十七条　对本会章程的修改，须经代表会议表决通过。

第二十八条　本会修改后的章程，须在代表会议表决通过后15日内，报行政主管部门审查同意，并报社团登记机关核准后生效。

第六章　终止程序及终止后的财产处理

第二十九条　本会完成宗旨或因其他原因需要终止时，由理事会提出终止动议。

第三十条　本会终止动议，须经本会代表会议表决通过，并报行政主管部门审查同意。

第三十一条　本会终止前，须在行政主管部门及有关机关指导下成立清算组织，清理债权债务，处理善后事宜。清算期间，不得开展清算以外的活动。

第三十二条　本会经社团登记管理机关办理注销登记手续后即为终止。

第三十三条　本会终止后的剩余财产，在行政主管部门和社团登记管理机关的监督下，按照国家有关规定，用于发展与本会宗旨相关的事业。

第七章　附　则

第三十四条　本章程经 2017 年 10 月 29 日上海市浦东新区道教协会第四届代表会议表决通过，自社团登记管理机关核准之日起生效。

第三十五条　全区代表会议代表、各道教宫观，有遵守本章程、执行本会决议和决定的义务。

第三十六条　本章程解释权属本会理事会。

关于《浦东新区道教协会章程》
修改情况的说明

各位代表：

我受区道协三届理事会的委托，就《浦东新区道教协会章程》修改情况，作如下说明。

原《浦东新区道教协会章程》是 2012 年浦东新区道教协会第三次代表会议修改通过的，至今已经五年了。随着形势的不断发展和浦东道教工作的需要，需对原《章程》进行修改，以便更好地适应时代要求，有利于浦东道教工作的开展。经文件起草小组研究，拟对《章程》作如下若干修改。

一、关于《章程》第一章"总则"第三条"本会宗旨"，进行了适当的调整和修改。新增"培育和践行社会主义核心价值观。坚持道教中国化方向"、"积极参与社会主义物质文明、政治文明、精神文明、社会文明和生态文明建设"、"为实现中华民族伟大复兴的中国梦发挥积极作用。"这进一步体现道教团体成立的宗旨，便于更好地引领和号召全区道教徒为建设和谐社会发挥更大的作用。

二、关于《章程》第二章"任务"，第六条新增"发挥道教在构建和谐社会和促进经济社会发展中的积极作用。"；第八条将"加强

浦东道教年鉴·道协篇

对道教房产的管理"修改成"依法管理浦东道教教产";第九条新增"推动中华传统优秀文化传承和发展";第十条新增"秉承道教"济世利人"优良传统",使条理更清楚,任务更明确。

三、关于《章程》第三章"组织机构"第十四条新增了"副会长任期一般不超过三届",进一步明确组织原则,适应形势和组织规范要求。

以上《章程》修改情况,特此说明!

【组织情况】

浦东新区道教协会第四届代表会议代表名单

（按姓氏笔画为序）

丁常云	丁　伟	卫利华	马　辉	尹美娟	王正杰	王立伟
王　进	王鸣芳	王　珂	王荣平	王祥瑞	史海荣	叶友贵
刘广军	刘红军	刘喜宏	刘锦忠	吉　根	吕　东	孙建平
孙贴成	孙逸矢	成润磊	朱传荣	朱金妹	朱恒玉	汤桂英
汤荻松	扶梨林	吴小军	吴志东	吴幸初	吴康康	张小华
张开华	张东英	张玉芳	张宇峰	张余俊	张国珠	张春华
张春鸿	张　峰	张振宇	李伟民	李春荣	李海松	杨小庆
沈才新	沈伟源	沈　岚	沈志勇	沈根娣	沈莉红	沈　超
邱　清	邵志强	邹理敏	陆华平	陆利国	陈兰芳	陈永安
陈　江	陈志刚	陈智荣	陈雪娣	周引芳	周　泉	周益海
周慧娟	范金凤	郑土有	金鹏飞	金翼鹏	姚　菁	祝　军
赵玉明	钟再虎	倪正福	凌礼辉	唐义军	唐爱萍	唐彩琴
夏光荣	徐为永	徐国飞	徐炳林	徐雪群	聂道龙	袁　荣
谈永清	陶志强	高来根	高勤珠	崔杨俊	崔红波	戚右飞
曹　健	曹爱民	曹琪能	黄发进	黄发明	黄艳红	傅元宏
景佳伟	温兆亮	程钦磊	葛乃君	董天平	董兰英	谢安银

瞿荣良　蔡引芳　蔡克伟　裴美君　潘连兵　潘胜兵　潘翠华
颜海荣　薛　坤　薛瑞芳
特邀代表：王贵荣　周玉恒　林其锬　张翔宇

浦东新区道教协会第四届理事会理事名单

（按姓氏笔画为序）

丁常云	王　进	王祥瑞	叶有贵	刘红军	刘喜宏	孙逸矢
成润磊	张开华	张春鸿	张信悦	邵志强	陆华平	陈智荣
范金凤	郑土有	金鹏飞	赵玉明	钟再虎	唐义军	夏光荣
徐炳林	袁　荣	崔红波	高勤珠	戚右飞	黄发进	傅元宏
程钦磊	葛乃君	谢安银	蔡引芳	薛瑞芳		

浦东新区道教协会第四届理事会
会长、副会长、秘书长、副秘书长名单

会　　长：丁常云

副 会 长：范金凤　张开华　邵志强　叶有贵　郑土有
　　　　　夏光荣

秘 书 长：张春鸿

副秘书长：刘喜宏　徐炳林　王　进　葛乃君　陆华平
　　　　　戚右飞　钟再虎　袁　荣　高勤珠

浦东新区道教协会第四届理事会
会长、副会长、秘书长简介

丁常云 男，法名大可，1964 年 11 月出生，江苏句容人。管理学硕士。1986 年 3 月入道，师从道教正一派大师陈莲笙道长。现任第十二届全国政协委员，中国道教协会咨议委员会副主席，中国宗教学会理事，中国宗教界和平委员会委员，上海市宗教学会副会长，上海市道教协会副会长，《上海道教》杂志主编，浦东新区人大代表，上海钦赐仰殿道观住持，江西龙虎山正一箓坛监度大师。曾任上海市道教协会文化研究室主任，上海城隍庙修复委员会办公室副主任，上海市青年联合会第六、七、八、九届委员，上海市政协第十届委员，上海市浦东新区政协第一、二届常委，中国道教协会第六、七、八届副会长。2017 年 10 月，浦东新区道教协会第四届代表会议上当选为会长。

范金凤 女，法名诚凤，1943 年 11 月出生，上海青浦人。师承苏宗赋道长，全真龙门派 24 代弟子。1992 年至 1998 年在朱家角城隍庙学道。1998 年 1 月至今在三元宫坤道院。现任上海市道教协会副会长，三元宫坤道院监院。2002 年至今，历任浦东新区第二、三、四、五届人大代表，2006 年当选为上海市妇联委员。2017 年

10月，浦东新区道教协会第四届代表会议上当选为副会长。

邵志强　男，法名鼎盈，1971年8月出生，江苏海安人。本科在读。1992年10月入上海道学院学习。曾任青浦区道教协会副会长兼秘书长，南汇区道教协会副会长兼秘书长。2007年12月在江西龙虎山天师府受正一盟威箓。现任浦东新区道教协会副会长、新场东岳观负责人。历任青浦区第十届、十一届政协委员，青浦区第二届人大代表，南汇区第三届政协委员，浦东新区第四届、五届政协委员。2017年10月，浦东新区道教协会第四届代表会议上当选为副会长。

叶有贵　男，法名大峰，1964年5月出生，江苏句容人。本科学历。1986年9月至1989年7月在上海道学院学习。1989年9月至1997年12月为钦赐仰殿道观道士。1997年12月起任崇福道院管理组组长。2001年3月，回到钦赐仰殿道观，任管委会副主任。曾任浦东新区道教协会副会长兼秘书长。现为上海市道教协会副秘书长，浦东新区道教协会副会长，上海十泽道院负责人。2017年10月，浦东新区道教协会第三届代表会议上当选为副会长。

张开华　男，法名鼎诚，1968年10月出生，江苏海安人。本科学历。1992年9月入道，就读于上海道学院。1995年9月，分配到钦赐仰殿道观。1997年7月，调至青浦朱家角城隍庙。1999年3月，负责青浦白鹤施相公庙全面修复工作。2000年1月，调回浦东钦赐仰殿。2001年3月，调至崇福道院负责全面工作。现任上海市道教协会副会长，浦东新区道教协会副会长，浦东新区政协委员，浦东新区政协民宗委副主任。为浦东新区民俗"三月半圣堂庙会"

代表性非遗传承人。2017 年 10 月，浦东新区道教协会第四届代表会议上当选为副会长。

郑土有 男，1962 年 4 月出生于浙江省金华县。现为复旦大学中文系教授，艺术人类学与民间文学专业博士生导师、民俗学专业硕士生导师。兼任中国民俗学会副会长、国际亚细亚民俗学会中方副会长、上海通俗文艺研究会副会长、华东师范大学非物质文化遗产保护研究中心兼职研究员、延边大学和三峡大学兼职教授、上海市非物质文化遗产保护中心专家委员会成员。长期从事民俗学、民间信仰及道教文化的调查和研究工作。2017 年 10 月，浦东新区道教协会第四届代表会议上当选为副会长。

夏光荣 男，法名鼎榮、号云石道人，男，汉族，江苏句容人，本科学历。1968 年 10 月 21 日出生，1986 年 3 月就读于上海道教学院，1989 年 9 月分配上海白云观工作，2007 年 10 月调至上海财神庙筹备修建工作，2012 年任上海财神庙管委会主任。现任上海市浦东新区政协委员、上海市道教协会常务理事。2017 年 10 月，浦东新区道教协会第四届代表会议上当选为副会长。

张春鸿 男，1971 年 5 月出生于南京市溧水区。2014 年 2 月进入浦东新区道教协会工作。曾任浦东新区道教协会办公室副主任，现任上海市道教协会理事。2017 年 10 月，浦东新区道教协会第四届代表会议上当选为秘书长。

【**重要活动**】

〔2013 年〕

钦赐仰殿举行年度工作总结暨先进个人表彰会

2013 年 1 月 4 日，钦赐仰殿道观举行了 2012 年度工作总结会暨道观先进个人表彰会。道观管委会领导就道观年度工作进行了回顾和总结，对新一年工作进行了安排。道观通过民主无记名投票方式评选出在宗教活动、值殿接待、安全卫生、保洁卫生和综合工作方面等成绩突出的道长和员工进行了表彰和奖励。通过这次活动，旨在进一步调动道观教职员工的工作积极性，牢固树立"以庙为家"的责任意识，鼓励了全体教职员工在各自岗位中争先创优的积极性。

钦赐仰殿道观举行书法比赛交流活动

为全面提升道观年轻道长的综合素质，本着弘扬道教传统文化，普及提高道教书法艺术的宗旨，道观举办了"书法学习班"。经过一年多时间的学习，初步掌握了书法学习的专业知识与技巧，做到了学有所得，学有所长。为使青年道长有一个相互交流切磋、学习提高和展示的平台，道观举行了一次书法作品比赛交流活动。经过书法专业老师评比，共有 6 位道长分别获得一、二、三等奖，8 位道长获鼓励奖。

范金凤出席道教节国际庆典

2013 年 3 月 6 日，上海市道教协会副会长、三元宫坤道院监院范金凤前往马来西亚，应邀出席在沙巴州举行的 2013 年世界道教节庆典以及第四届沙巴州道教众神巡游盛会，受到当地道教界和政府官员的热烈欢迎。这次道教节以"道通天地、德化万物"为主题，体现尊重生命，提升道德，以人为本，心系民生的情怀。中国道教协会会长任法融以"道通古今"墨宝志庆。黄信阳以"道通天地、德化万物"中堂为贺。这次庆典活动进一步扩大了道教在海外的影响，促进了海内外道教界的互动。

圣堂庙会展民俗　道场祈福泽芦山

2013 第二届上海民俗文化节"三月半"圣堂庙会，于 4 月 20 日至 5 月 1 日在三林隆重举行。作为庙会重要内容的"撞钟祈福"活动也于 24 日（农历三月半）在崇福道院隆重举行，市区民宗委、市区道协以及三林镇党委班子等成员出席。道院还邀请教内外学者及同道围绕"圣堂庙会的传承与展望"进行座谈。庙会期间，道院还举行了大型"真武大帝祈福法会"，参与道众多达 60 余位。其间，在市道教协会的倡议下，上海道教界齐聚崇福道院为四川芦山地震灾区举行祈福消灾法会暨捐款活动，现场各宫观合计捐款68万余元。本次民俗文化节坚持民俗文化传承与城市文化创新并举，以"走进三林老街，体验民俗风情"为主题，集中展示了上海民俗文化特色、三林老街人文风情以及传统道教文化。

崇福道院通过讲经引领教风建设

为全面贯彻落实国家宗教局以"教风"为主题的和谐寺观教堂创建活动，加强宗教场所教风建设。5月10日，崇福道院开始了《道德经》的讲经释义工作，由道院负责人张开华道长主讲。道院计划于每月初一和十五的香汛期，开展《道德经》的讲经布道活动，从道教传统思想"源头"上加强对教徒和信徒的教理教义教育，同时促进道教徒自身对经典的解读和研究，汲取传统经典智慧，提升素养，共同树立良好宗教社会形象。

上海财神庙成立公共安全事务小组

为进一步加强宗教活动场所公共安全事务管理，探索深化宗教事务委托管理新途径，浦东新区结合宗教场所实际情况，选择唐镇地区进行试点。5月10日，新区民宗委在财神庙召开了成立"上海财神庙公共安全事务管理协调小组"会议，新区民宗委、新区道协、唐镇党群办、唐镇安监队以及虹三村等领导参加会议。会议决定：成立上海财神庙公共安全事务协调管理小组，由夏光荣道长担任组长。由此，上海财神庙成为全区除唐镇天主堂之外第二家公共安全事务试点场所。会议明确小组成员职责，制定完善相关安全制度，并从体制机制上建立起完善宗教事务委派管理方式。

三元宫邀请信众参与教风建设

三元宫坤道院根据浦东新区道协《关于开展 2013 年以"教风"为主题创建和谐寺观教堂的工作计划》精神和要求，于 5 月 13 日邀请信众来到三元宫，共同参与开展教风建设、创建和谐社会暨讲经讲道活动。三元宫坤道院监院范诚凤道长就创建"教风"建设活动的重要意义、计划和要求进行了讲解。希望在创建"教风建设"活动中得到信众的监督，更好地推动教风建设，提升管理能力，发挥好两个服务的作用。

浦东新区政协民宗委视察崇福道院

5 月 28 日，新区政协方柏华副主席、桂中华主任等 20 多位政协民宗委员视察崇福道院。张开华道长引导大家参观了讲经堂、圣堂庙会非遗展厅、灵官殿、真武殿、三清殿等殿堂。座谈会上方柏华副主席对道院近几年的工作给予充分肯定，希望道院增强"内提素养，外树形象"理念，继续做好"两个专项"工作，认真开展以"教风"为主题的和谐寺观教堂创建活动，并结合"政策法规宣传学习月"，深入推进民族宗教法规宣传活动，鼓励道院在讲经弘道中为构建和谐社会发挥积极贡献。

钦赐仰殿举行文昌帝君功德法会

在一年一度的中、高考来临之际，应广大道教信徒的要求，钦赐仰殿道观于 2013 年 6 月 1 日在文昌殿内启建"文昌帝君功德法会"。文昌帝君，又称文曲星，是主宰人间功名利禄，掌管天下读书人科甲，总司世间学子的功名学业，护佑学子金榜题名。法会在高功法师的主持下，开坛祈祷，诵经叩拜，祝愿祈祷，祈求文昌帝君护佑，增慧开智，考试顺利，学业有成。众善信学子 300 余人参加了功德法会。

钦赐仰殿道观举行教风建设座谈会

7 月 1 日，上海钦赐仰殿道观举行教风建设专题座谈会，道观全体教职员工、道观信徒代表、新区民宗委、新区道协、陆家嘴街道统战干部等参加座谈。道观管委会主任丁常云主持座谈会，并就道观教风建设第一阶段工作作了总结，对道观教风建设第二阶段工作进行了动员和布置。道观教职员工、信众代表踊跃发言，就道观教风方面存在的问题进行认真查找，并就相关问题提出整改意见和建议。根据计划要求，道观提倡遵规守戒，规范服务，倡导素食制，提升信仰，并先后制定了教风建设公约、教风建设管理制度，力争将教风建设工作真正落到实处，并逐步形成道观教风建设的长效机制。

新区道协举办档案业务知识培训班

为规范浦东道教档案管理，加强道观档案建设，增强档案人员的法制意识，提高档案人员的综合素质和业务水平。7月2日，新区道协举办了浦东道教档案业务知识培训班，特邀请浦东档案馆罗毅科长授课指导，各道观主要负责人及相关档案工作人员参加了学习培训。本次培训班本着依法规范档案管理的原则，同时针对道教档案工作的实际情况，理论联系实际，取得了很好的培训效果。

市政协副主席方慧萍走访钦赐仰殿

7月17日，上海市政协副主席方慧萍，市政协副秘书长张喆人、周锋，市政协民宗委副主任张广仁等领导，走访钦赐仰殿道观，受到热情接待。在道观管委会主任丁常云的陪同下，参观了道观东岳殿、三清殿、道教文化碑廊等，丁常云道长就道观的历史、修复情况以及文化建设、服务信众等方面内容进行了介绍。方慧萍副主席对道观所做的工作给予了充分肯定，对道观所取得的成绩表示赞赏。她希望道观要继续做好服务社会、服务信众的工作，继续发挥好道教在当今社会中的积极作用。

上海太清宫举行住持升座仪典

　　为了更好地加强道教教制建设，促进道教宫观管理，上海太清宫（原名钦赐仰殿）于 10 月 16 日隆重举行住持升座仪典。按照道教传统仪轨，丁常云道长荣升上海太清宫首任住持，这是改革开放以来上海道教界首次举行年轻道长升座住持仪典。升座仪典聘请中国道教协会黄信阳副会长担任扶座大师、张凤林副会长担任监座大师，聘请林舟副会长等 28 位高道大德担任护法。中国道教协会秘书长王哲一、上海市民宗委副主任王君力、浦东新区民宗委主任张杰等领导出席升座仪典。此前，上海市委统战部副部长、市民宗委党组书记曹斌，上海市民宗委主任赵卫星等领导专程前来道观向丁常云道长表示祝贺。

　　上海太清宫，又名钦赐仰殿，是上海乃至全国著名道教宫观，2011 年重修竣工后因供奉万年紫檀老君像而更名。住持升座是道教传统，也是道教教制建设的重要内容。由于文革后道教人才匮乏，上海正一派道观住持升座仪式多年未能正常举行。这次上海太清宫举行的住持升座仪典，是新时期加强道教教制建设的良好开端，是保障道教宫观有序传承的重要举措，对于进一步规范道教宫观管理和促进道教教风建设具有十分重要的意义。

钦赐仰殿举行重修竣工、神像开光庆典活动

10月16日，上海钦赐仰殿道观隆重举行重修竣工、神像开光庆典活动。中国道教协会副会长黄信阳、林舟、张凤林、秘书长王哲一，上海市民宗委副主任王君力，市民宗委佛道教处处长何建，浦东新区统战部副部长、民宗委主任张杰，浦东新区统战部副部长、民宗委副主任胡志国，市道协会长吉宏忠等有关领导以及江、浙、沪道教界人士、居士、信众代表等一千多人参加庆典活动。庆典仪式由上海市道教协会副会长姚树良主持，市民宗委副主任王君力、中国道协副会长黄信阳、浦东新区民宗委主任张杰、市道协会长吉宏忠、陆家嘴街道书记吴安桥等领导分别致辞表示祝贺！在庆典仪式上，道观还向部分信徒代表"赐福"，并颁发功德证书，感谢他们长期以来对于道观修复工作的关心和支持。庆典仪式结束后，道观按照传统仪轨举行了隆重的神像开光法会。还应广大信众的要求，举行了"护国安民迎祥保泰"祈福法会，祈祷国泰民安、风调雨顺、社会和谐、人民幸福。

钦赐仰殿举行慈善公益爱心助学活动

10月16日，上海钦赐仰殿道观在举行重修竣工尧神像开光庆典活动的同时，向上海市慈善基金会浦东分会首期捐款10万元设立爱心助学专项资金，浦东新区陆家嘴街道周小平主任接受捐赠并向道观颁发捐赠证书。开展"爱心助学"活动，是道观服务社会的优良传统和道观慈善公益的一项常态化工作。自2004年以来，道观已经连续十年在沪新中学开展爱心助学活动。此次爱心助学专项资金的设立是道观爱心助学的又一重要举措，也是道观的公益慈善事业向广度深度延伸的又一良好开端，更是道观回馈社会的功德善举，得到社会各界的好评。

119

爱心助学　同心圆梦

在新学期开学之际，钦赐仰殿道观管委会主任丁常云一行于9月2日前往上海沪新中学，看望、慰问刚刚考进大学的4位同学，面对面地与学生交流、沟通，向他们表示祝贺，并向每位同学送上慰问金1000元。此项活动是道观"爱心助学"活动的内容之一，旨在通过传递爱心、播洒希望，将爱心传递给困难学生，帮助他们同心圆梦。这4位考入大学的同学，就是道观"爱心助学"的部分学生。学校刘校长参加了慰问座谈活动。

三元宫举行同圆中国梦法会

八月十五中秋节，三元宫举行"中秋祈福圆梦大法会"。上午九点，祈福迎祥共聚三元宫同圆中国梦法会正式开始。监院范诚凤在祈祷仪式上清亮说白后，法师、信众持表在宫内外巡游一圈，三法师阐演《十献》，信众持表、焚表，虔诚肃穆。下午，道观请来群众业余文艺演出队，演出了民俗特色浓厚的节目。道教法务活动增加了信众参与的内容，有助于人们走进道教、关爱道教。

上海财神庙中秋佳节送祝福

在中秋佳节来临之际，浦东新区唐镇领导和上海财神庙全体道长在唐镇敬老院丁书记陪同下慰问了敬老院的老人，为他们送去中秋月饼，并向他们致以节日祝福。老人们对财神庙节前送温暖表达了感激之情。

十泽道院举行迁建竣工暨玉皇神像开光庆典

9月26日，浦东十泽道院隆重举行迁建工程竣工暨玉皇大帝神像开光庆典。浦东新区民宗处、公安国保处、北蔡镇等部门的领导，市道协、区道协、本市各道教宫观的领导、嘉宾以及八方善信大德光临庆典。市道教协会吉宏忠会长、浦东新区道教协会丁常云会长对于庆典活动表示热烈祝贺。北蔡镇党委副书记金虹，市民族宗教委佛道教处副处长朱松林，浦东新区统战部副部长、区民宗委主任张杰发表了热情洋溢的讲话，勉励道院发展百尺竿头更进一步。北蔡镇团委书记封丽丽主持庆典仪式。

《浦东名观·崇福道院》一书出版

2013 年 10 月，由中国道教协会组织编著"道教文化之旅丛书"之《浦东名观·崇福道院》一书由华夏出版社正式出版。该书由崇福道院当家张开华道长任主编，联手上海大学黄景春副教授等共同编著，全面介绍了千年古观"崇福道院"。介绍了圣堂的主供神真武大帝及总体格局中具有全国共性和地方特性的各路神仙，使之既有道教宫观丛林的殿堂制度，又有三林地方特色的地方神谱。该书图文并茂、装饰精美、文字通俗、介绍全面、层次分明，颇具可读性。

崇福道院举行癸巳年拜斗赐福延生法会

10 月 13 日，农历九月初九，时逢斗姥元君圣诞，崇福道院组织信徒举行了拜斗祈福延生道场。道教北斗信仰渊源悠久。《北斗星君赐福真经》、《南斗延寿真经》和《太上玄灵斗姆大圣元君本命延生心经》等均有关于北斗信仰的记载。为了继承传统信仰，更好地服务信众，今年，道院在三清殿专门设置"斗坛"，接受十方信徒祈求平安、子孙健康的供奉需求，同时，定于每年九月初九举行拜斗祈福大典。13日，道院成功举办拜斗延生法会，不仅得到信徒的高度评价，而且也是道院在新时期弘扬传统信仰方面一个新的探索。

上海道教举行 2013 年度讲经讲道交流法会

11月3日，时值农历十月初一，上海道教界在浦东崇福道院举办讲经讲道交流法会。本次讲经讲道活动的主题为"和谐社会、德育天地"，由上海市道教协会和浦东新区道教协会联合主办。市道协吉宏忠会长到会祝贺并启动仪式，新区道协丁常云会长做讲经讲道开示，崇福道院张开华、白云观宋小龙、上海城隍庙刘金豪、钦赐仰殿成润磊等四位道长先后讲经释道，通俗地阐述了道教的人生观、财富观、养生观以及报恩思想，呼应了当代核心价值主题，引领广大信徒普发善念，同修正道，弘扬真善，诸恶莫作，众善奉行。

浦东新区区长姜樑来钦赐仰殿道观调研

11月19日，上海市政协副主席、浦东新区区长姜樑来钦赐仰殿道观调研，受到道观住持丁常云道长的热情接待。姜樑区长先后参观了道观东岳殿、三清殿、藏经楼等，并在会议室进行了座谈交流，丁常云道长就道观的历史、修复情况以及文化建设、服务信众等方面情况进行了介绍，得到姜樑区长的充分肯定。浦东新区区委常委、统战部部长陈庆善，区委统战部副部长、区民宗办副主任胡志国等参加调研。

新区道协召开 2013 年度工作总结交流会

2013 年 12 月 20 日，新区道协组织召开浦东道教宫观 2013 年度工作总结及明年计划交流学习会，浦东各道观负责人及部分场所管理组成员参加会议，新区民宗委钱月明处长、徐锦昌调研员等出席会议并讲话。会上各场所负责人汇报了所在道观的年度工作情况以及明年的工作计划和打算。通过交流学习，及时总结经验，查找不足，相互取长补短，更好地促进宫观管理，提升服务水平。同时，逐步探索建立场所负责人年度述职考评制度。

崇福道院开展宗教慈善周活动

近年来，崇福道院积极探索慈善形式，回报社会，服务社区。2012 年 12 月，道院首次采用上门走访和赠送慰问金、慰问品的形

式，对三林杨思、杨南、世博二居等 6 个居委会的 6 户家庭进行了慰问。2013 年，为了更好地做好宗教慈善周活动，崇福道院从 4 月份开始筹备创立了"慈善捐款募捐箱"，统计每月初一、十五所得的捐款，作为道院开展慈善活动的专项资金。12 月 11 日，我们参与了"2014 三林镇慈善联合捐"这个新的方式，向社区办捐助 8000元，用于帮助贫困家庭。

〔2014 年〕

新区道协积极倡导文明敬香活动

为了积极响应党的十八大提出的大力推进生态文明建设、努力建设美丽中国的号召，贯彻国家宗教局《关于进一步推进文明敬香、建设生态寺观工作的通知》精神，发扬道教"重生贵生"的教义思想和生态理念。经浦东新区道教协会办公会议讨论，于今年 3 月 1 日起，向全区道教场所发出《文明敬香倡议书》，倡导文明敬香和环保健康理念，弘扬道教优良传统，建设生态道观。要求浦东各道教场所结合自身实际情况，采取有效措施，认真组织实施，积极宣传、引导、推进文明敬香礼神活动，努力建设生态道观，为构建和谐、文明、美丽的浦东做出新贡献。

上海财神庙举行迎财神法会

上海财神庙自 2010 年正月初五开始，恢复正月初五子时的"迎财神"习俗，已连续数年。2014 年正月初五的迎财神法会更是规模空前。进庙参加迎财神的信众中既有唐镇本地的，也有从杨浦、黄浦、静安、长宁、嘉定等区过来的，更有慕名从江苏无锡、安庆等地专程纷至沓来的。初五子时许，十几位道长庄严地在财神殿内诵财神圣经，信众里三层外三层的围在四周，秩序井然；子时，信众们有序地排队撞钟祈福平安。由于道观预先作了精心安排和周密布置，采取多项安全保障措施，确保安全，迎财神法会顺利平安。上海财神庙的对外影响逐年扩大，道观将总结春节期间工作，使今后的各项法务活动做得更好。

三元宫举办道教神学系列讲座

3月21日，三元宫举办了由陈耀庭教授主讲的道教神学系列讲座。三元宫监院范诚凤带领本宫全体道众认真听讲，自觉接受道教神学的系统教育，促进自身建设。道众反映讲座效果良好，应作为当代道士的必修课。

钦赐仰殿举行青年节爱国主义活动

为进一步培育和践行社会主义核心价值观，发扬和巩固道教界爱国爱教、崇尚和谐服务社会的优良传统。在"五四"青年节来临之时，钦赐仰殿道观举行"汇聚青年梦、弘扬正能量"为主题的爱国主义教育实践活动，组织青年道长赴张闻天故居缅怀先烈、了解历史，接受爱国主义教育。此次学习活动激发了青年道长的爱国热情，使道长们更加深刻地领悟到实现"中国梦"的重要性，表示要积极引导广大信教群众爱国爱教，为全面建设小康社会发挥正能量。

钦赐仰殿举行甲午年东岳圣诞祈福法会

甲午之年，东岳圣诞（农历三月二十八日）之日，上海钦赐仰殿道观隆重举行"甲午年东岳圣诞祈福法会"。彩旗飘扬，鲜花盛开，数千名信众虔诚祈祷，祈求东岳赐福，平安吉祥。钦赐仰殿，又名东岳行宫，主供东岳大帝，是执掌人间祸福和生死大事的泰山神，与民众生活息息相关。旧时，道观常于东岳圣诞时，举行祭祀，以禳灾祈福。改革开放后，道观重新修复开放，恢复传统仪典。法会活动为期三天，道观免票开放，向各方善信赠"福面"、"福斋"，向街道社区居民送"寿面"，广结善缘，服务社会。同时，道观还邀请上海滑稽剧团表演酬神戏。三天法会，诵经祈福祝愿祈祷，申达表文，迎请圣真，祝愿民众幸福、社会和谐。近年来，钦赐仰殿以"护国佑民"为福祉，以"民众幸福"为期盼，在继承传统的基础上，不断创新发展，通过"东岳圣诞祈福法会"等活动，着力塑造道观的"福文化"，使这座千年古观真正成为信众心目中的"祈福圣地"。

圣堂庙会献爱心　崇福香汛赏民俗

2014三林塘·第三届上海民俗文化节"三月半"圣堂庙会，于4月12日在浦东三林崇福道院祈福仪式中正式拉开帷幕。上海市道教协会吉宏忠会长代表全体嘉宾登坛敬香。浦东新区统战部胡志国副部长和三林镇党委储明昌书记一同撞钟祈福。三林镇镇长宋建平向崇福道院授"圣堂庙会"非遗铭牌。上海市民宗委王君力副主任为本届民俗文化庙会道教仪仗队出巡击鼓鸣号。本届庙会历时9天，崇福道院组织了道教话剧表演、真武大帝祈福法会、圣堂丹青会、圣堂书画艺术展、"三林庙会温馨记忆"图片展、民俗戏曲表演等各种宗教与民俗文化活动，弘扬传统文化，展示民俗风情。

上海财神庙举行财神圣诞法会

上海财神庙是上海乃至华东地区唯一以财神命名的道教宫观。农历三月十五日，财神赵公明华诞庆典法会在财神庙隆重举行。八时许，殿堂内鼓声隆隆，玉磬声声，二十余位道长和数以百计的信众，齐集坛前，同声祈祷，讽诵财神经，举行财神祝愿等道教科仪，祈求财运亨通、国泰民安。法会一直延续至下午四时。道观为此法会做了精心安排，除为每位信众免费提供美味寿面外，还特置办

"财神圣诞寿面"免费赠送各界善信，以祈求财运亨通、增福寿康宁。

钦赐仰殿道观端午节赴敬老院慰问

5 月 30 日，传统端午佳节来临之际，上海钦赐仰殿道观举行端午送爱心敬老活动。道观道长来到陆家嘴社区敬老院，为老人们送上祈福寿面与福斋，祈愿老人们端午节快乐，并希望道观的这份心意能为老人们带来吉祥与长寿。道观希望通过道教慈善公益这个平台，让更多的人参与社会敬老活动，以带动全社会形成敬老爱老的时代新风尚。

钦赐仰殿道观向社区民众送福面

5 月 30 日，上海钦赐仰殿道观道长们来到陆家嘴居民社区，向社区居民送上本观祈福寿面和福斋近万份，表达了道观服务社区、关爱民众的一片爱心。近年来，为进一步深化道观慈善公益工作，道观联合陆家嘴街道设立"陆家嘴爱心帮困基金"，陆续向社区困难学生及老人发放善款，使道观的慈善公益成为常态，得到街道社区的广泛好评。

崇福道院宣法规　携手共筑中国梦

6月12日，时逢五月十五，崇福道院"讲经堂"济济一堂，道院负责人张开华对50多名社区信徒及道长进行了一次"民族宗教政策法规"知识普及宣传报告。报告会结合宗教信仰渊源、五大传统宗教特点、新时期党的宗教政策、宗教场所管理内涵、宗教公益事业发展、宗教禁忌、邪教危害、宗教对国家发展的影响等方面进行了解读和开示，号召大家树立正信正念正行，不断增强法律法规意识，努力汲取传统宗教正能量，增强民族宗教凝聚力，共创和谐，共筑中国梦。

钦赐仰殿道观公共安全事务管理协调小组成立

为推动浦东新区宗教活动场所建立公共安全管理组织建设工作，根据区民宗委的工作安排和要求，上海钦赐仰殿道观公共安全事务管理协调小组于7月15日在道观成立。协调小组的成立，是加强宗教活动场所公共安全管理组织建设的一项重要举措，旨在维护道观日常安全防范和重大宗教活动安全防范等工作，确保道观公共安全工作和宗教活动的正常开展。公共安全事务管理协调小组主要依托道观所在地陆家嘴街道，其成员主要由街道各相关职能部门和道观共同组成，钦赐仰殿道观住持丁常云任组长，陆家嘴街道宣传统战委员陈晖任副组长。协调小组还专门制定了议事制度和相关工作制度，确保道观公共安全事务工作规范、有序开展。

市民族宗教委领导视察上海财神庙

2014 年 8 月 13 日上午，上海市委统战部副部长、市民族和宗教事务委员会赵卫星主任、王君力副主任、市民族和宗教事务委员会佛道教处何建处长、朱松林副处长等一行在市道协吉宏忠会长、姚树良副会长陪同下，前来上海财神庙视察。上海财神庙管理委员会主任夏光荣道长汇报了道观的基本情况和未来发展规划。赵卫星主任对上海财神庙的发展远景非常看好。市道协吉宏忠会长也表示将大力支持财神庙的发展。

钦赐仰殿举行"倾情社区、爱心助学"活动

在新学期即将到来之际，上海钦赐仰殿道观于 8 月 26 日举行年度"倾情社区、爱心助学"活动，向浦东陆家嘴社区最低保障政策家庭子女、经济困难家庭及单亲贫困家庭的 10 名在校大学生每人捐款 2000 元，共计捐款 20000 元，用以帮助他们完成学业。道观住持丁常云道长向每位受助学生发放捐助款。此项活动是钦赐仰殿道观

"爱心助学"活动内容之一，道观的"爱心助学"活动，已经延续了10多年，是道观服务社会的优良传统，更是道观慈善公益的一项常态化工作。浦东新区民宗委领导和陆家嘴街道领导参加本次捐款仪式并讲话。

范诚凤出席四川道教文化节

9月18日至20日，四川省第四届中国道教文化节在成都都江堰举行，历时三天，市道协副会长范诚凤应邀出席。活动期间范道长聆听了世界宗教研究所所长卓新平演讲《中华之道，启迪世界》、四川大学老子研究院院长詹石窗演讲《道教文化养生及其现代意义》、中国社科院哲学所研究员胡孚琛讲的《道教生命哲学的重构与当代价值》等学术报告，还参拜了二王庙神祇，朝拜了青城山及建福观祖师鹤鸣山祖庭，与各地道友结下了深厚的道谊。

钦赐仰殿荣获年度十佳"敬老模范单位"

在敬老节来临之际，浦东新区陆家嘴街道老龄工作委员会，于9月23日隆重举行了"敬老爱老表彰总结大会"，表彰年度"敬老"先进个人和模范单位，钦赐仰殿道观荣获2014年度陆家嘴社区十佳"敬老模范单位"称号。多年来，道观始终坚持开展"敬老爱老"活动，并将此项爱心公益活动常态化，深受社会好评。

崇福道院举行"甲午拜斗祈福"法会

10 月 2 日，甲午农历九月初九，时逢斗姥天尊神诞，也是真武祖师得道飞升之日，崇福道院为信徒举行了一年一度的拜斗祈福典礼。上午 10 时，在钟鼓齐鸣声中，法众科班率领众信依次上坛敬香祈福，进殿朝拜真武祖师。本次科仪坛场以北斗众星之母的"斗姥"为主供神。法师登坛普洒法水，道众依科诵礼延生诸品妙经，志心唱赞斗姥圣号，虔诚阐演供天科仪，带领信徒共同持诵斗姥宝诰，恭迎斗尊降临，赐福消灾，善果臻身，子孙荣盛，家庭幸福。

新区道协"玄门讲经"在三元宫举办

2014 年 10 月 25 日，由浦东新区道教协会主办，三元宫坤道院承办的浦东道教"玄门讲经"交流活动如期举行。三元宫坤道院监院范诚凤道长主持讲经活动并作讲经开示。浦东各道观教职人员及善信居士近 300 人齐聚一堂，闻经听法，亲近天尊。三元宫高信勤道长围绕道教经典《文昌帝君阴骘文》阐述广种福田的重要性，奉劝大家诸恶莫作，众善奉行；上海太清宫成润磊道长围绕道教"道、经、师"三宝阐释妙理；上海白云观宋小龙道长深入阐释了道教五戒的内容以及持守"五戒"的功德和意义。一位信徒代表自荐登台分享了其皈依道教的亲身体会。整个讲经活动,道长们开阐妙理,道相威严;善信真心听受,普沾道露,活动圆满成功。

崇福道院举行大型讲经讲道法会

2014 年 10 月 24 日,崇福道院举行了"2014 崇福道院讲经讲道法会",500 多位信徒共同见证了盛会。仪式前,道院小乐队表演了传统道曲《八卦》和唢呐独奏曲。上午九时,道院宣道组吕东道长主持了讲经法会仪式,在钟鼓齐鸣中,两班科仪道众接引道院管委会主任张开华道长登台讲经说法。本次讲经活动主题为"福在积善,祸在积恶",主要结合宗教徒"如何进香,如何修为"起讲,阐明"道由心学,命由己修"的道理,常修清静心、平常心和功德心,讲诚信,守节操,扬正气,传爱心。同时,倡导大家积极响应文明敬香,共同创建生态道观,普发善愿,积德修善,为构建和谐社会多作贡献。

三元宫举行九皇大法会

闰九月初一至初九,"北斗九皇大法会"在三元宫坤道院举行。法会期间天天诵经礼忏、阐演拜斗科仪,为斋主祈福迎祥,求赐姻缘、延生解厄。道教九皇信仰渊源于中国先民对北斗众星的崇拜。

据道教《本命延生经》记载，元始天尊之阴气化生斗姆。斗姆的梵气又化生了九皇。贪狼、巨门、禄存、文曲、廉贞、武曲、破军七颗辅星，加上勾陈天皇大帝和北极紫微大帝两颗弼星，称为九皇大帝。每年农历九月初一到初九三元宫都要举行九皇圣诞法会。北斗星君掌消灾解厄，南斗星君掌延寿施福。所以礼拜星宿能罪消孽减、消灾祈福、祛病、延生、转运。

崇福道院举行第六届书画结缘活动

为了加强道院传统宗教文化建设，提升道观文化品位，促进传统宗教与社会各界的联谊和交往，2014 年 11 月 24 日，道观荣幸地邀请到王寿甸、康大涛、王国樑、闵耕伐、闫成贵、黄迈里、任伟、顾孝华、钟济权、沈德龙、王士豪等书画名家相聚道院，联袂举办"探玄问道·翰墨飘香"书画结缘活动。张开华道长主持欢迎仪式，并接受大家向道院捐献的 20 多幅墨宝。本次活动现场绘就的"牡丹迎春"图由来宾共同完成，寄托着众位书画家对道院未来文化发展的美好祝愿。

上海财神庙开展慈善周爱心送温暖活动

上海财神庙于日前举行了慈善周送温暖系列活动，决定向幕二虹三村 170 多位老人每人赠送一对薰衣草枕头。12 月 8 日，道观管委会主任夏光荣道长和管委会成员刘广军道长，与虹三村委书记陈志强和村长唐志文，在财神庙举行了赠送仪式。12 月 10 日，在唐镇宣统科有关领导牵线下，道观又向唐镇敬老院老人赠送 100 只枕头。上海财神庙举办此活动是服务社会、回报社会的一种方式，此善举受到唐镇敬老院和当地村民的一致好评。

上海市欧美同学会参访钦赐仰殿道观

2014 年 12 月 27 日，上海市欧美同学会一行 30 余人参访钦赐仰殿道观，受到中国道教协会副会长、钦赐仰殿道观住持丁常云道长的热情接待，丁常云道长就道教的历史以及道教在当代社会中的作用和影响等作了专题讲座，还就第三届国际道教论坛情况作了介绍，并回答了大家的提问。通过讲座和互动交流，客人们加深了对道教文化的了解，大家一致认为收获很大，并希望今后能多参加此类活动，更好地了解中国传统道教文化。上海市欧美同学会副会长曹钟勇教授作了总结讲话。座谈会后，客人们还参观了上海钦赐仰殿道观。

新区道协召开消防安全工作优秀道观表彰会

根据浦东新区道协五年工作计划安排，两年组织一次浦东道观

年度消防安全工作检查评比表彰活动，以促进宫观消防安全工作常态化管理，进一步推行浦东道教逐级签订《消防安全责任书》的管理模式。2014 年 12 月 30 日，浦东道协组织召开浦东道教 2013 年至 2014 年度消防安全工作优秀道观表彰会"，表彰钦赐仰殿、崇福道院、十泽道院、三元宫坤道院四所优秀道观并颁发荣誉证书。同时与各宫观负责人签订 2015 年度《消防安全责任书》，并要求各宫观对存在的问题及时自查、排查和整改，消除安全隐患。

钦赐仰殿道观举行 2014 年度爱心助学活动

一年一度的上海钦赐仰殿道观爱心助学活动于 2014 年 12 月 26 日举行，道观向浦东沪新中学四名学习勤奋努力但家庭经济困难的学生每人捐款 2500 元，道观住持丁常云向每位受助学生赠送捐助款。捐款仪式上，四位学生做了感恩发言，道观住持丁常云、学校刘校长分别讲话。道观"帮困助学"，与沪新中学结对"爱心助学"活动已开展了十多年，这种以"爱心互动"的形式服务社会，奉献爱心，已经成为道观的传统，成为道观慈善公益的常态化工作。为了进一步做好此项工作，道观于 2013 年专门设立了爱心助学基金，专款用于爱心助学活动。

〔2015年〕

钦赐仰殿道观举行年度先进个人表彰会

为进一步加强教风建设，鼓励教职员工在各自岗位争先创优。1月7日，钦赐仰殿道观举行了2014年度先进个人表彰会。道观住持丁常云宣读了表彰名单，邹理敏、刘锦忠荣获2014年度先进职工。丁常云住持向受表彰的先进个人表示祝贺，勉励他们戒骄戒躁，再创佳绩，并号召其他教职员工向先进个人学习，为道观作出更大的贡献。

崇福道院参加公益慈善联合捐活动

2015年1月20日，崇福道院参加三林镇"爱满三林"公益慈善联合捐活动，为三林公益慈善基金会捐助善款6000元。此活动是道院积极响应政府倡议，继续践行上海"宗教慈善周"活动理念，把自己的点滴爱心融入到社区机关、事业单位"爱心奉献"潮流之善举。同时，道院还特地向身边的杨南二居委捐助"扶贫帮困"春节慰问金200元，用于帮助社区部分困难群体，让他们感受社会和宗教的关怀，增添生活的信心，携手共迎新春佳节！

钦赐仰殿召开春节香汛安全工作会议

为确保春节香汛工作安全有序，钦赐仰殿道观于 2 月 7 日召开了春节香汛安全动员会。道观住持丁常云传达了新区安全工作会议的精神，提出了今年香汛期间的安全工作有关要求，强调要强化工作措施、强化岗位职责，坚持安全第一，严守安全底线，各部门之间要通力合作，各位教职员工都要进一步增强安全意识。确保春节香讯工作"安全、平稳、有序"，确保广大道教信徒度过一个"欢乐、祥和、文明、安全"的节日。

浦东道教书画联谊会成立

3 月 25 日，上海市浦东道教书画联谊会成立会在钦赐仰殿道观举行，新区道协丁常云会长主持会议，30 多位书画家会员及企业家代表参加了成立会。浦东新区统战部副部长、民宗委主任钟翟伟先生应邀出席会议。会议回顾介绍了联谊会的筹备情况，表决通过了联谊会《章程》，选举产生了联谊会班子领导成员，聘请了四位顾问并颁发聘书。与会人员对今后的工作展开讨论，提出了意见和建议。新区民宗委钟翟伟主任对浦东道教书画联谊会（筹）的成立表示祝贺和肯定，指出书画联谊会（筹）的成立为浦东道教搭建了新的文化交流平台，并对联谊会今后工作的开展从认识和操作两个层面提出了建议和要求，希望各位书画艺术家积极参与和支持联谊会工作，为弘扬中华传统书画文化作出新贡献。会后举行了首次书画笔会。

《浦东道教年鉴》第二卷出版

为更好地记录当代浦东道教历史和发展情况，浦东新区道教协会组织编修了《浦东道教年鉴》第二卷，近日由中西书局正式出版。该书是对浦东新区道教协会第二届理事会 2008 年至 2012 年工作的全面总结，是浦东地区各道观五年来发展的真实记录，也是当代浦东道教成长的历史见证。正文分大事记、道协篇、宫观篇、学术篇，附录人物名录、道教碑文，该书具有很强的历史性、真实性和权威性，具有较高的史料价值。

新区道协推进"文明和谐道观"创建工作

为进一步加强浦东道教场所文明和谐建设，巩固文明创建成果，全面提升教职人员整体素质和文明创建水平，4 月 17 日，浦东新区道教协会在浦东三元宫坤道院召开了"文明和谐道观"创建工作推进会。崇福道院、三元宫坤道院、钦赐仰殿道观作了经验交流，新场东岳观、上海财神庙作为新创场所作了找差距、补漏洞的争创发言。会上，浦东宫观就创建过程中的具体工作，集思广益、建言献策、相互借鉴。

新区道协为进一步推进道教场所文明和谐建设，提出五个谋划，一要谋事，树立创建意识，激发工作热情，创造创建声势，做好本职工作；二要谋序，加强组织建设，健全领导班子，健全规章制度，加强检查监督；三要谋实，加强班子整体合作战斗力，制定"文明公约"，倡导"文明进香"，脚踏实地加以落实；四要谋局，以"教风年创建"重点工作为抓手，推动"文明创建"整体深入，以长效机制建设保证自身健康发展；五要谋新，探索讲经法会常态化，积极宣传传统道教文化内涵，勇于创新，以新思维、新方法探索"当代宗教适应社会"的时代课题。

141

崇福道院举办 2015 "三月半" 圣堂庙会

4 月 30 日，2015 三林塘·第四届上海民俗文化节暨三月半圣堂庙会祈福仪式在浦东崇福道院隆重举行，张开华道长主持仪式，浦东新区道教协会会长丁常云道长宣读祈福文书。京沪庙宇节庆文化访问交流团代表——澳门道教协会会长吴炳铤道长代表嘉宾上坛敬香。三林镇党委书记储明吕先生和新区民宗委钱月明处长一起为众信撞钟祈福。道院从 4 月 30 日至 5 月 4 日相继举办真武大帝祈福法会、道教话剧表演、2015 墨飘香丹青会、道教文化图片展、道教太极拳表演、武当十二段锦养生功法展示、民俗"天天演戏剧文艺、送福到万家等系列活动，体现了宗教性、文化性、民俗性、时代性。

澳门庙宇节庆文化访问交流团参访崇福道院

4月30日，澳门庙宇节庆文化访问交流团参访了浦东崇福道院。访问团全体成员参加了一年一度的崇福道院"三月半圣堂庙会"祈福仪式，澳门道教协会吴炳锑会长代表嘉宾上坛敬香祈福。仪式后，宾主双方进行了友好交流。张开华道长向贵宾介绍了道院的历史发展概况，冯健富团长、梁庆庭顾问等嘉宾对道院举办庙会、拜斗大典、讲经弘道、新春拜太岁等传统信仰活动给予高度评价，鼓励大家在弘扬传统宗教文化时，要充分结合传统信仰、区域民情、时代发展等多种因素，因地制宜地开展庙务工作，让传统宗教更好地融入当代社会生活，丰富人们的精神生活。

澳门庙宇节庆文化访问交流团参访钦赐仰殿

5月1日，澳门庙宇节庆文化访问交流团一行40余人来上海钦赐仰殿道观访问交流，受到浦东新区道协会长、钦赐仰殿道观住持丁常云道长的热情接待。访问团一行在丁常云会长的陪同下，参拜了道观各殿堂，并登上老君堂朝拜万年紫檀老君像。随后的座谈交流中，丁常云会长向客人们介绍了浦东道教历史文化和道观的建设、管理等情况，双方还就进一步加强浦东和澳门两地道教间的文化交流进行了探讨。此次参访交流加深了相互了解，增加了友谊。

钦赐仰殿举行东岳圣诞祈福法会

2015 年 5 月 16 日（农历三月二十八），上海钦赐仰殿道观隆重举行"东岳圣诞祈福法会"。道观内喜庆吉祥，殿堂内福斋齐备，清静庄严，数千名信众齐聚东岳福坛，诵经演教，奉达天尊上圣，祈祝申文，迎请赐福消灾。道观住持丁常云敬香祈福，引领众善信诵念"东岳圣诞祈福法会祈祷文"，祝愿国家风调雨顺，祝愿民众幸福安康，祝愿道教繁荣昌盛。

钦赐仰殿东岳圣诞祈福法会以"护国佑民"为福祉，以"民众幸福"为期盼，于每年东岳圣诞时举行，祈福法会历时三天，在继承传统的基础上，不断创新发展。在此期间，道观免票开放，演出酬神戏，并向前来道观的各方善信赠"福米""福面""福水"，广结善缘，服务社会，祝愿民众幸福、社会和谐，使这座千年古观真正成为信众心目中的"祈福圣地"。

新区道协举办自身建设和宫观管理学习会

为加强浦东道教教职人员自身建设，强化宫观管理，浦东新区道教协会于 6 月 17 日举办了以自身建设和宫观管理为主题的宫观负责人学习会。

会议围绕"道教面临的形势，道教今后的发展"展开讨论，与会人员从道教与社会的关系、作为与地位的关系、自律与他律的关系、内强素质与外树形象的关系、中国梦与道教梦的关系、道教自身发展与人才培养的关系等方面，阐述了各自的想法和建议。

通过学习，大家表示要强化团结、相互尊重、相互宽容、相互沟通，践行戒律，纯洁信仰；宫观管理化、制度化；要拓宽人才渠道，完善人才结构；积极提高信众的认同感；探寻道教与现代社会的结合点和增长点，体现道教的思想深度和文化魅力，充分发挥道教自身优势，努力传递正能量，积极引导信众为浦东的二次创业做贡献。

上海太清宫举行首届三皈依法会

2015 年 7 月 3 日（农历五月十八日），适逢祖天师圣诞之日，上海太清宫（钦赐仰殿）首届三皈依法会在玉皇殿隆重举行，在引礼官和弟子代表的迎请下，本观住持、教戒师丁常云道长登堂说法，为信徒传授三皈依。法会现场，庄严殊胜，信众虔心礼拜，悉心聆听，虔诚皈依。来自本市及周边省市的 56 名弟子参加了皈依仪式。按道教传统仪轨，仪式共分师堂启请、法堂正授、焚简送师三部分内容。教戒师宣说三皈五戒，要求皈依弟子"宗奉礼敬，永不退转"。三皈是皈依道经师三宝；五戒是道教的根本戒；所谓"戒者止也，所以止人非心，归于正定"。皈依仪式中，教戒师告符简说文称：教苦白简，救今生之罪苦。长生白简，导他生之径路。并依次向众弟子颁发金箓长生简，护佑皈依弟子福寿康宁。还告诫弟子：须奉戒修行，方可福逐祈生，他日南宫受书。通过"焚简颂"，送焚仙简。"虔恭礼三宝，奏名太上前"。整个仪式，功德圆满。皈依仪式前，道观专门举行了规戒、礼仪学习，还举行了传统的"过斋"仪式。

浦东道观举行重阳敬老活动

钦赐仰殿道观为所在社区 280 位高龄老人送上重阳糕与长寿面；向参加浦东新区侨联 2015 年"百名归侨聚重阳"活动的 36 个街镇的 100 名老归侨赠送长寿面；邀请所在街道光解居委 60 余位老寿星来道观品尝寿面。

崇福道院向社区 160 多位老人致以节日的慰问，并向社区捐助善款 6000 元，用于支持"爱老、敬老、助老"事业。热情的社区志愿者为大家表演了精彩的文艺节目。道院请社区老人一起品尝长寿面，并向老人们赠送重阳糕。

钦赐仰殿举行"倾情社区、爱心助学"活动

在新学期来临之际，上海钦赐仰殿道观于 8 月 27 日举行年度"倾情社区、爱心助学"捐款活动，向道观所在社区困难家庭的 13 名品学兼优的在校大学生每人捐款 2000 元，共计捐款 26000 元，用以帮助他们完成学业。道观住持丁常云道长向受助学生赠送捐助

145

款。此项活动是钦赐仰殿道观"爱心助学"活动内容之一，道观的"爱心助学"活动，已经延续了10多年，是道观服务社会的优良传统，更是道观慈善公益的一项常态化工作。浦东新区陆家嘴街道有关领导参加了本次捐款仪式并讲话。

钦赐仰殿举办太极拳公益学习班

为进一步"传承中华优秀文化，弘扬道教济世利人"的优良传统，上海钦赐仰殿道观举办太极拳公益学习班，以"普及太极拳服务信教群众"为宗旨，邀请了热心公益、具有丰富教学经验的太极拳老师王泺淇为学员授课。自今年8月5日正式开班，每期时间为两月，全部利用晚上及周末的时间，至今已经成功举办了两期公益学习班，参与信众60余人。太极拳公益班是道观服务社会公益的项新举措，道观将在探索中总结经验、逐步常态化。此项活动的成功举办，有利于道教养生文化的弘扬，有益于民众强身健体，得到了社会和信众的好评。

黄浦区政协领导来钦赐仰殿参访

2015年8月27日，上海市黄浦区政协副主席、统战部部长张浩亮，统战部副部长、民宗办主任徐惠江等领导一行十余人，在浦东新区统战部副部长、民宗委主任钟翟伟和民宗处钱月明的陪同下，走访了钦赐仰殿道观。道观住持丁常云道长热情接待，并就道观近年来的发展情况、管理模式以及未来道观的发展等进行了介绍，还就当代道教的发展与宫观管理提出了想法和建议，与黄浦区政协领导还就相关问题进行了交流。

崇福道院举行纪念抗战胜利 70 周年祈祷法会

2015 年 8 月 28 日，农历七月十五，是道教传统的中元佳节，也是祭祀普渡祖先的民俗节日。在我国首个法定"中国人民抗日战争胜利纪念日"来临之际，崇福道院全体教职人员与张玲芳等 200 多名十方善信共同举行祈祷和平仪式。道院负责人张开华道长虔诚宣读祈祷文疏，并带领大家遥祭英烈，向革命英雄三鞠躬。信徒代表张玲芳上坛进香，顾全琮撞响了"和平吉祥"钟声，敬畏忠烈英魂，崇尚卫国精神，祈祷世界和平。仪式结束后，法众奉道依科，拜礼玉皇宝忏，裔供诸天帝君，阐演九幽祭炼大法，普渡十方，永脱轮回，共涉仙乡。

新区道协组织学习《中国共产党统一战线工作条例》

为深入学习贯彻落实中央和市委统战工作会议精神，浦东新区道教协会于 2015 年 10 月 22 日在川沙关帝庙，组织全区各宫观负责人学习了《中国共产党统一战线工作条例（试行）》。新区道协张开华副会长就《条例》的有关内容进行解读。丁常云会长就《条例》的学习提出要求：一是要提高对于统战工作重要性的认识；二是要提高对统战工作条例内容的理解；三是要发挥宗教在统战工作中的积极作用；四是要有责任意识、担当意识和大局意识。大家就《条例》的有关内容，特别是关于民族、宗教方面的条款进行了讨论交流。大家表示，要立足本职工作，积极发挥道教正能量，努力使自己成为统战工作的参与者、实践者，从而更好地发挥道教在统战工作中的积极作用。

崇福道院举行乙未年拜斗祈福法会

2015 年 10 月 21 日，农历九月初九日恰逢重阳节，也是中国传统北斗信仰——斗姥天尊圣诞，同时，也是真武大帝成道之日。崇福道院隆重举行了"乙未年拜斗祈福大典"。张开华道长主持祈福典礼，300 多名供奉信徒列队朝拜真武祖师，10 名信徒代表上坛敬香，朝拜斗尊，恭迎圣驾降临。法职道众虔诵北斗真经，志心斋供诸天列圣帝尊，依科阐演祝愿祈福科仪，祈求道祖慈悲，斗尊赐福，保佑众信道高德盛，世世清静。

钦赐仰殿开展消防安全宣传和演练活动

2015年11月9日，钦赐仰殿道观进行了"11·9"消防日安全宣传及演练活动，邀请浦东新区消防支队官兵为道观全体教职员工讲解消防安全知识及道观火灾防范重点，指导消防器材的使用，并举办了一次消防器材使用演习。通过消防日的活动，进一步强化了道观教职工的消防安全意识，提高了消防安全技能，为道观活动安全有序地开展打下了坚实的基础。

市道协讲经团在浦东巡讲

市道协讲经团于11月12日在浦东十泽道院举行巡讲，此次巡讲特邀巡讲团的宋小龙、高信勤和刘金豪三位道长参加，三位道长分别围绕《太上感应篇》和《三官经》进行现场讲经展示，宋小龙道长引用"施恩不图报，与人不追悔"经典展开精彩的解读，意在通过倡导提高素养、公平正直、修养心性、以身作则来真正教化引导信众，济世利人。三位道长分别从不同的角度诠释了道教经典内蕴的真谛，展示了道教文化对当代社会的启迪，赢得了听众的赞扬与好评。

交流活动开始前由浦东道协丁常云会长作开示，希望通过玄门讲经活动，促进深入阐释道教义理，传承和弘扬道教优秀传统文化。

浦东新区民宗委钟翟伟主任在讲经交流活动结束时作了总结讲话，希望各宫观通过讲经讲道的形式，并结合社会主义核心价值观传播传统文化、弘扬社会正气、净化信众心灵。浦东各道观教职人员及善信居士参加了讲经活动。

崇福道院举行讲经讲道暨揭牌仪式

2015 年 11 月 12 日，崇福道院举行年度大型讲经讲道法会。张开华道长主持仪式。300 多名信徒莅临法会。道院吕东道长在仙乐飘渺声中登坛讲解《太上感应篇》，犀利独特地从"修证法门"角度来阐述经典大义，在灭罪消愆中实现小我之和谐，在趋善除妄中实现大我之和谐，在利人济物中实现众生之和谐，清晰地阐释《感应篇》是人间道，更是世间法。讲经结束后，还举行了"崇福道院书画结缘展示厅"揭牌仪式。张树荪、王永琪、贺孝遽、爱新觉罗·若兰等 20 多名三林书画艺友结合中华道教文化及三林圣堂庙会等传统文化内涵，经过两个多月的筹备，筹集了 40 余幅书画作品集中展示，为道院服务信徒搭建了新平台，为浦东三林宗教文化建设增添了新亮点。

仙鹤观坤道院举行奠基仪式

2015 年 12 月 28 日，上海仙鹤观坤道院奠基典礼在浦东新区泥城镇举行。浦东新区道教协会会长丁常云、泥城镇副书记张林伯、市道协副会长兼秘书长姚树良、浦东新区统战部钱月明处长先后发言，祝贺道观奠基。上海市民宗委副主任王君力、市民宗委佛道教处处长何建、当地政府部门领导、江苏等兄弟省市道协代表和本市各宫观负责人受邀参加奠基仪式。法会由茅山乾元观尹信慧道长主持，分别举行奠土安神科仪，以安镇五方土地龙神。下午举行了祈福大法会。范诚凤道长介绍了泥城仙鹤观坤道院的筹备经过并祝愿大家吉祥如意，福寿康宁。

钦赐仰殿道观参加慈善公益联合捐

为积极响应浦东新区慈善公益联合捐活动，2015 年 12 月 30 日，钦赐仰殿道观住持丁常云道长一行，来到浦东新区陆家嘴街道社区捐赠善款贰万元，用于支持社区慈善公益事业，街道党工委书记周小平向道观颁发了捐赠证书并表示感谢。多年来，钦赐仰殿道观主动联系所在社区，积极参与社会公益慈善活动，并以此为契机，坚持慈善为民，服务为本，在慈善公益中不断扩大道教影响力。

〔2016 年〕

东海姚家庙举行爱心帮困活动

　　东海姚家庙本着"学道为人、服务社会"的宗旨，于近日举行了慈善送温暖帮困活动。1 月 6 日，道观庙管组组长陆华平道长一行与村干部上门慰问看望了几位患重大疾病而生活困难的老人，向他们送 500 元慰问金和慰问品，并送上祝福希望患者早日康复。此善举受到当地村民的一致好评。多年来，东海姚家庙主动联系所在社区，开展敬老、帮困系列活动，积极参与社会公益慈善活动，已经成为道观的一项常态化工作，受到社会各界的好评。

钦赐仰殿举行皈依信徒学习会

　　为进一步发挥宫观信众服务的功能，1 月 23 日，钦赐仰殿道观举办了一次皈依信徒学习会。道观住持丁常云为皈依弟子介绍了道教的历史、现在与未来，从道教的诞生、创立以及各个时期的特点等方面，相对完整地从各角度让皈依弟子了解道教，使得大家在短时间内对道教有一个认识。讲座现场交流活跃，问答积极，受到了普遍的欢迎。

钦赐仰殿举行年度工作总结暨先进个人表彰会

1月24日，钦赐仰殿道观举行了2015年度工作总结暨先进个人表彰会。道观住持、管委会主任丁常云道长就道观2015年度工作进行了回顾总结，对2016年工作提出了计划安排，强调在新的一年里，道观将在宫观管理、信徒队伍建设、宗教活动等方面有进一步的提高，各项工作要再上新台阶。会议还对优秀道长薛坤、温兆亮和优秀职工荣国光、张国珠进行了表彰。

崇福道院慰问社区贫困居民

羊随新风辞旧岁，猴鸣正气报新春。猴年新春佳节来临之际，崇福道院继续弘扬"慈在心，善在行"的当代道教慈善理念，主动联系三林镇社区救助中心寻找帮困救助对象。1月28日上午，道院张开华、刘红军等道长在社区居委书记陪同下，对杨南居委、玲珑苑居委、翰城居委、杨南二居委等四个社区的5名存在身患癌症、高龄无保、老年痴呆、肿瘤开刀等严重特大困难居民进行上门慰问，给每户人家送去一桶油、一袋米以及1000元慰问金，并向他们致以新春祝福，衷心祈盼他们早日度过难关，身心健康，家庭幸福，共享美好新时代。

钦赐仰殿道观举行爱心助学活动

新年伊始，钦赐仰殿道观年度爱心助学活动于 2 月 26 日举行，道观向浦东沪新中学四名家庭经济困难但学习勤奋努力的学生每人捐款 2500 元，共计捐款 10000 元，用以资助他们完成学业。道观住持丁常云向每位受助学生赠送助学款，鼓励学生好好学习，努力成才。沪新中学刘校长参加助学活动，对道观的善举表示感谢。道观与沪新中学结对"爱心助学"活动已坚持开展了十多年，旨在通过传递爱心、播洒希望，弘扬道教及传统文化中济世利人的美德。道观将在这个基础上探索和开展更多样形式的慈善活动，更好地服务社会。

上海财神庙举行首届书法笔会

3 月 10 日，上海财神庙在刚落成的财神大殿举行了首届书法笔会活动。财神庙当家夏光荣道长向众位书法家介绍了道教的发展情况、上海财神庙的历史变迁和弘道播德、广结善缘的办观宗旨，表达了以道会友，以笔会友的良好愿望，书法家们表示赞赏，并欣然挥毫泼墨，大家热情交流，兴致盎然，其乐融融。应邀参加本次活动的书法家有：中国书法家协会会员陈辉、刘海粟嫡传弟子张玉柱、书法大师韦鸿昌、上海榜书研究院院长王富松、上海小兰亭广种福田书画院常务副院长陈嘉宾、上海小兰亭广种福田书画院副院长陈传华等，此次活动对上海财神庙是一次扩大影响、提升形象的创新举措，获得了良好效果。

钦赐仰殿道观荣获浦东新区慈善公益奖

近日，在浦东新区举办的第十四届"慈善公益联合捐"慈善公益奖评选表彰活动中，通过公开投票评选，钦赐仰殿道观荣获"慈善公益奖"。"慈善公益奖"是浦东新区慈善公益领域最重要的奖项，是对参与慈善事业和有典型示范作用的爱心人士和机构的鼓励。多年来，钦赐仰殿道观坚持爱国爱教，积极参与社会慈善公益事业，连续十多年开展爱心助学和敬老助老活动，在扶贫、济困、助学、救灾、助残，养老及开展宗教事业援建项目等方面发挥了积极作用。钦赐仰殿道观将以此为契机，坚持慈善为民、服务为本，为社会慈善公益事业再做新贡献。

钦赐仰殿道观举行道祖圣诞庆典活动

农历二月十五适逢太清仙境太上老君道德天尊圣诞。值此老子诞辰 2587 周年纪念日，钦赐仰道观于农历丙申年二月十五日上午，举行太上道祖圣诞庆典，恭贺道祖圣诞。在新的时代，道观将弘扬道祖精神，颂扬道祖圣德，传播道教核心价值理念，建设中华民族共有的精神家园，使道祖恩典惠及广大民众。

钦赐仰殿举行东岳圣诞祈福法会

2016年5月4日（农历三月廿八），钦赐仰殿道观隆重举行"东岳圣诞祈福法会暨爱心助学捐款"活动。浦东新区统战部、区民宗委、区侨办、区人大侨民宗委、区政协民宗委、区归侨联合会以及陆家嘴街道等领导参加了爱心助学捐款及捐赠福面仪式。祈福法会期间，道观向"爱心助学基金"捐款10万元，分别向浦东新区36个街镇老归侨、陆家嘴社区光辉居委6个居民区捐赠福面。同时，道观还精心准备东岳寿面五万份，广赐信众与社区居民、社会各界人士。祈福法会上，道观住持丁常云道长领众善信大德宣读祈祷文，祝愿祖国风调雨顺，国泰民安，上海民众幸福安康，道教事业繁荣昌盛。祈福法会通过祝愿祈祷、唱戏酬神、礼拜祈福等，祈求东岳赐福百姓，社会共享和谐。

丁常云为"慢病时空"公益项目作讲座

5月6日，华山医院"慢病相对时空"公益项目组织133人参访钦赐仰殿，受到道观的热情接待。随后，道观住持丁常云道长应

邀为公益项目作专题讲座，以道教文化及其人文关怀为主题，阐述了道教的道德文化、慈善文化、养生文化、生态文化等思想内涵，强调指出了道教对人类社会的关爱和普世情怀，对于促进身心健康有着积极的启示，深受大家的欢迎。慢病相对时空公益项目，由华山医院中西医结合科组织创建，采用中西医结合科、精神科等共同合作，为晚期肿瘤患者提供心理干预、康复指导，以此改善患者生存率与生活质量，受到社会的广泛好评。

崇福道院举行 2016 "三月半" 圣堂庙会

2016 年度 "三月半" 圣堂庙会从五个方面展开：祈福盛典、真武法会、宣传文化、民俗活动、慈善公益。4 月 21 日，上海市民宗委、新区统战部、上海市道教协会、三林镇党政领导班子成员及社会各界信众 200 多人参与，上海市道教协会副会长范金凤代表嘉宾上坛敬香，宾客齐诵祈福文。新区统战部民宗委钟翟伟主任和三林镇王晓杰镇长一起撞钟祈福，上海市民宗委王君力副主任为仪仗队出巡 "鸣鼓传令"。庙会期间，道院同时举行真武大帝祈福法会，道众志心诵念诸子延生经忏，虔诚阐演斋天等科仪，三月半上午隆重举行大型信徒祈福大典。在文化宣传上，上海道教学院学生为信徒表演太极拳、武当剑、茶道、古琴演奏等节目。浦东新区书画联谊会会员来道院参加 "翰墨明道" 丹青会。活动当日，道院首次倡导信徒 "三月半，慈善一日捐" 公益活动，同时，在组委会祈福仪式上，道院特向三林慈善基金会捐款 5 万元，为社区传递福音。

钦赐仰殿道观文明敬香常态化

为进一步推进道观文明敬香活动工作的开展，年初，道观专门起草了"文明敬香倡议书"，在陆家嘴街道社区报进行连续宣传，进一步增强了道观周边信徒文明敬香意识，同时在道观门口张贴宣传板，将道观文明敬香时间表明确告知。自 6 月 1 日起，文明敬香工作全面推行，道观专门定制环保香，向敬香信徒赠送。同时，道观取消售香传统，禁止外来香烛带入。道观所在街道派出相关人员协助维护，确保文明敬香安全有序，实现了文明敬香工作常态化。

钦赐仰殿举行第二届信徒皈依法会

6 月 22 日（农历五月十八日），适逢祖天师圣诞之日，上海钦赐仰殿道观第二届信徒皈依法会，在新落成的道学讲堂举行。道观住持、教戒师丁常云道长为来自全国各地的 50 余名信徒传授三皈依，仪式隆重而庄严。信众皈依已连续举行两届，道观计划每年举行一次皈依法会，将成为道观的一项常态工作，并以此为基础，积极加强道教信徒队伍建设，探索道教服务社会的新思路。

新区道协举办宫观负责人讲经交流会

6月23日，由浦东新区道教协会举办的"浦东道教宫观负责人讲经交流会"在钦赐仰殿道观举行，来自浦东各道观的教职人员、居士代表及善信大德一百余人参加活动。浦东新区区委统战部副部长，民宗委主任钟翟伟，浦东新区民宗处钱月明处长、复旦大学中文系郑土有教授等领导和嘉宾应邀出席。浦东道教叶有贵道长、邵志强道长、徐炳林道长等9位道观负责人依次登坛讲经，分别围绕《道德经》、《太上感应篇》等道教经典，结合社会主义核心价值观，从不同的角度阐释了道教劝人为善、济世利人、公平正直等教义思想。

159

道学讲堂举行首期道教文化讲座

上海市政协民宗委组织部分市政协委员到钦赐仰殿道观视察，并在新装修的道学讲堂参加首期道教文化讲座。道学讲堂为钦赐仰殿道观讲经弘道之所，在道观前广场地下室，占地面积约300平米，按照传统文化元素设计装修，藻井斗拱，结构精美，窗格雕刻，美观大方，是传统与现代的有机结合。本期道教文化讲座由华东师范大学刘仲宇教授主持，道观住持丁常云道长以"道教文化及其人文关怀"为题，分别从道教的道德文化、和谐文化、养生文化、慈善文化和生态文化出发，简要阐述了道教的人文思想与普世情怀。讲座容丰富，精彩纷呈，引人入胜，是一场传播道教文化的智慧大餐。部分道教皈依信徒也参加了这次讲座。

浦东道教举办首届精品书画展

5月25日，浦东道教首届书画精品展在钦赐仰殿开展，本次道教书画名家精品展参展的书画家虽然各自的人生经历与艺术风格有异，但无不透露出书画家的情怀与心声，显示着中国传统道教文化在当代艺术创作中的魅力。精品展共展出来自教内外30余位著名书画家的60余件书画精品，吸引了社会各界喜欢道教书画人士的关注，取得了良好的社会影响。

浦东道教首期公益书法班开班

为弘扬中华传统优秀文化，新区道协联合浦东道教书画联谊会组织公益书法培训学习活动。4月20日，浦东道教首期公益书法学习班正式开班，来自本市医疗系统近20位主任医师参与本次培训学习，浦东道教书画联谊会的陈嘉宾、张春鸿两位老师分别为学员讲解了书法的历史及其文化精髓，传授练习书法的基本要求及书法细节等方面的知识。学习现场，组织学员书写练习，指导交流，取得

了很好的效果。学习班亦将定期举行。

三元宫举行仙鹤大帝文化研讨会

7月9日，仙鹤大帝历史文化论证研讨会在三元宫坤道院举行。与会者就仙鹤大帝在历史文献方面的考证和仙鹤观文化建设的方向等展开了热烈的讨论。郑土有教授谈到，仙鹤是中国文化中的吉祥之鸟，寓意长寿，和道教文化中长生的理念非常吻合，白鹤信仰可以追溯到中华民族早期的玄鸟崇拜；社科院林其锬研究员提出白鹤大帝神性的文化定位，需要考虑三个因素，一是历史因素，二是社会基础，三是时代需要；社科院陈国权研究员认为道教文化有心理调节的功能，可以起到调整心理状态，缓解压力的功能；社科院龙博士认为范道长对缘起的叙述，灵验的传统，也是信仰文化的组成部分；浦东新区道协丁常云会长指出：仙鹤文化要形成一个课题来做，成立专题小组，进行资料的收集、整理和加工。整个会议富有成果，提出了很多建设性的意见。

浦东南片宫观讲经交流会在姚家庙举行

7月28日，浦东新区道教协会在祝桥镇东海姚家庙举办"2016年浦东道教南片宫观讲经交流活动"。来自浦东南片各宫观的道长、居士代表以及信众参加了此次活动。新区民宗委、新区道协等领导和嘉宾莅临指导。浦东南片姚家庙、东岳观、祝桥关帝庙、一王庙共8位年轻道长登坛讲经，分别围绕《道德经》、《感应篇》、《清静经》、《关圣帝君觉世宝训》等道教经典，融入自身的修道体悟，并结合当下社会现象，从不同的角度讲解了道教的人生观、财富观以及慈善思想。浦东新区道教协会范金凤副会长进行了精彩的点评，丁常云会长为获奖者颁奖并对此次活动进行了总结。

浦东道教讲经交流会在财神庙举行

8月3日，"2016年浦东道教年轻道长讲经交流会"在上海财神庙举行。本次活动由浦东新区道教协会主办、上海财神庙道观承办，来自上海财神庙、陈行关帝庙、陈王庙道观、社庄庙四个宫观的八位道长进行了讲经交流。道长们深入浅出地阐述了《道德经》、《太上感应篇》等道教经典的妙义。交流会由上海财神庙住持夏大珂道长主持。浦东新区道教协会丁常云会长出席并对本次活动给予高度评价，强调讲经讲道对道教传承发展和当今社会的重要性，鼓励道长们通过讲经交流活动，外树形象，内强素质，重视培养道教优秀人才，加强与信众的积极沟通交流，为共同构建和谐社会做出更大贡献，并祝贺活动取得圆满成功。

新区道协组织学习上海宗教工作会议精神

8月9日，浦东新区道教协会在三元宫坤道院召开浦东各道教场所负责人学习会，组织专题学习韩正书记"坚持党的宗教工作基本方针，做好新形势下上海宗教工作"的讲话精神。韩正书记在讲话中要求深入学习领会和全面贯彻落实全国工作会议精神，深刻理解宗教工作的特殊重要性，强调围绕"依法管理宗教事务、宗教中国化、宗教人才培养和加强宗教团体建设"等方面做好新形势下的上海宗教工作。通过学习、领会韩书记的讲话精神，进一步增强了责任感，使命感，纷纷表示要不断加强自身建设，扎实做好场所各项工作，弘扬道教优秀传统文化，积极做好"两个"服务工作，认真做好新形势下的浦东道教工作，推动浦东道教健康发展。与会还传达了中央统战部孙春兰部长关于"深入学习贯彻习近平总书记重要讲话精神，扎实做好新形势下宗教工作"讲话精神。

钦赐仰殿举行"倾情社区、爱心助学"活动

8月22日，上海钦赐仰殿道观举行"倾情社区，爱心助学"活动，向陆家嘴社区贫困家庭的16名在校大学生每人捐助2000元助学款，共计捐款32000元，用以帮助他们完成学业。多年来，钦赐仰殿道观始终坚持开展"爱心助学"活动，并逐步将此项工作规范

化、常态化，获得社会的好评。

新区道协召开班子成员民主生活会

9月8日浦东道协召开以"健全管理制度规范宫观管理"为主题的民主生活会，浦东道协班子成员及宫观负责人就如何进一步加强浦东道教自身建设，促进宫观管理的规范化、制度化和民主化畅所欲言，集思广益，建言献策，并从各宫观的自身现状出发，结合自身工作的实际情况。谈经验，找不足，促进官观的规范管理，推动浦东道教的健康发展。

新区道协组织参访学习活动

为加强浦东道教爱国主义教育、信仰建设，促进宫观民主管理，10月10日—13日，浦东新区道教协会组织各宫观负责人等一行17人，参拜了安徽涡阳"老子故里"和蒙城"庄子柯"，参观了江苏徐州"淮海战役纪念馆"和山东枣庄"台儿庄大战纪念馆"爱国主义教育基地，并与当地道教协会围绕道教的发展、道教团体建设、宫观民主管理、公益慈善活动等主题，进行了广泛的互动交流，进一步凝聚了浦东道教界思想共识，秉持爱国爱教优良传统，积极推动浦东道教健康发展，参访活动取得了良好的成效。

新区道协举行青年道长年度讲经交流活动

2016 年，新区道协积极探索推动全区青年道长开展讲经交流活动。根据讲经活动的总体安排，上半年率先举行"浦东道教宫观负责人讲经交流会"，在钦赐仰殿"道学讲堂"内，各宫观负责人紧紧围绕《道德经》、《太上感应篇》等道教经典，结合社会主义核心价值观，从不同角度阐释道教优秀文化和劝善思想。经评委综合评选，邵志强荣获一等奖，钟再虎、叶有贵荣获二等奖。下半年，主要是推进全区各道观青年道长讲经，共分 6 个讲经分会场，分别在钦赐仰殿、三元宫坤道院、姚家庙、财神庙、崇福道院、龙王庙举行，浦东新区 14 所道观 57 位年轻道长全部登坛讲经。经评委综合评选，丁伟、高勤珠、颜海荣、吕东、刘广军、景佳伟分别获得各分会场讲经一等奖。这次全区青年道长的讲经活动，受到道教信众的一致好评，对于全面推进道观讲经活动起到了积极的示范作用。

钦赐仰殿举行皈依信徒早晚功课学习班

9 月 10 日，上海钦赐仰殿道观首期皈依信徒早晚功课学习班在道学讲堂正式开班，30 多位皈依信徒参加培训学习。道观住持、皈依教戒师丁常云道长为学员作开示，勉励皈依弟子通过早晚功课的学习，坚持学经、诵经、悟经，学修并进，向道而行。随后，道观丁伟道长为学员授课，本次学习班计划安排 11 课时，丁常云、丁伟、沈岚分别授课，诵读并讲解早晚功课经典，通过日常作业、考试、殿堂实践等，使学员熟读早晚功课，并能在殿堂内独立诵唱，从而不断提升依信徒的信仰与修为。

崇福道院举行丙申年拜斗祈福大典

10 月 9 日，时逢农历九月初九圆明道姥天尊圣诞，秋高气爽，阳光和煦，浦东崇福道院隆重举行拜斗祈福大典。上午 10 时，道院负责人张开华道长主持"祝愿"祈福仪式，200 多名信众临坛观礼，法天象地，击鼓鸣钟，随力建功，念诵宝诰，上香朝拜，请行法事，拜斗植福，共沐祥光。

拜斗是道教独有的一种为人消灾解厄、祈福延寿之科仪。为了弘扬华夏传统文化和道教北斗信仰特色，崇福道院自 2013 年开始，为信众提供自身常年供奉斗尊圣位，并于农历九月初九举行拜斗祈安植福礼斗大典，诵经礼忏，上疏于天，祛灾趋福，普济世人，深受欢迎。

崇福道院举行讲经讲道活动

2016 年 10 月 31 日，时值农历十月初一，浦东崇福道院举行一年一度的大型讲经活动。张开华道长主持仪式。获得中国道教第八届玄

门讲经"二等奖"的上海道教学院侯程道长登坛讲经。150 多位信徒临坛闻法悟道。本次讲经依据《关圣帝君觉世真经》，阐发"做人无愧心，生活自顺心"的主题思想，倡导信徒尊道贵德，注重中华"忠孝节义"的传统道德理念，不忘初心，回心向道，改过自新，行善积德，诚信做人，慈爱众生，力争做中华传统文化的守护者和弘道者。

钦赐仰殿荣获街道十佳精神文明共建单位

167

在"2016 年陆家嘴街道精神文明建设工作会议"上，上海钦赐仰殿道观荣获"陆家嘴街道年度十佳精神文明共建单位"称号。多年来，道观高度重视与街道社区的共建，明确共建目标，共同开展共建工作。道观始终秉承道教"济世利人"的优良传统，积极服务街道社区，成为街道文明共建先进单位，受到社会各界的好评。

钦赐仰殿参加街道慈善公益联合捐

2016 年 12 月 8 日，上海钦赐仰殿道观住持丁常云道长前往浦东新区陆家嘴街道，代表道观向所在社区捐赠人民币贰万元，用于新区"慈善公益联合捐"项目，发扬慈爱精神，帮助社会弱势群体。多年来，道观积极参与社会慈善公益事业，开展多形式的慈善活动，更好地服务社会。

〔2017 年〕

崇福道院举行迎新年祝福活动

2017 年 1 月 1 日上午，三林敬老院内喜气洋洋，掌声热烈，崇福道院邀请杨思社区沪剧爱好者为 150 多位老人举行"迎元旦，庆佳节"沪剧表演活动。张开华道长代表道院向老人们送去新年的第一声问候，祝福他们健康长寿，快乐幸福。陆伟红院长代表敬老院全体人员对道院的善举表示衷心的感谢。《庵堂相会》《金丝鸟》《慈祥想娘》等精彩的沪剧表演让老人们脸上荡漾着幸福的微笑，前来探望的家属们对道院的温情关怀给予高度肯定和赞扬。活动结束后，几位老人拉着道长的手表示感谢。道院与敬老院也共同发愿，今后将根据实际情况，继续探索各种形式来帮助敬老院，努力做好敬老和关爱活动，为老人送快乐、送温暖、送祝福。

浦东道教养生委员会召开成立大会

为宏扬中华道教养生文化，服务各界信教群众，支持社会福利事业和慈善事业，构建社会主义和谐社会发挥正能量，由上海市各大医院的 20 余位知名医学专家和道教界人士自愿组成东道教养生委

员会，成立大会于 2017 年 1 月 12 日在浦东新区道教协会召开。浦东道教养生委员会旨在做好道教养生文化的研究、弘扬工作，开展健康养生活动的普及和推广，促进道教养生文化的对外交流。以道教养生为核心，积极弘扬中华传统道教养生文化，服务信徒，服务社会。

浦东道教书画院举办书画交流笔会

1 月 20 日，浦东道教书画院、上海财神庙、上海小兰亭书画院以及市第十人民医院书画社共同举办了以弘扬道教文化为主题的书画交流笔会活动。承办此次笔会的上海财神庙住持夏光荣道长对热爱道教及道教书画艺术的各位书面家表示热烈欢迎。浦东道教书画院张翔宇院长代表书画家表示，广大道教书画家将以弘扬中华传统文化、发掘整理道教书画艺术为己任，努力创作出更多更好的作品回报社会。道长们与参加笔会的书画家现场泼墨挥毫，以书画会友，共创作书画精品近百幅，用书画的形式诠释着道文化的博大精深，促进了相互间的文化和艺术的交流。

钦赐仰殿举办道文化专题讲座

2017 年 1 月 21 日，道学讲堂邀请道观住持丁常云道长为主讲嘉宾，围绕"道教生态智慧与当代环境保护"这一议题，为广大信众做专题讲座。丁常云道长从"当代社会，人类最关心的是什么"这一问题提出，从四个层面，"道法自然，天人合一，重生贵德，和合共生"，阐述了道教保护自然环境、维护生态和谐的思想。道教积极倡导人与自然的和谐发展，并由此形成了诸多环保理念和生态智慧，这对于现代生态文明建设，对于构建社会主义和谐社会和推进生态环境的和谐发展皆有十分重要的现实和指导意义。讲座结束后，大家还就目前关心的"环保"话题进行了互动交流。

170

浦东区委书记翁祖亮来钦赐仰殿道观慰问

2017年1月27日，大年除夕夜，浦东新区区委书记翁祖亮莅临钦赐仰殿道观，亲切看望慰问道教界人士，并向全区道教信众致以新春祝福。在钦赐仰殿道观住持丁常云和所在街道书记周小平陪同下，翁祖亮书记来到东岳殿，共同为浦东新区人民祈福，祝愿浦东人民平安幸福，祝愿浦东社会转型发展再创辉煌。随后，翁书记还分别慰问了道观义工和安保人员，向他们致以节日祝贺。翁祖亮书记对浦东道教情况、道观历史和道教文化等进行了解，对道观香汛及安全工作给与关心，要求确保道教信徒过上"欢乐、祥和、文明、安全"的春节。书记还对道观文化建设和所做的社会公益事业给与肯定，希望道教界要进一步加强自身建设，更好地服务社会，造福人类，要抓住机遇，顺势而为，发挥出道教应有的时代价值。浦东新区

浦东道教年鉴·道协篇

统战部部长金梅，区民宗委主任钟翟伟、副主任黄建祥等领导陪同。

房剑森副部长来上海财神庙视察慰问

1月26日，市委统战部副部长、市民宗委党组书记房剑森和市民宗委副主任王君力来上海财神庙道观进行工作视察和节日慰问。房部长等领导的到来受到了道观负责人夏光荣道长及唐镇政府党组书记徐惠丽、镇长卢刚等的热烈欢迎，夏道长向房部长汇报了道观春节期间的工作布置、相关预案和道观至今及以后的建设发展等情况，房部长对此予以充分肯定和高度赞扬。房部长等领导在新大殿内外不时驻足，仔细询问详细了解，为道观的建设成果及今后建设规划感到欣慰，希望再接再厉，再创辉煌，早日实现美好远景，发挥道教自身的魅力，服务社会。房部长向道观全体教职员工们致以节日祝贺，要求大家务必确保安全，让广大的道教信徒过上一个快乐、祥和，文明安全的春节。新区区委常委，区统战部部长金梅，区统战部副部长、区民宗委主任钟翟伟等领导陪同。

浦东新区道教协会举办抄经作品展

2017年2月11日，由浦东新区道教协会主办，上海财神庙承办的"浦东道教界抄经作品展"活动拉开幕。此次以《道德经》为

171

主要内容的抄经作品展，征集了数十幅作品集中展示，旨在推动中华优秀文化的传承与发展，发挥出道教应有的时代价值，为实现中华民族伟大复兴的中国梦作出积极贡献。此次活动得到浦东新区民宗委、唐镇人民政府的大力支持，新区道教界和广大道教信众积极参与。展览活动将持续两周。

市道协举行年度宫观工作交流会

2月23日，上海道教宫观工作总结交流会在上海财神庙举行，全市30多所道观围绕2016年工作重点和2017年工作计划展开交流。上海市民宗委王君力副主任和上海市民宗委佛道教处何建处长等出席会议。市道协吉宏忠会长结合交流情况，从完善制度和规范管理等方面对未来工作提出了要求。此次宫观工作总结交流会的目的在于通过相互交流、相互启发、相互借鉴，使上海道教各项工作的开展更有针对性，更加富有成效，最终促进上海道教各宫观的共同发展。

新区道协召开全国两会精神学习会

3月20日上午，浦东新区道教协会在社庄庙组织召开全国"两会"精神专题学习会。区道协班子成员以及各宫观负责人参加学习座谈。会上，全国政协委员、浦东新区道教协会丁常云会长为大家介绍了全国"两会"盛况以及有关会议精神。大家表示，要全面贯彻落实全国"两会"精神，引领信教群众积极支持和参与社会建设，努力实现宗教和睦、道观和谐。

钦赐仰殿举行慈善义诊活动

4月23日，东岳圣诞祈福法会期间，上海钦赐仰殿道观与浦东道教养生委员会联合举行慈善义诊，活动邀请专家医师王祥瑞、张翔宇率领上海仁济医院、上海十院、东方医院等13位医德双馨、仁之大者的名医，为道观信徒等200余人进行义诊，得到了道观信徒及周边群众的一致赞扬。

钦赐仰殿举行慈善捐赠活动

4月24日，在东岳圣诞祈福仪典之时，钦赐仰殿道观举行了慈善捐赠仪式。浦东新区统战部副部长黄建祥、浦东新区统战部民宗处处长钱月明、浦东新区归国华侨联合会秘书长刘斐等领导参加捐赠仪式。道观住持丁常云分别向上海五缘文化研究所捐款伍万元，向浦东新区36个街镇老归侨、陆家嘴街道残族人联合会、天佑市政环卫、陆家嘴梅园保洁队以及陆家嘴社区光辉居委等六个居民区代表捐赠东岳福面。

钦赐仰殿成立道教信徒联谊会

为更好地加强道教信徒队伍建设，促进道教事业健康发展。3月26日，钦赐仰殿信徒联谊会成立大会在钦赐仰殿道观召开，来自道观皈依信徒和道教居士60余人参加成立大会。会议表决通过了《钦赐仰殿信徒联谊会章程》，选举产出了首届信徒联谊会领导班子成员，贺凤珍当选为首任会长。联谊会下设四个组，分别为：联谊组、义工组、慈善组、宣传组。贺凤珍会长在讲话时说，联谊会是一个服务的平台，是一个"互助沟通、交流"的平台，也是一个传播爱心、传播文化的平台，我们要广泛联系爱道人士，不断提升联谊会的影响力和凝聚力。道观住持丁常云道长在总结讲话时说，道观成立信徒联谊会的主要目的是：加强信徒队伍建设，促进道教事业健康发展；其主要工作目标是，"联谊、交流、服务、提升"，弘扬传统文化，服务当代社会。成立道观信徒联谊会在上海尚属首次，这标志着道观在服务社会方面进入了一个新阶段，是道观服务社会信众的一次新尝试，也是新时期加强道教信徒队伍建设的新举措。

钦赐仰殿道观成立道教义工团

为进一步加强道教信徒队伍建设，规范道观志愿服务工作的有序开展。4月30日，上海钦赐仰殿道观正式举行义工团成立大会。成立会由道观联谊会会长贺凤珍主持，会议表决通过了《钦赐仰殿义工团章程》，选举产生了首届义工团领导班子成员，丁伟为团长，沈岚、唐义军、钟再云、成豪、王海龙、温兆亮为副团长，沈岚兼任总干事。义工团归属道观联谊会，独立开展工作。成立会结束后，道观住持丁常云道长作了题为《道教义工及其功德》的专题讲座。

钦赐仰殿荣获全国和谐寺观教堂先进集体

近十多年来，钦赐仰殿道观积极参加上海市文明和谐寺观教堂创建活动，连续三届被评为"上海市文明宗教活动场所"，2017年道观荣获全国创建和谐寺观教堂先进集体，道观住持丁常云应邀赴北京参加"第三届全国创建和谐寺观教堂先进集体和先进个人表彰大会"，并代表道教界作交流发言。多年来，道观始终坚持以教风建设为抓手，内强素质，外树形象，服务社会，服务信众，文明创建，规范管理，受到社会各界广泛好评。

崇福道院举行"三月半"庙会祈福仪式

4月9日，三林塘·第六届上海民俗文化节暨三月半圣堂庙会祈福仪式在崇福道院隆重举行。市道协姚树良副会长主持仪式。市道协吉宏忠会长宣读祈福文。市道协范金凤副会长代表嘉宾上坛敬香，三林镇王晓杰书记，新区民宗委钟翟伟主任，新区民宗处钱月明处长，新区统战部陈雄处长以及三林镇党政领导班子成员等亲临会场观仪。祈福仪式上，庙管会主任张开华代表道院向三林慈善基金会捐赠伍万元善款。为了更好传承"圣堂庙会"这一上海市非物质文化遗产，宣传传统文化，服务社区信众，道院从 4 月 9 日至 12 日相继举办真武大帝祈福法会，道教音乐、2017"翰墨飘香"丹青会、道教文化图片展，太极拳表演，武当十二段锦养生功法展示、民俗"天天演"戏剧文艺、讲经讲道等系列活动，赋予当代庙会宗教性、文化性、民俗性，时代性等重要内涵特征。

上海财神庙举行财神圣诞庆典法会

4 月 11 日，上海财神庙隆重举行"财神赵公元帅圣诞庆典法会"，为广大信众、社会各界人士祈福纳财。吉时，庄严的庆典仪式正式开始，鼓声隆隆贺财神圣诞，玉磬声声祈国泰民安。依照传统，有序进行撞钟、上香、起扉，虔诚恭迎财神圣驾，法师带领信众们齐声诵读财神疏文，虔心叩拜，同沐神光，祈愿社会祥和，百姓安康。道观还精心置备千份财神圣诞祈福寿面，广赐十方信众、地区居民，社会各界人士，以同庆神诞，共沾法喜。

上海财神庙举行首届清信弟子皈依法会

4月11日，适逢财神赵公元帅神诞日，上海财神庙举行了第一批清信弟子皈依仪式，来自海外及全国各地的60位善信大德参加了皈依法会，以同参玄旨，共赞法礼。此次上海财神庙的60位皈依弟子除了上海及周边地区之外，还有远道而来的北京、广东、深圳等地及马来西亚的道教信众，涉及领域十分广泛，有企业、金融、商务、建筑工程等各个层面的社会各界人士。

浦东道教养生委员会举办健康养生讲座

为了更好地服务信众，普及道教养生思想，科普健康知识，践行健康文明的生活方式，提高自我保健能力。4月15日，上海市浦东道教养生委员会在钦赐仰殿道观的道学讲堂举办了"从道家理念到现代科技——谈健康与养生"为主题的专题讲座，讲座特邀上海交通大学医学院附属仁济医院首席专家、疼痛科主任、博士生导师王祥瑞主任主讲。王主任用通俗易懂形象生动的语言，为大家讲解了有关道家健康养生和日常保健知识，受到信众的热烈欢迎。此活动既能为广大信众传播道教的健康知识，提高健康素质，又有助于树立健康文明的生活理念。

财神庙举行首届皈依弟子宣道交流会

6月4日，上海财神庙举行了首届清皈弟子宣道交流活动。上海财神庙当家夏光荣道长为众弟子们开示，讲解了入道居士的修持等，要求皈依弟子们爱国爱教，静心修道，为社会所用，做一个值得别人尊敬的人。刘广军道长向大家作了有关首届皈依的情况汇报，并进行了宣道，教授大家念诵经文。三位皈依弟子代表分别上台作交流发言，畅谈自己的认识和感悟。会议最后通过了《定期开展皈依弟子活动方案》《上海财神庙清皈弟子戒律》。

陈行关帝庙举行慈善义诊活动

为进一步传承弘扬道教"慈同齐爱，济世利人"的优良传统，践行道教服务社会的理念，传播社会正能量，6月7日，陈行关帝庙联合上海浦东道教养生委员会举办公益义诊活动。活动邀请上海知名专家现场为信教群众做常规检查、健康咨询以及养生指导，帮助信众增强自我保护意识，关爱生命健康。活动受到信众的欢迎，现场气氛热烈。

浦东新区陈希副区长视察钦赐仰殿

6 月 15 日，浦东新区陈希副区长来钦赐仰殿道观视察，受到道观住持丁常云的热情接待。在丁常云住持的陪同下，陈希副区长先后参观了东岳殿和三清殿，参拜了万年紫檀老君像。在二楼接待室，丁常云住持与陈希副区长进行了座谈交流，陈希副区长对浦东道教和钦赐仰殿道观所做的工作给与充分肯定，对浦东道教的发展和道教文化的弘扬等提出意见和建议，他希望浦东道教界要进一步加强自身建设，积极传承和弘扬道教优秀文化，发挥出道教应有的时代价值。浦东新区统战部副部长、民宗委副主任黄建祥等陪同视察。

179

钦赐仰殿举行第三届信徒皈依法会

6 月 12 日（农历五月十八日），适逢祖天师圣诞之日，钦赐仰殿第三届信徒皈依法会隆重举行，来自本市及外省市的共 60 名弟子参加了皈依。上午皈依开始前，道观专门举行了规戒、礼仪学习，中午举行了传统的"过斋"仪式。下午 2 点皈依仪式正式开始，本观住持教戒师丁常云道长登堂说法，按道教传统仪轨为信徒传授三皈五戒并发金箓长生简。整个皈依过程如法如仪，圆满举行。

新区道协召开宫观负责人民主生活会

6月22日，浦东新区道协召开了以"教风建设与宫观管理"为主题的民主生活会。会议以推动浦东道教新一轮"文明和谐寺观教堂"创建活动为契机，进一步加强浦东道教教风建设、信仰建设和宫观管理。浦东新区民宗处钱月明处长作动员讲话，希望浦东道教通过民主生活会的方式进一步增强团体凝聚力，提升宫观管理能力。各宫观负责人围绕自身的制度建设、自养经济情况以及道风道貌和《清规榜》实施等情况，查找自身存在的主要问题，从责任心、使命感、表率作用、责任分工、团结合作和以身作则等方面，分析道观自身存在问题的主要原因并提出解决问题的对策和设想，推动浦东道教的健康发展，促进宫观的规范管理。

浦东新区陈希副区长视察财神庙

6月27日，浦东新区陈希副区长在浦东新区民宗委钱月明处长的陪同下，来上海财神庙视察，受到道观负责人夏光荣道长及唐镇政府党委书记徐惠丽的热烈欢迎。夏道长向陈希副区长汇报了文明和谐道观创建工作和改扩建工程的建设发展等情况，陈希副区长对此予以充分肯定和高度赞扬。陈希副区长参观了财神大殿，察看了二期工程建设，要求抓好工程安全，确保宫观质量，早日实现美好愿景，并希望道观积极弘扬中华优秀传统文化，发挥自身魅力和时代价值，服务社会。

新区人大副主任谢毓敏来钦赐仰殿调研

7月26日，浦东新区人大副主任谢毓敏来钦赐仰殿道观，就《宗教事务条例》实施情况进行调研。道观住持丁常云结合道观工作实际，对《条例》实施情况作了汇报介绍，充分肯定了《条例》实施以来所取得成绩，并就实施过程中存在的一些实际问提出了意见和建议。谢毓敏副主任表示，通过这次调研，主要目的就是为了更好地规范宗教管理，更加全面地推动《条例》的贯彻实施。浦东新区统战部副部长、民宗委副主任黄建祥，新区人大侨民宗委常务主任王春族、副主任杭数林、徐风等陪同调研。

钦赐仰殿举行青年道长道教知识竞赛

为更好地传承中华优秀文化，提升道教文化素养，营造良好学习氛围，8月16日，上海钦赐仰殿道观举行青年道长道教知识竞赛活动。道观12名道长共分3个比赛小组，经过笔试、必答、抢答三个环节的角逐，最终评出优胜团队奖，道观住持丁常云为优胜团队颁奖并作总结讲话。通过此次道教知识竞赛，激发了道观教职人员学习兴趣，提升了团结协作精神，为弘扬道教文化打下良好基础。

钦赐仰殿举行爱心助学活动

在新学期来临之际，上海钦赐仰殿道观于 8 月 31 日举行"倾情社区、爱心助学"捐款活动，向道观所在社区困难家庭 15 名品学兼优的在校大学生每人捐款 2000 元，共计捐款 30000 元，用以帮助他们完成学业。道观住持丁常云向每位受助学生赠送捐助款，浦东新区陆家嘴街道相关部门领导参加了捐款仪式。

妈祖文化与浦东发展研讨会在天后宫召开

为更好地传承妈祖文化，推进天后宫的布局规划，由浦东新区道教协会主办、上海天后宫承办的"妈祖文化与浦东发展"研讨会于 8 月 8 日在天后宫内隆重召开。坐落在高桥地区的天后宫是目前上海恢复开放的第一座妈祖庙，有着重要的历史价值和现实意义。与会专家学者围绕天后宫的总体布局、神像供奉等建言献策，围绕妈祖文化与浦东社会发展、妈祖文化与高桥社会发展等展开讨论。大家一致认为，上海天后宫整体布局，要定位准确、体现特色、发挥优势。注重服务浦东、服务高桥，发挥妈祖"神缘"功能，为凝聚海外华人、促进两岸和平统一作出积极贡献。浦东新区统战部民宗处钱月明处长、高桥镇人民政府黄克鹏镇长出席会议并讲话。

浦东新区道协举办书画精品展暨
《道教与当代社会》新书首发式

9 月 29 日，由浦东新区道教协会和唐镇人民政府主办、上海财神庙承办、唐镇文化服务中心协办的"浦东道教书画精品展暨《道教与当代社会》新书（样书）首发式"在财神庙隆重开幕。浦东新区原统战部副部长、原民宗委主任钟翟伟和浦东新区人大侨民宗委副主任王春族为《道教与当代社会》新书（此书仅为样书，正式刊号当时尚未出版）首发揭幕。浦东新区民宗委副主任黄建祥、唐镇人民政府副书记康叶红、市道协副会长兼秘书长姚树良、浦东新区道协会长丁常云、浦东道教书画院院长张翔宇分别在开幕式上致辞。新书作者丁常云道长现场签名，并向领导、嘉宾和信徒代表赠书。书画展共展出道教书画作品 80 余幅，唐镇地区部分书画爱好者也提供作品，积极参与活动。出席本次活动的领导还有，浦东新区统战部副部长蒋海、浦东新区人大侨民宗委副主任杭树林、浦东新区民宗处处长钱月明等。

钦赐仰殿举行首届公益延生大法会

在丁酉年"重阳佳节"之时，钦赐仰殿道观恢复传统科仪，传承道教延生文化，隆重举行"首届清微醮坛延生大法会"，以道教特有的斋醮科仪，为老年道教信徒祈福消灾、延年增寿。本次法会是公益类法会，也是道观首次举办的纯公益性的大型法会。法会设立28位功德主，共有180位老人报名参加，醮坛庄严，仪式隆重，受到广大道教信徒的欢迎。此项活动，是道观服务信徒的新举措，也是进一步弘扬道教"延生文化"的新探索。

新区统战部金梅部长视察老陈王庙

9月28日，浦东新区统战金梅部长在浦东新区民宗委钱月明处长的陪同下赴老陈王庙视察，道观负责人王进道长介绍了道观的历史以及国庆节安全工作情况，还着重汇报了赣桥路修建对道观的影响情况。金部长指出，陈王庙道观是浦东为数不多的传统型道观，蕴含了许多历史文化，在配合市政建设的前提下，要把陈王庙道观建设成服务社会，服务社区，服务群众的道观，保留道观的传统特色基础，打造一座传统文化道观。陪同视察的还包括金桥镇有关领导。

崇福道院举行首次清信弟子皈依活动

9月29日，时值北岳恒山大帝圣诞，崇福道院隆重举行首次清

信弟子皈依活动。上午八时半，道院负责人张开华道长在"讲经堂"为 30 名皈依弟子开示，阐发皈依传统、道教规戒和道门礼仪，勉励众信勤心修持，共证大道。九时半，在钟鸣鼓乐声中皈依仪式正式开始，皈依弟子们聚集于玉皇殿，根据道教传统皈依仪轨，道观负责人、教戒师张开华道长登坛说法，引导弟子礼敬三宝，并颁发金箓长生仙简。仪式完毕后，众皈依弟子集体合影留念。

中国道协副会长张凤林来财神庙调研

10 月 13 日，中道协副会长兼秘书长张凤林莅临财神庙视察调研并指导工作，同期，江苏省苏州工业园区道协韩晓东会长和无锡市道协李纯明会长、缙云山绍龙观当家吴心道长等贵宾也先后来到财神庙开展调研活动。贵宾们对财神庙的快速发展表示肯定，对财神庙的未来发展寄予厚望，并积极出谋划策，勉励财神庙再接再厉，获得更大发展。财神庙在深受鼓舞的同时也感受到沉甸甸的责任和使命，决心保质保量按时完成建设任务同时加强内部管理，提升服务能力，进一步提升财神庙形象，为道教发展和社会和谐作出更大贡献。

新区统战金梅部长来新场东岳观调研

10 月 24 日，浦东新区区委统战部金梅部长在新场镇胡秋华书记、镇长林廷钧等陪同下来到新场东岳观调研。庙观负责人邵志强道长介绍了庙观历史、现状以及点亮微心愿、对口助学、扶贫济困等社会服务实践，重点解说了庙观许愿文化，即结合实现中国梦，用道教的语言，许愿的方式，来弘扬积极进取、知遇感恩、平和知足、融洽和谐等宗教思想。金梅部长对东岳观的发展表示肯定，勉励东岳观扬长避短，努力发挥场所功能，弘扬正能量，促进各项工作走上新台阶。胡秋华书记承诺沪南公路拓宽时将帮助道观另觅宝地。

新场东岳观资助云南贫困学生

党中央在全国范围内开展扶贫攻坚的过程中，新场东岳观积极响应号召，努力践行慈善理念，落实对口帮扶行动。新场镇统战科组织东岳观等宗教场所，从 2015 年 10 月起，共同对口资助云南文山市部分贫困学生。三年来，新场东岳观共资助云南贫困学生 9 名，为对口帮扶贡献了自己的一份力量。

宫观篇

【浦东道观】

上海太清宫

【概况】

上海太清宫，原名东岳行宫，又名钦赐仰殿。位于浦东新区源深路 476 号，为道教正一派著名道观，浦东新区文物保护单位。道观历史悠久，相传始建于三国，志载初建于唐，梁上有"信官秦叔宝监造"字样。宋代扩建，明永乐年间重修，明末崇祯年间毁于兵燹，清乾隆三十五年（1770 年）重修，占地三十余亩，前殿为东岳殿，后殿为三清殿，两边为十王殿，另有配房几十间，气势非凡，系沪上主要道教宫观，亦为清代申江胜景之一。道观主供东岳大帝，素有"千年古观，祈福圣地"之称。清末渐衰，其后频遭侵吞，屡作他用。1982 年，仅存东岳殿一处，归还道教，修葺后于 1983 年东岳圣诞之日重新开放。

2001 年起，道观又开始全面重建，历时 10 年，全面竣工。道观神像庄严，殿宇辉宏，门楼、东岳殿、三清殿与藏经楼，三院三进，气势轩昂，左右偏殿，上下楼厅，斋堂库房，林林总总，错落有致。前殿为东岳殿，两边为十王殿、地司殿，楼上为元辰殿、相公殿、三官殿、延生堂。后殿为三清殿、玉皇殿，两边为财神殿、慈航殿、月老殿、车神殿、文昌殿、祖师殿、真武殿、关帝殿、吕祖殿、城隍殿、鲁班殿、救苦殿、龙王殿、天妃殿，楼上为药王殿。

宫之最高处为老君堂，2007年道观迎请万年紫檀木雕老君神像供奉，慈祥雍容，皓发霜须，指点天地，沐化众生，总全宫之灵。

2012年，经浦东新区民宗委批复，道观正式更名为上海太清宫。2013年，道观恢复开放30周年之际，举行"重修竣工、神像开光暨住持升座"庆典活动。2015年7月，举行首届信徒皈依法会，开创上海地区信徒队伍建设之先河。2016年，道观荣获第三届全国创建和谐寺观教堂先进集体。2017年，道观举行"首届公益延生大法会"。

【年度工作总结】

2013 年工作总结

2013 年，是认真学习贯彻党的第十八次全国代表大会精神，高举中国特色社会主义伟大旗帜，以科学发展观为指导思想，全面建设小康社会的起步年。道观紧紧围绕年度工作安排，抓道风、重制度、促和谐，积极推进以"教风"为主题的"文明和谐道观"创建活动，全面提升道观的管理水平，圆满完成了道观全年工作计划，各项工作顺利有序开展。

（一）加强学习，改进教风，教职人员思想觉悟不断提高

1. 围绕"教风"建设，扎实开展主题教育活动。 按照《关于推进 2013 年以和谐寺观教堂创建活动的实施意见》精神和有关要求，道观深入学习领会，认真贯彻落实。广泛开展学习和宣传，从思想认识上进行积极引导。根据道观制订的工作计划、活动要求、时间节点，有序推进"教风"建设工作的开展。一是领导重视，工作主动。道观领导高度重视教风建设，制订了专项活动工作安排，从指导思想、目标任务、组织领导上，严格根据区民宗委和区道协要求分四个阶段进行工作。分别召开"教风"工作领导小组座谈会和全体教职员工"教风"主题创建活动学习会，总结每一个阶段道观教风建设进展情况，布置下阶段教风建设推进工作。二是深入学

习，提高认识。通过组织专题学习《求是》杂志"照镜子、正衣冠、洗洗澡、治治病"、"道风建设的首要条件是持戒"和"关于新时期道教发展与教风建设的若干思考"等有关文章，进一步深化了教职人员对教风建设重大意义的认识。每个教职人员结合自己思想和工作实际，畅谈学习体会，进行自我对照总结，并撰写了"教风年"学习活动小结。三是查找不足，推进整改。道观分别召开三次专题访谈会，查找问题，听取各个方面的意见和建议。从班子自身查找问题、分析原因并提出整改意见。从住观、道装、持戒、诵持经典、严格道脉传承和理顺财务管理等六个方面提倡遵规守戒、规范服务。道观还专门制定了教风建设公约、文明服务公约，教职人员照片及名单张榜公示，主动接受信教群众监督。四是严格规戒，倡导素食。根据道教传统戒律规定，结合"教风"建设有关要求，以更好地保持坛场的庄严性，道观专门制定了"坛场规戒"制度，决定自7月1日起实行中午素食制，严禁荤口诵经，持守传统规戒，保持宗教信仰的神圣性。

2. 围绕"宗教法规学习月"，开展系列宣传教育活动。 今年的宗教法制宣传月活动，我们以"教风年"活动为契机，根据文明宗教场所创建和道风建设的工作要求，开展系列教育活动：一是组织全体教职员工开展一次专题学习读书会。学习《国家宗教事务条例》、《上海市宗教事务条例》等内容，使大家明白贯彻实施《宗教事务条例》和遵守宗教法规是每个公民的义务。二是制作宣传月横幅标语。在道观内设置宣传月咨询台等内容丰富、形式多样的宗教政策法规宣传教育活动。三是制作以"加强宗教政策法规学习，努力提高法律素质"为主题的宣传月专刊。向信教群众宣传党的宗教政策以及国家宗教事务条例，引导广大道教徒坚持爱国爱教，从而使教风建设真正落到实处。

3. 围绕弘扬道教文化，鼓励青年道长参加"讲经讲道"交流学习活动。 为进一步推动和加强道教界"讲经讲道"人才的培养，道观积极推荐青年道长参加各类"讲经"比赛和交流学习。今年 8 月，道观推荐丁伟道长参加市道协举行的"中国道协第五届玄门讲经上海选拔赛"，荣获二等奖。9 月，道观推荐青年道长成润磊参加为期 10 天的中国道教协会"第五届玄门讲经巡讲活动"，先后赴吉林、辽宁等地巡回演讲。11 月，道观还推荐一位青年道长参加由市道协和浦东道协联合主办、崇福道院承办的"2013 上海道教讲经讲道交流会"。通过鼓励青年道长参加"讲经讲道"交流学习活动，极大地提高了讲经讲道水平。道观也将"讲经讲道"作为一项长期的重要工作，提供多种平台，倡导教职人员学习经典、研究经典，营造道观学经、讲经的良好氛围。

4. 围绕加强自身队伍建设，扎实开展读书学习活动。 道观坚持青年道长每月一次的时事政治学习，及时了解国家形势和方针政策，从而树立服务社会的大局意识。道观还积极组织青年道长参加各类学习班读书活动。道观派出一名青年道长参加由市民宗委、市社会主义学院联合举行的"上海市第十期宗教界人士培训班"学习。道观全部青年道长参加由浦东新区民宗委主办，在浦东社会主义学院举行的"浦东新区宗教界人士培训班"学习。同时，道观还派出部分道长参加市道协举班的"讲经学习班"学习。根据中国道协要

193

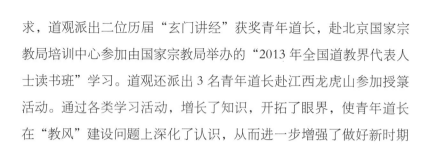

求，道观派出二位历届"玄门讲经"获奖青年道长，赴北京国家宗教局培训中心参加由国家宗教局举办的"2013年全国道教界代表人士读书班"学习。道观还派出3名青年道长赴江西龙虎山参加授箓活动。通过各类学习活动，增长了知识，开拓了眼界，使青年道长在"教风"建设问题上深化了认识，从而进一步增强了做好新时期道教工作的责任意识。

（二）规范制度，长效管理，道观整体管理水平不断提升

1. **重视文明宗教场所创建活动。** 根据《上海市文明和谐寺观教堂创建标准》的有关精神和全国和谐寺观教堂创建项目内容的具体要求，道观制订了2013—2015年度"文明和谐寺观教堂"创建方案，坚持从制度建设、人员管理、财务管理、安全管理、教务管理、基建管理等方面开展创建活动，以创建"五星场所"为目标，以加强"教风建设"为抓手，以规范道观管理为根本，全面推进创建工作的开展，各项工作取得了明显成效。2013年7月，道观再次荣获"上海市2010—2012年度文明宗教场所"称号。

2. **重视制度建设和加强长效管理。** 为了更好地加强道观各项制度的贯彻落实，营造遵守教义教规的良好氛围，规范提高道教活动场所的各项管理工作。今年道观重点结合教风建设中查找出来的问题，在完善制度建设方面制定了一系列措施：一是制定《钦赐仰殿道观教风建设管理制度》，把"教风"创建活动内容作为一项制度规定，纳入日常管理与考核之中，形成长效管理机制。本制度经道观全体教职员工会议讨论并通过，于2013年9月15日起开始执行。二是制定《教风建设公约》，建立道观"教风监督机制"，通过设立

"教风监督意见箱"，主动接受信众监督管理。三是以《道教清规榜》为抓手，进一步强化戒律修持，从而达到内强素质、外树形象的目的。

3. **重视消防安全管理工作。** 为了确保消防安全，道观消防安全工作有专人负责，年初增设一位青年道长担任消防安全组副组长，具体负责消防安全工作。同时，道观还与每位教职员工签订"消防安全责任书"，明确职责，落实到人。道观还根据《消防法》等规定，制定了《道观消防安全制度》及《消防安全实施细则》，采取定期检查和突击抽查相结合的管理办法。在消防器材使用上，定期对道观的监控设备和消防烟感进行保养，严格按规定调换消防器材，确保消防设施和器材的完好。道观管委会副主任袁荣还参加新区民宗委组织开展的"民族宗教界国防教育活动——观摩世博消防中队"，学习消防知识。

4. **重视道观规范管理，进一步增强服务意识。** 一是道观严格规范财务监督管理，积极推进"两个专项"工作的落实，重大财务支出，实行严格监督审核制度。二是重点加强固定资产的管理，仓库重新进行选址、装修，物品进、出增设专人管理，建立健全统一规范的仓库管理制度，取得明显成效。三是充分运用现代化电脑管理软件，祈福牌、光明灯和信众资料登记，财务管理及道教忏务文书打印等全部实行电子化操作，进一步提高了道观信息化管理的效率，显现了智能化管理模式的效应。

（三）继承传统，适应社会，道观自身队伍建设不断加强

1. **坚持传统教制建设。** 为了更好地提升道教宫观管理水平，保障道教宫观传承有序。根据中国道教协会《道教宫观主要教职任

195

职办法》的精神和要求，经道观管委会提名，常住道众评议，报上海市道教协会同意，推荐丁常云道长担任本道观住持。按照道教传统仪轨，道观于 10 月 16 日隆重举行住持升座仪典。这是改革开放以来上海新一代年轻道长的首次升座，具有十分重要的现实意义。从道观的自身管理和发展看，此次升座则是道观管理进一步规范化的标志，是现代道观管理制度的新发展。从道教教制建设看，此次住持升座是上海道教加强教制建设的良好开端。

2. **坚持民主管理制度。** 道观分别于每年上半年和下半年，召开两次组长以上成员参加的民主生活会，结合自身岗位工作和履职情况，总结经验，分析存在问题的原因，提出改进措施。道观重大事务（人、财、物）由集体讨论、决策决定。坚持做好教职人员双月座谈会和职工单月座谈会，加强个别谈心交流，及时沟通思想、了解信息和听取意见，坚持民主管理制度，不断提升民主管理水平。

3. **坚持班子自身建设。** 道观实行管理小组组长竞聘上岗制度，连续保持 6 年，取得明显成效。坚持班子自身建设，切实转变工作作风，继续推进"能上能下"的组长竞聘上岗机制。充分发挥各职能小组工作主动性，要求管理班子成员及小组负责人，在工作中起示范和带头作用。在实行组长竞聘上岗工作中，采取个人自荐和举荐相结合的竞聘上岗形式。首先由竞聘者个人提出申请自荐、教职员工举荐、庙管会审核，确定候选人公示。其次通过竞聘演讲、民主测评、公示名单，听取意见等流程。最后确定聘用组长人员，张榜公示。

4. **坚持团队自身建设。** 道观要适应新时期宗教工作面临的新

浦东道教年鉴·宫观篇

形势、新任务和新特点的需要，坚持加强教职人员团队建设，凝聚共识，形成合力。树立服务社会、服务信众的大局意识，起好示范引领作用。强化联谊、沟通、服务和引导工作。如生日祝贺、困难帮助、节日慰问、健康关心、定期体检，精心组织有关学习参访、联谊活动等，激发教职员工的积极性和创造性，努力在平凡的岗位上做出不平凡的成绩。

5. **坚持人员队伍建设。** 一是加强教职人员队伍建设。在加强理论学习，重点在"提高素养、提升信仰"上下工夫，加强教职人员的教育、管理和监督。在钻研业务上，提高为信教群众服务本领上下工夫。二是加强职工队伍建设。重点在"增强责任意识、大局意识"上下工夫，鼓励职工爱岗敬业，要发扬求真务实、任劳任怨、积极奉献的精神。三是加强信徒队伍建设。进一步整合资源，运用信息技术，加强分类管理。重点做好信徒基本信息的登记工作，定期组织信徒交流、通报工作、听取意见，"连情联谊"。如上门慰问、生日祝贺、春节联谊、组织信徒学习等，力争使道观信徒逐年增多，信徒的整体素质不断提升。

（四）开拓创新，服务社会，道教慈善公益不断扩大

1. **爱心助学，同心圆梦。** 道观坚持十年不变的信念，开展与沪新中学"爱心助学"结对活动，不断将爱心传递给困难学生，帮助他们同心圆梦。9月份，在新学期开学之际，道观负责人前往沪新中学，看望、慰问考进大学的4位同学，面对面地与学生交流、沟通，向他们表示祝贺和鼓励，并向每位同学送上慰问金1000元。此项活动是道观"爱心助学"活动的内容之一，旨在通过传递爱心、

播洒希望，将爱心传递给困难学生，帮助他们同心圆梦。

2. **专项基金，帮困助学。** 为进一步扩大道观慈善公益内容，弘扬慈爱精神，积极为社会慈善公益事业助推献力。今年，道观在举行重修竣工、神像开光庆典活动的同时，又成立了专项助学基金。向上海市慈善基金会浦东分会首批捐款 10 万元，用于帮助社区内困难家庭的学生。这是道观爱心助学行动的新发展，更是道观回馈社会的功德善举，得到社会各界的好评。

3. **敬老爱老，弘扬慈爱。** 重阳节来临之际，道观举行"浓浓敬老情、相聚在道观"重阳敬老活动，向陆家嘴社区光辉居委 270 位 70 岁以上老人送上了节日的祝福。还邀请部分老人们来道观吃长寿面，道观负责人亲自送上寓意健康长寿的重阳糕。同时，道观还走进社区上门看望行走不便的高龄老人、向每位老人送上重阳糕。每年重阳节期间道观都要开展敬老、尊老活动，慰问老人，与老人们一起高高兴兴的过节，吃一碗健康吉祥的长寿面，领一份过节的重阳糕，以此表达尊老、爱老、敬老的深情。这一善举已经持续十多年，成为道观常态化工作之一。

4. **济世利人，秉承传统。** 道观发扬道教"济世利人"的优良传统，积极参与社区敬老、助困、助学，定期走访敬老院，为社区 31 个居委社区老人祈福、赠送福面 1 万多份，使道观慈爱精神得到进一步发扬。道观全体教职员工同舟共济，关心支援灾区，凡地区受灾，民众困难，道观都会伸出援助之手。今年，四川芦山地震受灾，道观积极捐款 5 万元，支援灾区重建家园。同时，道观还积极响应市道协的号召，积极支持新开宫观修复和道教人才培养，继续向市道教协会弘道互助基金、弘道教育基金，捐资 10 万元人民币，进一步弘扬道教济世利人的优良传统。

5. **宗教活动，创新发展。** 满足道教信徒宗教信仰需求，是道观服务社会、服务信众的重要内容之一。年内，道观共举行宗教活动 500 余场次，举行大型宗教活动 18 场次。如烧头香祈福法会、接财神、拜太岁、谢太岁、文昌法会等活动。今年，道观进一步丰富了道教活动的内容：一是举行"东岳圣诞祈福法会"唱戏酬神活动。通过特邀上海滑稽剧团名演员来道观唱戏酬神演出、圣诞祈祷、祈福道场、广赐"福面"、赠送"福斋"等方式，使"东岳圣诞祈福法会"的内容更加丰富多彩。二是举行真武大帝神像开光法会。三是隆重举行道观重修竣工、神像开光庆典活动。今年也是道观恢复开放 30 周年，道观隆重举行了"重修竣工、神像开光庆典活动"，各级领导和信众一千多人参加了庆典活动，极大地丰富了道观的宗教活动内容，扩大了道观的社会影响。

（五）加强交流，增进友谊，联情联谊工作渠道不断拓展

1. **做好接待服务，树立道观形象。** 今年，道观接待了中国道协副会长黄信阳、林舟、张凤林和秘书长王哲一，市政协副主席、浦东新区区长姜樑，市政协副主席方慧萍，市政协副秘书长张喆人、周锋，市委统战部副部长、市民宗委党组书记曹斌，市民宗委主任赵卫星、副主任王君力，市政协民宗委副主任张广仁，浦东新区区委常委、统战部部长陈庆善，新区政协副主席方柏华，区委统战部副部长、区民宗办副主任胡志国等领导。还接待了浦东新区人大主任唐周绍及人大常委会组成人员一行 50 余人来观视察；接待了国家

199

宗教局政策法规司《历代宗教管理法令》研究课题组一行 3 人来观调研。还接待了黄浦区人大侨民宗委一行 10 人；接待了长宁区宗教界人士一行 20 人；接待了新区统战部老干部一行 14 人；接待了黄浦区老年大学一行 20 人；接待了浦东新区少数民族联合会会长法金生一行 12 人等。同时，还接待香港蓬瀛仙馆理事会全体理事 21 人；接待了新加坡道教总会会长陈添来及新加坡道教经乐团全体成员 32 人等。通过接待和交流，宣传了道教文化，树立了道观的良好形象。

2. **加强对外交往，增进联络友谊。** 道观积极组织参加各类对外交往活动，开拓视眼，增长知识，联络友谊。今年，道观组织全体职工赴杭州千岛湖参观旅游，组织全体教职人员赴江西龙虎山等地参访学习并朝拜祖庭。道观还先后派人参加苏州"穹窿山上真观修复竣工暨神像开光"庆典活动，参加"乾元观恢复二十周年暨紫光坛神像开光庆典"活动，参加中国道协举办的"第五届玄门讲经暨华山论道"活动，参加北京东岳庙召开的"东岳信仰与北京东岳庙学术研讨会"，参加苏州穹隆山召开的"施道渊与江南道教学术研讨会"，参加上海城隍庙召开的"正一道教研究国际学术会议"等。此外，道观住持丁常云还应邀为中国道教学院培训班授课，应邀为"杭州市道教界人士培训班"授课，应邀为"区人大侨民宗委、外事工作委员会全体委员"作专题讲座，应邀为江西龙虎山天师府"名师讲堂"作专题讲座，还应邀参加在香港中文大学举行的"第一届全国道教中青年骨干培训班结业典礼"，应邀参加全国政协民宗委"关于推动宗教界办好公益慈善事业的情况"的调研等。通过加强对外交往，进一步增进友谊，宣传了道教文化。

2014 年工作总结

一年来，道观以党的十八届三中全会精神为指导，深入贯彻落实社会主义核心价值观，坚持稳中求进。紧紧围绕"改革、发展、稳定"大局，坚持以"教风"为主题的和谐道观创建活动。求真务实，开拓进取，圆满完成了道观年度工作计划，各项工作进展良好。

（一）以加强教风建设为抓手，开展和谐道观创建活动，在提升素质中保持道教生命力。

1. **突出抓好学习，打牢思想基础。** 一是认真学习贯彻党的十八届三中全会精神和关于社会主义核心价值观精神学习。把学习宣传贯彻党的十八届三中全会精神与实现中国梦结合起来，采用专题学习、座谈研讨、参观等丰富多彩的形式，进一步激发教职员工爱国爱教的热情，为道观工作创新发展注入强大的内在动力。二是结合学习习总书记《青年要自觉践行社会主义核心价值观》的讲话精神，组织专题学习、教职人员结合自己思想和工作实际，畅谈学习体会，开展交流活动。三是坚持把提高教职人员的思想素质与爱国爱教教育实践活动并举，组织青年道长以"汇聚青年梦、弘扬正能量"为主题的参观张闻天故居爱国主义教育活动。

2. **突出法制教育，开展系列宣传。** 一是围绕"宗教法规学习月"，开展学习人民日报社论《以法制促改革、以民主凝聚力量》等专题教育活动。二是组织全体教职员工学习《人民日报》评论文章《"零容忍"铲除暴恐分子》等，从而坚定了教职员工维护人民群众生命安全和社会稳定的决心。三是出版宣传月专刊，制作以"尊重公民宗教信仰，依法管理宗教事务"为主题的学习专刊，在道观内悬挂宣传横幅标语、设置宣传月咨询台等内容丰富、形式多样的宗教政策法规宣传教育活动。

3. **突出讲经弘道，传承中华文化。** 一是制定讲经工作三年规划，并于今年 6 月开坛讲经，每月一次。以道教劝善书和道教日诵早晚课为宣讲内容，教化引导人心向善，维护社会和谐稳定。二是进一步推动和加强道教界"讲经讲道"人才的培养。道观先后推荐二位道长，参加市道协举办的"中国道协第六届玄门讲经上海选拔赛"和新区道教协会主办的"玄门讲经"交流学习活动，极大地提高了讲经讲道的水平。道观将讲经弘道工作，作为一项长期的重要工作，力争成为道观弘扬道教文化的一个特色。

4. **突出教风建设，开展和谐道观创建。** 按照和谐寺观教堂创建要求，道观将创建工作常态化。通过动员学习，制定创建方案，明确目标，落实责任，组织推进等，营造创建工作的氛围。并以加强"教风建设"为抓手，以创建"五星场所"为目标，全面推进创建工作的深入开展，各项工作取得了明显成效。

（二）以加强规范管理为目标，努力做好各项服务工作，在集聚能量中展现道教影响力。

1. **注重制度建设，加强长效管理。** 为了更好地加强道观管理，确保各项工作的顺利开展，今年道观重点结合教风建设中查找出来的问题，并针对道观存在的实际问题，对道观《考核管理细则》进行修订、补充和完善。并将《考核管理细则》内容，公开张贴于场所内，纳入日常管理与考核之中，明确专人负责，主动接受监督管理，形成长效管理机制。

2. **注重公共安全及消防管理工作。** 今年 7 月，道观成立了公共安全事务管理协调小组，并制定相关工作制度，进一步规范了道观日常安全防范和重大宗教活动安全工作。年初道观与每位教职员工签订"消防安全责任书"，明确职责，落实到人，并进行定期检查和突击抽查，使道观消防安全工作常态化。在消防器材使用上，定期进行维修检测和保养，并严格按规定调换。今年，道观还对监控设备进行了全面的更新升级，确保安全管理工作，万无一失。

3. **注重规范管理，强化服务功能。** 道观严格规范财务监督管理，积极推进"两个专项"工作的落实，重大财务支出、固定资产处置申请，严格实行监督审核制度。仓库物品进、出，增设专人管理。祈福牌、光明灯、信众资料登记等已全面运用电脑管理软件，财务管理及道教忏务文书打印全部实行电子化操作，进一步强化了道观服务功能。

4. **注重队伍建设，组织培训学习。** 一方面，道观坚持青年道长每月一次的时事政治学习，结合党和政府的中心工作，开展读书学习活动。另一方面，道观积极组织青年道长参加书法学习班、道乐班学习，鼓励道长参加道教抄经比赛活动和道教音乐学习。同时，道观还派出 4 名青年道长参加由市道协组织的"中青年教职人员培训班"学习，安排3名青年道长赴江西龙虎山参加授箓活动。通过各类学习培训活动，使青年道长增长了知识，开拓了眼界，提升了知识水平，为进一步规范道观管理打下了良好基础。

（三）以加强自身建设为核心，不断提高自身信仰素质，在服务信徒中增强道教凝聚力。

1. **重视班子自身建设。** 连续多年，道观坚持把提高班子人员的思想素质与履职能力并举，实行管理组长竞聘上岗制度，取得明显成效。在组长竞聘工作中，坚持公平公正的原则，通过竞聘演讲、民主测评、张榜公示等流程，确定聘用组长人员。通过竞聘上岗，推进"能上能下"机制，发挥了各职能小组工作成员的主动性，营造了"爱国爱教，无私奉献"良好氛围。

2. **重视民主管理建设。** 连续多年，道观坚持每年召开两次组长以上成员参加的民主生活会。结合自身岗位工作和履职情况，总结经验，查找问题，提出改进措施，取得良好效果。同时，道观还坚持做好教职人员双月座谈会和职工单月座谈会，加强沟通和交流。道观重大事务（人、财、物）皆由集体讨论、民主决策，并形成长效机制。

3. **重视团队自身建设。** 连续多年，道观坚持"内修功德、外树形象"，积极开展凝心聚力工作。一方面，坚持定期联系沟通制度，及时解决有关问题和化解有关矛盾。另一方面，坚持教职员工生日送祝贺、节日送慰问、困难送帮助、健康送体检活动，精心组织有关学习参访、联谊活动等，激发教职员工的积极性和创造性，增强团队凝聚力，强化了团队自身建设。

4. **重视加强信徒队伍建设。** 今年下半年，道观探索性地开展信徒队伍建设工作，并开始编制信徒队伍建设十年规划，召开两次专题座谈会，就有关具体工作进行论证和细化。同时，道观还开通了官方微博，解答来自网络信众的提问咨询，关注人数已超过500多人。道观还不断调整和完善网站功能，定期进行信息更新，开始尝试发布信徒皈依信息，探索开展信徒皈依工作。

（四）以加强文化建设为纽带，不断提升社会服务效能，在慈善公益中扩大道教辐射力。

1. **出版文化丛书，服务社会大众。** 多年来，道观始终注重加强文化建设，出版道观文化丛书多本。经道观数位道长的努力，《沪上古观太清宫》于年初正式出版，为社会和信众提供了解道观的通俗读本。同时，为了更好地弘扬道教文化，道观又组织人员编修《陈耀庭道教研究文集》，目前有关出版准备工作已经完成，不久即可正式出版。

2. **坚持爱心助学，同心共筑圆梦。** 道观积极开展爱心助学活动，并将此项工作常态化，持续十多年。今年，道观进一步拓展了爱心助学范围，在继续做好沪新中学"帮困助学"的基础上，扩大到社区街道，举行了年度"倾情社区、爱心助学"活动，向陆家嘴社区低保家庭、经济困难家庭数十名在校大学生捐款，用以帮助他们完成学业。同时，道观负责人还专程前往沪新中学，看望、慰问考进大学的同学，交流沟通，祝贺鼓励，并送上助学慰问款，传递道教爱心，受到社会好评。

3. **弘扬敬老传统，开展多样活动。** 多年来，道观始终坚持开

205

展形式多样、内容丰富的敬老、助老活动。端午节时，数位道长前往陆家嘴社区敬老院看望慰问老人，送上祈福寿面与福斋。敬老节时，安排道长到所在街道光辉居委，向近300多位老人赠送重阳糕，敬献寿面。道观还邀请陆家嘴街道敬老院、光辉居委部分老人来道观参观和品尝寿面，与社区老人共迎重阳佳节，表达尊老、爱老、敬老的慈爱精神，受到社会好评。道观也连续多年荣获陆家嘴社区十佳"敬老模范单位"称号。

4. **坚持爱国爱教，践行济世利人。** 多年来，道观坚持以扶贫济困为宗旨，以积极参与为基础，坚持慈善为民、服务为本。无论是突发事件的灾害救助，还是经常性的助学帮困、助残扶贫、社会公益，都会伸出援助之手。当云南鲁甸地震时，道观第一时间向灾区捐款3万元，用于救助灾区群众与灾后重建。道观响应市民宗委的号召，对口支援西藏、新疆捐款3万元，用于少数民族地区群众摆脱贫困，建设美好家园。为了弘扬中华道教优秀文化，道观响应中国道教协会的倡议，资助第三届国际道教论坛会议经费5万元。同时，道观还积极支持市道协"两个基金"，捐款10万元，用于道教人才培养和教育事业等。

5. **完善宗教活动，创新服务发展。** 道观不断适应社会、民众信仰需求，创新发展，提升服务效能。年内，道观共举行宗教活动520余场次，举行大型宗教活动15场次。不断做实烧头香祈福法会、接财神、拜太岁、谢太岁、文昌法会等大型宗教活动。同时，道观还完成了整体外部油漆保养工程；完成了"六十甲子"殿堂调整改建和神像重塑布局，增设"太岁灯"；完成了"药王殿"、"三官殿"的迁移工作，扩大了"药王灯"的数量，使道观的整体布局更具合理和特色。道观还通过"东岳圣诞祈福法会"，向各方善信广赐"福面"，表演酬神戏，诵经祈福，祝愿民众幸福、社会和谐，使千年古观真正成为信众心目中的"祈福圣地"。

（五）以加强友好交往为依托，积极发挥学习联谊功能，在创新发展中提升道教软实力。

1. **加强文化内涵，提升整体形象。** 为进一步提升道观文化内涵，营造良好的道教文化氛围。今年，道观专门邀请了全国各地十多位书法名家，为道观书写抱对、匾额等，留下了许多笔墨宝卷，是宝贵的文化和精神财富。道观还陆续完成了部分殿堂"抱对"和"匾额"的制作工作，极大地提升了道观的整体形象和文化品位。同时，道观"道学讲堂"装修工作也已开始，讲堂装修注重传统文化元素，努力打造成联系信徒、传播文化的平台。

2. **加强接待联谊，广交深交朋友。** 今年，道观先后接待了海内外道教朋友和团队二十余批次。重点接待了市民宗委副主任王凡一行 5 人；接待了市妇联主席、市侨联主席一行 40 人；接待了上海复旦大学哲学系师生一行 30 人和上海中医药大学师生一行 50 人；接待了江西省道协和南昌市道协一行 4 人；接待了上海社科院宗教所一行 7 人等。同时，还接待了马来西亚道教总会陈文成会长一行 22 人；接待了新加坡道教学院一行 2 人；接待了香港六大宗教慈善团体代表约 50 人。通过接待和交流，广交了各界朋友，宣传了道教文化，树立了道观的良好形象。

3. **加强出访交流，增进学习机会。** 在对外交往方面，道观积极组织道长参与一些学习交流活动。道观派员参加区道协组织的赴浙江临海城隍庙、雁荡山等地参访学习；参加"第四届中华梦乡福清石竹山梦文化节"活动；参加浙江省道教协会第二届玄门讲经活动；参加"中国道教第六届玄门讲经暨泰山论道"活动；参加在山东泰山举行"中国道教协会弘扬传统文化座谈会"等。还参加"香港道教联合会庆祝中华人民共和国成立六十五周年纪念（系列）活动"；参加在茅山举行的"第五届长三角地区道教论坛暨江苏省第二届道教文化艺术节"；参加在江西省鹰潭市举行的"第三届国际道教论坛"等。道观负责人还应邀赴新加坡道教学院授课，应邀为浙江天台山道教科仪学习班授课，应邀赴北师大人文宗教高等研究院作专题讲座等。同时，道观还邀请部分专家学者，召开道观信徒队伍建设专题工作座谈会。通过出访交流和座谈学习，增长了知识，扩大了影响。

2015 年工作总结

2015 年，道观根据年度工作计划安排和具体工作实际，努力踏实工作，不断开拓前行，圆满完成了各项工作内容。现将年度工作总结如下：

（一）加强学习，提高认识，道观的向心力不断提升

1. **坚持时政学习，大局意识不断提高。** 道观始终坚持每月一次的学习会，组织学习中央有关会议精神，学习中央统战工作会议和宗教工作会议精神，学习全国道教会议精神等；组织学习道教知识，学习道教理论文章等。通过坚持学习，组织讨论，提高认识，增强觉悟，从而提升教职人员服务社会的大局意识。

2. **坚持普法宣传，法制意识不断增强。** 道观围绕"国法与教规的关系"这一主题，组织开展多层次、多角度、多方式的研讨、学习，开展法制读书会、法律法规知识交流学习活动；通过开辟法制宣传栏，出宣传月专刊，在道观内悬挂宣传横幅标语等内容丰富、形式多样的宗教政策法规宣传活动，进一步推动宗教界"六五"普法工作的深入开展。

3. **坚持培养教育，服务意识不断提升。** 比如，组织安排青年教职人员参加市道协培训学习和征文活动；组织青年道长开展教风建设的学习与讨论；鼓励青年道长参加道教科仪的学习，参加"玄门讲经"活动等。通过各类学习培养和教育引导，增长了知识，开拓了眼界，提升了信仰，端正了教风，增强了道观的向心力，促进青年道长的健康成长。

（二）规范管理，完善制度，道观的凝聚力不断增强

1. **重视文明创建，各项工作成绩显著。** 道观以创建"五星场所"为目标，以加强"教风建设"为抓手，以规范道观管理为根本。一方面，积极参加创建活动，有计划、有内容、有安排，坚持从制度建设、人员管理、财务管理等方面开展创建活动，有力地推动了道观各项工作的规范有序开展。另一方面，道观不断加强创建领导小组的工作力度，认真总结创建活动的成功经验，不断提升创建工作的成效，使创建活动成为经常化、制度化的工作，取得了显著成绩。

2. **重视制度建设，各项活动规范有序。** 不断完善道观管理制度，根据"以人为本"的原则，立足道观自身实际情况，查漏补缺，完善规范了有关制度，修改有关制度条款，纳入道观《管理手册》，确保各项活动规范有序开展。同时，还积极做好道观大型宗教活动及宗教科仪等书面资料的搜集、整理和归档工作，实现道观管理制度化、常态化。

3. **重视团队建设，做好凝心聚力工作。** 坚持加强教职人员团队建设，凝聚共识，形成合力。强化联谊、沟通、服务和引导工作，激发教职员工的积极性和创造性。坚持加强职工队伍建设，鼓励职工爱岗敬业，发扬求真务实、任劳任怨、积极奉献的精神。坚持加强信徒队伍建设，定期组织信徒交流、通报工作、听取意见，"连情联谊"。使凝心聚力工作不断推进，取得了良好成效。

（三）规范活动，创新发展，道观的生命力不断拓展

1. **满足信众需求，做好宗教服务。** 为更好的服务信众，道观坚持在服务上下功夫，确保道观科仪活动质量不断提升，大型道教活动安全有序。同时，道观还增设延生堂，供奉福禄寿三星，扩大了道观服务信徒的内容。举行元辰殿开光法会，专门制作神龛，使元辰殿成为道观亮丽的殿堂。

2. **创新宗教活动，接受信众皈依。** 道观举行了首届皈依仪式，来自本市及周边省市的 56 名信众参加了皈依。这是一次新时代下加强道教信徒队伍建设的新探索，对于促进道教事业的发展意义重大。同时，道观还探索性地举行信徒过寄东岳大帝仪式，服务信徒的途径得到创新发展。

3. **规范公共安全，采用技防结合。** 年初，道观继续与每位教职员工签订"消防安全责任书"，明确责任，落实到人。道观还专设"消防安全组"，专门负责道观的公共安全和消防工作，接受有关部门的指导和监督，定期检查、调换消防器材，定期开展消防演习，强化了道观教职员工的消防安全意识。同时，道观还充分发挥"公共安全事务管理协调小组"的作用，召开专门会议研究落实消防和安全防范工作，针对一些突发事件，形成切实可行的有效应对措施。

（四）弘扬文化，服务慈善，道观的影响力不断彰显

1. **开展慈善活动，服务社会人群。** 道观连续十多年来，与沪新中学举行结对"爱心助学"活动，每年捐款达 30000 元；在年度

211

"倾情社区、爱心助学"活动中，向浦东陆家嘴社区经济困难家庭的13名品学兼优的在校大学生捐款26000元，用以帮助他们完成学业。重阳节时，道观向所在居委数百位老人送重阳糕、长寿面，向浦东新区侨联"百名归侨聚重阳"活动的36个街镇的100名老归侨赠送长寿面等。道观还积极支持市道协"两个基金"，捐款12万元；还向上海道教慈善基金会捐款20万元，用于社会扶贫帮困活动；还积极开展"宗教慈善周"活动等。道观年度各项慈善捐款共计60余万元，受到社会好评，为此道观被推选参与浦东新区十四届慈善公益奖的评选。

2. **开展讲经活动，弘扬道教文化。** 道观坚持每月讲经一次，引导信众树立正信正行。道观充分利用宣传栏和接待过程中，积极宣传道教文化，传播道教教义思想。道观根据时代的发展，利用网站、微博、微信等新型传播工具，开设了道观的网络平台，弘扬道教文化，传播社会正能量。道观组织出版了《陈耀庭道教研究文集》，编辑出版《道教与当代社会》等道教文化丛书。同时，道观还派出年轻道长参与市道协组织编写《上海宗教志·道教志篇》的编修工作。

3. **开展公益活动，传播服务理念。** 为更好地传承中华优秀文化，服务信教群众，道观利用晚上及周末的时间，举办了多期太极拳公益学习班，服务社会民众和信众。传统文化公益班是道观服务社会公益的一项新举措，道观将在探索中总结经验、逐步常态化。此项活动的成功举办，有利于道教更好的服务社会，服务信众，是新时期社会发展的需要，也是道教事业发展的需要。

（五）加强联谊，友好交流，道观的辐射力不断扩大

1. **开展文化活动，发挥积极作用。** 道观与和瑄文化团队联合举办"儒道释·和"文化论坛，就"和谐文化与当代社会"问题展开讨论与交流。道观还多次举办道教文化讲座，传播弘扬传统优秀文化。道观还与上海五缘文化研究所共同举办"中华和文化与中国和平发展"学术研讨会，进一步弘扬了道教和谐文化，发挥传统文化的正能量。道观还组织部分道长与上海欧美同学会进行座谈交流，传播了道教文化，扩大了道教影响。

2. **开展联谊接待，扩大友好交流。** 道观先后接待了海内外道教朋友和团队二十余批次。主要：接待了中国道协领导，上海市民宗委领导，接待了浦东新区政协、区人大侨民领导等。还接待了新加坡道教总会、马来西亚道教总会访问团等，接待了澳门道教代表团、澳中文化交流协会等。还接待了江西省道教协会领导、上海宗教文化研究中心领导，接待了"和瑄文化"团队、黄浦区政协参访团、浦东新区八大民主党派负责人等。通过接待和交流，广交了朋友，宣传了道教文化，树立了道观的良好形象。

3. **开展对外交往，扩大道教影响。** 在对外交往方面，道观派员参加无锡三山道院举行的"神像开光庆典"活动，参加太仓玉皇阁玉皇殿落成典礼，参加南通排河庙神像开光暨颁证仪式，参加茅山乾元观道教婚礼等。道观负责人还应邀参加"2015 年新加坡道教论坛"，参加"《圣经》与环境保护国际学术研讨会"。还应邀在龙虎山老子学院作专题讲座，为"2015 年上海道教中青年教职人员培训班"、"青浦散居道士学习班"授课。还参加浦东道教书画联谊会与小兰亭书画院举行的笔会，参加茅山道教书法笔会等。还应邀参加市委统战部组织外出学习考察活动，参加上海自贸区国际艺术品交易中心开幕典礼等。通过对外交往，增长了知识，扩大了影响。

2016 年工作总结

2016 年，是国家"十三五"规划开局之年，也是全国宗教工作会议隆重召开之年。一年来，道观根据新区民宗委和区道协的工作要求，结合道观工作实际，围绕年初制定的工作计划，圆满完成了各项工作任务，现将年度工作总结如下：

（一）坚持学习，坚定信念，构建学习型道观

1. **坚持学习，增强大局意识。** 坚持每月一次的教职人员学习会，及时传达和贯彻有关会议精神，先后组织学习了全国"两会"精神、全国宗教工作会议精神、上海市宗教工作会议精神、中央十八届六中全会精神等；还组织学习了有关法律知识、宗教政策法规、道教理论和经典规戒等。通过系列学习，提高了教职人员的整体素质，为培养合格的道教教职人员，打下了坚实的基础。

2. **注重宣传，增强法制意识。** 2016 年是全国"六五"普法规划的收官之年，也是全面推进依法治国的开局之年。道观始终以主题"宣传月"为重点，广泛开展学习宣传活动。组织教职员工对《宗教事务条例》进行学习讨论，并结合实际，利用宣传板报、宣传横幅、大屏标语等形式，广泛宣传宗教政策和法规知识，激励、引导广大道教徒坚持爱国爱教，坚定与党同心同德，进一步深化"六

五”普法工作的深入开展。

3. **端正教风，增强讲经意识。** 道观坚持每月举行一次讲经活动，阐扬道教经典和教义思想，引导教化信教群众。同时，为进一步端正教风，道观积极鼓励青年道长参加讲经交流，专门举办了所有青年道长参与、面向信众的讲经交流活动。此外，道观还推荐青年道长参加市道协举办的"玄门讲经"选拔活动，组织青年道长参与新区道协举办的抄写《道德经》活动。通过讲经学习和交流，营造道观学经、讲经的良好氛围，增强了青年道长的讲经意识。

（二）建章立制，规范管理，建设文明型道观

1. **文明创建，成绩显著。** 道观通过全面创建评审，被推荐"全国和谐寺观教堂"评选。在上海市文明宗教场所创建工作表彰和经验交流会上，道观作为市级文明宗教场所受到表彰并作交流发言。在"2016年陆家嘴街道精神文明建设工作会议"上，道观荣获"陆家嘴街道年度十佳精神文明共建单位"称号。在新一轮文明场所创建中，道观紧紧围绕国家宗教局和市、区民宗委提出的工作要求和部署，制定三年创建工作方案，将创建活动和道观日常工作有机结合，全面推进创建工作深入开展。

2. **文明管理，制度完善。** 道观以"文明创建"活动为抓手，进一步完善和强化后勤管理、财务管理、安全管理等各项制度，重点抓好监督管理、规范制度管理。重新修订《道观殿堂值殿卫生制度》，安排专人负责；重视《道观消防管理制度》，继续与教职员工签订"消防安全责任书"，明确安全责任制；落实《道观食品卫生安全制度》强化工作措施，确保安全工作常态化。

3. **文明敬香，规范有序。** 为切实开展文明敬香工作，道观采取多项措施，广泛宣传，狠抓落实，取得成效。年初，制定了"文明敬香倡议书"，在陆家嘴街道《社区报》进行连续宣传，增强道观周边信徒文明敬香意识，同时公开张贴宣传板，明确告知文明敬香时间表。自6月1日起，道观推出定制环保香，向信徒赠送。同时，取消售香传统，禁止外来香烛带入。道观所在街道也派出相关人员协助维护，确保道观文明敬香工作全面推行和有序开展。

4. **文明团队，凝心聚力。** 道观重视加强团队建设，从调整管理班子人员和岗位工作做起，形成合力，协同团结，认真做好道观各项工作，起好示范引领作用。严格要求班子管理成员及小组负责人，在工作中起文明示范和带头作用。完善组长竞聘上岗制度，重视教职员工凝聚力建设，如生日祝贺、困难帮助、节日慰问、健康关心、定期体检、组织学习参访等，激发教职员工的积极性和创造性，团队整体建设不断增强，工作效率和服务水平不断提升。

（三）改善硬件，提升软件，建立服务型道观

1. **发挥场所功能，做好宗教服务。** 为更好地满足道教信徒的信仰需求，道观新增设了延生堂和车神殿，供奉了延生灯和车神灯，拓展了道观的服务功能。一年来，道观共举行各类宗教活动500余场次，其中大型宗教活动达15场次。同时，道观还进一步规范常用科仪，规范坛场管理，提升了科仪的神圣性、行仪规范性和坛场庄严性。

2. **发挥教化作用，开展信众服务。** 为更好地发挥道教的教化作用，服务信教群众，道观举办了第二届信徒皈依活动，共有60余名信众皈依；道观还为皈依信徒举办了首期《早晚功课学习班》，系统讲解功课经典；举办两期太极拳公益学习班，弘扬道教养生文化。道观还定期开展公益讲座活动，定期开展讲经讲道活动等，引导信众树立正确的信仰理念，道观的教化功能逐步显现。

3. **建立道学讲堂，打造弘道品牌。** 经多年的努力和精心设计，体系道教文化特色、彰显道教人文精神的道学讲堂装修竣工，为全国道教增添了一座高规格的道文化讲堂，为弘道兴教打下了坚实的基础。讲堂先后举行了多场道文化讲座和讲经活动，受到信徒和社会的广泛关注。道学讲堂也将成为道观的一个弘道平台，凸显道教文化魅力，提升道教形象，扩大道教影响。

4. **开展公益慈善，参与社会服务。** 多年来，道观始终坚持积极参与社会慈善公益事业。比如，道观积极向江苏盐城市 6·23 龙卷风自然灾害捐款，积极参加社会慈善捐活动等。道观还设立爱心助学专项基金，向街道贫困大学生捐款助学；开展定向帮困助学，连续十多年向沪新中学多名学生结对帮扶；精心组织重阳敬老活动，向街道居委近 300 位老人赠送重阳糕，邀请老人来道观品尝长寿面；安排义工进街道社区服务，不断提升道观慈善新理念，受到社会好评，道观也由此荣获浦东新区"慈善公益奖"。

（四）弘扬文化，对外交流，打造文化型道观

1. **拓展宣传渠道，弘扬道教文化。** 道观注重文化建设，恭请道教经典著作和道教文化丛书，增添道观文化典籍；探索道教与社会关系问题，出版《道教与当代社会》专著；主动宣传道教文化，采用除宣传栏等传统的宣传方式外，还构建了道观门户网站、微博、微信等现代传媒，弘扬道教优秀文化，传播社会正能量。

2. **注重整体形象，提升文化内涵。** 道观注重提升文化内涵，重新制作老君堂"匾额"及"抱对"，增设老君神像供养；对藏经楼作整体规划，设计"藏经柜"，发挥藏经楼区域的文化功能。同时，道观还将西厢房二楼重新装修，作为公益课堂和茶艺园对外开放，举办传统文化活动，为道观增添了新的文化景观。

3. **做好联谊接待，增进文化互动。** 道观先后接待了各地来访的领导和嘉宾 60 余批次。主要接待了全国政协领导、"中宗和"领导、中国道协领导和上海市政协领导、市委统战部、市民宗委领导等。接待了新区统战部、新区侨民宗委、新区民政局领导等。接待了复旦大学传媒学院教授、上海社科院哲学所及宗教所研究人员和美国佛罗里达大学教授等。还接待了市政协委员学习参访团 80 余人、"华山医院时空项目"参访团 130 余人、英国学校师生 40 余人、上海评弹团老艺术家 10 余人等。通过接待和交流，广交了朋友，宣传了道教文化，树立了道观的良好形象。

4. **扩大对外交往，促进友好交流。** 在对外交往方面，道观组织青年道长赴太仓等地学习参访，组织参加常州"首届道文化大会"，参加"茅山崇禧万寿宫落成暨神像开光庆典"，参加松江广富林关帝庙、城隍庙开光庆典，参加"黎遇航道长诞辰 100 周年"纪念活动等。道观住持还应邀赴香港讲学与交流，应邀参加"第四届尼山世界文明论坛"，参加"上海首届北斗文化研讨会"，参加"2016 崂山论道"活动，参加"第六届长三角地区道教论坛"活动等。还应邀参加 2016 年龙虎山内地授箓和海外授箓活动，参加全国政协民宗委组织的专题调研活动等。通过对外交往，增长了知识，扩大了影响。

2017 年工作总结

2017 年，是党的十九大胜利召开的喜庆之年，也是国家全面落实"十三五"规划、深化改革的关键之年。一年来，道观以十九大会议精神为指引，以全国宗教工作会议精神为动力，强化制度建设，规范道观管理，稳步推进"文明和谐道观"创建，全力打造学习型、文明型、服务型、文化型道观，圆满完成了年初制定的各项工作任务。

第一，综合素养不断提高。道观始终坚持以学习为抓手，认真组织学习各类时政要闻、法律法规等，广大道教徒的综合素养不断提高。坚持时政学习。坚持爱国主义教育，继续组织每月一次的时政学习会。及时组织学习全国和上海市"两会"精神，组织学习全国宗教工作会议精神，组织收看党的"十九大"会议开幕式，组织学习党的"十九大"会议文件精神等，提高教职员工的大局意识和政治意识。加强法制宣传。以"法制宣传月"为抓手，组织召开法制知识专题学习会，利用板报、大屏幕、横幅等宣传手段，普及宗教政策和法律法规知识。组织教职员工对新修订的《宗教事务条例》进行专题学习和讨论，使得教职人员和信教群众能够及时掌握国家相关宗教法律法规，增强法制观念，在宪法和法律范围内开展宗教活动。创新学习形式。注重道教知识学习，举办青年道长道教知识竞赛活动，激发了青年道长学习道教知识的热情，提升了团结协作精神。注重道长讲经学习，有计划、有组织安排青年道长走上讲台，推荐道长参加市道协"玄门讲经"活动，提高了青年道长的讲解水平。组织青年道长太极拳培训学习，提升道教养生文化素养。

第二，**各项工作稳步推进。**进一步规范道观管理，加强班子自身建设，各项工作稳步推进。文明创建不断深化。根据"文明和谐道观"创建要求，道观不断强化创建意识，不断增强创建力度，将创建工作纳入日常管理工作，以创建促管理，以管理推创建，全面提升创建工作新成效，道观连续三届被评为"上海市文明宗教场所"，还荣获第三届全国创建和谐寺观教堂先进集体。年内，道观又积极开展新一轮"文明和谐道观"创建活动，注重查问题、找不足、补短板，全面深化道观文明创建工作，使创建活动成为道观经常化、制度化工作。规范管理积极推进。注重制度建设，修改完善道观管理制度，确保道观各项工作规范有序。注重规范管理，对重大财务支出、固定资产处置申请，严格实行监督审核制度，对仓库物品进、出等实行规范管理。注重人员岗位管理，继续与相关部门签订岗位工作责任书，强化管理制度真正落到实处。全面推进文明敬香活动，取消道观售香传统，采用赠香制度，确保道观环保安全。注重场所安全管理，继续与教职员工签订"消防安全责任书"，明确职责，落实到人。实行消防安全专人负责制，定期检查、监督管理常态化。班子建设不断加强。注重班子队伍建设，培养青年道长，充实管理班子成员，建立班子成员目标考核制度，增强责任心和使命感。民

221

主生活会有效开展。坚持班子成员每年两次民主生活会，结合自身岗位工作和履职情况，总结经验，查找问题，取得良好效果。同时，道观还坚持做好教职人员双月座谈会和职工单月座谈会，加强沟通和交流。道观重大事务皆由集体讨论、民主决策，并形成长效机制。

第三，服务意识不断增强。坚持以"两个服务"为重点，不断增强服务意识，创新服务理念，全面提升道观的服务功能。举办公益延生法会。重阳节期间，道观恢复传统科仪，传承道教延生文化，举行"首届延生大法会"，为老年信徒祈福消灾、延年增寿。本次法会是公益类法会，也是道观首次举办的纯公益性的大型法会，受到广大道教信徒的喜爱。举办东岳圣诞法会。持续多年，道观坚持举办东岳圣诞祈福法会，为广大道教信徒祈福求福。本次东岳法会，除向广大信徒赠送福面外，还深入所在街道社区赠送东岳福面，广结善缘。举行太极公益班。积极传播道教太极养生文化，道观组织四期太极公益学习班。同时，还专门组织一期青年道长太极学习班，系统学习龙身蛇形太极功法。举行茶道公益班。道观利用双休日，举办茶道学习班，系统讲解茶文化，传播道教养生新理念，全年共举办八期，受益信徒近百人。规范道观宗教活动。注重日常宗教活动管理，以规范坛场规戒为抓手，自觉遵守《道教清规榜》，严格坛场管理制度，严禁"荤口诵经"，始终保持坛场的神圣和庄严。

第四，慈善工作有序开展。道观积极传承道教"济世利人"的优良传统，根据自身条件，传播慈善理念，服务社会人群。开展公益慈善义诊。东岳圣诞祈福法会期间，道观与浦东道教养生委员会联合举行慈善义诊，活动邀请13位专家医师为道观信徒200余人进

行义诊。作为首次慈善义诊活动，得到道观信徒的一致好评，也为今后继续举办此类活动积累了经验。捐资"上善慈善基金"。积极响应上海道协的通知要求，向中国道教协会"上善慈善基金"捐资 20 万元，专款用于社会慈善公益活动。捐资"市道协两个基金"。积极响应市道协关于加强"两个基金"的建设，向市道协"教育基金"和"弘道基金"捐资 12 万元，用于道教人才培养和弘道工作。开展爱心助学活动。爱心助学是道观多年来的传统，年内道观再次向爱心助学基金捐赠 10 万元，向所在社区困难家庭 15 名品学兼优的在校大学生捐赠 3 万元，帮助他们完成学业。资助传统文化建设。五缘文化是中华传统文化软实力，积极推动开展五缘文化研究，是弘扬中华传统文化的重要内容之一，东岳圣诞法会期间，道观捐赠 5 万元，专款用于五缘文化研究工作。开展重阳敬老活动。敬老活动是道观延续十多年的传统公益项目，重阳节期间，道观向所在居委近 300 位老人赠送寿面与重阳糕，邀请社区部分高龄老人和失独家庭老人来道观品尝寿面，共度重阳佳节。道观的这些慈善活动，向社会传播了正能量，受到社会各界的好评。

第五，信徒建设创新发展。以信徒队伍建设为抓手，建立和完善相关制度，教化引导信徒自觉走与社会主义社会相适应的道路。成立信徒联谊会。为更好地加强道教信徒队伍建设，道观正式成立信徒联谊会，旨在"联谊、交流、服务、提升"，为信徒提供一个"互助、沟通、交流"的平台，联谊会的成立是道观服务社会及信众的一次新尝试，也是新时期加强道教信徒队伍建设的新举措。成立义工团队。为规范道观志愿服务工作的有序开展，道观正式举行义工团成立大会，表决通过了《义工团章程》，推荐选举出领导班子成员。义工团归属信徒联谊会，独立开展工作。成立会上，道观住持作了题为《道教义工及其功德》的专题讲座。举办信徒皈依法会。连续三年来，道观每年举行一次皈依法会，至今已有180人皈依道教。天师圣诞之时，道观依规举行皈依法会，通过培训学习、殿堂演礼、传度法会、颁发证书等，共有60位清信弟子成为道教皈依信徒。举办信徒早晚功课学习班。继续为皈依信徒举行早晚功课学习活动，道观精心组织，认真准备，安排青年道长为信徒系统讲解功课经，带领信徒诵念早晚功课，使信徒熟练掌握功课经文及其内容。

第六，文化建设不断加强。以道教文化建设为抓手，重点做好弘道宣教工作，探索性开展道教文化研究。坚持讲经弘道。道观围绕《关圣帝君觉世宝训》，每月初一安排青年道长面向信众讲经弘道，传播道教文化正能量，引导信众正信正行。通过多年努力，讲经讲道已成为道观弘道宣教的重要内容。今年的讲经活动，倡导更多的年轻道长走上讲台，为培养道观讲经人才提供了重要平台。开办道学公益讲座。道观充分利用道学讲堂，首次开办"中华传统文化系列"专题讲座，共分三个系列专题：一是《道德经》系列讲座，二是道学文化系列讲座，三是养生文化系列讲座。年内，共安排24讲，根据不同主题，邀请教内外专家学者和道长作专题讲座，取得良好的社会效果，成为道观文化建设中的一个亮点。出版道教书籍。组织出版《道教与当代社会》一书，旨在探索当代道教自身建设与未来发来问题，成为当代道教研究丛书之一，新区民宗委专门举行新书首发式。组织编修《历代高道传》，聘请相关人员，成立编纂委员会，先后召开两次工作会议，编修工作正式启动。该书的编修得到中国道协和市、区道协的高度重视，并列入其工作计划，将成为道观文化建设的一项重要工程。

第七，联谊交往不断扩大。以对外交往为平台，注重连情联谊，进一步扩大道观的影响。做好联谊接待工作。道观先后接待了各地来访领导和嘉宾团队 50 余批次，主要接待了浦东新区区委书记翁祖亮，市政协民宗委主任闵卫星，浦东新区副区长陈希，新区区委常委、统战部部长金梅，新区人大副主任谢毓敏，陆家嘴街道党工委书记倪倩等领导；还接待了上海宗教文化研究中心主任宋国华，上海市作家协会副主席赵丽宏等专家学者；还接待了浦东新区各街镇统战干部学习班成员 50 人，上海中医药大学学生参访团 30 人，台湾高雄道德院翁太明住持一行 30 人，马来西亚道教总会原会长陈文成一行等。开展友好交往活动。道观与上海通俗文艺研究会联合主办"新春书画联谊笔会"，参加"道教文化与台商精神家园"学术研讨会，参加"第四届国际道教论坛"，参加"中华文化与宗教中国化"论坛，参加常州市"第四届横山论坛"，参加由上海宗教文化研究中心主办的"城市论坛"，参加西安举办的"第二届道教文化周"活动等；道观住持还应邀参加"第三届全国创建和谐寺观教堂先进集体和先进个人表彰大会"，参加全国政协民宗委组织的"基层贯彻落实全国宗教工作会议精神情况监督性调研"，参加"第一期省级道教协会负责人研修班"学习，还应邀为湖南南岳坤道院授课等。

225

【组织概况】

一、道观教职人员（2013—2017）

教职人员名录	备　注
丁常云　袁　荣　崔红波　谢安银 傅元宏　王正杰　史海荣　唐义军 刘锦忠　周乃瑜　沈伟源　薛明德 徐进福　成润磊　凌礼辉　马永超 丁敏捷　丁　伟　费　颖　薛　坤 钟广成　温兆亮　邹理敏	1. 2013 年 11 月周乃瑜辞职，同年 12 月钟广成辞职。 2. 2013 年 12 月徐进福、薛明德退养。 3. 2014 年 4 月凌礼辉调至社庄庙。 4. 2015 年 1 月史海荣调至陈行关帝庙，同年 6 月傅元宏调至一王庙，同年 11 月成润磊调至姚家庙。 5. 2016 年 2 月袁荣调至川沙城隍庙，2017 年 1 月薛坤调至川沙城隍庙。

二、道观民主管理组织

任　期	负责人	成　员
2013—2015	丁常云	袁　荣　谢安银　崔红波
2016	丁常云	谢安银　崔红波　陈志刚（6 月增补）
2017	丁常云	谢安银　崔红波　陈志刚　唐义军（7 月增补）

三、道观工作小组负责人

任　期	小组负责人
2013—2014 年	宗教活动组：史海荣　　学习组：王正杰 法物流通组：唐义军　　宣道组：成润磊 后勤管理组：张国珠
2015 年	宗教活动组：沈伟源　　学习组：王正杰 法物流通组：唐义军　　宣道组：成润磊 后勤管理组：张国珠　　消防安全组：丁　伟
2016 年	宗教活动组：沈伟源　　学习组：王正杰 法物流通组：唐义军　　后勤管理组：张国珠 消防安全组：丁　伟
2017 年	宗教活动组：沈伟源　　学习组：王正杰 法物流通组：唐义军　　宣道组：沈　岚 后勤管理组：张国珠　　消防安全组：丁　伟

【荣誉榜】

一、道观所获各项荣誉（2013—2017）

获奖单位	荣誉称号	颁发单位
钦赐仰殿	2013—2015 年度上海市五星级文明和谐寺观教堂	上海市文明办 上海市民宗委
钦赐仰殿	2013—2015 年度浦东新区五星级文明和谐寺观教堂	新区文明办 新区民宗委
钦赐仰殿	2013—2014 年度消防安全工作优秀道观	浦东新区道教协会
钦赐仰殿	2015 年浦东新区第十四届慈善公益联合捐慈善公益奖	新区慈善公益联合捐组委会
钦赐仰殿	2015—2016 年度消防安全工作"优秀道观"荣誉称号	浦东新区道教协会
钦赐仰殿	2016 年第三届全国创建和谐寺观教堂先进集体	中共中央统战部 国家宗教事务局
钦赐仰殿	2016 年陆家嘴街道年度十佳精神文明共建单位	陆家嘴街道
钦赐仰殿	2017 年度浦东道教宫观年终总结交流考评"五星级"场所	浦东新区道教协会

二、个人所获各项荣誉

获奖者	荣誉称号	颁发单位
丁常云	2013 年，浦东新区反邪教协会征文比赛二等奖。	浦东新区反邪教协会
丁常云	2013 年，第二届全国创建和谐寺观教堂先进个人	国家宗教事务局
丁 伟	2013 年，中国道协第五届玄门讲经上海选拔赛二等奖。	上海市道教协会
丁常云	2014 年，上海市民族宗教法制宣传月"发挥正能量，共筑中国梦"征文比赛一等奖。	上海市民宗委
丁常云	2016 年，浦东新区建言献策联谊会"特聘顾问"。	浦东新区建言献策联谊会
丁常云	2016 年，上海市浦东新区医学会中西医结合康复专委会顾问。	浦东新区医学会
丁 伟	2016 年，浦东青年道长讲经交流活动钦赐仰殿分会场一等奖。	浦东新区道教协会
丁 伟	2017 年，中国道协第九届玄门讲经上海选拔赛二等奖。	上海市道教协会

三元宫坤道院

【概况】

三元宫，始建于清朝雍正六年（1728年），本为周太仆祠，俗称周太爷庙。庙内主供松江知府周中鋐像。周为浙江山阴人，字子振，清代康熙、雍正年间，历任崇明县丞、华亭知县、松江知府兼知太仓州，为官清正廉明，深受百姓爱戴。奉命治理吴淞江、娄河，亲自乘船视察水情，风急水溜，翻船身亡。雍正皇帝闻奏，追赠为太仆寺卿，后建专祠，春秋官祭。嘉庆二十四年（1819年）重修并扩建。据道光元年（1821年）旧碑记载："爰新祠三椽，复增旁屋三楹。"可见昔日之规模。同治十一年（1872年）又重修，祠屋有两大进，正殿高大宏伟。后屡有兴废，1949年大殿改作他用，1958年至1978年，停止开放。1989年由上海市道教协会主持整修，添置生活用房一座，改为全真派坤道活动场所，主供天、地、水三官大帝，更名为三元宫坤道院。1990年4月，三元宫举行神像开光仪式，并正式对外开放。

2004年，为配合浦东新区开发，经政府批准，三元宫移地重建。2007年1月竣工，同年6月举行迁建竣工、神像开光、监院升座仪式。新落成的宫观占地面积为1440平方米，坐南朝北，东西对称布局，前为山门钟鼓楼，中为大殿，两厢二层偏殿，后为生活用房。整体仿明清建筑，承重为钢筋混凝土结构，屋顶系统为土木结构。紫檀拱门，立体砖雕，祥云蝙蝠花帘，满天星镂空古式门窗，斗拱福禄寿禧花板，飞檐小青瓦屋面，红墙黛瓦，四角风铃，古色古香，庄重辉煌，充分体现了江南道观风貌。2014 年将陈旧陋室库房等进行了改造，修缮面积约 100 平方左右，使宫观面貌一新。2015 年，三元宫坤道院申请新建泥城镇仙鹤观坤道院项目顺利推进，并于 12 月 28 日举行奠基典礼仪式。

三元宫主供神为三官大帝与周太爷，还供奉有文昌帝君、关圣帝君、斗姆元君、慈航道人、东海龙王、财神以及王灵官、刘猛将、城隍、土地等 18 尊神像。原始时代，人民深感天、地、水养育生灵万物的莫大之德，渴望在生产和生活中祈神护佑安全、富足和幸福。敬奉天、地、水三官起源于古代自然崇拜，这在先秦古籍中已有记载。可以说"天官赐福、地官赦罪、水官解厄"的三官信仰由来已久，自古已是信徒众多，香火兴旺，遍及华夏大地。2016 年增塑邱祖、火神、车神像，六十甲子彩绘完成，农历十一月初九日安座开光。

231

2013 年工作总结

2013 年度，我院在市、区民宗委的支持和帮助下，在市、区道教协会指导下，基本完成了全年的各项工作任务。具体如下：

一、加强时事政治学习

今年是全面贯彻落实党的十八大精神的开局之年，我院认真组织全体教职人员学习十八大报告、十八届三中全会报告、两会的精神。统一思想，立志思想行为紧密团结在以习近平同志为总书记的党中央周围，增强进取意识、机遇意识、责任意识，锐意进取、攻坚克难，为建设"和谐社会、美丽中国"，为国家之未来、国民之福祉作出力所能及的贡献。其次，认真学习市、区道协章程，不断完善本院规章制度。

二、对外宣传，讲经布道

1. 举办了两次讲经布道的活动，引导信众爱国爱教，认真处理好集体和家庭的关系，争创和谐社会，弘扬家庭孝道。 只有通过这些讲经布道，让更多民众认识道教，了解道教，培养良好心态。内心更明亮，生活更幸福。家庭少矛盾，社会更和谐。

2. 召开香客代表会：（1）主要向大家汇报一年来的总体工作，公开宣布道院经济收支情况及明年新项目建设设想的工作计划，征求大家意见，促进民主管理。（2）便于交流沟通信众代表的信息，了解信众代表的意愿，促进了宗教和信众和谐。

3. **参与讲经讲道活动，听了专家和道长们的演讲，内容丰富，启发很大。** 为更好地推动讲经讲道活动回来后我们也设立了"苑风堂"，添置了课桌椅，为今后开展讲经布道提供良好的学习环境。同时也开讲了几次，在这基础上，我院并试行让信众上台讲道，结合自身生活实践中渗透道教的内涵和真谛，交流学道、悟道心得体会。

三、加强自身建设

1. 完善学习制度，提升服务水平，坚持每次行法科仪后，让斋主信众及时评议听取意见，随时总结，凝成课题，加强科仪培训，提高科仪质量，适应信众的要求，提高服务质量，做到真心修道，思想不松懈，正信不动摇；固本强身，修整内心；自我审视，自我建设。

2. 严格执行财务管理制度。现金报销一支笔，由管委会主任审批后方可报销。账务处理明晰收支两条线，做到现金不坐支，库存现金日清月结，银行存款月末余额及时核对。每月及时向政府相关部门报送上月的财务报表，积极配合上级检查，督促财务管理工作。

3. 加强教风建设，从思想上自觉认识到这是自身修炼的基础必要，是提高坤道自身素质的要求，促进真心修道清修苦修，努力做到政治上靠得住，学习上有造诣，品德上有修养，为维护坤道清风亮节的良好形象而努力不懈。

4. 积极参加市、区宗教界人士培训学习。通过对时政的了解和宗教政策的学习，提高了认识，宗教工作非同寻常，它包含着人生与社会价值。必须以庄严的姿态，树立以人为本的理念，诚挚为社

233

会服务，为信众服务。

5. 为了提高道教知识，提升道教素养，我们邀请了陈耀庭教授、张振国老师、任宗权道长分别为我们讲课，丰富了我们全真道内涵知识，提高管理水平，提升了自我修养。

6. 茅山乾元观是我们的友好道观，日常密切交往，乾元观集体道友来我宫交流科仪，互相学习，互相勉励，共同参与同台汇演，加深了兄弟道观友谊。

四、法制宣传与安全工作

1. **做好法制宣传工作。** 认真做好一年两次的法制宣传工作，宣扬民族团结、宗教和睦、依法有序开展宗教活动。宣传周期间，我们认真对待此项工作，拉横幅，升国旗，做专题法制橱窗，出宣传黑板报，以实际行动宣传民主法制观念的普及落到实处。

2. **安全工作始终放在首位。** 积极参加区民族宗教界消防知识学习和演练，通过演习，我们提高了对消防器材重视，与消防器材公司签订安全协议，定期检查消防设备。在花木街道帮助下，全部安装好场所内探头，自觉接受上级有关部门及花木街道抽查指导。建立门卫、殿堂、云房等制度，严禁明火进殿，门卫人员值班，专职人员巡视等。

五、积极参与道教文化交流，学习先进管理

应邀前往马来西亚沙巴州，参加"世界道教节开幕式"活动，增强了两岸四地联系和友好交流。应邀参加浦东新区十泽庙竣工庆典和神像开光活动、浦东钦赐仰殿神像开光暨主持升座仪式、还参加了西安都城隍庙神像开光庆典活动。应邀参加"浦东新区圣堂民俗文化节。"应邀赴吉林玄帝观参加体道班活动等。

六、组织爱国活动

1. 举行庆祝国庆活动，举办宗教报恩法会。

2. 庆祝五一劳动节，举行祈祷"国泰民安，风调雨顺"的宗教活动。

3. 举办"中秋佳节祈福迎祥共聚三元宫同圆中国梦"团圆法会。

七、做好社会公益事业

开展济世度人、救危解难、积善行德、乐善好施的道教优良传统。今年为上海御桥农贸市场火灾、四川雅安地震、福建玄帝观建庙、组织义工拜访敬老院等尽了自己的微薄之力。

我院在上海市、区民宗委、区文明办、花木街道、由由社区等领导的大力支持和帮助下，在市、区道教协会大力指导下，圆满完成了全年的各项工作任务。

我院在管理水平和服务水准上都取得了一定的进步，但离上级有关部门的要求尚有一定距离。我们需要不断地进行自我完善、克服困难、总结经验、脚踏实地、扎实工作，在道教文化宣传和宗教服务上更上一层楼，为2014年工作的顺利开展继续努力。

2014 年工作总结

今年是全面贯彻落实党的十八大会议精神，认真学习习近平总书记在十八大以来各项工作重要讲话。我院遵照《宗教事务条例》规定和市、区道协章程。开展依法管理场所事务，不断完善规章制度，圆满完成年初制定的各项工作计划，现将情况汇报如下：

一、认真学习，提升综合素质

1. 认真组织全体教职人员学习党的十八大会议精神、上海市两会精神。统一思想、统一认识、紧密团结在以习近平总书记的党中央周围，为建设"和谐社会、美丽中国"作贡献。

2. 坚持参加市、区道协中心组学习，接受中心组对我院时事工作指导，把上级学习精神及时向全院教职人员进行传达，结合本院学习制度，经常开展"照镜子，正衣冠，洗洗澡，治治病"的方式，结合自己的修持，开展批评与自我批评，增进沟通和理解。

3. 加强组织建设，调整我院管委会领导班子，走向年轻化、知识化，又设立扩大培养管理组人员后备力量有利于今后考察。培养的人选要有坚定的宗教信仰，要爱国爱教，有集体观念，刻苦耐劳精神，带领全体教职员工走中国特色社会主义道路，树立为社会服务、为信众服务的理念。

4. 我院现有消防安全卫生责任组、财务管理组、忏务活动管理组、档案筹集管理组、物资管理组、接待记事组等 11 个管理小组。根据任务和责任，各组作出全年按月、按季的管理目标。按目标自查完成的任务，按季交流评比，年底由信众代表和全体教职员工进行测评。

二、推进宫观修缮建设，开展创建文明场所和谐宫观

1. 硬件设施：今年我院把陈旧陋室库房等进行了改造，修缮面积约 100 平方左右，并进行了合理布局，分别设立殿堂、档案管理室、电脑室、库房等。把神像安置，六十甲子泥塑安装等，布局更为合理，使宫观面貌一新，提升了场所环境庄严美观。

2. 做好法制宣传工作。积极参加市道协举办的宗教法规学习月活动，通过学习感触很深，认识到遵纪守法的必要性和重要性，促进社会秩序稳定，维护宗教利益，民族团结，教派和睦。一年坚持两次法制宣传工作，拉横幅，升国旗，做专题法制橱窗，黑板报，以实际行动来宣传民主法制，引导广大信众争当守法的模范。

3. 联系信众，加强信众队伍建设。每年召开两次香代会，向他们汇报一年来的工作和道院的收支情况，是否做到合理安排，请他们来为我们出主意，让信仰自由普及化；扩大义工队伍，增强信仰建设，监督我们维护宗教依法管理事务，使我们的宗教事业越办越好。

4. 加强消防安全工作。消防工作常抓不懈，平时自查隐患，学习消防器材的操作应用，增添消防探头设备，确保安全。同时，又请了上海斯昶消防器材有限公司技术人员定期检查消防设备，发现问题及时修补，使消防安全工作做到万无一失。

三、加强自身建设，树立良好形象

1. 道教是我们的本土宗教，加强自身建设是坤道修炼必须所在。通过全体教职人员的身份认定，促进宗教信仰合法化，已给我们加入社保，同等享受社会福利待遇，解决了我们后顾之忧。

2. 统一服装，树立坤道形象。经常诵温道祖教诲，挖掘科仪，提高演奏质量，弘扬道教文化，满足广大信众需求。

3. 严格执行财务管理制度，提高财务管理水平。参加区民宗委举办的财务制度培训，严格执行财务会计，坚持每月财务报表上报工作，并自觉执行审计、督促财务工作。

4. 参加市道协举办的中青年教职人员培训班。提高理论知识和管理水平，提升场所管理水平，树立以人为本的理念，奠定了宗教信仰的坚定性，提升诚心诚意地为社会服务，为信众服务，造福人民，增强大局意识。

5. 为了提高坤道对道教知识的深化，我们邀请了陈耀庭教授授课，丰富道教知识内涵，对修持增强了自觉学习观念，为自我修炼打下结实基础。

四、弘扬道教文化，增进对外交流

1. 响应市道协指导，开展"一庙一品"新型活动。我院在中秋佳节开展祈拜"迎星"金秋月圆纳祥会，花木街道文艺团的精彩表演，深受教育，鼓舞人心，参加信众有近千人，笑声掌声热闹非凡，拉近道教与信众的亲近度，形成了"一庙一品"的品牌活动。

2. 举办了二次对信众讲经布道活动。（1）第一次由上海市道教学院副教务长王驰演讲，题目为"何为道"和"道教的一些基本常识"，他重于实际，语言生动，受到欢迎。（2）第二次由浦东新区主办，三元宫坤道院承办的"玄门讲经"交流活动，这次活动辅导老师有历届参加过全国"玄门讲经"得奖者，信众也参与讲道，这次讲"道"规格高、质量好，参加听讲信众也越来越多，对弘扬道教文化引导信众，爱国爱教，争创和谐社会，树立家庭孝道，起着重要作用，传递了道教正能量。

3. 加强对外交往，扩大影响。应邀前往印度尼西亚参加世界道教节开幕式活动，增进两岸四地联系同修大道友好往来。应邀出席浦东新区崇福道院庙会。祝贺浦东新区财神庙奠基活动顺利开展。应邀参加四川省成都青城山第四届中国道教文化研讨讲座活动。参加浦东新区道协举办庆祝祖国 65 华诞道教文化展活动。接待台湾养生协会 38 位养生专家来我院养生辅导，花木街道为我们提供了讲座室，使双方促进交流，增加友谊。

五、做好社会公益事业

我们拨款救济灾区人民，为花木街道困难家庭捐款捐物送温暖，为兄弟道观年轻道长特殊病情捐款治疗费。虽然资金有限，略表微博心意，今后根据道观资金发展情况，更好地做好社会公益事业。

道院在 2014 年中总体形势比上年好，制度进一步完善，管理上有所进步，按年初工作计划顺利完成。我们决心在明年追寻"中国梦"的日子里，一步一个脚印，把各项工作做得更为扎实、求实事、讲成效，让党和领导放心，让广大信众满意。

239

2015 年工作总结

今年是我国第十二个五年计划收官之年，也是认真落实习近平总书记提出的共筑中国梦的伟大实践之年。在这一年中，我院在市、区民宗委及花木街道的正确领导下，在市、区道协的关心指导下，遵照《宗教事务条例》规定和道协章程，依法开展场所事务管理。同时不断完善规章制度，提高管理水平。

一、认真学习，加强政治思想建设

1. 学习贯彻党的十八届四中、五中全会精神。深入贯彻习近平总书记对宗教一系列重要讲话精神。统一思想认识，增强责任意识、忧患意识、进取意识，迎接第十三个五年计划的到来，为国富民强，为社会福祉努力工作。

2. 学习贯彻市、区民宗委以及市、区道协中心组专题学习内容及其精神，认真分析理解，逐项落实。又积极参加市道协举办的教职人员的培训班，结合自身的修持，开展"照镜子，正衣冠"的活动，相互之间增进沟通和理解，大家和睦相处，互帮互学共同提高，为努力建设两个文明积极工作。

3. 坚持每月组织教职人员学习，特别是学习习总书记的对传统文化推陈出新及进行创造性转化，创新化发展，使之成为涵养社会主义核心价值观的重要源泉的理解。我们以道的理论走向群体，利于社会、利于信众，发挥坤道正能量。

4. 为纪念中国人民抗日战争暨反法西斯战争胜利 70 周年，举行一次爱国主义教育的升国旗仪式。并请来了花木街道市民讲师团的罗羽影老师为我们作忆古思今的讲座，进一步增强了爱国主义思想教育。

5. 安排道长参加市道协举办的中青年道长培训学习。通过培训学习，他们深深认识到发展道教事业是坤道自己的事业，志愿献于宗教，敢担当自己责任，决心挑重担乐意接受。

二、加强自身建设　发扬团队精神

1. 今年共做大小道场 338 场，每场科仪法事都让斋主对每个教职人员及整场法事作出评议，及时汇总、年终评定，促进科仪质量稳步上升。

2. 在教制建设上方面：一是推派三名高功参加沈阳观音阁的拨职仪式，完善教制建设。二是请老师指教民族乐器提高演奏技巧水平，更好地服务信众。三是挖掘了两个科仪及赞颂：地母科仪和龙王科仪，天人共赞词颂。丰富了道教仪式，赢得信众好评。四是加强信众队伍培养，举办信众及居士唱经班。

三、加强宫观管理争创文明道观

1. 班子建设：培养人才，注重实践，在日常工作实践中发现、培育、考察人才。今年，因工作分工需要，充实了 4 位年轻道长参与管理，分别负责道观学习、忏务、斋堂、慈善及安全工作。

2. 安全管理：一是消防安全工作专人负责，做到月月有检查、事事有记录，及时更新消防灭火器，组织消防灭火演练，提高操作水平。二是安装围栏，确保安全。

3. 整洁环境：维护修缮灵官殿，装塑六十甲子神像，确保道观整体环境整洁，殿堂庄严。

4. 财务管理：严格执行财务管理制度，按时上报财务报表，自觉组织财务审计，杜绝乱账、假账，随时接受抽查和检查。

四、弘扬道教文化、增进内外交流

1. 创建道观品牌活动。今年道观"中秋拜星祈福"法会新增了行街等内容，规模和程序进一步扩大，信众参与人数进一步增多，影响越来越大，为将来举办庙会活动奠定了基础。

2. 组织和参与讲经活动。今年举办了二次面对广大信众的讲经活动，引导信众爱国爱教，树立家庭孝道，传递道教正能量。同时选派年轻道长参与浦东新区举办的玄门讲经活动，培养和锻炼后备人才，为今后开展讲经讲道活动打好基础。

3. 参与各类活动。今年应邀参与了无锡三山道观神像开光活动、上海城隍庙恢复二十周年暨吉宏忠升座仪式、第十五届道教音乐汇演活动、市道教协会成立 30 周年庆典活动、台湾高雄道德院举办的"2015 年宗教生命关怀国际学术研讨会"等，通过互动交流，增进了友谊。

五、做好法制与宣传工作

法制宣传是我们应尽的责任，通过拉横幅，升国旗，做专题法制橱窗，黑板报等形式，以实际行动来宣传民主法制，引导广大信众争当守法的模范。

六、做好社会公益事业

秉承道教济世乐助的优良传统。今年三元宫资助了两户因台风而受灾的家庭和宝山区困难家庭，参与由由社区联合捐活动等，奉献绵薄爱心。

七、做好新建坤道院工作

遵照太上"随方设教、立观度人"之祖训，在各级政府的支持下，三元宫坤道院申请新建泥城镇仙鹤观坤道院项目顺利推进。并举行奠基典礼仪式。明年开工建造，进一步拓展上海坤道事业。

2015年，三元宫坤道院延续好的发展形势，制度建设和内部管理进一步提升。2016年是第十三个五年计划开局之年，道院将按照党的十八届五中全会精神要求，一步一个脚印地把各项工作做好，尤其在服务社会、服务信众上下功夫，争创佳绩。

2016年工作总结

2016年我院在市、区民宗委、花木街道、泥城镇政府等领导的大力支持和帮助下，在市、区道教协会大力指导下，基本完成了全年的各项工作任务。具体如下：

一、学政治、明方向，提高综合素质

1. **坚持学习制度，关心国家大事。** 学习全国宗教工作会议精神和市宗教工作会议精神，重温习近平总书记关于宗教工作问题的一系列重要讲话和十八届六中全会精神。坚持每月召开一次月会，适时召开班组会，实现民主管理。加强自身建设，增强责任感和使命感，秉承中华传统文化，坚定爱国爱教信念。

2. **做好法制宣传工作。** 坚持一年两次的法制宣传工作。宣传民族团结、宗教和睦，引导信众做一个遵纪守法好公民。

3. **加强自身建设，端正教风。** 一是学习清规戒律，以戒律为镜，约束自己的思想和行为，树立正确的、纯洁的信仰，净化心灵，与人为善。二是衣冠端正，肃穆道仪，端正道风。三是遵守宫观内各项规章制度，如有违者，自觉去反思。四是挖掘新科仪，满足广大信众需求。五是做好诸神圣诞法会和拜太岁、接财神等大型宗教活动，服务十方善信。

二、加强组织建设，提高管理水平

1. 完善制度，争创文明

（1）建立道场法事斋主监督制度，诚恳听取意见，随时总结做好评议表，发现问题及时解决。

（2）安全工作放在首位。我们在思想上、行动上注重对消防器材及监控设施的管理和运行，安排专职人员坚持每天晚上例行检查，做好巡视记录，做得不足之处，及时开会总结问题，确保宫观建筑完好庄严。

（3）依法执行财务管理制度，每月按时向有关部门送呈报表。做到财经公开化，报销制度化，对报销单有三人以上签名。邀请花木财管来指导，并自觉接受财务审核。会计、出纳二人都具备会计证，平时由财务管理负责人督促财会工作合法化。

（4）今年对斋堂用餐进行了改革，实行自助。确保蔬菜新鲜卫生，减少浪费，勤俭为本，修己利人。

2. 努力培养接班人。

一是充实4位年轻道长参与班子管理，坚持能者上，弱者调。二是让年轻道长参加各种道教文化论坛活动，从中学习知识，汲取养份，提高自身修养。三是派出两名坤道参加在湖北武汉长春观举办的丙申年全真派道士传戒活动。

三、引导信众，争创文明宫观，促进社会安定团结

1. 发挥大道作用，做好宗教服务

（1）建立临时讲经讲道平台，帮助解决信众排忧解难，以理说人，疏通思想，使信众感到自己有所觉悟，心胸有所开阔，烦恼减少，相信自己可以更好更善良，这就是讲经讲道的力量和作用，因

此我们今年道场取得 286 场，奠定了自养基础。

（2）联系信众，加强信众队伍建设。今年召开了三次香代会，向他们汇报平时学习、资金用途、人员管理、创建文明等情况，请他们来对我们提建议出主意，对现有场所的发展和未来打算计划拓展思路，开阔视野。

（3）上元节举办了首次三元宫坤道院信徒皈依活动，共有 30 余名信徒自愿投道皈依，弘扬了道教文化，奉功济世，立德度人。

2. 创建一庙一品圆梦活动。 八月中秋宗教活动内容丰富。（1）祈福迎祥，祈盼世界和平，亲人回家大团圆，共建中国梦。（2）有坤道张信悦作题为"清心寡欲，和平共存，引领信众"的讲经讲道，受得信众欢迎。（3）皈依弟子表演道情节目。（4）上海滑稽团年轻笑星陈靓和舒悦夫妇来义务助兴演出。

3. 环境整治。 保持场所整洁是非常必要的。（1）经常进行污水疏通，对绿化相交的积水房屋，请示有关领导，进行开渠改造。（2）对住宿寮房进行维修，消防设施重新安装，消除隐患，确保环境卫生安全。

4. 继续争创文明宫观。 本院虽连续四届评为上海市文明宗教场所，2015 年还被评为巾帼文明岗光荣称号，要保持这些荣誉就必须要不断总结经验，自我完善，对创建活动要和广大信众携手共进，按照创建要求，制定创建计划，对照创建标准，明确目标任务，全面推进创建工作的有序开展。

四、发扬道教文化，增进内外交流。

1. 做好讲经抄经活动。 组织年轻道长讲经交流会，全体坤道积极参与演讲，为今后讲经打下良好基础。同时，还发动信众与部分道长一起抄写《道德经》，共完成6幅作品，加深了对经文含义的理解，受益匪浅。

2. **做好参访学习交流。** 参加吉林举办的"首届中国道教文化艺术周"活动；参加福建省福州市鹤山道观大罗宝殿落成暨神像开光庆典活动；参访安徽涡阳老子故里天静宫和台儿庄大战纪念馆；参加松江区广富林城隍庙、关帝庙落成开光庆典活动；参加上海市道教学院成立30周年暨新校区奠基庆祝活动。通过参访交流，相互学习达到相互促进，深化道教文化合作，提升宫观管理规范化水平，塑造了良好的社会形象。

五、立观度人　与时俱进

（1）为了满足广大信众过好宗教生活需求，增塑邱祖、火神、车神、三尊神像，六十甲子彩绘结束，农历十一月初九日顺利安座开光。

（2）仙鹤观坤道院按照政策，等待批复。

（3）金山区张堰玉来宫正在办理规划手续。

六、感恩回报　做好公益事业

（1）庆祝五一劳动节，提倡劳动光荣，勤俭为本，治家为富，孝道为忠的宗教普化活动。

（2）庆祝新中国成立67周年暨长征胜利80周年纪念活动，动员广大信众怀念追思老一辈革命家的丰功伟绩，追思报恩活动。

（3）春节里为社区居民送福上门，重阳节为老人送上重阳糕和食用油等，并向他们致以节日的慰问，增添友谊情趣。

247

（4）给嘉定区困难家庭捐款，盐城龙卷风灾区捐款。探望病人蔡福妹等人，为她们送去钱和物，以宗教理义祈求病情早日康复，以爱心融热人心。

（5）为孤独亡人诵经超度，为前辈坤道追思超升，超荐抗战阵亡战士，祈求他们超升仙界，随愿往升。

2017 年工作总结

回顾一年来的工作，我们学习宗教事务条例，依法管理宗教事务。结合本院规章制度积极开展宗教事务工作，现将工作总结如下：

一、认真学习政治，提高思想觉悟

1. 坚持月度学习制度。认真学习党的十九大会议精神，坚持宗教中国化方向，紧跟时代发展步伐，自觉投入新时代中国特色社会主义社会创新事业。

2. 学习新修订《宗教事务条例》，依法维护宗教合法权利，开展场所事务管理，遵纪守法，确保宗教合法化。

3. 组织学习道教教理教义课程，严持戒律，践行祖师教悔，以德护道，在日常生活中持守规戒，增进宗教信仰。

4. 参加市道协举办的班子成员及宫观负责人培训班，提高认识，增强大局意识。

5. 加强法制宣传，增强法制意识。在法制宣传月和宪法宣传周期间，积极参加新区民宗委举办的宗教法制宣传月活动，自觉树立法制观念，增强法制意识。在行动上我们以拉横幅、升国旗，做专题法制橱窗、出黑板报等形式，营造学法守法氛围来宣传民主法制，增强道观人员的法制观念。

二、加强教风建设，提高戒律修持

1. 抓戒律修持，促进自身建设。在去年基础上又送出两名坤道去青岛崂山太清宫受三坛大戒，监院也受了方便戒。现在受戒的人员占坤道总数 42％。受戒归来现身讲解受戒规矩，我们从生活中守规做起，从吃穿中重礼行事，在迎客中躬身礼拜，这样礼节受到大家对教门规矩的认可。

2. 身在道门，虽已受戒，但是还要进一步不断学戒和引导的教育，聘请林老师为我们进行授课，讲授王常月祖师的《龙门心法》。通过几次上课增进受戒必要性的认识。

3. 全真坤道接班人的培养，得到党和政府关怀，得到市、区道教协会的关心。现在本院管委会班子 5 人组成，工作正常开展，道院被评为四星级文明宗教场所。多年来，坤道能有代表连续五届参加新区人大，担负着参政议政的责任。

4. 道教宗旨立观度人，苦修为本。我们监院全年无休，全日无闲，从无怨言，立宏大愿，建庙三座，为了仙鹤观建造操劳，碰到困难不放弃。为建好三座坤道院，我们有自信、有真心、有用心，一定要把上海坤道继承和发扬好。

三、健全规章制度，规范宫观管理

1. 重视消防安全工作，宫观与所有教职人员签订消防安全工作责任书，把消防安全工作分解到具体岗位和责任人。另外继续与消防公司签订安全协议，每月检查消防设备。道观门卫由专职人员值班，安排人员巡视，做好巡视记录，发现问题，及时整改。

2. 重视财务管理工作，民主理财，严格把关。财务人员持证上岗，财务报表按时上报。统一的区道协印制"收款收据"和"缘本"，收据按号使用，缘本编号发放，收回时资金核实，账目相合，票证有专人保管，自觉执行审计，督促财务工作。

3. 认真做好档案工作，实行专人管理。平时做到有心细心，收集工作中大小资料，建庙资料收集始终，及时妥善保管，便于今后发展、维修。认真做好资料收集记录，分档分类，对于精密资料做好保密性，存放规范化，做到查得清、找得到。

四、开展宗教服务　促进社会和谐

1. 组织讲经讲道活动。共举办 7 次讲经活动，有近 300 多名信众参加聆听，讲解道教经典（《道德经》《清静经》），还有题为《道在我身边》和道教仪范、法律法规知识宣传，契合生活实际，宣扬行善积德，引导信教群众爱国爱教，传递道教正能量。

2. 本院场所内，聚喜之人来问道，有难之人急问道。大道慈悲救众生，万化之中求生存。今年问道人员数量比去年有所增加，我们根据事情实际，以道说理，引道而解，使得信众来者忧虑，去者高兴，达到了服务目的。

3. 实行法事监督评议。每场行法结束，让斋主进行评议，诚恳听取他们意见，随时总结做好评议表，发现问题及时解决。

4. 今年有 30 名信众自愿要求皈依道门，在二月十五太上老祖圣诞之日，举行了第二次信徒皈依活动，为弘扬道教文化奠定了基础。

5. 我们认为本院是信教群众之家，因此每年的工作和年初的计

251

划都向大家汇报，听取他们意见，争取他们支持和监督，促进民主管理的积极效果。

6. 纪念新中国成立 68 周年，我们开展祈祷风调雨顺、国泰民安，为建设中国特色社会主义和实现中国梦而祈福。

7. 中秋节我们与花木街道文化中心联手举办了一庙一品祈福活动。活动内容丰富，有祈福法会、文艺演出、有说唱谈笑等，迎来了信众 1000 余人参加，大家都表示庙会隆重精彩。

五、道观友好往来，增进道行友谊

1. **做好国内外道观交往工作。** 今年参加上海城隍庙城隍大神圣诞活动、崇福道院庙会活动、上海道教界庆祝中国道教协会成立 60 周年庆典活动、庆贺"陈莲笙大师百年诞辰纪念大会"，朝拜安徽涡阳天静宫太上道祖圣诞拜祖大典暨太上道祖与道教文化学术研讨会，参加中国道教协会（西安）第二届道教文化艺术周活动，参加中国道教协会副会长黄至安升座方丈仪式，祝贺了新加坡韭菜芭城隍庙庆典活动。通过这些对外交流等活动，开阔了眼界，增进知识，联络了感情，促进交往。

2. **做好外事接待工作。** 今年接待了甘肃省道协、江苏省道协、苏州市道协等领导来访，接待了台湾高雄道德院 30 余人，促进交流，增进道谊。

六、与时俱进应用"互联网＋"，争创文明宫观

响应"文化＋科技"的号召，本院制作完成"三元宫坤道院官网"，网页运行良好，设有专人管理。信众和普通百姓都可以通过网页了解更多的关于三元宫坤道院的前世今生以及未来的发展。

明年是新一轮文明创建的最后一年，对创建活动要和广大信众携手共进，与由由社区继续签订共建协议，互相帮助，协作发展。接受上级安排的暗访检查，对提出的意见虚心接受并加以改正，使创建工作稳步推进。

七、加强硬件建设　道观更庄严肃穆

1. 仙鹤观坤道院作为又一所弘道的场所，目前申请手续等基本完成，争取早日动工建造。还有金山区张堰玉来宫坤道院在政府和区道协的支持下批准设立，规划手续正在办理中。

2. 今年对三官殿进行维护修缮，使宫观面貌焕然一新，使场所环境庄严美观。对斋堂的墙壁进行粉刷，厨房设施进行了整修更换，使之更加整洁卫生。

八、积极参与公益慈善，发扬济世利人传统

1. 看望由由社区困难户，慰问花木敬老院老人，看望桃浦生病信众代表，为由由社区困难家庭捐赠，参加社区居委联合捐，春节前夕为社区居民送福上门。端午节为社区老人送粽子和水果，奉献我们一点绵薄爱心。

2. 参加上海市道教协会举办的"齐同慈爱，公益同行"拍卖会活动；拍到善款一万元，也将用于慈善公益中。

3. 与花木街道联合举办花木侨界乐龄人士祝寿活动。共有30几位老人前来参加，我们用道教特有的祝寿科仪为老人们祝寿，仪式结束后高功法师还亲自为老人们佩戴吉祥挂件，宫观为他们准备了寿面还有重阳糕礼盒。

4. 成立三元宫坤道院志愿者分队。现在共招募了将近50位志

愿者，他们都愿意位道教慈善活动尽一份力，我们也始终相信，以一颗善良之心，感恩回报社会。

　　2017 年我们三元宫坤道院虽然取得了一点成绩，这是在各级领导支持下的结果。同时，我们也必须清醒地看到，三元宫坤道院还存在不少问题和困难，比如：服务信徒的能力需要进一步提升，网页的完善需要进一步跟进等等。对此，我们将在今后的工作中加强探索，努力加以解决。

【组织概况】

一、道院教职人员（2013—2017）

范诚凤　沈信智　蔡信慈　唐信德　张信悦　周信益　蔡信善

高信勤　马信燕　扶信莲　周信静　彭信萍

二、道院民主管理组织

任期	负责人	成　员
2013 年	范诚凤	高金娣　沈信智
2014—2017	范诚凤	高信勤　沈信智

【荣誉榜】

1. 2013—2015 年度上海市浦东新区"四星级"文明和谐寺观教堂。

2. 2013—2015 年度上海市"四星级"文明和谐寺观教堂。

3. 2017 年度浦东宫观年终总结交流考评"四星级"场所。

4. 高信勤在 2016 年浦东青年道长讲经交流活动三元宫分会场中荣获一等奖。

崇福道院

【概况】

崇福道院，位于浦东新区三林镇杨南路555号，是沪上一所历史悠久的道教正一派宫观。道观相传始建于三国时期，系东吴帝孙权部下都督陆逊为其母所建造的家庙，具体建造年代失考。北宋时期，徽宗皇帝大力提倡道教，于宣和元年（1119年）赐额"崇福道院"。因是皇帝钦赐，故俗称"圣堂"。香火称盛，保一方平安，为地方及周边地区名观。

历史上，崇福道院曾经历数次重建和修复。明嘉靖三十八年（1559年），里人革故改新，重建崇福道院。至清光绪中叶，大殿倾圮，神像已在淋灸中，邑人曹骧等捐募重修。1936年，道院日形凋敝，杨思乡绅任兆铨，发起重修道院，并将其改为三埭进深，门埭为灵宫殿，中埭东厅为城隍殿，西首为鲁班殿，后殿为真武殿，主供真武大帝，案前为张窦二将，两旁设三十六天将，后天井两厢供十殿阎王。"文革"期间，道院神像被捣毁，庙宇殿堂被移作他用，古迹文物遭到严重破坏。

中共十一届三中全会以来，党的宗教信仰自由政策贯彻落实，道教活动得以恢复。1987年，在上海市道教协会的关心下，崇福道院边修复边开放，依次修复了真武殿、灵官殿、三清殿等。修复后的崇福道院，仍为三埭进深，殿堂庄严，庭院宽敞，神像肃穆，现已成为远近闻名的道教活动场所，四方八面的善男信女，云集道院，进香朝拜，社会影响不断扩大，呈现出一派风调雨顺，庙运兴盛的祥和气象。

"三月半"圣堂庙会，是崇福道院历史上影响较大的一项宗教活动，相传始于明嘉靖年间，清代得到了较大的发展，并深深扎根于上海县郊大地。新中国成立后一度中断，但庙会活动在乡民中仍有较大影响。2006年，崇福道院恢复了传统的"三月半"庙会，在社会上引起了广泛的影响。2007年，"三月半"庙会荣膺浦东新区非物质文化遗产。每年农历三月十五前后，道院持续三天的斋醮活动将庙会推向高潮。来自四面八方的信众，怀着虔诚的心情，身背香袋，手持红烛，进香朝拜，络绎不绝，祈求神灵赐福消灾，延年益寿，保佑合家老幼安康。自2013年起，道院于每年九月初九举行拜斗祈福大典。

2013 年工作总结

匆匆逝去的一年，给我们些许成就，也有些许遗憾，更激发了我们内心只争朝夕的危机感。回首岁月，在各级组织的关心和支持下，崇福道院在历史长河中谱写了自身朴实的篇章，汇报如下：

一、以教风创建为抓手，做好学习和整改工作，创建文明宫观。

1. **推进教风创建，建立长效机制。** 2013 年，国家宗教局提倡在全国范围内开展"教风年"主题创建活动。根据市、区民宗委和新区道协教风创建总体工作部署，崇福道院按照四个阶段的工作要求，坚持每月一次的时事政治学习，做到"主题突出，目标明确，团结为纲，整改为本"，在总体动员和集体思考的基础上，针对自身存在的问题，带领大家熟悉《清规榜》，明确修为方向，并把第二阶段列出的十二点共性情况作为整改目标。为此，道院向信教群众发起倡议书，张贴创建目标和全体人员名单，主动接受信教群众监督。同时，为避免荤口读诵，自 8 月 1 日起，道院食堂午餐集中供应素食，形成长效管理制度。

2. **制定创建规划，争创文明和谐。** 我们积极制定新一轮"2013—2015 宗教活动场所文明创建"工作方案，拟定工作目标，确立具体措施和实施阶段，积极发挥自身主观能动性，坚持实事求是、贴近实际、贴近生活、贴近信众的原则，围绕文明创建的主题和社会主义核心价值体系，加强教职人员的思想道德教育，着力营造教风端正、爱国守法、文明和谐的浓厚氛围。

3. 及时修缮殿堂，改善进香环境。 在上海市道教协会的倡议下，我们设置了"教风创建意见箱"，虚心接受信教群众建议，我们根据信教群众当面反映的殿堂拜垫破旧、通道不畅、殿堂乱堆杂物、观音殿地坪破烂等问题，道院及时进行商讨，组织人员全面进行更新和调整拜垫外套，重新铺设观音殿地坪，确保整改到位，提升服务环境，因此，得到信教群众的首肯和好评。

二、以文化活动为亮点，继续做好圣堂庙会和讲经弘道工作。

1. 丰富传统庙会内涵，打造区域民俗文化舞台。 4 月 20 日—5月 1 日"三月半"圣堂庙会在道院和三林老街隆重举行。撞钟祈福活动于 24 日（农历三月半）下午在道院隆重举行，市区民宗委、市区道协以及三林镇党委班子等成员出席。仪式结束后，由上海道教学院学生组成的道教仪仗队首次亮相出巡，参加三林老街大型"行街表演"。祈福活动后，道院还邀请教内外学者及同仁，尝试性地围绕"圣堂庙会的传承与展望"进行座谈。庙会期间，道院还举行了大型的"真武大帝祈福法会"。为了更好地宣传传统文化，籍此庙会活动，道院制作了 15 块道教文化展板，发放了 9000 张"崇福道苑"小报，介绍道教历史、教理教义、道教养生等文化。道院"天天演"舞台为广大信徒和社区百姓表演沪剧、京剧、淮剧、道教音乐等传统文艺。"圣堂庙会非遗展厅"在三林镇文广中心的帮助下，首次对外开放，为人们全面了解圣堂庙会历史文化渊源提供了展示的平台。

2. **弘扬传统经典文化，服务信众讲经布道。** 坚持每月初一、十五在道院"讲经堂"对信徒讲经说法。至 2013 年 5 月 10 日，道院已全部讲解完《太上感应篇》，并开始尝试讲解《道德经》章节，主讲近 20 场。今年，市道协和浦东新区道协共同确定 11 月 3 日，即农历十月初一，在本道院组织大规模的首次面向信教群众讲经布道交流会。活动主题为"和谐社会，德育天地"，由市区两级道协联合主办，崇福道院具体承办。崇福道院张开华、白云观宋小龙、上海城隍庙刘金豪、钦赐仰殿成润磊等四位道长讲经，阐述了道教人生观、财富观、养生观以及报恩思想。

三、以宗教活动为核心，凝聚信教群众，扩大社会影响。

261

1. **结合传统庙会，组织延生法会。** 圣堂庙会期间，道院发动信徒举行大型"真武大帝消灾延生法会"。法会持续三天，参与道众高达 60 余位，虔诚阐演了发符、进表、群仙会、斋天、炼度等科仪，上海道教科仪资料收集小组对此进行全程系统拍摄。

2. **组织信徒探索性地举行了拜斗祈福延生道场。** 道院在三清殿专门设置"斗坛"，接受十方信徒祈求平安、子孙健康的供奉需求，同时，定于每年九月初九举行拜斗祈福大典。10 月 13 日，农历九月初九，时逢斗姥元君圣诞，崇福道院组织信徒举行了拜斗祈福延生道场，得到信徒的好评。

3. **巩固常规道教服务项目。** 逢年过节组织的新春拜太岁、迎财神、神灵圣诞、清明冬至超度祖先等宗教活动，已经成为道院日常服务信徒的常规活动。

四、以法律和清规为准绳，引导教职人员树立守法观念。

认真组织开展"宣传学习月"活动，深刻领会十八大报告对法制宣传教育和民族宗教工作的新要求，引导全体教职人员和广大信教群众增强法律意识，明确责任和义务，做遵纪守法的好公民。结合《上海道教清规榜》内容，组织大家学习和了解具体内容，贯彻落实精神，规范自身行为，树立良好道教徒形象。

结合宪法普法教育宣传周，制作"民族宗教法规"宣传展板，宣传宪法和民族宗教相关法律知识。道院还利用"讲经堂"对信徒进行"民族宗教政策法规"知识普及教育，引导信徒增强依照宗教法律开展宗教活动的意识。

五、以消防安全为重点，加强场所自我保护能力。

年初，区道协与场所负责人签订"消防安全责任协议"后，道院根据协议精神，要求大家发挥主人翁意识，日常加强巡查和安全防卫，并分别与全体人员签订"安全服务承诺书"。并同步对接杨思派出所每月一次的消防检查意见，主动整改落实，消除隐患。道院还积极配合消防培训，主动接受消防六大队的指导和监督。在全体教职人员学习会上，道院进行了消防四个能力及三懂、三会的学习教育。组织消防演练，组织员工观看消防安全纪录片，增强了教职员工的消防意识和能力。

六、以友好接待交往为桥梁，促进场所参与对外交流。

1. **发挥政协平台，凝聚智慧和力量。** 新区政协方柏华副主席带领的区政协民宗委一行来三林崇福道院视察，参观了讲经堂、圣堂庙会非遗展厅、灵官殿、真武殿、三清殿等殿堂。方柏华副主席对道院近几年的殿堂修缮、"三月半"传统庙会文化、讲经弘道等工作给予高度肯定，希望道院增强"内提素养，外树形象"理念，继续做好"两个专项"工作，认真开展以"教风"为主题的和谐寺观教堂创建活动。

2. **抓住恰当时机，广结道缘和人缘。** 道院组织部分信徒代表赴武当山朝拜祖师，培育信仰理念。道院派黄发明、吴晓东等参加了江西葛仙山开光和文化交流活动。接待了苏州、南通、江西、北京、台湾等部分学者及教内友人，增进了相互了解，加深了友谊。同时，道院应茅山乾元观之邀，参加神像开光典礼及道教文化交流会。道院还举办了第五届书画结缘活动，邀请书画艺术界朋友，挥毫泼墨，捐赠佳作。

七、以慈善为场所特色，关爱社会，奉献爱心和阳光。

1. **捐助灾民，祈福超生。** 上海道教界齐聚崇福道院举行为四川芦山地震灾区难民祈福消灾法会，三元宫坤道院临坛举行"十献"科仪，祈祷三界高真十方列圣共赐祯祥，灾民脱离苦难，亡灵早登仙界。现场各宫观合计捐款 68 万余元。宗教慈善周活动中，我们积极响应三林镇统战部门的号召，参与三林镇联合捐活动，捐款 8000 元用于帮助贫困居民。

2. **重阳尊老，感恩时代。** 道院联合三林镇杨南二居委举行九九重阳敬老活动。20 多位部分社区老年代表齐聚道院"讲经堂"，参加"重阳·感恩"茶话会。道院与居委还共同为杨南二居委 80 岁以上的 80 多位老人赠送重阳糕，并请他们免费品尝道院特制的长寿面，赢得了广大社区居民的赞许。

263

3. 购买善书，倡导善念。 制作了"崇福道院善书赠阅书柜"，一方面，给有心捐助善书的信徒提供固定的捐赠区域，便于存放；一方面，方便广大信徒容易获得宗教经典善书。另外，我们从道院"慈善捐助功德箱"中提取部分善款来购买《道德经》、《太上感应篇》、《黄帝内经》等道教经典文献，从而更好引领信教群众的精神生活。

2014 年工作总结

回首 2014，我们按照年初既定的工作计划，积极争取各级组织的支持，贯彻教风创建宗旨，切实采取有效措施，强化队伍建设，坚持传统信仰，有序推动了文明和谐创建工作，积极服务社会，为做强传统文化软实力而贡献智慧，现将工作总结如下：

一、加强学习，更新观念，努力提高思想素质。

我们坚持每月集体学习的制度，认真做好上传下达的信息工作，及时学习了全国两会的会议精神、四川李春城腐败案的启示、中央政治局第 13 次集体学习会的核心价值观精神和传统美德等内容。重温习近平总书记在孔子诞辰 2565 周年的讲话，让我们大家再一次认识到传统文化是祖国的根基和命脉。党的十八届四中全会的召开，我们结合时事，进行了全面的学习，倡导大家把握时代脉搏，高举爱国爱教的旗帜。结合祖国首个"国家宪法日"，集体学习了人民日报评论部官方微信署名"任仲平"的文章《让法治为现代中国护航——论全面推进依法治国》，进一步认识"依法治国、依宪治国"在新时期的历史意义和重要性。

二、巩固传统，积极探索，努力培育道院信仰品牌。

近几年来，我们积极挖掘历史传统信仰文化，结合传统庙会、拜斗信仰、讲经讲道途径等方式，围绕"道教传统与民俗信仰"的时代主题，增强继承、培育、发展的意识，服务信众，提升自我。具体做法如下：

1. 继续做好传统庙会工作，传播核心传统思想价值观。 历时9天的"三月半"圣堂庙会，道院精心组织了道教话剧表演、真武大帝祈福法会、圣堂丹青会、圣堂书画艺术展、"温馨记忆"庙会图片展、民俗戏曲"天天演"等各种宗教与民俗文化活动。同时，作为主会场的三林老街，每天丰富多彩的民俗风情活动，让广大市民游客一览"三月半"三林塘古镇民俗，共享海派文化风采。

2. 积极探索中华民俗与道教传统的"北斗"信仰。 农历九月初九，时逢斗姥天尊神诞，也是真武祖师得道飞升之日，我们创造性地设立了隆重的祈福典礼，法众科班率领众信上坛敬香祈福，依次进殿朝拜真武祖师，主坛法师登坛普洒法水，全堂道众依科诵经礼拜，整个活动体现了神圣性、参与性、继承性和突破性。

3. 坚持讲经布道工作，传播传统道教文化。

（1）抓好日常每月初一、十五道院"讲经堂"的讲经讲道工作。目前，我们每次主讲一章《道德经》篇章，并结合生活和时代信息，给予信徒启示和启迪。今年开讲近20场次。根据统计，"讲经堂"最大容量50人，现在每场参与人数达40多人，有时几乎爆满，上座率达到90％以上。

（2）做好一年一度的大型讲经法会。举行"2014崇福道院大型讲经讲道法会"。500多信徒共同见证了盛会。本次讲经活动主题为"福在积善，祸在积恶"，主要结合宗教徒"如何进香，如何修为"

的话题而起讲，阐明"道由心学，命由己修"的道理。仪式前，道院小乐队表演了传统道曲《八卦》和唢呐独奏曲。活动结束后，张开华道长还为信徒赠送了亲手书写的"家和万事兴"、"福寿康宁"、"乐者长寿"等三幅字。

三、服务社会，维护稳定，努力做好公益事业。

1. **成立宗教活动场所公共安全事务协调小组。** 在三林镇宣统科的协调和帮助下，道院成立了以张开华为组长的"崇福道院公共安全事务管理协调小组"，明确了小组工作职责，制定了相关工作议事制度，并商讨了下半年的工作计划。

2. **情系民生，祈福祭祀，表达爱心。** 道院积极响应中国道教协会的倡议，带领信徒共同为地震灾区难民举行祈福捐款超度活动，并结合"崇福道院慈善基金"筹集情况，向灾区捐助 2 万元善款重建家园。道院将重阳敬老与全国宗教慈善周相结合，举行了"情暖夕阳红"大型重阳敬老与帮困献爱心活动，为杨南二居委的社区老寿星表演节目、赠送重阳糕和寿面，捐助善款 6000 元用于扶贫帮困。另外，我们还捐助 2 万元参与市道协支助云南贫困灾区的援助项目。

3. **加强社区和场所法制宣传，增强法律意识。** 民族宗教法制宣传学习月和宪法宣传周期间，我们注重场所与社区联动，通过制作 KT 板、拉横幅、升国旗等方式营造场所和社区法制氛围，同时，组织道院教职人员学习民族宗教知识，并利用"讲经堂"在初一十五讲经的机缘，道院负责人亲自对 50 多名社区信徒进行一次"民族宗教政策法规"知识普及宣传报告，号召大家树立正信正行。

267

四、强化安全教育，确保财产有序安全管理。

1. **注重消防安全，明确防控职责。** 年初，我们消防工作领导小组与道院教职人员签订"岗位安全职责承诺书"，并实行日巡查、月检查和不定期巡查制度；坚持专人负责记录《安全工作日志》，记录当天道院的安全工作情况。道院对原有的监控设施进行更新升级，定期进行回放与跟踪检查。邀请三林安全办来道院进行消防安全知识及专业技能培训，组织开展年度消防演练、安全防范知识等安全教育活动，提高自我消防应急能力。

2. **加强财务管理，服从发展大局。** 根据道院财务管理制度，加强财务人员培训，做到"账目清晰、账物相符"，严肃财经纪律，严格执行财经报销制度及上级的有关规定，做到重大支出及时上报请示备案，并根据道院开展庙会、拜斗大典、讲经法会、基建维修等情况，加强投入，最大限度合理使用资金。

五、广结善缘，争取信徒和社会各界的支持。

对于新老信徒，在中秋节和春节期间，我们主动加强联系，努力做好慰问工作。日常初一、十五，我们还发动社区信徒参与道院讲经活动，既增加了活动氛围，又推动了道院讲经布道工作，相得益彰。同时，我们还利用庙会和年度书画结缘的良机，邀请三林本地及部分上海书画名家相聚道院，以"书画结缘"的形式，引导大家探玄问道，挥毫泼墨，共叙道缘。

2015 年工作总结

2015 年，在各级组织的正确领导与大力支持下，我们围绕年度工作计划，以文明创建为抓手，以提升形象为目标，加大管理力度，强化责任意识，充分发挥全体教职人员的积极性，爱国爱教，秉持传统，团结合作，攻坚克难，与时俱进，努力实现"创建与管理同步、发展与梦想伴行"的时代使命。具体工作总结如下：

一、强化思想工作，努力提高政治素养。

1. **认真开展每月例行政治学习会。** 我们先后学习了全国两会报告、中央统战工作条例、中国道协第九届会议精神、纪念九·一八、十八届五中全会纲要、宗教慈善理念等内容，紧跟时代脉搏，增强民族自信，树立公民意识、责任意识、担当意识和大局意识。

2. **纪念抗战胜利 70 周年，增强国家意识。** 今年是世界反法西斯战争和中国人民抗日战争胜利 70 周年，我们结合新形势，重温历史，缅怀先烈，祈祷世界和平。在传统中元佳节之时，道院举行纪念祈祷和平仪式。道院负责人宣读祈祷文疏，信徒代表上坛进香，撞响"和平吉祥"钟声。我们还组织大家观看"国庆大阅兵"，感受祖国的强大，增强民族自豪感。

3. **加强思想沟通，促进思想共识。** 上半年，道院对后勤人员进行个别思想交流谈心，提出工作改进的要求，增强"服务、配合、团结、形象"的理念，提高安全责任意识。下半年，我们结合市道协道士身份年检工作，组织全体教职人员召开集体座谈会，从道观形象、民主机制、宫观日常管理等方面畅谈，勉励大家重视自身存在的不足，提升个人道德修养。

二、围绕文明创建，争创星级文明场所。

1. **明确指导思想，把握创建目标。** 根据"爱国爱教、知法守法、团结稳定、教风端正、活动有序、管理规范、安全整洁、服务社会"的创建要求，开展文明创建活动，遵循"以新标准来提升工作、以本身优势来彰显特色"的策略，坚持实事求是、与时俱进，坚持贴近实际、贴近信众，为广大信徒提供整洁、舒适、和谐、文明的宗教场所环境，确保"否决事项、基本事项、加分事项"达到力所能及的新目标。

2. **健全创建组织，加强组织领导。** 为加强创建工作的领导，成立由张开华道长任组长的市级文明创建工作领导小组。领导小组具体负责文明创建工作，形成人人"关心、支持和参与"创建工作的良好局面。同时，要求大家正确处理好创建活动与其他各项工作的关系，合理安排时间，对"宗教活动、环境卫生、服务信众、财务工作、消防安全、档案管理"等加强指导力度，确保创建工作落到实处，取得实效。

3. **加强日常检查，改善进香环境。** 设置了"教风创建意见箱"，接受信教群众建议和监督。春节后，为了改善场所进香环境和文明形象创建，我们对道院前后场全体廊柱及挂落进行修缮和油漆。同时，我们认真完善文明创建档案，做到文书资料及影像资料记载清晰、准确无误、条目梳理，自觉接受各级部门的督导和检查。

三、弘扬民俗文化，培育传统信仰。

1. **继续做好庙会，弘扬传统民俗。** 继续做好"三林塘·第四届上海民俗文化节暨三月半圣堂庙会"活动。其间，举办真武大帝祈福法会、道教话剧表演、2015"翰墨飘香"丹青会、道教文化图片展、道教太极拳表演、武当十二段锦养生功法展示、民俗"天天演"戏剧文艺、"祝福增福字"等系列活动，体现了宗教性、文化性、民俗性、时代性。宋小龙、刘金豪、成润磊、庄之、刘超等五位道长在戏剧舞台上的精彩讲经活动，增添了圣堂庙会浓郁的道教文化色彩。

2. **坚持讲经布道，传播道教文化。** （1）坚持常态化讲经。继续抓好日常初一、十五讲经讲道工作，主讲《道德经》累计近 18 章。讲经中，我们注重时代信息，结合社会热点，契机契理，号召大家树立正信正行，争做时代"正能量"的先锋者。（2）举行年度大型讲经法会。农历十月初一，道院举行年度大型讲经讲道法会，300 多名信徒莅临法会。道院吕东道长在仪式中登坛讲解《太上感应篇》，清晰地阐释《感应篇》是人间道，更是世间法，拳拳劝诫世人兴善修真，除恶去妄，忠孝诚信、利益人群。

3. **举行拜斗祈福，培育传统信仰。** 春节拜太岁、清明冬至普渡、诸天帝尊圣诞等重大节日，我们都能够认真开展宣传和活动工作。特别是，我们继续加强北斗信仰的弘扬和培育，做大做强北斗祈福大典。农历九月初九日，道院隆重举行了"乙未年拜斗祈福大

271

典"活动，张开华道长主持祈福典礼，300 多名供奉信徒列队朝拜真武祖师，并邀请 10 名信徒代表上坛敬香朝拜斗尊，恭迎圣驾降临。法职道众虔诵北斗真经，依科阐演祝愿祈福科仪。

四、加强法制教育，树立守法观念。

1. **加强政策法规学习，提高教职人员思想认识。** 民族宗教法制宣传月，组织教职人员学习民族知识和宗教政策，增强"宗教权益和民族团结"意识。宪法宣传周，我们带领大家共同温故宪法历史，明白宪法在国家法律体系中的独特地位，增强"依法治国"的意识，树立"法治中国"的理念，倡导争做守法懂法的好教徒。

2. **采取多种手段形式，加强民族宗教法制宣传。** 首先，我们坚持传统的法制宣传方式，如拉横幅、升国旗、张贴宣传资料、制作 KT 板宣传栏等形式。其次，我们结合道院"讲经堂"初一十五讲经的机缘，围绕民族、宗教、宪法等核心内容，结合社会实际，场所负责人为社区居民和信徒作法律知识讲座，阐明国家宗教政策和民族政策，提高辨识邪教的自我防范能力，倡导大家树立正信正行。

五、加强消防安全工作，提高安全防范意识。

1. **做好消防工作，提高自救能力。** 根据新区道协消防工作要求，我们在年初与全体人员继续签订"安全服务承诺书"，加强日常消防日巡查、月检查和不定期巡查制度。坚持一般消防重点单位每日安全工作汇报制度。自觉接受社区民警日常消防监督检查。11 月 8 日，根据新区民宗委"119"消防通知精神，道院召集教职人员进行专题学习，传达了新区民宗委关于加强消防安全工作的通知精神。同时，加强对空调、煤气灶、照明、电脑等电器及线路进行全面检查，并及时整改，消除隐患。另外，我们还精心组织和策划"技防"工作培训，指导教职人如何使用灭火器材，掌握消防逃生常识，让员工在参与中得到实践的锤炼。

2. **积极发挥公共安全事务管理协调小组作用。** 召开了年度和季度工作例会，通报阶段工作情况，完善相关议事规则，特别是结合道院春节香汛、庙会活动、夏季庙前路边烧烤污染、绿化美观修剪等事项，请求有关职能部门帮助协调解决，确保了宗教活动场所周边良好有序的交通环境和市容环境。

3. **加强财务管理，做到遵章守法。** 根据国家会计法规定，我们要求财务人员依法依归做好财务工作，严格财经报销制度，重大支出及时上报备案，做到"账目清晰、账物相符、档案完善"。同时，道院根据时代发展要求，及时调整后勤人员最低工资标准，合法用工，充分调动员工积极性。

六、架建交往桥梁，促进对外交流。

1. **做好外事接待工作。** 澳门京沪庙宇节庆文化访问交流团来道院参访。访问团全体成员参加了一年一度的崇福道院"三月半圣堂庙会"祈福仪式，澳门道教协会吴炳铳会长代表嘉宾上坛敬香祈福。仪式后，宾主双方进行了友好交流。道院负责人向贵宾介绍了道院的历史发展概况，冯健富团长、梁庆庭顾问等嘉宾在发言中觉得收获很大，特别是对道院举办庙会、拜斗大典、讲经弘道、新春拜太岁等传统信仰活动给予高度评价。

2. **加强对外文化交流。** 日常初一、十五，道院主动邀请社区

273

信徒参与道院讲经活动。道院还组织部分信徒代表赴四川鹤鸣山、青城山朝拜祖师，感受宗教文化的熏陶。道院张开华随上海道教乐团观摩昆明真庆观财神开光庆典，并参加中国道教音乐第十五届汇演活动。道院负责人参加上海道教代表团赴新西兰、澳大利亚参访学习，进行深度文化交流，开扩了眼界。道院派刘红军道长参加南通排河观开光及场所颁证活动。

3. 积极探索文化平台。 庙会期间，三林书法艺人协助举行2015"翰墨飘香"丹青会、"送福到万家"等活动，为信徒赠送福字和长寿面，是道院服务信徒形式的新探索。另外，道院继续保持传统优势，在道院年度讲经法会活动后，"崇福道院书画结缘展示厅"隆重举行了揭牌仪式。张树荪、王永琪、贺孝逮、爱新觉罗·若兰等20多名三林书画艺友，精心结合中华道教文化及三林圣堂庙会等传统文化内涵，经过两个多月的筹备，筹集了40余幅书画作品集中展示，为道院服务信徒搭建了新平台，为浦东三林宗教文化建设增添了新亮点。

七、参与慈善公益，奉献点滴爱心。

1. 扶贫帮困，服务社区。 崇福道院参加三林镇"爱满三林"公益慈善联合捐活动，为三林公益慈善基金会捐助善款8000元。同时，道院还特地向身边的杨南二居委捐助"扶贫帮困"春节慰问金2000元，用于帮助社区部分困难群体。"宗教慈善周"期间，我们重点对10位老弱病残的道观信徒代表及其家属进行上门慰问，送上一份中秋月饼和慰问金。道院还积极参与上海慈善基金，捐助10000元。

2. **感恩重阳，情暖夕阳。** 道院联合所在街镇的三林杨南二居委共同举行重阳敬老活动，向社区捐助善款 6000 元，用于支持"爱老、敬老、助老"事业。社区志愿者为大家表演了精彩的文艺节目。著名国家一级演员陈奇老师为表演诗朗诵《不要说我老》，并为台上6 对金婚老人赠送刻着"执子之手，与子偕老"的杯子，祝愿老人们牵手相伴幸福一辈子。中午，道院请社区老年朋友一起品尝长寿面，赠送重阳糕，寄托美好的祝福。

2016 年工作总结

2016 年，崇福道院秉持"爱国爱教，弘扬传统，团结进取"理念，牢记"立观度人"祖训，认真领会全国宗教工作会议精神，贯彻落实文明和谐创建目标，加强民主管理，发挥集体智慧，增强服务意识，努力做好各项工作。现将全年工作总结如下：

一、学习社会时事政治纲要，关心国家大事。

1. **按照规定，道院每月举行一次集体学习会。** 我们围绕社会形势，紧扣国家大政，突出爱国主题。全国两会召开后，我们及时组织教职人员认真学习两会精神，坚定全面建成小康社会的信念。十八届六中全会在京胜利召开后，我们组织大家学习全会公报，了解我党全面从严治党和规范党内政治生活的新举措，深刻认识到建设"法治政府、创新政府、廉洁政府和服务型政府"的国家战略意义。

2. **贯彻宗教工作会议精神，坚持中国化方向。** 全国宗教工作会议和上海宗教工作会议相继召开，对宗教工作作出一系列决策部署，为中国宗教发展指明了方向。我们对照文件，结组织学习新时期宗教工作会议精神，号召大家认真做好本质工作，增强政治责任感和使命感，坚定信仰，坚持宗教中国化方向，服务大局，服务社会。

二、抓好队伍建设，完善规章制度。

1. **加强教职及信徒队伍建设。** 结合 2016—2018 度崇福道院和谐寺观教堂文明创建规划，围绕教风建设，注重教职员工思想教育。我们通过谈心、座谈会等形式，了解和掌握大家的思想、作风、学习、生活等方面的整体情况，有针对性地做好引导工作。同时，我们陪同部分信徒赴四川参访青城山、鹤鸣山、青羊宫等道教圣地，感受传统道教信仰和历史文化的熏陶。法制宣传月，我们在"讲经堂"向道众和信众讲解民族宗教知识，宣传宗教政策，提升民族意识、国家意识和法制意识。采取禁止解香山和焚烧冥器的举措，引导文明进香，维护社区环境。

2. **完善规章制度，增强规范意识。** 面对现实，正视问题，围绕教风，从严治观，通过个别谈心、座谈会等沟通形式，形成"规范"共识。在道院集体学习会上，正式通过《崇福道院教职人员日常行为管理办法》，从组织上、思想上、制度上、奖惩上进行严格规范，维护场所形象。同时，为了完善工作机制，加强责任感，道院管理小组每周一定期举行工作例会，总结上周工作，部署当前工作，形成环环相扣的有效工作机制。

三、抓好文化建设，弘扬传统文化。

1. **认真做好三月半民俗文化节。** 为了认真做好年度庙会民俗活动，在文化宣传上，道院通过张挂横幅、放气球、插彩旗、挂灯笼等方式，营造庙会氛围，三月半当天上午，道院邀请上海道教学院学生为信徒表演太极拳、武当剑、茶道、古琴演奏、道教音乐、讲经论道等道教节目，赢得信众啧啧称赞。浦东新区道协书画联谊会会员也来道院参加"翰墨明道"丹青会，挥毫泼墨，广结善缘。同时，庙会期间，道院还编辑并发放"崇福道苑"小报8000份，制作30块道教历史文化展板，宣传传统道德伦理，充分展示宗教文化内涵与民俗文化特色。道院内"天天演"民俗文艺舞台，每天为广大信徒和社区百姓表演沪剧、京剧、淮剧、越剧、道教音乐等传统文艺，雅俗共赏，陶冶情操，丰富社区精神文化。

2. **做好讲经抄经工作，契合时机与有效形式。** 我们一如既往地定期在"初一、十五"认真开展讲经活动，继续围绕《道德经》章节，依次阐讲要义，契合时代精神，弘扬传统经典内涵。同时，根据新区道协推动浦东道教开展讲经抄经的计划，道院积极按期落实具体工作。组织和倡议三林社区书画友人共同参与抄写《道德经》，共收到8幅作品。道院与十泽道院联合举行青年道长讲经交流会，10名青年道长围绕《道德经》和《太上感应篇》等经典，阐发道教修善积德、忠孝廉耻、知足常乐、道法自然等教义思想。活动有效地推动和锻炼年轻教职人员勇敢地走上讲经平台。农历十月初一，我们还举行了一年一度的大型讲经活动，邀请上海道教学院侯程道长登坛讲经，150多位信徒临坛闻法悟道。此次讲经依据《关圣帝君觉世真经》，阐发"做人无愧心，生活自顺心"的主题思想。

四、抓好大型宗教活动，服务十方善信。

1. **组织做好真武大帝祈福法会，弘扬传统民俗信仰。** 一年一度的庙会期间，道院同时举行真武大帝祈福法会，在宗教科仪上，道众虔诚阐演发符、进表、斋天、炼度等科仪，赋予宗教隆重色彩。同时，三月半上午，道院还隆重举行信徒祈福大典。信徒代表依次登坛上香，同坛宾客齐诵"真武大帝法会祈福文"，仙真降驾，福地生辉，风调雨顺，国泰民安。

2. **举行丙申年拜斗祈福大典，弘扬华夏北斗信仰。** 拜斗是道教独有的一种为人消灾解厄、祈福延寿之科仪，认为北斗星君掌消灾解厄，南斗星君掌延寿施福。今年 10 月 9 日，道院连续第四年在农历九月初九隆重举行拜斗祈福大典，信众参与度高，仪式更加成熟。祈福仪式上有 200 多名信众临坛观礼。

五、做好慈善公益，感恩社区家园。

道院在社区居委书记陪同下，对杨南居委、玲珑苑居委、翰城居委、杨南二居委等四个社区的 5 名存在身患重病的困难居民进行慰问，送上生活用品和慰问金。在圣堂庙会祈福仪式上，三林镇朱慧平副镇长上台接受了道院捐助的 5 万元善款，为社区传递福音。江苏省盐城市阜宁县遭遇强冰雹和龙卷风双重灾害后，捐助 1 万元善款帮助灾区重建家园。上海道教学院举行三十周年庆典，我们捐助 2 万元支助学院新校址的建设。九九重阳节，我们联合身边的杨南社区举行重阳敬老座谈活动，160 多名老人来道院吃长寿面，领重阳糕，并捐助现金 6000 元支持社区敬老事业。另外，我们发扬兄弟道观友好帮扶精神，用微薄之力来支助金桥陈王庙修缮及高桥天妃宫的修复。响应市道协号召，向弘道互助基金注入 4 万元。上海宗教慈善周时期，我们联系三林敬老院，向老人送去一台精彩的沪剧表演，并捐助 1 万元善款用于改善老年活动室条件。

六、做好道院修缮工作，提升场所形象。

近几年来，道院尽力偿还历史债务，又抓紧修建工作，努力提升场所形象。今年，承蒙三林镇人民政府关心，道院西厢房一期工程开工修缮。总投资 200 万，工程于 10 月 9 日开工。为了抓好质量和安全，道院安排专业人员协助施工，总体把握建筑质量和工程进度。同时，我们积极加强与镇政府规建部门联系，筹划西厢房第二期工程的设计工作，争取 2017 年庙会后如期开工，努力提升西厢房的宗教文化服务功能。

七、做好消防安全工作，确保一方平安。

年初，道院从整体消防工作出发，与全体教职人员分别签订《崇福道院消防安全岗位责任承诺书》。日常工作中，我们还根据消防大队的要求，按时登录汇报"消防工作记录"信息工作。对于消防安全监控防盗设备，我们及时安排人员维修更换；对于灭火器材，根据消防规定，做到有效期前全部更新，确保正常有效运转。G20峰会前及十八届六中全会召开期间，我们与所在社区派出所及消防大队签订了《重大活动消防安全承诺书》，注重安全培训，加强检测保养，消除安全隐患，完善应急预案，增强责任意识。

回顾 2016，我们取得了一定的成绩，荣获"四星级"上海市文明宗教活动场所称号，张开华道长获得三林镇感动人物"提名奖"，且成功被推荐为"圣堂"民俗庙会市级非遗传承人，信教群众有所发展，组织能力有所提高，管理工作更加踏实，经济自养能力有所提升，场所建设有所推进，但我们也清醒地认识到自身的不足和困难，例如，教职人员思想工作需要加强，管理制度需加强落实力度，文明敬香需要引导等。因此，在今后的工作和生活中，我们将不忘初心，发扬优点，克服困难，创新工作，争取更加优异的业绩。

2017 年工作总结

2017 年，我们紧紧围绕"秉持传统，弘扬文化"发展理念，不断更新观念，积极发挥服务职能，进一步规范规章制度，加强队伍建设，弘扬道教文化，各方面的工作均取得了可喜的成绩和进步，现汇报如下：

一、加强思想政治学习，提高政治觉悟水平。

1. **从思想上重视。** 在过去的一年中，我们主动加强对政治理论知识的学习，系统学习了全国两会、新华社评论员"抓住领导干部这个关键少数"、市十一次党代会、中国道协成立 60 周年大会、新区道协四届代表会议等会议精神，同时，注重加强对外界时政了解。通过学习，我们提高了政治敏锐性和鉴别能力，坚定了立场，坚定了信念，在大是大非问题面前，能够始终保持清醒的头脑。

2. **在行动上落实。** 积极参加新区民宗委开展的"浦东新区民族宗教文化宣传月"活动，认真做好安全稳定工作，营造和谐文明氛围。十九大召开之际，我们组织全体教职人员收听观看开幕式，聆听习总书记的工作报告，随后组织大家一起学习和讨论会议精神，倡导大家在工作中要以更加务实的工作态度，增强自我工作能力和解决问题的能力，提高工作效率，促进各项工作顺利进展。针对国家宗教局等 12 部委联合下发《关于进一步治理佛道教商业化问题的若干意见》，我们及时组织学习，把握精神实质，查找自身不足，自觉抵制商业不良影响，维护宗教良好形象。

3. **在实践上指导。** 结合"和谐寺观教堂创建计划"内容，针对道院实际，加强"补短板"意识，根据"问题导向"，弥补不足，加强整改。在民族宗教及宪法普法活动期间，我们制作宣传展板，并利用"讲经堂"讲经的机会，向信徒介绍相关民族宗教法律知识。新版《宗教事务条例》颁布后，我们及时组织大家一起学习，深刻认识公布实施新修订《条例》的必要性，准确把握新修订《条例》的精神实质。

二、做好组织活动工作，积极服务信教群众。

1. **做好组织领导工作。** 坚持定期召开管理组例会，落实阶段有关事务，统一思想，明确目标，积极促进道院各项工作有序推进。支持高桥天妃宫的发展，道院吕东道长调动到天妃宫工作，我们及时召开庙管组会议，重新调整班子分工，确保相关工作连续不断。认真做好财务工作，为了适应时代发展，道院申请网银刷卡 POS 机设备及"崇福道院"支付宝账号。根据新区财务监督"回头看"要求，我们加强自我对照检查，并根据检查小组"情况反馈"，以及"回头看"的要求，对于"应付款项"及时予以清算支付。结合民族宗教法制宣传月、市道协教职人员身份年检工作、宪法普法周等时机，加强对教职人员思想教育工作，倡导他们遵守制度，加强团结，自觉维护自身形象，共创文明和谐寺观教堂。

2. **做好道院皈依工作。** 举行了首次清信弟子皈依活动，教戒师先对 30 名皈依弟子进行培训，学习了皈依传统、道教规戒、道门礼仪等常识，勉励众信勤心修持。随后，在玉皇殿举行道教传统皈依仪轨，教戒师登堂说法，皈依弟子忏悔首过，礼敬三宝，志守皈戒，奉请金箓长生仙简。仪式圆满完毕后，众皈依弟子集体合影留念。

3. **认真开展道院日常宗教活动。** 对于日常平时个体宗教活动，我们落实专人负责，认真做好活动日期、亲属家眷、祭祀祈福等相关登记联络工作。对于拜太岁、三月半庙会、清明冬季及九月初九拜斗等大型宗教活动，我们加强组织领导，加强内部分工，细化仪式程序，确保活动圆满进行。

三、探索弘道阐教平台，弘扬传统道教文化。

1. **继续保持讲经弘道常态化。** 继续坚持初一、十五定期举行讲经说法。目前，《道德经》已经讲到第 72 章。同时，我们积极鼓励年轻道长参加中国道教第九届玄门讲经上海选拔赛，吕东道长结合《唐太古妙应孙真人福寿论》，做了题为《心性决定行为，道德与福寿相关》的阐述，获得鼓励奖。

2. **做好道院文化宣传工作。** 结合春节民俗，新春送福字，宣传华夏春节"拜太岁"信仰文化，帮助大家增强平安意识和健康意识。结合"三月半"庙会民俗，认真做好庙会专刊和三林书法作品展览工作，制作道教文化展板，组织传统戏曲展演，宣传浦东乡风民俗。结合道教教义思想，利用墙壁、门窗、框架等媒介，介绍道教思想和文化内涵，提升道院整体文化氛围。

3. **创建道院微信公众号。** 主动向兄弟道院学习，申请了微信公众号，介绍道院历史文化、道教养生、三林民俗、活动信息、人物介绍等篇章，形成了一种线上线下传播正能量的有效沟通传播方式。目前，通过近半年运转，阅读关注量单篇最大突破 7000，朋友圈突破 150 人。

四、认真做好公益活动，展示道教社会形象。

1. **继续做好社会慈善公益工作。** 为三林敬老院老人"送戏曲"、"送腊八粥"，并捐赠善款 1 万元。春节前夕，对 6 家困难家庭进行上门慰问帮困，每户 1000 元及一袋米和一桶油。三月半庙会祈福活动中，我们向镇慈善基金会捐助 5 万元善款，用于三林慈善事业。夏令高温季节，我们主动对道院老香客代表人士进行高温慰问。九月初九重阳节，我们联合杨南二居党总支举行"欢度重阳"庆祝活动，邀请社会文艺界代表现场表演了精彩的文艺节目，邀请社区 200 多位 80 岁以上的老人吃长寿面，并赠送重阳糕和长寿挂面，向社区捐助 6000 元善款，支持社区帮困养老事业。

2. **积极做好教内慈善公益活动。** 根据上海慈爱公益基金拍卖会活动要求，我们发动居士参与公益活动，并筹备拍卖作品，拍得捐赠善款 1 万元。参加中国道协上善慈善基金会活动，捐助 3 万元。参加市道协组织的"2017 年宗教慈善周"启动仪式，接受"崇福道院志愿者分队"旗帜，现场"一日捐"向上海慈爱公益基金会捐助 1 万元。同时，我们也对道院教职人员进行帮困救助，年度累计 1.5 万元左右。向南通若水慈爱基金会捐助人民币 0.9 万元，上海道教协会弘道互助两个基金共捐助 4 万元。

3. **探索开展传统国学传播方式。** 为了弘扬道教养身传统文化，服务当代社会，崇福道院联合上海慈爱公益基金会"国学·太极拳启蒙班"、"国学·十二段锦启蒙班"等固定项目，相继推出道教太极拳和养生功法的公益教学活动，受到社会社会欢迎和好评。

五、加强对外交流活动，拓宽整体发展理念。

1. **组织教职人员外出参访。** 根据道院年度工作计划，为了调动大家工作的积极性，在新区各级组织的关心下，道院组织教职员工参访泰山、崂山等道教名山福地，领略宏伟建筑风貌，感受深厚道教文化。

2. **参加省内外道教活动。** 道院负责人参加中国道协在中央社会主义学院举办的学习班。随市道协参访团赴台交流参访，感受台湾宝岛的历史和宗教文化，学习台湾道教的宝贵经验。参加中国道协成立 60 周年庆典，重温历史，感恩祖师，感谢共产党。参加中国道协理事会及西安第二届道教文化节和第九届玄门讲经活动。派员参加青浦"一文慈爱功德会"成立仪式。参加江苏南通城隍庙"叙乡情，谋发展"恳谈会。

3. **做好接待交流工作。** 苏州、武当山、江西、台湾等多批道友莅临道院指导工作。新区统战部黄建祥副部长带领侨办、台办、工商联等部分机关领导在三林调研时并视察道院。北京师大刘铁梁民俗教授在上海大学黄景春教授及石圆圆博士等陪同下，参访视察道院殿堂，并进行了交流座谈。大家肯定了道院在信仰建设和文化建设征程中的探索精神，鼓励道院秉承传统，适应时代，融入社会，积极发挥道教传统文化软实力的功用。

六、加强道院修建，提升道院形象。

1. **完善一期厢房。** 春节后，我们督促施工单位及时恢复开工，注重修建质量，跟踪修建进程，并配合有关部门做好工程验收竣工工作，确保庙会活动如期进行，消除安全隐患。

2. **对接二期工程。** 春节后，在政府部门的关心支持下，道院二期工程进入设计工作及申请工作。由于特殊原因，项目延迟开展。目前，二期工程图纸设计、建设批复及工程招标等相关手续正在有序进展，计划 2018 年春季开工。同时，为了道院二期工程将来发展需要，我们向电力公司申请电力增容，年内施工增容到位。

3. **及时做好维修工作。** 今年，我们新装修了香烛门市部，提升了道院对外服务形象。在信徒的捐助下，对观音殿千手观音、滴水观音等进行装金，三清殿新增两块匾额，提升殿堂配套设施。对灵观殿前大门进行重新油漆，改善外观形象。

七、做好道院消防工作，确保安全有序。

1. **做好日常道院安保工作。** 年初，我们与所有教职人员签订《消防安全岗位承诺书》，加强岗位安全责任，落实管理人和岗位人员值班制度，加强日常巡查检查。维修消防监控系统，确保正常运转。春节前，开展细致隐患排查，对道院内所有灭火器进行更换维护保养，同时，检测电气线路，确保消防设施设备完好有效。

2. **落实重大活动安全责任。** 庙会期间，我们积极参加组委会安保工作会议，落实安全措施，及时汇报信息。在全国两会、9.20峰会、十九大会议等重要时刻，我们认真参与辖区消防安全工作会议，及时落实文件精神，从思想上高度重视，从行动上加强落实，安排人员值班巡查，确保安全稳定。

【组织概况】

一、道院教职人员（2013—2017）

张开华、刘红军、吴小军、黄发明、张小华、吴晓东、史笑峰、陈忠东

周海祥、谢焕昌、吕　东（2017 年 11 调至高桥天妃宫）

287

二、道院民主管理组织

管理组组长：张开华

管理组副组长：刘红军

三、道院工作小组负责人

宗教活动小组：吴小军

宣道小组：吕　东

后勤小组：黄发明

【荣誉榜】

1. 2013—2015 年度上海市浦东新区"四星级"文明和谐寺观教堂。

2. 2013—2015 年度上海市"四星级"文明和谐寺观教堂。

3. 2015—2016 年度浦东新区消防安全工作"优秀道观"荣誉称号。

4. 2017 年度浦东宫观年终总结交流考评"四星级"场所。

5. 吕东在 2016 年浦东青年道长讲经交流活动崇福道院分会场中荣获一等奖。

上海财神庙

【概况】

上海财神庙,原名"虹桥庙",位于浦东新区锦绣东路 4515 号,是浦东唐镇地区唯一的道教宫观,也是全国唯一以"财神"命名的道观。该庙始建于明万历十四年(1586 年),至今已有四百多年历史。该庙原有东岳殿、城隍殿、观音堂等。自清光绪年间起至二十世纪五十年代初,这里盛行"东岳""城隍""观音"等各种香期庙会,盛极一时,"虹桥庙会"因此而得名。"文革"期间遭受冲击,道观破损严重,殿堂移作它用。

2008 年,经浦东新区民宗委同意,得唐镇镇政府支持,在老庙基础上进行改扩建,全面重修后正式开放,并更名上海财神庙。2015 年底重建的财神大殿竣工,大殿全部采用花梨木结构,气势恢宏,蔚为壮观,为上海道教之最。殿内供奉财神赵公明、关圣帝君和文财神范蠡、比干等。财神殿西侧为慈航元辰殿,殿内供奉慈航真人、斗姆元君和六十甲子。神像庄严,惟妙惟肖。山门坐落于锦绣东路,北侧有一座小岛,因其形似元宝,故取名为元宝岛,建有石桥连通山门和元宝岛。庙内有"洪德桥"和两棵古银杏树,其中洪德桥为清乾隆二十年(1755 年)沈朝鼎建,道光十年(1884 年)重修,为上海市级保护文物。

2012 年 12 月，经浦东新区民宗委批复，正式组建上海财神庙管理组，由夏光荣道长担任组长。2017 年 4 月，举行首届清信弟子皈依仪式。每年正月初五日接财神和三月十五的赵公元帅圣诞，庙内皆举行隆重的财神法会，信徒云集，盛况空前。

【年度工作总结】

2013 年度工作总结

2013 年，道观在市、区道协和区民宗办的正确领导下，在道观全体教职人员的共同努力下，以十八大精神为指导，以"教风年"主题创建活动为抓手，团结广大信众，加强自身建设，不断完善各项规章制度；积极开展宗教活动，继承弘扬道教文化，增强自养能力，热心社会公益事业等方面取得一定进展，顺利完成年初制定的工作计划。现将主要工作总结如下。

一、围绕"教风年"认真组织学习，提高思想觉悟。

我们认识到，加强时事政治学习，加强宗教知识的学习是增进个人与组织思想进步不断提高宗教造诣的重要途径。在组织学习上，道观注重抓好每月两次学习，每次学习做到围绕中心，主题明确。道观先后组织学习十八大报告，学习全国及上海两会精神，帮助大家了解国家大政方针，了解到两个 100 年我们国家所实现的"中国梦"，激发了广大教职员工的爱国热情。组织全体教职员工学习道教"清规榜"，了解道教教规。党的十八届三中全会结束后，我们及时组织全体人员学习三中全会报告和改革开放重大决定。六月份"宣传学习月"期间，我们组织了以宗教政策法规为主的学习内容，还通过拉横幅、贴宣传板报等形式，宣传党的宗教信仰自由政策，在道观内营造学法、知法、守法、用法的良好氛围，使广大信众受到一次普法教育，树立法制观念，拥护党的领导，维护稳定大局，争做守法爱国的好公民。

二、以"教风年"为平台加大教风建设力度，把创建和谐寺观教堂活动落到实处。

教风建设关系到宗教的健康发展，关系到宗教的社会形象，关系到宗教积极作用的有效发挥。道观根据市、区道协和区民宗委统一部署，庙管组成立"教风年创建"领导小组，组织学习，领会精神、统一思想，明确目标任务，制定工作安排。从学习动员、查找不足、整改提高、总结评估四个阶段将"教风"主题创建活动有序推进，收到良好效果。在"教风"创建活动中我们最大的收获是：看到我们身上的不足，找到了差距，认识到教风建设对我们道观建设的重要性，必须在日常工作、生活中去努力做好；感受到抓好教风建设对我们这一代教职人员身上的责任。道观通过抓教风建设这一主题活动为契机，把教风建设纳入日常管理，形成长效机制，从而推动道教事业的良好发展。如道观坚持早晚功课制度，锤炼我们的宗教修养，要求每位道长在道观内着装规范，言行举止端庄，接待信众和蔼热情。另外，对信众开展定期或不定期的讲经活动使道观的教风建设有一个良好的开端。

三、以抓"教风年"为契机完善规章制度，使道观工作纳入正轨。

为保证道观日常工作有序进行，参照兄弟道观和本道观的实际情况，逐步制定一部适合本道观管理的规章制度。目前已付之实施的有学习制度、考勤制度、人事制度、档案管理制度、捐赠制度、文物保护制度、卫生防疫制度、食品卫生制度、消防安全制度和财务管理制度。这些制度的实施，保证了道观日常工作有序进行，每个教职员工工作有了准则。如上班制度过去由于我们道观地处郊区、交通又不方便，职工上下班迟到早退现象时有出现。自从今年出台考勤制度后，大家都自觉遵守，有的职工早上六点多钟就出门，每逢香期，有的人就住在道观内，大家的组织观念增强了。

根据财务制度要求，财务人员持证上岗，积极参与社会培训，认真学习《民间非营利性组织会计制度》、统一收据、做到账务相符。

在消防安全管理方面，定期安排人员对消防器材进行检查、维护、保养，建立安全巡查制，确保道观安全。

四、以抓"教风年"为基点加强安全教育培训，增强防患意识。

为创建安定和谐的宗教环境，道观不断加强全观人员的安全防范意识，积极参与区组织的消防安全知识培训，增强安全技能。道观安全工作落实专人负责。每逢重大节日，我们根据上级部门要求及时安排好值班以及信息上报工作。今年春节重大香讯期，认真做好消防预案，确保信众人身安全和道观财产安全。实践证明，安全意识和安全措施到位使安全防患工作真正落到实处。道观于今年五月份与所在镇联合成立公共安全事务小组，道观主要负责人担任组长，公共安全小组年内共召开三次会议，协调有关公共安全事务，分析不安全隐患，正由于各方面措施落到实处，道观今年未发生火灾、失窃、人身伤害等不安全事故。

五、以"教风年"为抓手加快宫观建设，营造更好的敬香环境。

道教宫观是道教信众信仰敬神的场所，是展示几千年道教文化的窗口，更是道众的清修之地。理应将道观的殿堂建设好，为广大信众营造一个良好的敬香环境。由于我们对外开放时间较晚，原来的庙殿已破旧不堪，根据计划，今年来我们对道观整体布局进行全面重新规划。设计了未来新道观的美好蓝图，这可能是我们的梦想，但相信这一梦想一定会变为现实。在我们的规划中，再过若干年的上海财神庙将是一座既可供广大信众敬供财神敬香拜神，满足道教信仰需求，又能供广大信众探讨道教文化修身养性充满浓郁宗教文化气息的清静之地，建成浦东唐镇地区独树一帜的集宗教、文化、休闲为一体的养生之处。

本年度共接待信众前来登记的法务活动逐年增多，道观在初一、十五等香期共接待信众较以前大有增加，道观结合本场所实际全年共组织各类大型法务活动 9 场，共有 1 万余人次信众参加。道观组织的这些活动极大地满足了信众的信仰需要同时得到了信众一致好评。道观今年八月份与上海固名科技有限公司友好合作在财神殿开发了财神灯，九月底投入使用，极大地满足了广大信众对财神敬仰需求，近几个月运行下，得到了信众的赞誉。

六、以"教风年"为重要内容，做好信众联络工作，确保宗教活动健康开展。

加强对信众的联络沟通工作是"教风年"的重要内容，更是道观的一项重要工作，道观指定专人与信众的联系，平时利用本道观网站向广大信众发布道观重大活动信息，道观有什么重大法务活

浦东道教年鉴·宫观篇

动、重大事件，我们会及时发布在财神庙网站上，让广大信众及时收看到我们的活动。我们还利用电话加强与信众沟通，如一些老年信众我们通过打电话与他们沟通道观活动情况，道观利用中秋、新春佳节等节庆活动召开信众茶话会寄慰问信等形式与信众联络感情，道观心中时刻挂念信众，信众也想道观所想，急道观所急，用各种形式支持道观的工作。上海财神庙能有今天的发展除政府各部门的关心支持外，也和广大信众的支持是分不开的。

七、以"教风年'为动力，尽其所能积极开展社会慈善事业。

公益事业是推动社会和谐发展的强大动力，是时代前行和社会发展的潮流和标志，也是我们回报社会，服务社会的具体体现。虽然财神庙目前还很困难，资金上存在很大缺口。但我们不忘"齐同慈爱，济世利人"的祖训，积极奉献爱心，努力践行服务社会理念。

今年我们与村里一户困难家庭学生结对帮困，给他们送去一份温暖。为和谐社会的创建贡献一份力量。四月份，市道协发起向雅安地震灾区捐助活动，本道观捐款二万元。中秋节道观向所在唐镇敬老院送去月饼，每位老人一份。

2014 年工作总结

一年来，本道观以"抓教风"、"抓创建文明场所"和以道观改扩建为契机，加强自身建设，不断完善各项规章制度，团结广大信教群众，在开展宗教活动，弘扬道教文化，增强自养能力，道观改扩建工程、热心社会公益事业，对外扩大交流等取得一定进展，顺利完成年初制定的工作计划。现将主要工作总结如下：

一、认真组织学习，不断提高全体人员思想认识。

我们道观人数不多，教职人员一共只有 8 位，但生活在社会上，组织时事政治学习也是一件重要事情。道观有一位道长负责教职员工的学习，在时间上每月安排 1—2 次时事政治和宗教知识的学习，并将学习列入制度，建立考勤，年初制订学习计划。今年我们组织学习了李克强总理政府工作报告，《宗教事务条例》、道教生态养生知识、习近平总书记关于党的廉政建设讲话、十八届四中全会公报等有关知识，并于上半年组织道观全体教职员工赴青浦朱家角城隍庙参观学习，听取城隍庙管理组负责人介绍他们的管理经验并进行了相互交流，大家很受启发教育。道观分两批组织全体教职人员赴无锡、苏州，参观了苏州寒山寺和玄妙观，开阔了眼界，增长了知识。中共十八届四中全会刚刚结束，道观组织大家学习四中全会决议，使大家及时了解中央的治国方略。

二、以道观改扩建工程为契机，组织安排好日常法务活动。

2014 年对上海财神庙来说是非常不平凡的一年，盼望已久的大殿改扩建工程正式启动，在年初的工作中我们明确了两套班子、两大任务。日常法务、改扩建工程同步进行，互不影响，相互促进，实践下来效果很好。今年的日常法务有 60 余场次，特别是年初的拜太岁和迎财神活动，由于宣传周密，活动力度大，组织的场次参与的人数都比往年多，道观尽最大努力满足信众的需求。今年道观隆重推出东岳圣诞祈福法会和财神圣诞法会，极大地吸引信众到道观来，满足信众对神灵信仰的需求。今年 7 月 12 日道观大殿地下室工程开工奠基典礼，我们借此契机组织邀请了 15 位道长举办了一场大型的法务活动，有 200 多位信众参加了这一活动。对日常道观的法务等活动，分管法务的道长们总是尽心组织，尽道观力量满足信众需求。道观自 2014 年 5 月份起就进入大殿的改扩建工程，由于我们组织周全、安排得当，对宗教法务工作不但没受到影响，反而促进提高了道观法务工作的日常开展。2014 年据日常统计数据表明道观全年敬香人数达到 2.6 万余人次，多于往年。道观法务活动的增多，进庙人数不断增加，这对道观的自养能力有一定的提高，同时也扩大了财神庙对外知名度。

三、创建文明道观工作上一个新台阶。

首先，我们不断完善管理制度，在原来的基础上今年我们完善了学习制度、考勤制度、人事制度、档案制度、捐赠制度和卫生防疫制度，使管理有章可循。第二，我们把创建条例细化，分解到人，并建立分类档案，定期进行检查，把工作落到实处。第三，消防安全落实专人，对人员进行培训，消防器材定期更换，实地进行演习，做到消防设备人人会用，工地开工后，配合警署对施工现场的安全工作专门召开会议，对施工设施进行检查，把工地安全工作列入重中之重，确保安全。把道观的卫生工作分区到人，并做到每月进行一次卫生检查，同时打分评定。公布于众，促进大家做好相关工作。第四，在教风管理方面，我们坚持早晚功课，并一改过去的坐诵为跪诵，道装整洁，恪守教义教规，树立良好的教职人员形象。第五，今年初我们与所在虹三村建立社区共建协议，本着互惠互利为基础，虹三村委为道观内部环境进行改善三处花坛，种植草坪和树木。道观为社区一名困难家庭提供助学帮困工作，每年资助 6000 元学费。每逢春节、中秋节道观对所辖老人和敬老院进行慰问。

四、与信众联络沟通工作有新进展。

充分利用上海财神庙网站向信众发布道观信息，使广大信众了解道观的各项活动，效果较好，如新年烧头香、正月初五迎财神、财神圣诞、东岳大帝圣诞等道观的法务活动安排在网站发布，不少信众纷沓而至，这四个节日前来道观参加法务活动的信众超过往年，正月初一日前来烧香的人数有 2600 多人，正月初五日迎财神人数超过 3000 人，是历年最多。今年拜太岁法务活动，我们在网上发布后，不少信众从四面八方赶过来登记参加，仅拜太岁道观就组织了四场次。大殿新装的财神灯，通过网上的宣传、口头宣传和张榜宣传，不少信众纷纷前来办理登记手续，开启第一年登记率高达80％，效果很好。大殿改扩建工程启动后，我们也加强了对内对外的宣传力度，让广大信众参与工程的筹建工作，如我们将大殿的大木结构图公布于众后，广大善信了解大殿的木结构状况并纷纷捐赠，为建造大殿奉献一份诚心，也收到一定的效果。

五、改扩建工程正式启动并较为顺利地推进。

为使工程顺利推进，我们经上级有关部门批准成立了"上海财神庙改扩建工程领导小组"，申请搭建了临时殿堂和办公临时用房，联系勘探、设计、施工、监理等有关工程公司，经过近四个月地下室工程顺利完工。应该讲，第一阶段工程开展的比较顺利。大殿上木结构工程也于2014年11月28日正式与绍兴古建园林公司签订合同，并于2014年12月6日正式进场。工期为一年，相信进入上木结构施工阶段事情会更多，工作会更忙，我们一定会尽心尽力管理，使工程保质、保安全。

六、认真做好安全工作是我们一切工作出发点。

道观一直把安全工作放在首位，第一把手关注，有专人负责安全工作，严禁明火进殿堂，对食堂煤气设施分管到人，消防设施定期更新，在消防安全月119来临之际，道观专门组织全体教职员工进行消防演练，使大家掌握应知应会，特别是地下室施工后，对施工现场的安全工作，道观特别关注。专门请警署同志前来召开有施工方参加的安全会议，并定期对施工现场进行检查，发现隐患及时整改，由于检查到位，整改落到实处，确保了道观全年平安。

2015 年工作总结

上海财神庙在 2015 年经过共同努力取得鼓舞人心的发展，年初制定的改扩建工程和道观日常工作二项任务都取得较为预想的成果，现将年度工作总结如下。

一、认真组织好全体人员的时政学习，不断提高思想认识。

我们道观人数不多，四名教职人员，五名职工，大家生活在社会上除了认真做好本职工作外，道观组织好大家的时政学习，关心国家大事和加强对教内知识的了解也是一件十分重要的事情。在我们管理班子里专门有一位道长负责全体人员的时政学习。对道观的时政学习年初制订学习计划，基本上每月坚持学习，实行考勤制。道观所制订的学习计划每月都有不同内容，有围绕年初《政府工作报告》，了解全国和市政府的工作方略形势的，有围绕消防安全，法制宣传组织学习消防知识和法律条文的，有围绕创建文明场所组织学习文明创建工作的，有围绕中央重大事件如 2015 年纪念抗日战争暨世界反法西斯战争胜利七十周年和党的十八届五中全会精神的有关内容学习的。通过这些学习对大家有一定的长进和收获。

二、以建造财神大殿工程为契机，组织安排好日常法务活动。

2015 年对上海财神庙来讲，确实是非常不平凡的一年，财神大殿正式落成，这是一项年度重要工作。在年初工作安排中，我们明确两套班子，两大任务，改扩建工程和道观日常法务同步进行，互不影响，相互促进。实践下来，效果很好。改扩建工程如期完成，日常法务活动比往年有增多，广大信众感到满意。今年道观接待法务活动有 70 余场次，与去年相比略有增多。特别是年初的拜太岁迎财神法务活动，由于宣传力度加大，组织周密，所以组织的次数和参与的信众都比往年多。在组织法务活动中，道观尽最大努力满足信众的需求，应该讲，广大信众对道观的做法是满意的。今年道观组织的财神圣诞法会，东岳大帝圣诞法会，观音圣诞法会因为已成一定的传统性和规范性，所以参与的信众逐年增多。6 月 2 日财神大殿上大樑，道观组织了二十余位法师参与的大型法务活动吸引了数百位信众参加，场面非常隆重热闹。道观进行改扩建工程以来，进庙烧香的人数比以前要多，据不完全统计 2015 年进庙人数超过 3 万，可以说是上海财神庙历史之最。特别是今年的正月初一和正月初五来庙敬香的人数都要超过 3500 多人，不少信众是慕名而来，不少信众是奔着新建的财神大殿而来。

今年的法务活动有三个特点：一是组织的场次比较多，特别是新年的拜太岁法会参与的信众一年比一年多；二是参与的信众面广，既有老年信众，而且更多的是中青年信众人群越来越多，不少是外来打工人群中的青年人；三是社会上有一定知名度的信众参与我们法务活动的面在扩大，在增多。

三、为创建文明道观扎实地做好前期工作。

我们道观是一座新道观，自 2008 年对外开放以来，一直处在筹建阶段，各项规章制度在不断完善，今年又进入实质性的改扩建工程，对争创文明场所工作，各方面条件正在准备之中。在这方面今年我们做了扎实的前期工作，一是进一步完善制度，在原来的基础上今年我们完善了学习制度，考勤制度，人事制度，档案制度，捐赠制度，安全责任制度，庙管理工作例会制度和财产登记制度。特别是财产登记制度，今年我们专门安排一名道长负责财产登记工作，这名道长也非常认真，经过仅三个多月的工作，将道观所有的固定资产造册登记；二是把创建文明场所工作进行细化，分解到人并建立存档，定期检查，把工作落到实处；三是消防安全落实到人，制订安全责任制，对人员进行培训；四是把道观清洁工作分工到人，并做到每月进行一次检查；五是在道风建设方面，我们坚持早、晚功课，并改坐诵为跪诵，平时坚持道装整洁，恪守教义教规，树立良好的教职人员形象；六是与所在的虹三村建立社区，道观共建协议，道观坚持每年为社会做慈善事业。

四、规范管理，不断完善管理制度。

一是建立安全工作责任制，年初道观各个部门对道观签订安全责任制，使安全工作措施到位，责任到人。这项工作是 2015 年首次实施，实践下来，效果很好，主要表现在大家的安全意识加强，每个人都有一个安全工作责任感。我们道观虽然不大，但香火点也有好几处，特别是初一、十五香期香火还是比较旺的，大家对火烛特别谨慎，自签订安全责任书后，对自己分管的区域特别关注小心，做到防范于未然。道观管理组织专门安排一名人员负责安全工作，今年来除关注本道观日常安全工作外，对工地安全工作，协助施工方和警署，监理人员管理好工地的施工安全工作，对安全工作由于上下共同努力确保了道观平安无事。

二是开始工作例会制度，每周召开一次例会，对道观管理工作有较大促进。每次例会由道观主要负责人主持，例会内容介绍当前工作和传达上级有关精神，布置下周任务，汇报每个人工作完成情况并作讲评。坚持半年来，大家都反应比较好。大家认为，例会让我有更多机会考虑道观的全面工作，推动了道观工作的开展。

三是对社会慈善事业形成制度化，对开展好社会慈善事业是我们道教的传统工作我们力所能及地要继承和发扬下去。道观对辖区内敬老院及孤老，道观每年组织1～2次的慰问工作，献上道观的一点爱心；对共建村的困难户学生，现在有一名学生，道观每年组织二次助学活动，帮助其完成学业。道观目前正在筹建阶段，资金比较紧张，待今后道观资金宽裕，我们对社会慈善事业会开展得更加广泛。

五、不断加强与信众的宣传和联络工作。

一是利用道观的网站发表道教的传统文化，发挥正能量，如在网站上发表道教劝人为善的短文章有10余篇，不少信众看到这些文章深受启发。平时，我们还善于结交各方面、各层次的朋友，在与他们的交往中把道教传统文化理念参与其中，将宣传寓日常交谈之中起到了很好的作用。

二是利用各种宣传工具如网络，张贴宣传广告等形式向广大信众发布道观法务活动的信息，使广大信众及时了解道观的各项活动，效果也比较好，如新年烧头香，正月初五迎财神，财神、东岳

303

大帝、观音圣诞等的法务活动，我们都在网站，道观内广泛宣传让更多信众知晓，不少信众纷沓而至，参与信众不断上升，这些重大法务活动2015年参与人数都创历史之最。

三是我们借建造大殿过程和建造工序，让广大信众更多地了解新建财神大殿的详细情况，不仅吸引大家前来敬香，更多的参与我们造大殿所需资金的筹措工作，达到很好的效果。

四是今年大殿的财神灯和观音殿的祈福牌由于宣传工作到位，吸引了更多的信众前来参与，今年财神灯和祈福牌的收资也是历年之最，满足信众信仰上的需求。

六、改扩建工程有重大的进展和突破。

经过一年多的精心施工，财神大殿以崭新的面貌展现在人们面前。道观的改扩建工程，基本讲在工程质量、工期和安全方面得到了保证，在整个过程中我们抓住了三个主要环节。

一是抓住了选用材料关。大殿是仿古木结构，所用材料主要是木材（红花梨木），石材和金砖。在这三种主要用材的选用上，我们的指导思想是质地要到位，在价廉物美、货比三家的情况下，在选用上慎之又慎确保货真价实。大殿铺设的金砖，我们专门去厂家考察查看。建造大殿是千年大计，特别是木结构，在选材用材上有很大的讲究，我们抓住了这一关。

二是抓住了质量、工期和安全关。搞建筑工程质量、工期和安全这三个方面十分重要。为把好这一关，我们除聘用专职工程师和古建筑专家把关外，运用每周召开工程例会的形式，把在工程施工中出现的问题进行沟通、协调、监督起到了非常好的作用。工程例会基本上是每周召开一次，例会主要由四方面人员参加，道观主要负责人、聘请的工程师和专家、监理方和施工方。每次例会由监理主持，主要是沟通、协调在施工中碰到和出现的问题达到共识，例会解决了好多问题，对工程质量、工期和安全起到了很好的作用。

三是抓向上汇报及时反映进度也十分重要。对上海财神庙的改扩建工程各级领导十分关心、重视，特别是唐镇镇政府对我们要求很严，抓得很紧，镇有关领导多次深入现场检查，指导并帮助我们解决具体事宜。同时也要求我们经常与他们沟通，反映情况。为便利起见，自工程动工以来，改扩建工程办公室以简报的形式向区民宗委、区道协、唐镇镇政府和领导小组各成员反映改扩建工程动态，至今已编写十四期简报，及时反映不同时段的工程情况。简报起到了向上汇报对自己总结和推动下阶段工作的作用。

2016 年工作总结

　　根据浦东新区民宗委和区道协的工作要求，本道观以党的十八大会议精神为动力，以创建"文明宗教场所"、"和谐道观"为抓手，以改扩建工程为契机，依法规范宗教事务管理，扎实工作，务实创新，基本圆满完成了年初确定的各项工作任务。

一、认真学习，提升综合素质，增强大局意识。

　　1. **坚持组织教职员工开展每月一次的时政学习。** 今年的时事政治学习我们还是专人负责制，年初制订学习计划，全年学习主要围绕以下三方面内容：一是围绕第十三个五年计划到 2020 年全面脱贫，建成小康社会为中心组织学习《中共十八届六中全会精神》；二是围绕党和国家的大政方针组织学习《政府工作报告》、《市政府工作报告》；三是围绕道教工作组织学习《习近平主席中央宗教工作会议》、《市民宗委"关于进一步加强宗教活动场所安全工作的通知"》、《市道协第七次代表会工作报告》等道协下发文件。大家通过学习，了解时事政治和道教工作，提高思想觉悟，增强大局意识。

　　2. **开展"宗教政策法规学习月"系列活动。** 一是开展《宗教事务条例》为主题的学习讨论会；二是开展以"宗教政策法规学习月"为主题的专题座谈会；三是积极开展上海市第 28 届宪法宣传周活动，制作宣传月横幅标语，设置宣传月咨询台等，以多种形式提高活动的知晓度、宣传力度，充分营造出宗教政策法规宣传教育活动的氛围。通过开展活动，发挥自我独特优势，做向广大信众传达国家法律法规的窗口，激励自我，同时引导广大道教徒更坚定爱国爱教，与党同心同德。

3. **积极鼓励青年道长参加"讲经讲道"交流学习活动。** 为弘扬道教优秀文化，推动和加强道教界"讲经讲道"人才的培养，锤炼自身基本功。道观当家和 3 名道长先后积极参加浦东道教在钦赐仰殿道观和我们上海财神庙举办的道观负责人和年轻道长的两场讲经交流会。"讲经"比赛，交流学习，激发了道长们学习经典、研究经典的热忱，大家认真准备，在今年的讲经交流会上，通过讲经及考经、辩经等互动交流形式，道观 2 位道长以出色的表现，分别获得一等奖和二等奖，为道观赢得了荣誉。"讲经讲道"是教职人员必须具备的基本功，今后它将作为道观的一项强化素质的重要工作。

二、落实到位，精心组织安排，更大程度满足信众要求。

1. **各类法务工作落实到位。** 一是对道观的日常法务活动，我们安排专人负责，认真接待并安排好每一场法务活动；二是对年初的拜太岁法会，近几年逐年增多，今年比往年更多，我们周密安排，精心组织，尽最大努力满足了每一位信众的需求；三是年初常规化的大型宗教活动，如正月初四、初五日的二场大型法会，我们与有关部门协调组织好，保证安全有序，圆满成功。

2. **法务宣传工作落实到位。** 随着电子化、信息化进步，我们

307

今年加大法务活动宣传力度，利用网站和微信平台，发出详细告示，文字配彩图宣传道观的法务活动内容，让更多的信众能够在网上了解到我们道观的法务活动具体情况，达到了良好的效果。

3. **其他重要工作落实到位。** 在今年财神大殿起用后，财神灯更有了新的面貌展现在广大信众面前，其特点是数量多、形象好，我们安排道长专人值殿服务，做到宣传好、接待好、登记好。目前正着手准备以点带面，逐步实现"财神灯"网上付费、点灯电子操作一体化，推出智能化管理模式。

三、夯实基础，层层落实把关，重视文明场所的创建工作。

1. **要有紧迫感。** 伴随着大殿启用，改扩建一期工程圆满完成，道观创建文明场所的条件逐步成熟，必须做好前期工作。根据国家宗教局关于"创建和谐寺观教堂"的有关规定，按照市民宗委关于"创建文明宗教场所"的要求，年初我们就成立了"创建文明场所领导小组"，成员5人，由当家担任主要负责人。

2. **要有责任心。** 召开专题会议，商议决定道观要做好的以下六方面工作，一是把创建条例继续分配到人，落到实处；二是新的财神大殿，根据新的殿堂布局调整人员，管理措施到位；三是继续实行安全工作责任制，把安全工作落实到位；四是不断完善管理制度，管理工作例会制度坚持下去；五是继续抓好道风建设，坚持早、晚功课，坚持着装整洁，举止文明，言谈有礼，树立良好的道士形象；六是继续做好社会慈善事业和虹三村的社区共建工作。这六项工作要求，明确方向，强调责任，使道观文明场所创建工作的基础打得更加牢固。

四、创新前行，跟上时代步伐，加强对外宣传和信众的联络工作。

1. **紧跟时代步伐。** 现代科技进步，信息社会，逼迫我们要与时俱进，开拓前行。我们再不能停滞于围墙、板报等宣传手段，网站和微信平台是现代人获取信息的主要来源，所以我们不但要建立网站，还要有微信平台，充分发挥网站和微信平台的作用，利用现代化手段发挥道教正能量。

2. **创新推广宣传。** 对已建的财神庙网站和微信平台，在做好维护工作基础上，及时更新道观内容，排版形式有新突破；其次是集大家智慧，出版了一本精美的财神庙宣传册，并计划再出版一本老子《道德经》宣传书。利用网站、平台、宣传册、书等宣传渠道，扩大影响，全方位立体形式介绍宫观。广泛宣传道教知识、道观的法务活动情况，让更多的信众了解、知晓，吸引更多的信众到道观来。因此，今年财神大殿内已有 1 千多尊新的财神灯由信众供养，每月的初一、十五进香人数也再逐渐增多。

3. **发挥个人魅力。** 寓宣道、讲经于日常交谈之中，这也是我们道观的特点，做好在信众中，特别要在一些有层次的信众中宣传道教有关的知识。今年 9 月底综合办公楼正式启用后，作为财神庙当家夏道长率先带头开展了小范围讲经工作，受到信众的欢迎。

五、健全制度，规范道观管理，不断加强自身队伍建设。

1. **重视各项制度建设。** 重新修订《后勤管理制度》，细化"食堂制度""仓库制度""岗位卫生制度"等岗位职责；人员在增加，新建立《人事档案》，实行人事监督管理，道长需填写"道士入职信息登记表"，员工需填写"员工入职信息登记表"，做到——对应，每人有一表存档，以此来全面规范道观的人事管理制度，取得明显成效。

2. 重视例会制度建设。 管理工作例会制度自去年 7 月起延续至今，每周召开一次，参加人员由管理委员会人员和二位道长，每次例会由道观主要负责人主持，今年例会内容进一步细化，大体分三个部分：汇报一周个人工作完成情况、讨论商议下周工作难点、传达上级有关精神布置当前工作任务。例会保证了道观工作时间节点的任务完成。

3. 重视消防安全管理。 为使消防安全工作常态化，道观与每位教职员工签订"消防安全责任书"，明确职责范围，落实安全措施。并采取定期检查和突击抽查相结合的消防安全制度，增强了道观教职员工的消防安全意识。道观还组织全体教职人员开展消防安全培训和演示活动，从而进一步增强了消防安全意识。消防器材由专人负责，严格按规定调换消防器材，接受消防部门的指导和监督，确保消防设施和器材完好。

4. 重视社会慈善事业。 道观社会慈善工作已形成制度化，中秋时节开展金秋慈爱送温暖系列活动，到辖区的"唐镇敬老院"、新区的"积孝敬老院"和"武警部队"送净素月饼和中秋祝福，慰问老人和官兵；继续关注共建村的困难户学生，道观每年组织二次助学活动，并承诺帮助其完成学业；热忱支持道教事业发展，捐 8 万元资助道学院建造新校园。本道观在建中，目前资金虽然比较困难，但是我们仍然坚持做好慈善工作。

六、不断努力，继续发奋图强，完成道观的改扩建工程。

2015 年财神大殿工程完工，今年我们启动了部分二期工程，完成了大殿东侧的综合办公楼建设、大殿地下室及财神背景的装修工程、新食堂建设及河边水道景观护栏的延伸工程。由于资金严重缺乏等诸多原因，没能完成原计划 6 月份启动大殿西侧的观音殿、东岳殿的施工工程及河心岛对岸锦绣东路口绿化工程。但我们有信心有决心一定坚持下去，以发奋图强的精神倾力筑造后期工程。

2017 年工作总结

本道观以创建"文明宗教场所"、"和谐道观"为抓手，以改扩建工程为契机，依法规范宗教事务管理，扎实工作，务实创新。2017 年道观再次被评为"文明道观"，现将年度工作总结如下。

一、认真组织好全体人员的时政学习，开展"宗教政策法规学习月"活动。

1. 关心国家时事，抓好时政学习。今年的时事政治学习我们依旧采用专人负责制。全年学习主要围绕以下三方面内容：一是围绕党和国家的大政方针组织学习《政府工作报告》《市政府工作报告》；二是组织学习《中共第十九次代表大会精神》；三是学习领会"一带一路"倡议。大家通过学习、了解时事政治和道教工作，提高思想觉悟，增强大局意识。

2. 继续开展"宗教政策法规学习月"系列活动。一是开展以新修订的《宗教事务条例》为主题的学习讨论会；二是开展以"宗教政策法规学习月"为主题的法制知识专题宣传会；三是积极开展上海市第 29 届宪法宣传周活动，制作宣传月横幅标语和版面，设置宣传月咨询台等，以多种形式增强活动的宣传力度，积极向广大信众传达国家宗教政策、法律法规的最新动态。

二、开展首届上海财神庙皈依法会，认真做好信众皈依工作。

1. 举办了首届清信弟子皈依法会。2017 年 4 月 11 日，在财神赵公明圣诞日当天，财神庙举行了首届清信弟子皈依仪式，皈依前专门开展了道教知识学习班，为皈依弟子介绍道教历史和道教基本礼仪规范。共有 60 位弟子参加了皈依法会，经过正规皈依程序成为上海财神庙的首届皈依弟子。

2. 举办了皈依弟子宣道、体道交流会。2017 年 6 月 4 日，上海财神庙举行了首届皈依弟子宣道交流会，由三位皈依弟子代表发表心得体会，同时道长们与各位皈依弟子进行交流互动，畅谈自己对道教的认识，会议还通过了《定期开展皈依弟子活动方案》、《上海财神庙清皈弟子戒律》两项规定。2017 年 8 月 18 日举行了清皈弟子体道交流会活动。总之，道观的皈依工作正在有条不紊地向前推进。

三、以财神庙改扩建工程为契机，创建良好的道观环境。

改扩建工程是道观目前的重点工作，在二期改扩建工程中，我们坚持了三点要求：一是把好质量关。请监理和工程技术人员严把质量，坚持每周召开工程例会商讨工程进度，把好各道工序；二是把好工期关。五月初开工至今，工期短，项目多，在不影响质量的前提下，工期按计划推进；三是把好安全关。工程推进过程中安全最重要，所以我们把工程的安全放在重中之重，时时提防，做到安全第一，万无一失。我们将继续把好这三关，让接下来的工程更加有序顺利推进，争取早日建成一座景色优美、环境良好的规范道观。

313

四、认真落实各类法务工作，加强宣传手段和力度。

1. 认真落实法务工作。上海财神庙每年举行新年烧头香、接财神、拜太岁、赵公明圣诞、观音圣诞得道升天、东岳圣诞等法会，此外，还会举行一些企业团体祭财神、台湾龙穴点金交流等法会。虽然我们每年做的道场不是太多，但我们集中精力办好每一次的大型法会，在全体教职员工的共同努力下得到了圆满完成，也因此吸引到越来越多的善信大德。

2. 继续推进"财神灯"特色项目。为了做好特色项目财神灯的登记事务，道观安排道长专人值殿，做到宣传好、接待好、登记好的三好工作。目前已经实现财神灯微信支付、网上点灯等技术手段，为信众祈愿财神提供了便利。

3. 加强宣传手段和力度。一是在道观大型科仪活动前都会制作相应的展板、条幅以示通知；二是继续完善和维护财神庙网站和微信平台，及时更新道观新闻动态。通过一系列宣传渠道和手段，达到广泛宣传道教知识、道观法务活动的目的，让更多的信众了解和知晓，引导正信正行。

五、健全完善各项规章制度，规范道观各项制度管理。

1. 管理工作例会制度。自 2015 年 7 月至今，道观每周会按时举行一次管理工作例会，参加人员由管理委员会人员和两位道长组成，例会分三部分内容：汇报个人一周工作总结、讨论下周工作重点难点、传达上级精神布置工作任务。例会制度保证了道观各项工作得以落实，庙务活动得以正常开展。

2. 后勤管理制度。今年道观进一步改进后勤管理制度，明确

"食堂制度"、"仓库制度"、"岗位卫生制度"等职责分工；建立了新成员的人事档案，完善"道士入职信息登记表"和"员工入职信息登记表"的相关信息，做到每人有一表存档，以此来规范道观的人事管理制度。

3. 消防安全制度。宫观安全是道教工作的基本前提，为进一步确保消防安全，道观签署了《浦东道教宫观消防安全责任书》，并与每位教职员工签订"消防安全责任书"，明确各自职责，落实安全措施。同时采取定期检查和突击抽查相结合的消防安全制度，加强隐患排查，增强教职员工的消防安全意识。此外，道观内的消防器材由专人定期进行检查，调换不符规范的消防器材，接受消防部门的指导和监督，确保各项消防设施完好无损。

六、积极开展各项交流活动。

今年本道观相继承办了多项文化交流活动，积极弘扬道教传统文化。1 月 12 日的"赐福迎财"赠福活动、2 月 11 日的"浦东道教抄经作品展"、4 月 20 日的"书画交流联谊笔会"、9 月 29 日的"浦东道教书画精品展暨《道教与当代社会》新书首发式"等多项活动，均收到良好效果。此外，道观还积极开展对外交流活动，5 月 19—21 日，本道观教职工及义工代表 20 余人组团参访了浙江金华等道教文化场所，进行了相互学习交流，引进经验。

七、认真推进社会慈善事业。

道观社会慈善工作逐渐形成制度化常态化，中秋时节开展金秋慈爱送温暖系列活动，到"唐镇敬老院"、"积孝敬老院"、"武警部队"送净素月饼和中秋祝福，慰问老人和官兵；继续关注共建村的困难户学生，道观每年组织两次助学活动，出资帮助困难学生完成学业。据统计，2017 年上海财神庙对外捐助金额共计 46.1 万元，虽然我们目前能力有限，但依旧会把慈善这项民族优良传统继续发扬坚持下去，为社会做出应有的贡献。

【组织概况】

一、道观教职人员（2013—2017）

夏光荣　刘广军　吴康康（2015 年 2 月由闵行关帝庙调入）
薛　强

二、历任道观民主管理组织

管理组组长：夏光荣
管理组成员：刘广军　鞠月影

三、道观工作小组负责人

宗教活动组负责人：刘广军

学习宣道组负责人：刘广军

法物流通组负责人：鞠月影

后勤保障组负责人：鞠月影

消防安全组负责人：刘广军

【荣誉榜】

一、道观所获各项荣誉

1. 荣获 2015—2016 年度浦东道教消防安全工作"优秀道观"。

2. 荣获 2017 年度浦东宫观年终总结交流考评"三星级"场所。

二、个人所获各项荣誉

1. 2015 年夏光荣荣获上海道教界年度优秀道士。

2. 2016 年夏光荣荣获浦东道教宫观负责人讲经交流活动鼓励奖。

3. 2016 年刘广军荣获浦东青年道长讲经交流活动财神庙分会场一等奖。

十泽道院

【概况】

十泽道院，原名十泽庙，始建于明代。据明嘉靖《上海县志》记载："旧隶杨思乡之副八图，桥南有古观，曰十泽庙"。至 1937 年，已历五百余年，虽历代皆有修葺，但历经兵燹，雨剥风吹，巍峨道观，久已空虚，唯存中殿及东西厢房。1947 年，道院住持陈阿海、陈芳若父子和当地乡绅善士合力加以修缮，庙舍面积达四亩之多，建有前后殿各七间，东西厢房各两间。庙宇内，供奉城隍神、王灵官、财神、施相公等神灵，香火日渐旺盛。

新中国成立初期，庙宇改为新塘小学（六里中心校前身）。1978 年，学校他迁，原庙舍拆除，庙址又被改为厂区。20 世纪 90 年代，当地善信周宝英等自募倡捐，于原址南首填河，再建十泽庙，重塑金身。经过善信努力，庙宇逐步扩建达到一定规模。2010 年十泽庙整体搬迁至浦三路，并改名为"十泽道院"。道院建筑庄重宏伟，建筑式样采用仿明清古建形式，整体面貌焕然一新，重现当年庙宇琳琅，殿堂巍峨之景象。2013 年 9 月，十泽道院举行迁建竣工暨神像开光庆典。

319

2013 年工作总结

　　以十八大精神为指导，以开展"教风年"主题创建活动为抓手，以举办活动为契机，努力加强自身建设，开拓进取，扎实工作，基本完成年初制定的各项计划，现将一年来主要工作总结如下：

　　一、以学习十八大精神为指导，激发爱国爱教热情。2013 年是全面贯彻落实党的十八大精神的开局之年，根据上级要求和道院年初制定的学习计划，坚持把学习贯彻十八大精神作为贯穿全年的首要政治任务，认真组织全体教职员工进行学习，了解国家大政方针，激发爱国爱教热情，道院通过多种形式先后组织教职员工学习十八大报告、全国两会、市两会以及十八届三中全会精神等。通过学习，不断增强教职人员的政治意识和大局意识，树立爱国爱教的信念，从而力求在思想上与党和国家保持高度一致。使大家认识到没有党和政府的关心、重视和宗教政策的落实，道教就没有今天这样的大好局面。在每年的"消防日""双法宣传周"活动中，道院通过拉横幅、张贴宣传板报、举办学习会、座谈会等形式，宣传党的宗教信仰自由政策和相关法律法规，在道院内营造学法、知法、守法、用法的良好氛围。

　　二、以开展"教风年"主题创建活动为抓手，加强自身建设。2013 年是全国宗教界开展"教风"主题创建之年，根据新区民宗

委、市、区道协的工作部署，我院及时组织全体教职员工传达、学习和领会开展教风主题创建活动的重要意义，充分认识加强道风建设的必要性和紧迫性，成立了以道院管理组为班底的"教风"工作领导小组，明确目标任务。按照时间节点，从宣传教育，学习动员；调研走访，查找不足；制定措施，规范提高；总结评估，形成长效四个阶段有针对性的开展创建工作。依照《道教清规榜》结合道院管理制度，分别召开教职人员座谈会、职工座谈会、信徒座谈会，查找道院存在的问题、教职人员存在的问题，通过自查和互查对存在的问题进行分析研究，制定整改方案，完善规章制度，落实具体措施。同时张贴《道教清规榜》、设置意见箱主动接受信教群众的监督，通过一系列的措施规范教职人员的行为，以实际行动推动"教风年"主题创建活动的扎实开展。随着制度措施的落实，道院管理进一步规范化、制度化、教职员工团结和睦，为争创和谐寺观教堂奠定了坚实的基础。

三、以举办竣工、开光活动为契机，提升管理、服务能力。十泽道院自 2010 年 7 月 3 日由齐河路迁建至浦三路 1234 号，经过三年多的内部建设，已初现规模。为满足信教群众的信仰需求，依据道教教理教义，并报上级主管部门批准，同意道院举行迁建竣工庆典暨神像开光活动，为确保活动的如期举行，道院成立了以管理组为班底的领导小组，制定方案，明确目标任务，分工落实，责任到人，经过数月的筹备、协调，在上级有关部门和兄弟道观的大力支持下，在道院全体教职员工的共同努力下，于 9 月 26 日成功举行了迁建竣工庆典暨神像开光活动。来自市、区民宗委的领导，市、区道协的领导，北蔡镇等部门的领导，本市各道教宫观的领导、嘉宾及八方善信大德一千余人光临了庆典。此次活动的成功圆满举办，得到了有关部门及信教群众的好评。

四、加强道院建设，改善道院面貌。 为了给信教群众营造一个良好的敬香环境，道院以举行"迁建工程竣工暨神像开光庆典"为契机，在政府相关职能部门的关心帮助下，对道院周边环境进行了整治，重新修筑了门口的马路，使之平整通畅，并开辟了宣传墙，修建了停车场地，种植了香樟、桂花等树木，既方便了烧香信众，又改善了道院的周边环境。

五、加强对外交往，热衷公益事业。 2013 年道院分别接待了江苏苏州、镇江等地的道教同仁；12 月还接待了澳门道教协会会长吴炳誌先生等。通过交往，增进了道院与外省市兄弟道观以及澳门道教界的友谊，扩大了道院对外的影响。同时，道院连续为辖区的民众敬老院捐赠 100 余床被套，每逢重阳节还给老人送去重阳糕和长寿面；今年的四川雅安地震，道院及时为灾区捐款 2 万元。虽然微不足道，却表达了道院的一片爱心，更体现了道教慈悲济世、大爱无疆的崇高品德和良好形象，彰显了宗教服务社会、利益众生的社会价值，同时道院的爱心和善举也得到了政府和社会的好评。

2014 年工作总结

今年，道院以开展"创建文明宗教活动场所"为抓手，努力加强自身建设，开拓进取，扎实工作，基本完成年初制定的各项计划，现将一年来的主要工作总结如下。

一、加强政治学习，激发爱国爱教热情。根据上级要求和道院年初制定的学习计划，认真组织全体教职员工深入学习十八届三中全会精神，全国两会、市两会精神，学习习近平总书记关于实现"中国梦"、培育和践行社会主义核心价值观的重要讲话，以及十八届四中全会精神等。通过学习，不断增强教职员工的政治意识和大局意识，激发爱国爱教热情，树立爱国爱教信念，力求在思想上与党和政府保持高度一致；使大家认识到没有党和政府的关心、重视和宗教政策的落实，道教就没有像今天这样的大好局面。在每年的法制宣传学习月和消防日活动中，道院通过拉横幅、张贴宣传板报、举办学习会、座谈会等形式，宣传党的宗教信仰自由政策和相关法律法规，在道院内营造学法、知法、守法、用法的良好氛围。

二、开展创建工作，提高管理水平。根据新区民宗委、市、区道协关于开展 2013—2015 年度文明和谐寺观教堂创建活动的工作部署，我院及时组织全体教职员工传达、学习和领会开展创建活动的

323

重要意义，并成立了以道院管理组为班底的创建工作领导小组，按照创建要求，明确目标任务。在创建和谐寺观教堂的活动中，我院结合国家宗教局《关于推动文明敬香、建设生态寺观工作的通知》、中国道协《关于在全国道教界开展"文明敬香，文明礼神，建设生态道观"活动的倡议书》，及时组织全体教职员工传达学习，积极响应，并在道院内张贴"浦东新区道教协会文明敬香倡议书"开展宣传，引导广大信众文明敬香，文明礼神。

三、加强消防安全，落实防范措施。消防安全工作是贯穿道院全年工作的重中之重，为使道院工作的顺利开展，确保一方平安，牢记树立消防安全责任重于泰山意识。每逢春节香讯和大型宗教活动前，在做好消防预案的同时，对场所内的消防设施、灭火器材、电气线路、煤气管路、应急照明、开关等进行全面检查，确保安全有效；每到年末组织道院教职员工对即将到期的灭火器材进行一次灭火演练，熟悉掌握正确使用消防器材的方法，做到防患于未然；为增强消防安全意识，责任落实到人，道院每年都要和教职员工签订一份消防安全责任书，做到消防安全人人有责。同时，还成立了公共安全事务管理协调小组，制定公共安全事务管理协调小组定期议事、活动管理、消防安全、环境卫生防疫、社会治安、文物保护等制度，为今后顺利举办大型宗教活动和日常事务管理创造条件、发挥作用。

四、注重业务技能培训，提高综合素养。十泽道院属区级消防安全重点单位，根据《中华人民共和国消防法》、《监督检查规定》、《上海市消防条例》、《上海市建筑消防设施管理规定》等相关法律、法规的规定，设有消防控制室的单位，持有《消防设施操作证》人员不少于 5 人，加强消防设施的管理操作，在所属区域消防部门的要求下，道院委派两名教职人员参加为期一个月的消防培训，并顺利通过考试。道院建筑消防设施经上海市建筑消防设施检测受理中心测试合格。

十泽道院异地重建，恢复开放时间不长，规模不大，业务量相对较小，加之经济条件所限，在财务（出纳）用人方面采取了教职人员兼职的办法，且无证上岗，在过去民宗委、区道协"两个专项"检查整治过程中，不符合相关规定，在新区民宗委的关心下，从事出纳人员参加了由新区民宗委和新区财务会计管理中心联合举办的"浦东新区宗教场所出纳岗位基础与实务"的培训课程，并经过考核，成绩合格，准予结业。通过对消防人员、从事出纳人员的培训，不仅业务、技能得到熟悉提高，而且更加体现了宗教场所的规范管理。

五、妥善处理历史遗留问题。众所周知，十泽道院的前身是以周宝英等六位虔诚信徒为骨干的大德善信自发募捐在老庙基上而建的一所小庙，无宗教权证，属非正常的宗教活动场所，历时十余年取缔未果。为满足信教群众的需求，适逢当地辖区的开发，2008 年在新区区委统战部、新区民宗委和北蔡镇政府的关心协调下，以及相关部门的支持下，2010 年 7 月由六里齐河路异地重建至成山路浦三路，正式对外开放，六位善信也随之参与十泽道院的日常管理。十泽道院能有今天，得以恢复开放，离不开政府等相关部门的关心支持，更离不开周宝英等六位虔诚信徒锲而不舍的努力。随着岁月的流逝，六位（其中张三囡因身体状况，2012 年已解除劳动关系）

老员工的身体、精力都有所衰退，为使其更好地安度晚年，按照市、区道协有关用工规定，道院管理组就解除周宝英、张秋珍、张秋宝、沈雪珍、乔小妹五位员工劳动关系，与上述员工进行了协商并达成共识，决定自2014年3月起解除其五位员工的劳动关系。考虑到五位员工的特殊性，对十泽道院作出的贡献，从关心的角度决定对五位员工进行一次性补助，逢年过节上门探望。

六、关心道众做好服务工作。2014年春节香讯期间，4位上海市道教学院第五届在读的道学生来我院体道实习，道院尽可能地安排好他们的食宿，在体道实习期满后，还专门组织与4位道学生进行座谈，总结交流，每人都谈了在体道实习期的感受，对道院也提了一些建设性的建议。为支持上海市道教协会"上海道教科仪资料收集整理"工作的开展，2014年9月15日、22日和23日，上海道教科仪保存项目小组来我院进行排练，我院积极配合，协助做好相关工作，使排练如期顺利举行。为关心道众的身心健康，道院今年组织了一次体检。

七、力所能及做好公益慈善事业。今年的重阳佳节，道院继续为辖区的民众敬老院捐赠了一批被套，还给老人们送去重阳糕和长寿面。在市道协对口支援的倡议下，我院积极响应，为对口支援的西藏日喀则、新疆喀什捐款1万元。为贯彻落实市、区民宗委《关于组织开展2014年"宗教慈善周"活动的通知》精神，我院已于当地镇政府相关部门取得联系，力所能及做好宗教慈善事业。虽然我们的捐款微不足道，却表达了道院的一片爱心，更体现了道教慈悲济世、大爱无疆的崇高品德和良好形象。

2015 年工作总结

　　道院以开展"创建文明宗教活动场所"为抓手，不断提高规范管理水平，努力加强自身建设，开拓进取，扎实工作，基本完成了年初制定的各项工作计划，现将一年来的主要工作总结如下：

　　一、加强政治学习，激发爱国爱教热情。加强政治学习、关心时事政治一直是道院的优良传统。依照道院规章制度结合年初制定的学习计划，坚持每两个月一次的时事政治学习。2015 年道院先后组织学习了中共十八届四中、五中全会精神，以及全国两会、市两会精神，组织学习中国共产党统一战线工作条例，以及习近平总书记在全国统战工作会议上的重要讲话，传达学习中国道协九届道代会有关精神，以及国家宗教局王作安局长的："道教界要担当起弘扬中华优秀传统文化的神圣职责"的讲话精神等。通过学习，使全体教职员工及时了解国家大政方针，增强政治意识和大局意识。今年适逢中国人民抗日战争暨世界反法西斯战争胜利 70 周年，为了更好的激发爱国热情，铭记历史，缅怀先烈，珍爱和平，开创未来，道院积极开展和参与了有关纪念祈福活动，弘扬民族精神和抗战精神。在今年的法制宣传月和宪法宣传周的活动中，道院一如既往地通过拉横幅、出板报、举办学习会等形式，宣传党的宗教信仰自由

327

政策和相关的法律法规，在道院内营造学法、知法、守法、用法的良好氛围。

二、争创文明和谐宫观，提升规范管理能力。2015年是上海市民宗委关于开展新一轮文明宗教活动场所检查评比收官之年。根据新区民宗委和市、区道协有关创建工作部署，道院按照创建要求，制定创建计划和时间节点逐项进行推进落实。为确保创建工作有序进行取得成效，道院多次安排相关道长到兄弟宫观进行学习取经。在创建阶段，道院一方面对内部部分设施进行了必要维修；另一方面为美化环境，道院利用有限的资金购置盆景种植绿化；文化建设方面，道院新开辟并制作了宣传栏，利用宣传栏不定期刊登宣传宗教政策和道教知识等内容，为信教群众和游客宣扬道教文化，传递正能量。通过文明创建活动，道院不仅在硬件方面得到了改善，环境卫生方面上了一个台阶，尤其台账档案管理工作更是进一步得到了加强和规范。

三、注重消防安全，强化防范措施。为使消防安全工作真正落到实处，道院继续和教职员工签订一份消防安全责任书；要求分管消防安全的负责人平时定期对消防设施、消防器材进行检查，并记录在案；每逢春节香汛和大型宗教活动期间，加大宣传文明敬香力度，张贴标识，杜绝明火进殿；同时做好消防安全预案，对道院内电器线路、煤气管路、应急照明、应急通道、消防设施、消防器材进行全面的检查，严格按照消防部门的要求，接受消防部门的检查指导，发现问题，及时整改，真正做到防范于未然；每到年末道院还将组织教职员工对即将到期的灭火器材进行一次灭火演练，确保熟悉掌握正确使用灭火器材的方法。

四、强化服务理念，提高自养能力。一是通过借鉴其他兄弟场所好的做法并结合自身实际，在巩固和完善现有服务领域的基础上，开阔视野，与时俱进，开拓进取，满足不同层次信众的需求。二是加强自身建设，提高综合素养，发扬主人翁意识，以道教积极向上的教理教义，真诚耐心地为信众排忧释疑。三是以引导和凝聚教职员工，强化服务理念，提高服务质量，取悦信众，争取信众。四是利用道院宣传栏、举办宗教活动，加大宣传力度，扩大道院知晓度和影响力，力求道院在自养方面有所提高。

五、加强友好往来，增进相互交流。2015 年应澳门道教协会邀请、南通通州排河道观邀请，先后赴澳门参加 2015 澳门道教文化节；赴南通参加排河道观神像开光庆典活动；应南通城隍庙的邀请，沿途参访了城隍庙，并与城隍庙的道长举行了座谈交流；2015 年道院还接待了镇江、淮安等地的道教同仁。通过友好交往，不仅密切了道院与外省市兄弟道观、以及澳门道教界的联系和沟通，同时也增进了相互间的友谊，开阔了视野，更扩大了道院对外的影响。

六、弘扬道教济世度人传统，积极开展公益慈善事业。积极开展公益慈善事业是我们回报社会、服务社会的具体表现，尽管道院目前条件还比较艰苦，但我们仍然连续多年坚持向辖区敬老院送温暖、献爱心，2015 年继续为辖区敬老院捐赠了近万元的床上用品；上海道教公益慈善基金会后，道院积极响应并向基金会捐款 2 万元；向市道协两个基金，即：弘道、教育基金分别捐款 5 千元；逢年过节道院还对内部道职工困难家庭和退聘老职工进行慰问；全年用于公益慈善累计5万余元。

七、支持配合上级部门做好有关服务工作。 近年来，随着老一辈道长的逐年减少，部分科仪、法事面临失传的境地。鉴于此，成立了"上海道教科仪保存项目小组"，对上海道教科仪资料进行收集整理工作。为支持此项工作的顺利开展，今年的11.12月，科仪保存项目小组6次来我院进行排练，我院积极配合，协助做好相关工作，使排练如期顺利进行。

配合新区道协做好玄门讲经讲道交流活动。讲经讲道是道教徒直接面对广大信教群众宣传道教优秀传统文化的重要载体，新区道协一贯重视讲经讲道活动的开展，今年10月27日，由新区道协主办、十泽道院承办的新区道教玄门讲经讲道交流活动如期举行。通过讲经讲道活动的开展，不仅促进广大信教群众了解道教，更是传播道教优秀传统文化、同时也是引导信众积极向善的一种途径。

2016 年工作总结

2016 年，十泽道院围绕年度工作计划，带领信教群众高举爱国爱教、团结进步伟大旗帜，不断加强自身建设，努力提高管理水平，取得了一定成绩，现将一年来的主要工作总结如下：

一、坚持时政、法律法规学习，坚定爱国爱教信念。根据道院规章制度结合年初制定的学习计划，坚持每两个月一次的时政学习。2016 年，我院先后组织学习了全国两会精神、市两会精神，习近平总书记在全国宗教工作会议上的重要讲话，以及中共十八届六中全会精神等，通过学习，不仅使全体教职员工及时了解国家大政方针，而且进一步增强了政治意识和大局意识，激发了爱国热情，坚定了走爱国爱教道路。

在一年一度的法制宣传月和宪法宣传周的活动中，道院结合自身实际，通过拉横幅、出板报、召开座谈会等形式，宣传党的宗教信仰自由政策和相关的法律法规，努力营造学法、知法、守法、用法的良好氛围，不断增强国家意识、公民意识、法制意识；提高依法开展宗教活动、依法自我管理、依法维护权益的能力。

二、开展文明和谐宫观创建，规范道院管理能力。创建工作是提升宫观管理能力和服务水平的重要途径，随着 2016—2018 年度文

331

明和谐寺观教堂创建活动的工作部署，道院及时组织全体教职员工传达、学习和领会开展创建活动的重要意义，统一思想，提高认识。总结并借鉴上一轮创建的工作经验，成立创建工作领导小组；按照创建要求，制定创建计划；对照创建标准，明确目标任务。力求通过创建活动，使道院规章制度更加完善、道风更加端正、活动更加有序、管理更加规范。

三、加强消防安全，落实防范措施。道院继续和教职人员签订一份消防安全责任书，根据不同岗位，明确职责范围，由分管消防安全的负责人不定期进行检查；严格按照消防等相关部门要求，常年定期对消防设施、消防器材进行检查，并记录在案；每逢春节和大型宗教活动前夕，利用宣传栏和音响广播宣传文明敬香，张贴标识，杜绝明火进殿；同时做好消防预案，并对消防设施、消防器材、电器线路、煤气开关、应急照明、应急通道、摄像探头等进行全面检查，发现问题，及时整改，真正做到防范于未然；每年的年末，道院还将组织教职员工对即将到期的灭火器材进行一次灭火演练，确保人人熟悉掌握正确使用灭火器材的方法。

四、完善内部设施，提升宗教内涵。为使道院更显宗教内涵，按照传统，2016 年，道院全面完成制作了殿堂的匾额和抱对；玉皇殿、三清殿走廊的挂落，目前正在制作中，预计春节前安装到位；为了更好地开展讲经讲道活动，道院专门布置了讲经堂，目前正在装修施工过程中。通过逐步完善内部设施，旨在提升道院道教文化内涵，宣传弘扬道教优秀传统文化，满足信教群众，服务社会大众，促进社会和谐。

五、加强宣传力度，强化服务理念。我们深知加强宣传、强化服务、扩大影响是道院健康发展的前提。为此，我院一方面利用宣传栏，对道教的教理教义大力进行宣传；另一方面在道院传统宗教节日、道教神灵圣诞日、悬挂光明灯、祈福牌、以及集体参与的法会类宗教活动，通过宣传栏、张贴海报等形式，大力加强宣传，做到提前告知；在接待信众咨询和办理宗教活动时，强化服务理念，提高服务质量，热情周到，并密切保持与信教群众的联系，力求在加强宣传、强化服务上，提升道院的影响力。

六、积极开展社会公益慈善事业。关爱社会，奉献爱心，是道教一贯的优良传统。十泽道院的发展，离不开信教群众和社会各界的大力支持与帮助，道院因此积极开展社会公益慈善事业，近年来，每到重阳佳节，道院一如既往地为辖区的民众敬老院送上重阳糕和长寿面，另加一批被套，为老人送温暖，向社会传递道教正能量；今年夏季，江苏盐城地区遭受龙卷风袭击，道院第一时间向灾区捐款；积极响应市道协倡议，支持市道协"弘道教育基金"和"弘道互助基金"工作的开展。

七、积极配合市、区道协开展有关活动。今年是市道协换届年，道院积极支持配合相关工作的开展，认真完成七届道代会代表推荐工作；做好一年一度的教职人员身份年检工作；随市道协代表团赴大连旅顺参访，接受爱国主义教育，同时参访了大连碧海观，并进行了座谈、交流；参加上海道教学院成立 30 周年暨新校区奠基庆祝活动，松江广富林城隍庙、关帝庙落成开光庆典。配合区道协承办道教茶艺培训工作；配合区道协推动教职人员讲经讲道，发动信教群众和教职人员抄写《道德经》；随区道协组织的宫观负责人赴安徽涡阳朝拜老子故里天静宫，同时参访了台儿庄大战纪念馆等。

2017 年工作总结

道院围绕年度工作计划，带领信教群众高举爱国爱教、团结进步伟大旗帜，积极开展文明和谐宫观创建工作，现将一年来的主要工作总结如下：

一、加强时政、法律法规学习，提高爱国爱教政治觉悟。

1. 加强时政学习、关心国家大事是道院一贯的优良传统。2017年，道院组织全体教职员工分别学习了全国两会、市两会精神，今年 10 月 18 日，道院组织教职员工集体收看了举世瞩目的中国共产党第十九次全国代表大会开幕式直播。通过学习，不仅使教职员工及时了解国家大政方针，而且进一步增强了政治意识和大局意识，激发了爱国热情，坚定了走爱国爱教道路。

2. 注重宣传，增强法制观念。围绕每年的法制宣传月和宪法宣传周，通过拉横幅、出板报等形式，宣传党的宗教信仰自由政策和相关的法律法规，努力营造学法、知法、守法、用法的良好氛围，不断增强国家意识、公民意识、法制意识，提高依法自我管理、依法维护权益的能力，自觉在法律法规政策的范围内开展活动，维护社会和谐稳定。

335

二、以创建为抓手，加强道风建设，规范道院管理。

道院围绕本轮以"安全"、"教风"、"规范"为重点的创建活动，不断加强道风建设，努力规范道院管理，依照创建要求、创建标准，制定创建计划，落实创建措施，成立创建领导小组，分工明确，责任到人，力求制度规范化，措施常态化。常言道：国有国法，庙有庙规，没有规矩不成方圆。规范，对于宗教场所而言，是管理制度的规范，对人、财、物管理的规范，唯有完善的规范的管理制度作保障，场所才能有条不紊地开展各项宗教活动；规范，对于教职人员而言，是言行举止的规范，道院沿用了上一轮创建好的做法，依照《道教清规榜》结合规章制度，约束和规范教职人员的言行举止，努力做到"庙要像庙、道要像道"，同时设立意见箱，接受信教群众的监督。

三、注重宣传教育，强化安全意识。

1. 明确职责，责任到人。消防安全责任重于泰山，为使道院各项工作的顺利开展，确保平安有序，道院委派管委会成员负责消防安全工作。遵循"谁主管、谁负责，谁主办、谁负责"的原则，贯彻"预防为主，防消结合"的方针，层层落实消防安全责任人，为增强消防安全意识，责任落实到人，道院每年坚持和教职员工签订一份消防安全责任书，真正做到消防安全人人有责。

2. 严格按照消防部门要求，配好配齐消防器材，安装摄像探头，重要部位安装报警系统，严格做到定期检查、养护，并记录在案。每逢春节香讯和大型宗教活动期间，在做好消防安全议案的同时，对道院内的消防设施、灭火器材、电器线路、煤气管路、应急照明、应急通道等部位进行全面检查，确保安全有效。重大节日，加强值班、巡查，保持信息畅通。

3. 加大宣传力度，倡导文明敬香，张贴醒目标识，杜绝明火进殿。每到年末道院组织教职员工对即将到期的灭火器材进行一次灭火演练，让每个人都能熟悉和掌握正确使用灭火器材，做到防患于未然。

4. 加强环境整治，注重卫生防疫。道院安排有专职的保洁人员，根据各自包干区域，每天进行卫生保洁，不定期进行检查；从事食堂工作人员，要求健康，每年进行一次健康体格检查；食品的采购、存放，做到新鲜卫生，生熟分开。

四、开展讲经讲道、书画联谊，弘扬道教优秀文化。

深入挖掘道教教义教规中有利于社会和谐、时代进步、健康文明的内容，对教义教规作出符合当代中国发展进步要求，符合中华优秀传统文化的阐释，是我们当代道教徒肩负的责任所在。今年九月，我院结合新区民宗委关于举办"同心圆·浦东情·中国梦"的民族宗教文化月活动，举办了以"道教与养生"为主题的讲经讲道活动；联合上海市炎黄书院、晓雄工作室举办了"丹青载道 笔墨传心"书画联谊会。通过讲经讲道、书画联谊活动的开展，既弘扬了优秀文化，也传递了道教正能量，更提升了道院的文化品位。

五、坚持慈善公益，促进社会和谐。

道院自开放以来，尽管自身还处在建设期，并且经济状况不是很好，但是，我们参与社会公益慈善的初心未改。今年重阳节前，道院向辖区敬老院送去长寿面，捐赠空调二台，为老人送温暖，献爱心，向社会传递道教正能量；向中国道协慈爱基金会捐善款，积极响应市道协倡议，支持市道协"弘道教育基金"和"弘道互助基金"工作的开展，提供拍品参与上海慈爱公益基金会举办的"齐同慈爱·公益同行"拍卖活动，积极参与上海市道教协会2017年"宗教慈善周"一日捐活动，逢年过节，我们还将对道院年老体弱的居士、信徒进行走访慰问。

六、积极配合市、区道协开展有关工作。

今年是区道协换届年，道院积极支持配合相关工作的开展，严格按照代表推荐原则，认真完成四届道代会代表的推荐工作；配合市道协做好一年一度的教职人员身份年检和换证工作，派员参加市道协举办的以"齐同慈爱·公益同行"为主题的慈爱公益培训，组织安排落实相关人员参加陈莲笙道长百年诞辰纪念活动，派员参加江西龙虎山升箓等；参加市道协领导班子成员及全市宫观负责人的培训，培训期间参访了东海观音寺，并进行了座谈交流；参加区道协赴江西三清山、葛仙山参访学习。通过学习参访、座谈交流，增进了友谊，开阔了视野。

【组织概况】

一、道观教职人员（2013—2017）

叶有贵　吴幸初　赵玉明

二、道观民主管理组织

管理组组长：叶有贵
管理组成员：吴幸初　赵玉明

【荣誉榜】

1. 2013—2015 年度上海市浦东新区"三星级"文明和谐寺观教堂。

2. 2013—2015 年度上海市"三星级"文明和谐寺观教堂。

3. 2013—2014 年度浦东道教消防安全工作"优秀道观"荣誉称号。

4. 2015—2016 年度浦东道教消防安全工作"优秀道观"荣誉称号。

5. 2017 年度浦东道教宫观年终总结交流考评"三星级"场所。

6. 2013 年叶有贵荣获北蔡镇"统战之家"优秀联络员。

7. 2016 年叶有贵在浦东道教宫观负责人讲经交流活动中荣获三等奖。

东岳观

【概况】

　　东岳观是原南汇地区影响久远的道教场所，原名郭家庙，位于新场镇沪南公路 7483 号。明永乐十六年（1418 年）由总旗宫庸创建，嘉靖年间毁于倭乱，万历十七年（1589 年）朱格泉舍墓地重建。清乾隆二十年（1755 年）十一月，江南饥荒，曾设赈施粥。光绪二年（1876 年），当地绅商谢家树倡捐修葺。1938 年春，侵沪日军下乡扫荡，在庙边遭到新四军伏击。日军迁怒道观，庙宇建筑被付之一炬，道士胡树鑫在火中抢救出大殿塑像。次年冬，由陶瑞生发起地方商人集资重建，胡树鑫道长任主持。

　　新中国成立后，庙宇由南汇县食品站新场转运站使用。1987 年 6 月，南汇县道教协会筹备组对该庙进行全面整修，占地规模仅存两亩。1988 年 10 月 28 日，东岳观举行开光典礼。1995 年 9 月 21 日，正式批准对外开放。现道观占地面积 740 平方米，建筑面积 456 平方米，坐北朝南，一正两厢房。山门面南琉璃瓦顶，飞檐翘角。共有殿庑 12 间，正殿祀东岳大帝，两边祀龙王、城隍、观音、昭天侯、三官等神祇。每年农历三月二十八东岳大帝圣诞，道观举行三天庙会。道观内保存的法衣道具和两座忏亭有较高的工艺价值，曾经在荷兰、比利时、加拿大等国展出，在《南汇县志》中亦有记载。

2013年工作总结

回首 2013 年，我们新场东岳观按照年初制订的工作计划，在市、区道协和新区民宗委的关怀下，依托全庙道众的共同努力，努力进取，积极有为，基本完成预定目标，各项工作有了新进展。现将全年主要工作，向各位作简要汇报。

一、组织学习，增强素质。 我们参加了市社院培训班。安排 3 名年轻教职人员到新区党校参加轮训。每周一晚上，4 名道长参加"音乐培训班"学习。道观内我们组织学习党的"十八大"会议精神，学习宗教理论基础知识，学习宗教政策法规。学而后有所得，在教风创建学习过程中，我们东岳观的道众学思结合，认真撰写了学习体会。通过各类学习活动，道众的综合素养都获得了不同程度的进步和提高。

二、抓好开放，确保安全。 每年的春节开放工作是我们一项固定的重要工作。为此，东岳观从三个面着手努力：1. 提早准备；每年 12 月初，我们将所有灭火器完成换药，并进行初步消防自查。到月底前，讨论并制定好春节烧头香活动开放计划。做到细化开放方案，人员配备到位，落实责任到人。主动与乡镇统战科联系，汇报相关情况，积极争取支持。2. 迎接检查；完成基础工作后，我们认真接受市、区道协和政府宗教部门的年终安全大检查，并做好相关记录。3. 积极整改；对检查中发现的问题，我们落实具体措施，积极整改，并与日常安全工作分管人员签定"三防"责任书，确保春节开放期间工作安全有序。

三、道风建设，踏实有效。今年是宗教界的"教风创建年"。根据市、区民宗委《关于推进2013年以"教风"为主题开展和谐寺观教堂创建活动的实施意见》（以下简称《意见）》）文件精神，按照新区民宗委的总体工作部署和具体阶段要求，我们东岳观结合自身实际，认真落实相关创建工作。

1. 思想上高度重视。通过组织学习上海市道协和区民宗委《意见》精神，统一思想，提高认识，充分理解开展"教风"为主题的创建活动的重要意义，营造出良好的创建氛围。

2. 成立创建领导小组。根据上海市道协和区民宗委的《意见》要求，新场东岳观成立了"教风创建领导小组"，全面领导和组织本庙创建活动。

3. 落实具体措施；根据《意见》要求，我们制定出创建活动计划和实施措施，将创建活动分为四个阶段的主题创建阶段，把"教风"为主题的创建活动真正落到实处，努力形成道观"教风"建设的长效机制和监督机制。

四、节日活动，有条不紊。着重抓好六个（三月二十八东岳大帝圣诞日、观音二月十九圣诞日、六月十九成道日、九月十九出家日、冬至日等）重点节日的节庆活动，做到提早准备，分工合作，岗位到人，确保每次活动安全有序。同时，道观迎来木刻香樟浮雕"十殿阎王"图，进庙的时刻，鞭炮声声，香烟袅袅，好一派人神共

343

庆欢乐场景。

　　五、拓展信众，坚持长效。 为巩固信众队伍，东岳观在每年的中秋、春节前夕，组织召开信众骨干联谊会，邀请各方骨干信众代表和潜在可培养的年轻信徒数十人参会。会上，我们全体道众与各位香客代表畅谈联谊、学习交流：学法律、学道教；谈心声、谈家庭；畅想宫观前景，展望道教未来。多年来，我们始终觉得联谊会的形式宽松，效果好。

　　六、参访活动，安全有序。 为进一步加强与信众的沟通联系，增强庙观的凝聚力，加强对道众的爱国主义教育。组织本庙人员及部分信徒骨干一行 19 人，赴浙江雁荡山进行参访活动。学习了观音洞等几处宗教场所与旅游景点有机结合的经验，游览了祖国风景秀丽的大好河山，烧了香，磕了头，留下了合影，畅谈了感受，大家都觉得不虚此行。

　　七、公益慈善，积极参与。 道教界的存在和发展，依托于信众作为基础。因此，关爱社会，回报社会是我们道教界的应尽之职。本着倡导"济世利人"的思想，我们新场东岳观积极关心社会公益事业，今年 4 月，四川省雅安地震，新场东岳观为受灾地区积极募捐人民币 5000 元，尽我们一点绵薄之力。

2014 年工作总结

一年来，道观依靠自身努力，团结带领广大信教群众，按照年初制定的工作计划，认真开展各项工作，全年工作有了新进展。现将 2014 年主要工作汇报如下。

一、坚持组织学习宣传。一年来，政治学习是我们新场东岳观的学习首选。我们组织学习十八届三中全会精神，市、区道协的会议文件；积极开展 6 月法制宣传周的学习宣传活动；参加各类学习培训活动，多角度培养年轻一代道长学法、知法、守法的法制意识和顾大局、识大体的全局意识。2 月 24 日，我们新场东岳观组织全体年轻道长参加新区道协的"音乐培训班"开学典礼，并坚持每周礼拜一参加学习培训，努力提升自身音乐素养。2 月 20 日参加镇里"放飞中国梦，开辟新航程"报告会；6 月 10 日民族宗教法制讲座、6 月 17 日党校党外人士报告会、7 月 18 日的社院青年骨干培训，9 月 4 日的财务培训、10 月 15 日，区道协的戒律学习等活动。通过一系列的学习活动，我们的认识和觉悟得到了进一步的提高，有利于今后更好地开展各项庙务工作。

二、积极开展三防工作。"责任重于泰山"我们新场东岳观始终把"三防"工作放在各项工作的首位，切实加以重视。管理组每年与庙观全体人员签订消防责任书，将"三防"工作分工到人，责任到位。发挥"义务消防队"的引领作用，倡导从小处着手，从我做起，全体参与"三防"工作，努力确保一方平安。

2014年10月28日我们调换新配电箱，年底给所有灭火器换药，多次自我排查消防隐患，认真接受镇、市、区各级领导的检查和整改要求。

防盗方面我们新场东岳观主要依靠监控设备加强管理，对可疑人员采用紧跟办法、必要时采取当面警告的策略；坚持功德箱每月开启一次，香烛废油当天清理，锡箔灰隔天收管的办法，让不法人员无机可乘。

作为社会公共场所，我们东岳观还将防意外作为一项重要工作。除组织学习应急预案外，我们还加强了庙内照明、清理杂物、确保通道畅通；每次有香客住宿时，我们安排专人照应，使香客的生命财产安全，得到保障。

三、努力争创文明道观。创建文明宗教活动场所，对加强宗教活动场所的规范管理，提升教职人员综合素质和管理能力，推动宗教活动场所更好地为广大信众服务，有很大的促进作用。通过学习，我们新场东岳观逐步认识到文明创建的必要性和重要性，并今年4月3日报名参加文明创建，通过多方努力，朝着既定的目标前行。

1. 着手开始落实创建工作。成立创建小组，制定创建计划，完善档案资料。

2. 注重财务工作，根据上级两个专项工作的要求，对照整改，积极参加财务工作的培训学习，努力使财务工作朝着制度化、规范

化的方向迈进。

3. 加强环境治理，我们和镇卫生防疫办签订了害虫防治协议，4月23日，将厨房下水道翻建并与化油池接通。殿堂布置方面，我们发动香客捐助，将所有拜垫换新，为香客烧香礼拜提供良好环境。

4. 安全工作常抓不懈，重在细节，重在落实到人。

5. 学习宣传、人员管理，固定资产管理，仓库管理等工作，我们也在努力着。

四、妥善安排香汛期活动。每年的汛期，既是服务信众、巩固香客队伍的重要时期，又是考验我们场所管理工作水平的主要场合。春节"烧头香"活动，观音圣诞，东岳大帝圣诞，城隍老爷圣诞，冬至祭祖等重要香汛期，包括每月的初一、月半时，我们新场东岳观都很重视，做到事前提早协商，对人员安排、餐饮配备、安全工作等一一落实准备工作，切实提高服务质量和服务水平，以信众满意度的提升作为我们服务的根本出发点和落脚点。

五、积极引导信众队伍。信众是开展庙观各项工作的源头活水；离开了信众的关心支持，庙观就成了无本之木、无源之水。2014年，我们新场东岳观于1月21日，9月5日两次召开了香客骨干联络会，组织大家座谈交流，学习道教教理教义，交流庙观发展现状，畅谈未来发展趋势，收到大家好评。结合信众的需求，我们发动大家捐资为文昌和月老"装金身"，并与今年年底前请进东岳观，供信众许愿还愿。

平时道观里，我们还主动为来观信众义务讲解，为他们释疑解惑，受到好评。本着"发挥道教正能量，同心共筑中国梦"的宗旨，

347

我们先后接待了新场退休教师队伍、镇古镇旅游办的组团，胜华电缆集团，高行镇领导一行等信众来访。我们还以"走近道教"为主题，於4月16日和10月16日专题接待政协委员、商界人士、文艺界、餐饮行业等各界人士；10月10日接待了吴迅中学朱校长、教导主任戴老师等，10月21日，接待了台湾新竹张文晃等信众。通过接待工作，我们加强了与信众的沟通联系，增进了友谊，促进了信众对道教好感度的提升。

六、努力参加社会公益。关心社会，回报社会是我们宗教界的天职，也是我们道教界的光荣传统。虽然我们东岳观势单力薄，但我们本着"尽力参与，量力而行"的总原则，努力参加社会公益活动。2014年，我们於3月20日参加了航头联合捐的倡议活动（3000元）；9月19日向西藏对口援助（2000元）；11月19日为市道协两个基金注资（3000元）。"众人拾柴火焰高"，我们新场东岳观会坚持不懈参与社会公益。

2015 年工作总结

回首走过的 2015 年，我们新场东岳观紧紧围绕市、区道协和新区民宗委领导的总体要求，努力发挥主观能动性，团结带领广大信教群众，按照年初既定的任务计划，有序开展各项庙观事务，全年工作取得了新进展。

一、坚持组织学习宣传。创建学习型宫观是我们工作中的一项长期任务。在鼓励自学的基础上，2015 年，新场东岳观结合法制宣传周和法制宣传月要求，发放学习汇编资料，组织集体学习了《统战工作条例》，围绕创建文明寺观教堂的要求，组织对创建工作的重要性和必要性开展学习。6 月 3 日参加集电港"法制宣传月"动员大会。6 月 18 日参加市道协组织的国法与教规的学习讲座；8 月 11 日参加市道协中心组学习，传达中道协第九届全会精神。9 月 15 日，参加市道协"散财有道"慈善文化学习。组织观看视频，学习宗教科仪等等。加强学习对提高全庙人员的综合素质，起到了很好的促进作用。

二、积极开展三防工作。安全工作责任重于泰山。我们新场东岳观始终贯彻"谁主管，谁负责"责任要求，努力在"防火、防盗、防意外"方面将安全工作落到实处。每年先与区道协签定消防安全责任书。东岳观庙管组再将安全责任层层落实到人，与全庙人员签定三防安全责任书。2015年7月30日东岳观完成监控系统升级。11月底，我们购买全新干粉灭火器16只。每年年末前，我们新场东岳观对消防工作进行自查自纠活动，迎接市区道协、区民宗委和地方政府的轮流安全检查，按照领导要求，积极进行整改，努力消除安全隐患。提早制订大年夜活动的开放方案，落实各岗位人员，同时向地方政府书面申请汇报，请求关心支持。我们新场东岳观的安全目标是：努力确保宫观内每年都能平平安安。

三、努力争创文明道观。今年，是我们新场东岳观的"文明创建年"。为此，我们先进行思想动员，召开动员会，成立创建领导小组，制订创建计划，落实工作措施。主要完成了以下工作：

1. 建立健全档案资料，购买档案柜，设立档案室，由专人负责管理。

2. 布置宣传版面，增加文化氛围，增强宣传力度，促进教理教义思想的传播。

3. 重视日常财务，6月24日接受区民宗委组织的智星财务检查。

4. 充实台账资料，装订成册，形成书面汇报材料。

5. 清洁庙观环境，粉刷墙壁，7月7日以整洁的面貌迎接领导检查。

6. 汇总创建心得，努力形成长效管理机制。

文明创建工作，有效促进了新场东岳观加强日常管理工作，提升了庙观的整体形象。

四、妥善安排香汛期活动。 香汛期是我们新场东岳观加强与信众的沟通联系，更好地为信众开展服务的重要时段。今年，我们在东岳圣诞、观音圣诞、杨老爷圣诞、冬至等重要时段，每次做到早作准备，提前安排，力图多角度服务信众：优雅道乐、庄严科仪、养生素面等，我们努力让信众体验到归属感，享受到大家庭的温暖。在服务信众的过程中，进一步增强道众的服务意识，提高整体服务水平。同时，在多次排练的基础上，新场东岳观还组织 12 名道众，参加"2015 新场古镇民俗文化嘉年华系列活动"，在镇政府文化广场上举行了祈福活动，反响良好。

五、主动引导信众队伍。 信众队伍不仅需要我们的优质服务，而且需要我们进行正确引导。我们新场东岳观在中秋、春节时段，组织召开香客联络会，与大家促膝谈心，交流庙观发展形势。2015 年我们香客联络会的主题是"以和为贵。"会上大家畅谈了团结的重要性，表达了香客与香客之间、香客与家庭成员之间、香客与道众之间、香客与宫观之间在促进和睦和谐方面所该有的表现。联络会已成为我们新场东岳观沟通联系香客，积极引导信徒队伍的固定方式。

六、纪念先人，不忘国耻。 今年，是纪念抗战胜利暨世界反法西斯战争胜利 70 周年。我们新场东岳观也组织了收看、学习，目的是为了纪念先人，不忘国耻。9 月 2 日，我们参加了市道协在松江东岳庙组织的祈福活动。9 月 5 日，参加五大教联合在世博大厦举行的祈福活动。纪念活动时刻提醒我们：在和平年代仍要树立忧患意识，培育感恩情怀，增强做好本职工作的干劲和动力。

351

七、努力参加社会公益。6月9日新场东岳观赴海安参加佑圣观庆典，资助1万元。7月14日参加丽园路义务献血。9月24日，为市道协两个基金注资3000元。10月30日资助云南文山州贫困学生3名。虽然我们力量微薄，但心是热的，想通过我们的行动在信众中起到引领作用。

八、其他工作。2015年，我们新场东岳观还有几项已完成的工作。如：车辆更新，老道长退养，完成约稿，讲经准备，配合市道协编写《道教志》的原南汇地区调研活动等。

看到成绩的同时，我们也清醒地认识到工作中的不足之处，主要体现在：一是宫观的经济自养能力还比较薄弱。二是工作的积极性主动性尚有待提高。三是我们所取得的成绩与领导的要求之间还有较大的差距。对这些问题，我们将在今后的工作中认真对待，努力寻找对策，逐一加以解决。

2016 年工作总结

　　岁末年初，回望 2016 全年，新场东岳观在市、区道协和民宗委的领导下，发挥主观能动性，团结带领全庙道众和广大信众，有序开展各项宫观事务，基本完成年初既定的各项目标任务，全年工作取得新进展。

　　一、坚持组织学习宣传。学习使人进步，年初全国两会召开后，在区道协的辅导下，新场东岳观组织了学习传达。同时，我们还传达 5 月 27 日"文明创建动员会"精神，力求思想统一，步调一致。6 月"民族宗教法制宣传月"和 11 月"法制宣传周"期间，组织学习宗教法规，朝着知法、懂法、守法、用法的方向努力迈进。

　　二、积极参加讲经讲道。参加区道协组织的宫观负责人讲经交流活动。参加姚家庙南片宫观道众讲经活动，分别荣获一等奖两名、二等奖一名，取得较好成绩。另外，在区道协的安排下，新场东岳观还派员赴财神庙、赴龙王庙参加讲经讲道的评审，并学习兄弟道观的经验和做法，为我们今后开展讲经讲道工作，打好基础。

　　三、努力争创文明道观。今年，是我们道教界新一轮创建工作的开局之年。在民宗委和道协的号召鼓励下，我们新场东岳观积极申报，努力争创市级"文明和谐寺观教堂"。为此，8 月初我们召开动员会，成立创建领导小组，制定了创建计划，分三个阶段开展各项工作。力求通过文明创建活动，把我们新场东岳观建设成为爱国爱教、道风端正、彰显道德、服务社会的文明宫观。

四、妥善安排香汛活动。香汛期是我们道教界信众来宫观烧香祈福，过正常宗教生活的固定日期，也是宫观与信众加强沟通联系的好时机。2016年，我们沿用过去的经验做法，在东岳圣诞、观音圣诞、杨老爷圣诞、冬至以及初一和月半等重要时段，每次做到提前安排，设身处地从信众角度考虑问题，努力让信众体验到"家"的感觉，为他们提供优雅道乐、庄严科仪、养生素面等，让信众感受到大家庭的温暖。服务信众的同时，也进一步增强了道众的服务意识，提升了整体服务水平，为稳固和扩大信众队伍，夯实基础。

五、主动引导信众队伍。信众群体需要培养和引导，队伍才能不断成长壮大。道教与几大教相比，信众队伍较为弱小，更要努力发挥团体和神职人员的引领作用。2016年，我们借助中秋、春节等传统节日和香汛期活动，多次召开香客联络会。会上，大家一起促膝座谈，交流思想，用道教的思想引领和指导大家的言行，开导信众如何处理好人际关系和家庭关系，并通过骨干成员进一步影响他人，促进地区社会的和谐稳定。

六、加强宫观日常管理。1.完善修订宫观制度。2.以人为本良性互动。3.民主管理不忘初心。4.自律他律形成合力等要求，力争使新场东岳观的日常管理迈上新台阶。

七、努力参加社会公益。我们向盐城阜宁龙卷风捐3000元；云南文山支助三名贫困生3000元；鹤坡观奠基2000元；松江广富林助 2000 元；两个佛教寺庙升座各贺 1000 元。虽然我们新场东岳观庙小力薄，但我们的心是热的。今后，我们还将一如既往，尽一份绵薄之力。

八、其他相关工作。还有些日常工作，我们也认真完成了。包括：1 月 8 日，政协提交三件提案：包括宗教场所的公共安全、关注道协房产、整治马路老赖。1 月 16 日门前东墙新增宣传材料。3 月 2 日门前新增车位。6 月初，参加茶艺培训。7 月中旬，在上海城隍庙的支助下，对大殿神龛进行了改装等等。

2017 年工作总结

一年来，我们新场东岳观以加强日常宫观管理为主线，以创建文明活动为抓手，重点在财务、道风、安全方面开展工作，主要完成以下任务。

一、主动开展学习宣传。组织学习传达全国两会精神以及习近平总书记在上海组的讲话精神。在法制宣传月期间，以解读新《宗教事务条例》为重点开展学习宣传活动。组织收看、学习传达十九大会议精神。下发学习《关于进一步治理佛教道教商业化问题的若干意见》的通知。通过系列学习，全庙人员对当前道教界所面临的新形势有了进一步的认识和理解。

二、持续争创文明道观。本轮文明道观创建过程中，我们新场东岳观主动申报，按照创建文明寺观教堂的总体要求，制定了创建计划，改变过去"要我创"的思想，组织自查整改，迎接文明创建领导小组的检查和初审。2017 年，软件方面，我们对照要求进一步完善各项制度，新增"新场东岳观电器使用规定"，完善了文物保护制度等。硬件方面，改善坛场布置，增设了许愿带，更换老旧电器，改善殿堂环境，排除了安全隐患。2017 年，我们还在创建宣传方面积极开展工作，主要是借助香客联络会和香期时段开展宣传活动，

听取意见建议，欢迎信众参与和监督。同时，结合电子屏滚动宣传，努力形成宣传氛围。

三、妥善安排法务活动。作为基层道观，我们的主要经济收入来源于道场活动。因此对于日常法务活动的安排给予了足够的重视。道众人数、餐饮服务、坛场质量、来往交通等等，我们都尽力悉心安排，克服人少地小的局限，在活动之前多做服务，在服务过程中提高质量，以"香客的满意度"作为衡量我们工作的标准，切实提高新场东岳观的整体服务水平。2017年，我们在观音圣诞、东岳圣诞、冬至超度等重要香期时段，倍加重视安排，经忏、法事、素面、道乐等逐一事先准备，努力让信众的信仰需求在活动中获得归属感和满足感。

四、积极引导信众队伍。在中秋、庙会、春节等传统节日期间，组织召开多次香客骨干队伍联谊会，用道教思想、党的政策、庙观文化来团结引领信众，并通过他们联系、巩固和发展信众队伍，在"导"字上下功夫，扩大宫观在周边信众中的影响力。

五、加强宫观日常管理。加强团结年轻道长工作，组织年轻道长参访活动，为年轻道长提供讲经、抄经比赛机会，鼓励大家踊跃进步，积极参与，蔡克伟的抄经作品入选抄经作品展。根据区民宗委对道观的日常财务检查情况，新场东岳观庙管组认真面对，积极进行自我整改，逐一补齐相关资料，使财务管理进一步向制度化、规范化、程序化方向迈进，促进财务管理走上新台阶。物品管理与安全工作并举，完善固定资产登记备案，增设东岳观电器使用规定，新购消防器材，做好"三防"（防火防盗防意外）工作，加强夜班巡查并做好记录。

六、认真参加社会公益。 年初与其他单位一起参加了镇里发起的点亮"微心愿"活动，我庙为 4 位老人购买了他们想要的物品并上门慰问。6 月，向中国道协上善慈善基金会捐资壹万元。10 底前，完成向云南文山州"捐资助学"连续三年，每年叁千元。12 月初，在市道协组织的"宗教慈善周"启动仪式上捐款伍仟元。

看到成绩的同时，我们也清醒地认识到工作中存在的不足之处，主要表现在：工作步伐小，成绩不大；创造性工作少，常规性工作多；香客基础单薄，自养能力匮乏等方面。针对这些存在问题，庙管组经过集体协商讨论，酝酿对策，形成了新年工作计划。

【组织概况】

2013 年

庙管组组长：邵志强

庙管组成员：夏汉斌、张峰

教职人员：邵志强、夏汉斌、张峰、景佳伟、蔡克伟、闵洪海
　　　　　　陆国平、季林同

2014 年

庙管组组长：邵志强

庙管组成员：夏汉斌、张峰

教职人员：邵志强、夏汉斌（退养留用）、张峰、景佳伟、蔡克
　　　　　　伟、闵洪海、陆国平（年中病故）、季林同

2015 年

庙管组组长：邵志强

庙管组成员：夏汉斌、张峰

教职人员：邵志强、夏汉斌、张峰、景佳伟、蔡克伟、闵洪海
　　　　　　季林同（8 月退养留用）

2016 年

庙管组组长：邵志强

庙管组成员：夏汉斌、张峰

教职人员：邵志强、夏汉斌、张峰、景佳伟、蔡克伟
　　　　　　闵洪海（10 月退养留用）、季林同（9 月退养）

2017 年

庙管组组长：邵志强

庙管组成员：夏汉斌、张峰

教职人员：邵志强、夏汉斌、张峰、景佳伟、蔡克伟、闵洪海

【荣誉榜】

1. 2013—2015 年度上海市浦东新区"三星级"文明和谐寺观教堂。

2. 邵志强在 2016 年浦东道教宫观负责人讲经交流活动中荣获一等奖。

3. 景佳伟在 2016 年浦东南片道观讲经交流活动中荣获一等奖，张峰荣获二等奖。

4. 蔡克伟在 2017 年第九届玄门讲经抄经活动中入选抄经作品展。

社庄庙

【概况】

社庄庙，位于上海市浦东新区金桥镇的社庄村。始建年代失考，相传是明末本地村民为纪念因救百姓粮荒而牺牲的金老爷而建，因此金老爷是社庄庙的主供神灵。对金老爷的供奉之举是中国古代"有功于民而祀之"、功德成神的典范。

传说，明朝末年，松江府有户金姓人家，家中第三个儿子唤作"金三"，为人忠厚、心地慈善，后来任职押粮官。有一年大旱天灾，田里颗粒无收，百姓十户九饥。恰逢金三奉命押运皇粮至应天府，粮船途经运河（今张家浜），两岸饥民围观粮船，恳求施粮。金三有感于百姓饥苦，冒死分粮于民，百姓得以暂缓饥荒。后朝廷追查，金三恐连累他人，跳河自尽。百姓闻讯，悲痛万分。为纪念这位救命恩公，当地百姓自筹资金为金三建造了一座庙宇，并且为他塑了金身，年年月月供奉。古书云："有功于民而祀之"，尊称他为"顺济侯玉府大神"。从此，几百年来，社庄庙香火供奉不断。

新中国成立后，在除"四旧"过程中，社庄庙也逃不过厄运，庙里所有东西都被砸光烧光。改革开放后，随着宗教信仰自由政策的逐渐落实，1992 年社庄村农民自发修建并重塑金老爷神像。从此，前来敬香者络绎不绝，香火又开始兴旺起来。1995 年在上海市宗教局的批准下，市道协接管了社庄庙，把它作为浦东新区钦赐仰殿的分庙。2013 年启动异地重建，2015 年举行迁建工程奠基仪式。2017 年经多方协调，在原庙址北侧修建新大殿。

　　每年农历三月初十的庙会、六月十三日金老爷圣诞庆典，是社庄庙特有的宗教节日。每月的初一、十五庙里也非常热闹，特别是社庄庙的庙会，时逢农闲，乡里乡外的农民纷纷赴会，观看隆重的"三老爷出巡"活动。出巡中，信众要抬着金老爷的神像行经一些地方，最后再回到社庄庙。社庄庙会又被称为"三百六十行"庙会，按照百姓的说法是"三百六十行，种田头一行"，体现出中国古代农业社会中人们对于田地的深厚情感。2017 年举行"更名论证会"，酝酿社庄庙更名文昌宫事宜。

2013 年工作总结

2013 年社庄庙道观教职员工深入学习党的"十八大"三中全会精神，统一思想，用科学发展观加强道观管理、加强道观整体建设、加强道风建设，努力工作。

第一，抓学习，提高思想觉悟。学习能让我们开拓眼界，提高政治觉悟，增加宗教造诣。3 月 5 日，道观组织教职员工聆听国务院总理温家宝所作《2013 政府工作报告》；3 月 26 日，道观进一步深入学习《工作报告》，并结合国家宗教局王作安局长在《求是》中"倡导'保护、管理、引导、服务'的宗教工作理论"，谈国家重大发展，以及道观在新时期应如何适应社会的进步。6 月 22 日，学习上海市民宗委赵卫星主任关于"在全市'教风'主题创建活动推进会议上的讲话"，开展自我检查，剖析教职员工在教风方面存在的问题和不足，并提出了整改方案和目标。7 月，道观根据新区民宗委"关于推进 2013 年以'教风'为主题开展和谐寺观教堂创建活动的实施意见"，并结合本道观实际情况，逐条对照整改。道观把学习十八大三中全会精神作为重要工作来抓，并利用道观平台，宣传党的十八精神。

第二，抓规划，提高建设水平。2013 年道观的异地重建真正启动。在新区民宗委、新区道协的多次协调下，道观与浦东土控公司已经签订《动迁补偿合同》和《土地使用协议》。针对这两份合同，道观也多次征求市道教协会和新区道教协会意见，并就具体条款，在市道协法律顾问的指导下，进行了反复修改，维护了浦东道教的合法利益。道观并将动迁情况作了《情况说明》，登记造册。道观邀请有关专家、道协领导和主管部门领导就新道观的规划、定位和发展方向等事宜进行了深入地讨论，形成了比较完善的方案。现具体设计工作正有条不紊的进行。道观还与土控公司就审批、规划、施工进程等一系列事宜进行了沟通，成立了工作推进小组。神像重塑工作也已经展开。在条件具备的情况下，道观计划春节前进行奠基仪式等等。

第三，抓管理，提高业务能力。道观的人员配置还有些不合理，适当增加了后勤力量。道观针对财务检查中存在的问题，进行了逐条整顿和完善。道观不断加强消防安全意识学习，明确责任，完善消防安全制度。道观针对出租房一些违章搭建和私接电线情况，进行拆除，规范他们厨房设施。为了提高道场质量，道观将品德好、道教造诣高的散居道士充实到道观；进一步完善制度建设，统一教职人员服饰，提高人员的整体形象。

第四，做慈善，发扬道教济世度人传统。道观开展一系列慈善事业，发扬道教"济世利人"精神，树立道观公益慈善的良好形象。4月份，道观响应市道协号召，积极为雅安地震灾区捐款20000元。9月份，道观为部分老人送去甜甜的月饼，温暖他们的心。12月份参加金桥镇"蓝天下的至爱"和新区民宗委倡导的"慈爱人间，五教同行"活动，捐款 3000 元。

第五，抓大事，维护一方平安。针对除夕夜敬香客比较集中，道观都要做好各种消防安全预案，细化各岗位工作，积极联系有关部门，及时疏通路口，平整场地，张贴警示标志。每年农历 6 月是社庄庙传统的庙会，今年天气特别炎热，道观有意识地缩小规模，将安全放在首位，为香客提供必要防暑用品。

此外，抓联谊，做好接待工作。联谊活动能增进友谊，提高自己。道观今年先后组织人员参加江苏乾元观、上海钦赐仰殿道观、浦东十泽道院、闵行关帝庙等道观开光、竣工等活动。

道观今年将工作的重点放在道观动迁谈判上，虽然重大工作取得了突破性的成果，但有些计划的工作也被耽误或拖延下来，如参观活动、笔会等。还有些工作没真正抓出成绩，没达到预期的效果，产生一定的影响力，如宣传、学习、教风等。我们将及时总结经验和教训，制定时间表，分阶段进行督办。

2014 年工作总结

一、认真抓好学习，提高教职员工思想境界。道观始终将政治思想工作和宗教信仰建设作为道观立庙之基，爱国与爱教相统一。今年道观先后组织学习了十二届全国人大常委会第七次会议表决通过的"分别将 9 月 3 日确定为中国人民抗日战争胜利纪念日和 12 月 13 日为南京大屠杀死难者国家公祭日"，对加强国民爱国和勿忘国耻具有现实意义。纪念邓小平同志诞辰 110 周年座谈会，学习邓小平同志为中华民族独立、繁荣、振兴和中国人民解放、自由、幸福奋斗的辉煌人生和伟大贡献。组织学习了许嘉璐在第三届国际道教论坛的主旨发言，认识到各派宗教和人类未来文化的走向。

二、加强沟通协调，推动道观迁建工作。道观迁建工作十分复杂，涉及到许多部门。道观就方案多次召开论证会，并最终确定施工图。由于新区土控关于绿地及配套设施立项等手续比较繁复，进展较缓慢，现改为专题立项，为此，有关政府部门多次召开协调会，完成了新庙地面垃圾的清理工作，并筑起了围墙。

三、做好定制神像工作，提升道观整体形象。道观根据新庙的建制，经过多方咨询和论证，并结合信众需求，立足于道观的历史、现状和未来的发展需要，确立以金相公为主神，逐步过渡到以文昌为主神的供奉体系。现新庙的神像已经定制，道观将不断地进行跟踪和完善。

四、加强管理，做好文明场所创建工作。道观将文明创建作为道观管理的抓手，不断地进行排查和整改。道观针对房屋出租存在的隐患，采取许多补救措施，如将电线进行整改，规范燃气使用地点的安全等，但还是存在一些隐患。为此，道观对租客进行了清退，收回了房屋。道观进一步完善了消防安全制度，做到岗位和职责明确，安全责任到人。道观针对财务检查中存在的问题，如备用金过多、白条过多等现象，进行了完善。今年道观还从其他道观和民间引进了几位新道长，补充力量，规范行为准则，提升道观的整体形象。道观对于大型宗教活动，都要详细地做好方案，召开会议，提高责任意识。

五、注重宣传，做好信众大德捐款工作。根据财务公开的原则，道观将所有信众捐款及大额开支都公布上墙，接受信众的监督。道观将大殿的每个部位和材料，以及神像、供台、匾额等逐一列表，接受信众的供养。道观将道观的规划和建庙理念与信众沟通，形成合力。例如一位大德居士本信基督教，但看到我们募捐启示，经过我们多次交流，他最终答应捐款达 200 万元，并全家出动为我们谋发展，定制神像等。

六、主动联系当地政府，赢得对道观工作支持。道观的发展离不开当地政府，我们经常主动将一些活动和道观的发展与金桥镇政府汇报。这不仅在文明宗教场所创建、公共安全管理、周边环境卫生等方面赢得了政府的关系和帮助，而且在道观的基建方面也得到政府大力的支持。同时道观也主动参与当地社区慈善等活动。

2015 年工作总结

2015 年社庄庙道观以创建文明场所为抓手，以迁建工程为动力，发挥教职员工的积极性，重点做好以下工作：

（一）举行迁建工程奠基活动

2015 年 9 月 26 日社庄庙迁建工程顺利奠基，这次奠基参加人数达上千人，新区统战部、市区道协和金桥镇领导非常重视，并出席奠基仪式。奠基活动是道观首次举行大型活动，虽然道观做好了充分的准备工作，但也有许多需要总结。奠基标志着新道观迁建工程进入实质性阶段，给关心和帮助道观建设的信众一个交代。

（二）组织信众骨干参访武当山

道观建设需要大批信众的支持和帮助，尤其是一些重要信众代表慷慨解囊。今年道观为了更好的联系信众，同时宣传道教，于 6 月份组织信众骨干 18 人参访武当山。期间，道观为他们举行祈祷法会，观摩武当太极表演，朝拜玄天上帝。

（三）争取金桥镇政府资助

道观迁建工程需要上品位，就必须有充足的资金作后盾。我们多次将道观迁建工程和未来发展规划上报镇政府，并将发展与社区建设相统一，与社会发展需求相统一，从而得到镇人大代表的广泛支持和帮助，最终得到了镇党委一致同意，适当给予道观资助。

（四）开展文明创建

今年道观的创建并不一帆风顺，这主要由于重视程度有关。创建前阶段，道观仍停留在原先的创建成果和经验，一些工作没有创意，道观险些被摘牌。为此，我们多次召开专题会议，充分认识严重性，及时调整工作重点，有针对性的开展创建工作，分工负责，逐条解决存在的问题，从而最终保住了三星级文明宗教场所称号。针对这事件，我们道观要深入总结。

（五）认真做好慈善事业

道观为配合金桥镇"慈爱同你行"活动，主动拿出 5 千元进行捐赠。道观还主动与金桥镇联系，开展"道教慈爱进养老院"活动。今年道观还一如既往与孤寡老人结对子，慰问和关心他们生活，继续支持上海市道教协会两个专项基金。

（六）做好财务管理

针对财务检查中存在的问题，道观及时组织财务有关人员专题会，分析存在问题，提出解决方案，并明确到人，坚决杜绝坐支，尽量减少付款凭证的使用，以正规发票入账，报销严格按承办人、验收人和负责人等程序办理。

（七）协调迁建工程进度

道观迁建工程一波三折，按合同新道观将于今年底完工，但由于土控总方案迟迟没落地，道观迁建的小方案也就一直被延期。道观为此多次与区道协，区民宗委，以及浦东土控集团公司进行沟通和协调，现初步达成共识，新道观迁建工程不再以绿地管理用房建设，而是直接申请道观宗教用地，预计明年 4 月份土地变性将完成，道观将独立申请建设新道观。

(八) 认真抓好道观学习

道观抓好每月的学习会，认真学习了《国家宗教事务局》关于开展宗教活动场所主要教职任职备案专项工作的通知》精神，以及《上海道教宫观主要教职任职办法》等；学习了《国家宗教事务局等六部门联合开展整治违法违规功德箱等借教敛财问题专项工作》，并结合新区民宗委关于财务检查的情况，结合道观实际，进一步规范财务制度，规范功德箱管理办法；学习了《浦东新区政府工作报告》，提升教职人员服务社会积极热情；学习了新一届中国道教协会代表大会精神。

此外，道观还进一步加强道观管理，提升道教形象，改善道风，严肃道观规诫等等。

2016 年工作总结

2016 年社庄庙道观进一步细化和落实文明创建标准，积极主动推进迁建工程，重点做好以下工作：

（一）**进一步推进迁建工作。**迁建工程牵动了道教界和广大信众热心，随着上海市重大型足球馆落户道观新庙址，从而影响了迁建工程的进度。道观为此多方呼吁和沟通，最终选址原地翻建，但占地面积仍然在协调中。今年，道观做好已定制神像的安置工作，试探性的启动迁建工程前期的准备工作。

（二）**进一步加强防台防汛工作。**由于周边河道堵塞，今年道观发生多次重大水淹事件，这严重影响了道观的正常的生活和工作。道观及时组织人员进行排洪，积极主动地争取上级主管部门对道观周边环境的整治，多次召开协调会，分工负责，开挖临时河道，疏通堵塞管道，基本解决了道观水淹现象。在浦东土控集团有限公司和民宗委的协调下，拟将道观排污排水管道与新建的金科路连接，从而彻底解决道观排污隐患。

（三）**进一步加强消防安全工作。**迁建工作影响了道观对旧房屋的维护，道观一些电线比较老化。道观多次召开消防安全专题会，杜绝人员因动迁而存在的麻痹思想。开展自查，配备消防安全器材；

落实责任制,将安全与考核挂钩;加强巡视制度,防止明火进入殿堂;配备兼职消防安全员,对道观老电线进行整理。

(四)进行对旧道观房屋检测。今年道观多次被水淹,这影响了房屋的安全质量。金桥镇领导也非常重视道观财产安全,组织专业的房屋检测单位,对道观进行了整体检测和评估,形成了权威的检测报告。针对道观部分房屋存在的安全隐患,道观多次上报主管部门,请求维修,道观对比较严重的倾斜或开裂房屋,进行了必要的加固,对存在安全隐患的房屋,进行了清理,防止人员进入其中。

(五)进一步做好慈善事业。道观为配合金桥镇"慈爱同你行"活动,主动拿出 3 千元进行捐赠。道观还主动与金桥镇联系,开展"道教慈爱进养老院"活动。今年道观还一如既往与孤寡老人结对子,慰问和关心他们生活,继续支持上海市道教协会两个专项基金。

(六)进一步规范道场管理。针对道场间存在部分外聘道士看手机和懒散的现象。道观对个别道士进行了劝退,加强对道观外聘道士的管理。在不影响道观的收入的情况下,适当对道场金资进行调整,吸收高素质的道士,提高道观影响力。

(七)进一步加强政治学习。道观抓好每月的学习会,认真学习了《中共中央国务院关于完善产权保护制度依法保护产权的意见》精神,深刻领会。道观坚决用《意见》精神来维护合法利益。通过对《十八届六中全会》精神学习,大家联系道观实际,根据自身存在的问题,开展批评与自我批评。再次学习了《国家宗教事务局等六部门联合开展整治违法违规功德箱等借教敛财问题专项工作》，针对个别人员，私自收取红包，进行了批评。

此外，道观还进一步加强道观管理，提升道教形象，改善道风，严肃道观规诫等等。

2017 年工作总结

2017 年是我国社会主义建设中开启新征程、新理论的划时代起始之年，也是我们道观建设取得新突破之年，我们重点做好以下工作：

一、认真抓好政治思想学习。十九大于今年秋季在北京隆重召开，这是我国政治生活中的重大事件，许多新思想、新理论将指导我们今后工作。我们道观及时组织全体教职人员观听，并开展形式多样的学习十九大系列活动，如我为十九大添光彩献爱心活动，十九大与道观发展学习会等等。

二、认真抓好工程建设。社庄庙经过多方协调，达成了在原庙址北侧新增加四亩土地，土地由土控集团进行申报和规划。道观又沟通政府有关部门，在新增土地上于今年 3 月份开工建设仙居楼。道观多次就工程进行充分的设计和论证，聘请专业的监理公司和古建工程队伍。每周四召开工程例会，专题讨论和解决工程施工中存在的问题，督察安全，严格把关工程质量。仙居楼和东西两侧厢房预计在明年 5 月份完成。

三、认真做好道观宣传。社庄庙尝试将微信公众平台进行外包，同时道观规划好平台宣传的精神、要求和目标等等。道观负责人亲自把关每期所发内容。根据受众人群观看微信的特点，平台采用星期二和星期五两天推送，内容将音乐、视频、讲经、图文等相结合。平台先后推送了道观介绍、道教文化解说、道观活动、神仙故事等，还创立道观义工平台。道观在墙壁制作了许多宣传栏，生动地介绍道观基本礼仪、戒律、思想，以及道观的整体规划等等。

四、认真规划道观未来发展。道观认真分析道观发展瓶颈、结合当前时代要求和特点，在尊重历史文化和信仰基础上，抓住道观整体扩建机会，学习兄弟道观成功经验，对周边形势、居民特点、社会发展等进行充分讨论，提出以文昌神作为道观主供神，来打造符合道观发展需要的特色文化、信仰品牌，同时更好地响应市道协提倡"一庙一品"理念。道观也一如既往弘扬传统的金相公信仰和文化，将其供奉在道观最后排主殿正中央。而将文昌帝君供奉在道观大雄宝殿内，以文昌文化作为道观主要平台，以金相公文化作为辅助，经常开展国学讲堂、文昌法会、文昌交流、太极文化、养生文化等一体发展理念。目前，道观正着手准备文昌研讨会，已建文昌塔置于道观最高处，组建文昌义工团，建造文昌大殿等等。

五、认真做好慈善事业。道观为配合金桥镇"慈爱同你行"活动，主动地进行捐赠3000元。道观关爱困难家庭，给因家庭困难而无法就医的来沪农民工送医疗金5000元。今年道观还一如既往与孤寡老人结对子，慰问和关心他们生活，继续支持上海市道教协会两个专项基金。积极支援兄弟道观一起做慈善事业，为南通城隍庙慈善基金会捐赠5000元。为上海慈善基金会捐款5000元。

六、规划和整理道观环境。社庄庙周边未开发拆迁之前，每年

雨季和黄梅天，乌黑发臭的河水常常将整个道观房屋浸泡，水深达50厘米，严重破坏了房屋结构，造成多处房屋濒临倒塌，夏秋时分，蚊虫肆虐，害了许多信众不敢来烧香。道观认真规划好祖先留下的河道，将其整治、延伸成道观，乃至楔形绿地的景观河，与雄伟的殿堂、绿茂树林、卵石小道、亭台假山、拱形桥梁相映衬，成为信众、游客和周边居民的休闲光顾、安逸交流之地。

七、建立道观义工组织。道观针对管理和对外服务上的薄弱环节，在今年下半年成立义工组织，积极开展对道观卫生，活动安排和策划，对外宣传，服务信众和社区等一系列活动，改变了道观形象，赢得了一致好评。

【组织概况】

一、道观教职人员（2013—2017）

徐炳林　崔杨俊　凌礼辉（2014 年 4 月调入）　张振宇

二、道观民主管理组织

管理组组长：徐炳林

管理组成员：崔杨俊、储志明

【荣誉榜】

1. 2013—2015 年度上海市浦东新区"三星级"文明和谐寺观教堂。

2. 2013—2015 年度上海市"三星级"文明和谐寺观教堂。

3. 2017 年度浦东宫观年终总结交流考评"三星级"场所。

379

陈行关帝庙

【概况】

陈行关帝庙，位于上海市浦东新区川沙镇陈行村。相传，清初有江西瓷器商人，运货至上海五灶港时，突遇风暴，将要船毁人亡之际，关圣帝君显灵使人货安然无恙。为报答关圣帝君救命之恩，商人决定就地建造庙宇，供奉关圣帝君，故名关帝庙。关圣帝君即关羽，是武神，又是财神，具有司命禄、佑科举、治病除灾、驱邪辟恶、诛罚叛逆、巡察冥司、庇护商贾、招财进宝之职能。自古以来，经商买卖，求其护佑，争执难解，求其决断。旱时求雨，病时求方，皆有灵验。

关帝庙原为四合院土木结构，经历数百年之后，因年久失修，变得破旧不堪，但神像仍然威武庄严，保持完好。1940年，时任陈行乡乡长王月泉等筹资修缮。陈行关帝庙地处偏僻，但周围河道交错，水路交通四通八达。1943年春，张震言等30多位有志青年在庙内结义，誓为抗击日寇，保家卫国，以关帝庙为地下党活动据点之一，开展革命活动。"文革"期间，道观遭受严重破坏，神像被毁，殿堂移作他用。

20世纪末，在时任川沙县副县长张震言等领导的关心下，残留的道观得以保存，信徒开始自发进行烧香活动，影响也越来越大。

2005 年 10 月，作为固定处所正式对外开放。2013 年关帝庙危房改建一期工程（大殿，西厢房改造）完成，2016 年第二期危房工程（东厢房改造）改建工程顺利完工并投入使用。道观管理日趋规范，文明场所创建工作稳步推进。

2013 年工作总结

2013 年，道观在市、区道协和区民宗委的领导下，在道观全体教职人员的共同努力下，以十八大精神为指导，以"教风年"主题创建活动为抓手，团结广大信众，加强自身建设，不断完善各项规章制度；积极开展宗教活动，增强自养能力，基本完成年初制定的工作计划。现将主要工作总结如下：

一、坚持政治学习，提高政治觉悟

道观先后组织学习党的十八大报告、全国两会精神、上海市委全会和党的十八届三中全会精神等；同时围绕"教风年"主题创建活动，组织学习王作安局长的《把握规律开拓新形势下宗教活动场所管理工作》讲话精神和《照镜子、正衣冠、洗洗澡、治治病—正确把握党的群众路线教育实践活动的总要求》，了解国家大政方针，激发爱国热情。组织以宗教政策法规为主的学习内容，宣传党的宗教信仰自由政策，在道观内营造学法、知法、守法、用法的良好氛围，使广大信众受到普法教育，树立法制观念，争做守法爱国的好公民。

二、教风建设为抓手，加强自身建设

今年，国家宗教局提出开展和谐寺观教堂创建活动的主题，确定"教风建设"为中心。教风建设关系到宗教的健康发展，关系到宗教的社会形象，关系到宗教积极作用的有效发挥。道观根据市、区道协和区民宗委统一部署，庙管组成立领导小组组织学习，领会精神、统一思想，明确目标任务，制定工作安排。从学习动员、查找不足、整改提高、总结评估四个阶段将"教风"主题创建活动有序推进，收到良好效果。在"教风"创建活动中我们最大的收获是：看到我们身上的不足，找到了差距，认识到教风建设对我们道观建设的重要性，必须在日常工作、生活中去努力做好；感受到抓好教风建设是我们这一代教职人员身上的责任。道观通过抓教风建设这一主题活动为契机，把教风建设纳入日常管理，形成长效机制。

三、完成危房改建，严格财务审计

在方方面面领导的关心和支持下，陈行关帝庙危房改建一期工程（大殿，西厢房改造）已基本完工，在施工过程中，道观严格把关，按照有关规定分步实施，在整个施工过程中没有任何安全事故。聘请土建和古建方面的老法师做顾问，严把工程质量和资金使用关。目前一期工程已基本结束，道观正聘请有资质、有经验的审计单位对建筑单位的决算进行审计。

四、加强消防安全，规范档案管理，尝试公益事业

根据区道协与各宫观负责人签订的《消防安全责任书》相关消防要求，道观定期进行安全自查、排查，及时发现并清剿安全隐患，确保平安。依照区道协对道观档案工作的要求，针对道观档案工作存在的问题和不足，我们请老师指导，力争档案管理规范。公益事

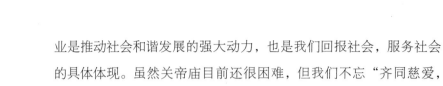

业是推动社会和谐发展的强大动力，也是我们回报社会，服务社会的具体体现。虽然关帝庙目前还很困难，但我们不忘"齐同慈爱，济世利人"的祖训，积极奉献爱心，努力践行服务社会理念。在市道协发起向雅安地震灾区捐款活动中捐助 2 万元。

2014 年工作总结

2014 年道观在市、区、道协和区民宗委的正确领导下，以"抓教风建设"和"文明宗教活动场所"创建为契机，加强自身建设，不断完善各项规章制度，团结广大信教群众，积极开展宗教活动，增强自养能力，顺利完成年初制定的工作计划。现将主要工作总结如下：

一、认真组织学习，提高思想认识

按年初制订的学习计划和道观的学习制度，先后组织学习了李克强总理政府工作报告、习近平总书记关于党的廉政建设讲话、十八届四中全会公报等有关内容，以及《宗教事务条例》和道教知识的学习。通过时事政治的学习，使大家及时了解中央的治国方略，提高政治觉悟；通过《宗教事务条例》的学习，宣传党的宗教信仰自由政策，规范道观的管理；通过道教知识的学习，提高我们的宗教学识。

二、以文明场所创建为抓手，加强自身建设

今年，正逢文明和谐寺观教堂创建活动，道观以此为契机，积极参加创建。道观根据市、区道协和区民宗委统一部署。首先，组织学习文明和谐寺观教堂创建的要求和意义，结合道观自身实际，进一步优化环境、优化服务，提高道观管理的规范化和制度化，使管理更加有序，关系更加和谐。第二，完善管理制度，在原来的基

础上完善了学习制度、考勤制度、人事制度、档案制度和卫生制度，使管理有章可循。第三、安全整洁服务社会，完善安全制度，配置消防器材，加强安全巡视，落实消防责任人，对场所人员进行培训，做到消防器械人人会用；把道观的卫生工作分区到人，并做到定期检查，搞好道观的卫生工作，使香客有个良好的敬香环境。在"文明场所"创建活动中我们最大的收获是：看到我们身上的不足，找到了差距，认识到"文明场所"对我们道观的重要性，必须努力认真做好日常工作。

三、加强教风建设，提升服务质量，增强自养能力

道观建立坛场制度，统一着装，加强对坛场的管理，主动与常来道观帮忙的散居道长谈心沟通，使他们了解坛场纪律的重要性，争取到他们的理解与支持。经过长期努力，目前道观坛场纪律有明显改善，能做到虔诚演道。在加强坛场管理的同时也注重平时的管理，加强与信徒的联系，保持平时的值殿，注意平时的言行。道观的行为得到了信徒的认可，烧香人数和宗教活动场数有所增加，道观自养能力有所提高。

四、规范财务管理、严格财务审计

今年道观积极配合新区财务检查，就存在问题及时整改，要求报表及时，尽量改变坐支现象，严格遵守财务制度，规范财务管理。道观在危房改建过程中，严格把好资金使用关，所有支出资金必须进行专业审计，确保有限的资金合理使用。

2014年即将过去，在这一年里我们做了一些工作，但也很清楚地知道关帝庙与其他道观相比差距还很大，我们将更加努力。

2015 年工作总结

回顾一年来，陈行关帝庙在市、区道协和区民宗委的正确领导下，以创建"文明和谐寺观教堂"为契机，加强自身建设，不断完善各项规章制度，团结广大信教群众，积极开展宗教活动，增强自养能力。现将主要工作汇报如下：

（一）认真组织学习、提高思想认识

围绕创建"文明和谐寺观教堂"的主题，以加强教风建设，提高教职员工的整体素养为重点，制定学习制度与学习计划，并落实于措施之中。每月一次学习活动，有时事政治、有宗教政策、有道教知识、有安全知识等。通过学习党和政府的大政方针，使大家及时了解中央的治国方略，提高政治思想觉悟，促进工作劲头，激励拼搏精神。通过《宗教事务条例》的学习，宣传党的宗教信仰自由政策规范道观的管理。提高自身的宗教知识和道观学识，并取得了较好的成绩。

（二）创建文明道观，加强自身建设

创建文明道观是契机，加强自身建设是良机。近年来，在各级政府部门及道协的关心下，我们关帝庙道观面貌焕然一新，部分硬件得到改善。特别是，危房得到重建，旧房得以修建，各种设施基

387

本完善。今年正逢文明道观创建评比，我们继续学习深刻领悟文明和谐寺观教堂创建的要求和意义，提高道观管理的规范化和制度化，使管理更加有序，关系更加和谐。

（三）创建制度改革，完善制度管理

近年我们在完善各类制度的工作中，以创建"文明和谐寺观教堂"手册为标尺，领悟其含义，认真检查，找出缺陷与不足，并大胆尝试创建和完善制度。

1. 完善各类制度

巩固原有制度，完善了学习制度、考勤制度、人事制度和卫生制度。尤其是完善了档案制度，增设了档案专员。健全了各类制度后，更是拓展了管理的深度，使管理制度规范，方式民主，机制有效，措施到位，使管理有章可循。

2. 环境安全整洁

我们制定了场所卫生和安全制度、重大香汛和节假日都有相应的安全制度和应急预案，岗位明确，责任到位。形成长期有效的每日巡视安全及记录，并组织学习消防知识及消防器械的培训，做到人人会使用消防器械，人人懂得灭火常识、安全自救、应急措施等。

3. 当好家理好财

节俭好当家，把有限的资金用到实处，账目清晰、公开透明。如关帝庙的改建修建的所有账目，做到笔笔明细，笔笔清楚，笔笔参与单位及当事人签名，调整项目、调整费用等一目了然。此外，对宗教活动场所的每一个项目的收支都有明细账目，并且秉承节俭，开源节流。

4. 创建板报宣传

黑板报窗口的宣传是我们的一个亮点，我们每月一期的黑板报，有时事新闻、有道教知识、有消防安全、有弘扬中华民族孝道的重阳节文化及活动掠影等等，它不仅是我们教职员工的学习窗口，更是与广大信众、周边社区和谐互动的一座桥梁。

（四）端正道观教风、服务广大信众

教风关系到道观的生存和发展，只有如理如法的修持，才能得到信众的认可与支持。因此，我们重视班子自身的建设，坚持每月一次道观学习，学习《宗教事务条例》，宣传党的宗教信仰自由政策规范道观的管理；学习交流道教文化意义，通过道教知识的学习，提高我们的宗教学识。以爱国爱教为宗旨，教风端正、活动有序、管理规范等创建要求，以"安全"、"教风"为创建重点。具体措施是，围绕"安全"及"教风"两个基本项目制定有效的学习计划，认真开展学习活动，提高我们的宗教学识。并自觉遵守教义教规，使每位教职人员具有品德良好、仪态端庄、潜心修持、持守职份、有较强社会责任感。

道观与时俱进，更要不断适应社会，满足民众信仰的需求。我们庙小、人少，但是信众不少，特别是敬香节活动，各个节假日、道场活动，信众人员比较多，人员比较杂。为确保各个活动能安全有序地开展，我们精心策划活动方案，制定安全的应急预案，责任到位，站点明确，既有制度、又有措施，即保证了活动开展精彩而亮，又强化了安全意识。

（五）参与公益慈善

积极开展社会公益慈善事业，促进社会和谐。为弘扬中华民族的传统美德，已孝为德，孝满天下的优良品德，今年重阳节我们向川沙新镇第二敬老院的老寿星捐赠人民币 6000 元，组织老寿星进行互动，体会老有所乐。我们则通过"九九重阳"敬老活动，提升"老吾老以及人之老"的道德风尚。年终我们还将慰问社区困难户，并鼓励年轻教职人员参加社区志愿者行列。

　　"路漫漫其修远兮"，回首往年，我们始终如一，脚踏实地，追求更好。特别是创建文明和谐寺观教堂的三年中，虽然取得了一些改变，我们依然还存在很多不足之处，与其他兄弟单位比较还有一定的差距。辞旧迎新，我们将迎来更大的挑战和希望，我们会更好地把握与总结经验，取长补短，改进不足，不断完善。

2016 年工作总结

今年，是关帝庙忙碌而充实，勤奋而艰巨、精诚而团结、富有创新的一年。回顾一年，我们关帝庙在教职人员及广大善信的鼎力支持下取得了前所未有的发展，我们在 2013—2015 年度创建文明和谐寺观教堂活动中，被评为新区文明和谐单位；庙貌庙观的改建，标志着我们关帝庙的发展全面进入了一个新阶段，新的面貌，我们站在一个新起点。现将关帝庙在 2016 年度一年来的工作进行简单小结。

一、我们的成长——以德修行

1. **认真组织学习，提高思想认识。** 围绕创建"文明和谐寺观教堂"新主题的要求，以加强教风建设、提高教职员工的整体素养为重点，通过《宗教事务条例》的学习，宣传党的宗教信仰自由政策规范道观的管理，提高我们的宗教知识和道观学识。通过学习党和政府的大政方针，使大家及时了解中央的治国方略，提高政治思想觉悟，促进工作劲头，激励拼搏精神，并取得了较好的成效。

2. **加强教风建设，提升人文素养。** 首先，制定了学习制度与学习计划，并落实于措施之中，保证每月一次政治学习、一次教风建设，一次安全知识。其次，实施学习计划的内容，有序有效地开展，做到学习内容、时间、人员"三落实"；方法形式多样化；注重自学与集中学习、讨论与交流学习、理论与测试相结合等学习方法，营造一个宽松活跃的自主学习环境，提高教职人员道德修养及教风素养。如"12·4"国家宪法日宣传日，我们通过学习交流、写心得体会、宪法知识知多少等测试活动，增强教职员工的法律意识。

二、我们的管理—力求创新

创建文明道观是契机，加强自身建设是良机，近年来，在各级政府部门及道协的关心下，我们关帝庙道观面貌焕然一新，部分硬件得到改善。

1. **危房改建**。 关帝庙的东厢房陈旧老化，敬香节信众涌入敬香潜伏着不安全隐患。东厢房的改建迫在眉尖，这对于我们关帝庙来说是一件非常艰难的工序，第一庙小、第二人少，第三是关键资金的不足。但是，我们克服种种困难，通过勤俭节约，香客赞助自筹资金等，今年3月底开始，第二期危房工程东厢房改造开工，危房改建的资金得以解决，改建工程顺利开展，至11月底全面完工；现已经投入使用。

2. **设施改建**。 坚持小地方也能办大事的理念，因地制宜，力求创新。尽可能本着开拓与探索的思路，去营造一个清净、和谐而又契合时代因缘的善信环境。今年进行信息网络全覆盖，以及音响、电子监控等设施使殿堂焕然一新，让教职员工和广大信众有了一个更舒适的学修环境。

3. **民主管理**。 关帝庙以民主管理为主，大事共商计，小事来

沟通。全面覆盖网络、音响、监控设施、置换一辆新车、食堂添置一台冰箱、一只橱柜、餐桌上定制有机玻璃桌面，我们都严格按照财务管理制度执行，做到有民主、有集中，严格规范民主管理的程序。

4. **财务管理**。 严格按照道教宫规制度，严格遵守财务制度，规范财务管理。严格把好工程质量和资金使用关，聘请有资质有经验的审计单位对建筑单位的决算进行审计。在财务管理方面，不管是花大钱还是花小钱，从改建房屋的经济支出、到食堂购买一只橱柜，都严格按照财务管理制度执行，资金支配账目清楚。

5. **安全消防**。 提高防范意识，加强消防安全知识，训练防火器材的使用方法，人人会正确使用消防器材、安全逃生、正确自救等，提高教职人员安全知识及意识。明确安全责任，更注重落实防患于未然，更新防火器材，每日加强安全巡视和记录，确保宗教场所的安全。寺庙硬件设施方面，在东厢房改建设计中，购置了必需的消防器材，对已损坏、剥落、老化的消防器材，以及部分电器等都进行了维修和更新，使殿堂焕然一新，让大众有了一个更安全舒适的善信环境。

在施工过程中，严格把好安全关，进入施工现场做好安全防患措施，使用电源电线插头严格检查、严格使用，做到绝对安全的前提下使用。按照有关规定分步、分工实施，我们轮流值班，在整个施工过程中没有任何安全事故。

三、我们的宗旨——善心善德

积极开展社会公益慈善事业，促进社会和谐，努力践行"乐善好施、扶贫济困"的宗旨，积极开展了一系列救助帮扶活动，今年，我们关帝庙由于经费有限，只能量力而行略表我们的诚意，在公益慈善活动中捐助川沙新镇华夏社区人民币 10000 元。公益慈善活动意义深远，道理无价，其精神财富，即促进了社会和谐发展，又让我们享用一生，也受益一生。

一年来，我们始终如一，脚踏实地，不求最好，但求更好。特别是创建文明和谐寺观教堂的三年中，我们通过艰苦的努力，获得了新区文明和谐寺观教堂单位称号。但还存在着许多不足之处，如管理工作的方式方法需要进一步开拓创新，道场法会活动形式要多样化，加强对信众的道法教育，让信众能够正见正行。针对这些问题，我们将在今后的工作中进一步地探索和加强，认真加以改进，争取新的成绩。

2017 年工作总结

回顾 2017 年全年工作，关帝庙在新区民宗委及区道协的领导下，在川沙新镇党委和镇政府的关心下，积极学习十九大会议精神，进一步开展爱国主义教育，引导广大信教群众，加深领悟会议精神，并通过开展文明创建活动、多方面健全庙里的各项规章制度，知法守法依法开展宗教活动更加深入人心，顺利地完成了一年来的工作：

一、加强组织学习，增强学习意识

1. 认真组织学习，坚持每月 1 次教职人员学习活动，学习全国宗教工作会议精神，学习中国共产党第十九次全国代表大会上的报告精神，深刻领悟"不忘初心，牢记使命"的主题思想。深刻认识到我们必须在要思想上高度重视，提高自身的责任感和使命感，践行社会主义核心价值，弘扬中华文化，努力把宗教教义同中华文化相融合，积极弘扬道教思想精华，树立正确和纯洁的信仰，与人为善，坚持正信正行。通过学习时事政治和社会形势，提高了教职人员的思想觉悟，激发了爱国爱教的热情，促进了工作劲头，激励了拼搏精神，并取得了较好的成效。

2. 加强宣传学习，增强法制意识。以学习为基础，以宣传为普及，广泛开展学习与宣传。开展"宗教法制宣传月"专题活动，开展多种形式的宣传，例如通过制作板报、黑板报、横幅标语、发放资料等宣传形式，向广大信众信徒宣传宗教政策和法规知识，通过对法律知识的学习，信教群众维护社会稳定、促进社会和谐、互谅互让的自觉性有了明显增强。

二、加强教务管理、完善管理制度

1. 加强教风自身建设，提高各方面能力。坚持讲经学习活动，提高自身学习能力和领悟能力，学习不能只是泛泛而学，通过学习活动，加强自身的交流能力，把道教教义中的尊道得贵、道法自然、慈爱宽容、谦让不争、抱朴守真、劝善济世等美德弘扬开来，有益于净化广大信教群众的心灵，提升道德水平。还积极参与区道协组织的讲经活动，在讲经讲道学习交流中既增强了道士的讲经意识，更是对道士的道德培育、信仰熏陶，提高了道德修养及教风素养。

2. 加强教职人员队伍建设，完善各类规章制度。创建教风端正、团结和谐、精诚合作的团队尤其重要，在完善管理制度的前提下，第一以人为本、人性化管理；第二注重民主管理，坚持大事共商计，小事来沟通，民主决策，民主管理，广泛听取群众意见，再开会民主决策；第三规范考勤、请假及销假制度；第四后勤工作区域责任制，让全体教职人员及后勤人员在自律和他律中互相管理，自觉形成一个"以人为本"的良性团队；第五设立意见箱，听取意见，接受监督，更好地为信众服务。

3. 组织消防安全培训，安保措施落实到位

提高防范意识，加强消防安全知识，坚持每月一次消防安全知识学习、知识测试等，通过学习、演练等，提高教职人员的消防安

全意识。完善消防安全制度，落实安全责任制。全体教职人员签订消防责任书，并开展自查，分批分组加强对消防器材、安全通道、电气设备、煤气管道、电线等安全检查并记录备案，坚持每日消防安全巡视和记录，对已损坏、剥落、老化的消防器材，部分电器等都进行了维修和更新，增设了消防安全标志及安全通道标志，确保宗教场所的安全。

三、开展公益慈善，参与社会服务

1. 奉献爱心，回报社区家园。关爱社会，奉献爱心，是道教一贯的优良传统。我们积极参与献爱心捐赠活动，先后为川沙新镇华夏社区长丰村 10 位大病重病人员捐款人民币 20000 元。在"乌云背后的幸福线"公益慈善活动中，结对三位大病困难户，每月探望一次，为她们送去大米和食用油，其中一位老人因为情况特殊，每季度还向其捐赠慰问金 900 元。在川沙新镇"善行川沙"活动中捐款 20000 元。全年捐赠慰问金 40000 左右。

2. 邀请中西医，开展义诊活动。充分利用宗教活动场所，更好地服务广大信众。我们邀请 5 位资深的中西医专家，免费为广大信众义诊，事先做好板报宣传、介绍 5 位专家的特长，让需要帮助的信众前来咨询、把脉、就诊，为广大信众的身体健康做了一件有益的事情，并得到了广大信众的肯定。

3. 在上海市道教协 2017 年"宗教慈善周"活动中，我们不但积极参与，也进行了爱心捐助和义卖活动，通过协会去帮助那些需要帮助的人，用我们的爱心点燃爱心，将中华美好的美德传承下去，心里会感觉一种特别的温暖。

397

四、完善财务制度，规范财务工作

在日常的财务管理工作中，我们建立健全管理制度，认真做好财务收支的计划、控制、核算工作，对于每月的费用支出，都有原始凭证与单据，填写内容与要素一致，如日期、金额、附件张数，费用支出明细，做到审阅查看、实销时报等环节。每月售出的法物及香烛，做到账实相符，报表记录清晰明了，报表每月上交。

一年来的工作在各级领导的关心指导下，取得了进步，但还存在着许多不足之处。在今后的工作中，我们将继续发扬爱国爱教的传统，贯彻落实党的各项民族宗教方针政策，认真学习和借鉴兄弟单位的先进经验，努力打造一个团结和谐、繁荣发展的寺观。我们将继续认真学习十九大报告精神，全面推进道教事业健康发展，积极引导道教与社会主义社会相适应，继续弘扬传统文化，热心公益慈善，为建设生态文明做出不懈努力。

【组织概况】

一、道观教职人员（2013—2017）

钟再虎、史海荣（2015.1 调入）、王荣平

二、道观民主管理组织

管理组组长：钟再虎

管理组成员：史海荣、王荣平

【荣誉榜】

1. 2013—2015 年度上海市浦东新区"三星级"文明和谐寺观教堂。

2. 2015—2016 年度消防安全工作"优秀道观"荣誉称号。

3. 钟再虎在 2016 年浦东道教宫观负责人讲经交流活动中荣获二等奖。

龙王庙

【概况】

　　龙王庙道观位于浦东新区曹路镇启明村，始建于明崇祯四年（1631年）。清光绪二年（1876年）在龙王庙东侧修建钦公祠，后人将龙王庙和钦公祠合并，称钦公堂龙王庙，供奉龙王、龙王夫人、钦公、钦公夫人、城隍等神。钦琏，字幼畹，浙江长兴人。雍正三年（1725年），新设南汇县，钦琏作为新科进士被遴选为首任知县。雍正十一年（1733年），钦琏再任南汇知县，并奉命构筑钦公塘。海塘筑成，护良田数万亩，救黎民百姓无数，南汇"从此潮不为恶"。因此，浦东地区信仰钦公的人很多，影响很大，香火十分旺盛。光绪八年（1882年）、1918年，当地百姓两次集资修葺扩建钦公堂龙王庙，兴盛时期道观占地15亩（包括庙属田地），拥有庙屋20多间。"文革"期间，龙王庙的神像和庙舍遭到毁坏，部分庙屋被当地用做学校和仓库。

　　1988年10月1日，经上海市人民政府批准，龙王庙道观作为宗教活动场所恢复开放，并由当时川沙县道教协会和龙王庙道观多方集资修缮。第一期工程修建了山门、前后大殿、东西厢房，于1993年8月告竣。同年"重阳节"道观举行孙根元道长住持升座仪式，并成立道观管理组，时有住观正一派道士9人。第二期工程于

1993 年 10 月开始，至 1995 年 10 月竣工，重修了供奉昊天玉皇大帝的主殿——凌霄宝殿。该殿深 14.5 米、宽 24 米、高 14 米，占地面积 290 平方米。其结构为三进双重十八角，以钢筋水泥为主体，共有水泥仿木柱 32 根，主体大梁 18 根，木梁 47 根，木制斗拱 186 座。该殿在外观上具有江南明清园林建筑的特色，又极具道教的色彩，整座大殿的屋脊雕塑九龙，其中正中为"双龙戏珠"，两端分别为"吻龙"，二重屋脊中塑"盘龙"，两端为"吻龙"，下为"双龙吐水"，屋脊后还塑有"双凤牡丹"，大殿正脊两端还塑有"大象图"寓吉祥之意，二重屋脊的吻龙下分别塑有"狮子滚绣球"的图案。殿内主供玉皇大帝，东西分别供奉龙王和钦公。

每逢农历十月十五庙会（农历十月十四、十五、十六三天），有"钦公会"，届时乡民沿塘设场，祭钦公、拜龙神，观者云集，延续至今。

402

2013 年工作总结

2013 年，在区民宗委的领导下，在区道协的指导下，龙王庙道观全体教职员工竭力工作，尽心尽职，认真完成上级部门布置的任务，现将主要工作总结如下。

一、以"教风年"为主题，加强教风建设，完善道观管理

在"教风建设"活动中，我们通过排查、自查，发现问题，找到问题，分析问题，最后解决问题等一系列措施。龙王庙主要存在以下问题：责任心缺乏、集体观念不强；急功近利、事业心不强；道场间虔诚度不够、尽力不足；迟到早退之现象时有显现。而所有问题的具体症结在乎人，道由人显，所以，在教风建设的中，提高道士的素质，加强信仰建设更不容忽视。

龙王庙道观把开展"教风年"创建活动的原则要求与道教实际相结合，查找龙王庙存在的教风问题，提出改进办法，制定落实举措。宗教团体、宗教活动场所负责人都要担负起责任来，率先垂范，以身作则，带头学习宣传，带头查找问题，带头改进不足，以实际行动推动"教风年"创建活动扎实开展。

二、积极做好日常工作，促进规范管理

为加强宫观财务监管，配合"两个专项"工作，完成了区民宗

委组织的自查和专业检查，找出存在问题，解决问题，并杜绝不再重犯。组织全体教职参加区民宗委举办的 2013 年教职人员学习培训，提升教职人员的综合素质。顺利完成了春节香汛的安全工作和鲁班圣诞庆典。为进一步加强宗教活动场所公共安全事务管理，更好地发挥街镇参与宗教场所公共安全管理的积极作用，探索深化宗教事务委托管理新途径，在区民宗委的指导下成立龙王庙公共安全事务管理协调小组，成员分别由场所负责人、教职人员、宗教团体、街镇统战干部、安监干部、社区干部、信众骨干等组成，从而从体制机制上建立完善宗教事务委派管理方式，进一步加强场所公共管理，确保宗教场所信众、活动及财物的安全。两名青年道长参加道协举办的音乐培训班，提高音乐素养和演奏水准。龙王庙积极参与社会公益事业，今年向受灾地区和社区敬老院等地方共捐款叁万壹仟元。

三、认真学习时事政治，提高政治觉悟

学习时事政治，先后组织学习了十八大报告、《中共中央关于全面深化改革若干重大问题的决定》。围绕教风年学习了王作安局长的《把握规律开拓新形势下宗教活动场所管理工作》，宇初天师的《道门十规》、陈会长的《道风集》。

2013 年即将结束，面对目前道教的窘境，我们必须认真思考，成绩不是我们该炫耀的，解决存在的问题，深度、全面地思考道教如何发展是我们的当务之急。加强教风建设，增强凝聚力，挖掘道教振兴的新途径是我们今后一段时间里的重要工作。

2014 年工作总结

2014 年度，龙王庙道观在各级政府部门的领导下，在各级道协的指导下，在全观教职人员的共同努力下，做了以下的一些工作。

一、认真学习时事政治，时刻保持爱国爱教之心

2014 年度，龙王庙道观认真学习了全国两会精神、建国 65 周年以及十八届四中全会精神等一系列重要文件。在两会上，总理报告讲到：全面贯彻党的宗教工作基本方针，促进宗教关系和谐，发挥宗教界人士和信教群众在促进经济社会发展中的积极作用。给我们的工作指明了方向。

二、精心准备，顺利完成道观固定节日活动

俗话说，凡是预则立，不预则废。事先认真准备，做好预案，消防安全，人员安排，保证了春节香汛和鲁班纪念活动。春节是中华民族的传统节日，是新春之际，春节是中华民族文化的优秀传统重要载体，蕴含着中华民族文化的智慧和结晶，凝聚着华夏人民的生命追求和情感寄托，传承着中国人的社会伦理观念，我们道教宫观有义务为信徒尽心尽力的服务，保证万无一失，过好一个安宁祥和的春节。

三、完成了龙王庙鲁班基金的换届工作

浦东龙王庙鲁班基金成功换届，选举产生第二届理事会，包括名誉理事长：钱振明、费均德、吴庭元、包建国、朱昌言；理事长：顾培根；副理事长：高祖华；秘书长：金光华，以及理事若干。

龙王庙道观全体人员都尽力完成了各项工作，遗憾和不足也是存在的。教风建设，持戒受戒是今后一段时期内的一项重要工作，使我们的道长们，逐步养成守戒的习惯，做一个淳朴的人，进而才能修道。

2015 年工作总结

2015 年很快就将结束，回首往事，可谓是喜忧参半。喜的是今年上半年忏务尚可，忧的是道观总体经济形势，仍不容乐观；喜的是道观扩建稍有眉目，忧的是进展程度还是非常缓慢；喜的是道观同道的共同努力，忧的是往往有时孤立无助。时间过得飞快，一年即将结束。现将本年度的重点工作总结如下。

（一）认真学习，了解时政，与党和政府保持一致

组织学习全国"两会"《工作报告》、国家宗教局局长王作安在中国道教协会第九次全国代表大会开幕式上的讲话、许嘉璐在第三届国际道教论坛上所做的主旨发言，以及《中国共产党统一战线工作（试行）条例》等文件精神。关心国家大事，了解时事政治，是每个公民的职责。通过学习，增长知识，把握政治方向。

（二）抓住道观薄弱环节，加强道观管理

虽然道观管理工作天天在做，但还是会出现一些薄弱环节。龙王庙所处的位置，在东川公路和金海路的十字路口，这些年由于马路拓宽交通便利，汽车增多了，特别是大型运输车和土方车很多，扬尘较大，造成了龙王庙的灰尘较重。清洁工的工作量压力较大，一天要擦三到四遍，才能保持清洁。

道观的道场现在还是道观的主要收入来源，必须要抓好。稍有松懈，就会出现这样那样的问题，这也是龙王庙必须常抓不懈的问题，现在的香客、斋主文化层次也在不断的提高，我们道士的各方面素质也必须同时提高，不然适应不了他们的需求。有时我们道士在拜忏时出现音调不和的状况时，立马会回头看看，至少他们觉得不好听了，稍懂音乐的年轻人会马上觉得我们业务不精，至少觉得我们不熟练。一个小小的细节不注意，斋主就会觉察到。所以说，我们的道士们的业务学习是不能松懈的，要不断进步才能适应当今社会的需求。

（三）做好春节等重点节日的安全工作

宗教场所是重大节日人流较集中的地方，特别是像龙王庙这样较小的庙，每每到春节形势相当严峻。龙王庙只有一处可以进出，也就是说，进口和出口在一起，在高峰时段，进庙与出庙的人流交织在一起，非常容易出现这种踩踏的现象。所以，事先的安排和有效的措施，是非常重要的。春节前当地警署与镇政府非常重视，节前主动配合龙王庙做好各项紧急处置方案，配备警力，署长亲自挂帅，力保春节香汛的安全。

（四）坚持不懈争取完成扩建工作

龙王庙地处郊区，现在的规模已不能满足社会发展的需要，存在严重的安全隐患。周边紧靠居民区，居民区域的疏散又十分困难，如果一旦发生任何火患，必将殃及周边的居民的安全，所以扩建、改变安全环境是十分必要的。多年前就提出改造、扩建问题，优化周边环境，创造安全的敬香环境。至今仍是进进退退，原地踏步。

但我们还是要看到希望，还是有支持的声音与行动。

诚然，虽做了一些工作，但往往事与愿违，不能尽如人意，存在的问题与不足，是今后努力解决的。不求尽如人意，但愿问心无愧。

2016年工作总结

2016年度，龙王庙道观在上级组织的领导和大力支持下，在道观全体人员的共同努力下，根据道观年度计划，以场所文明创建为契机，秉持传统，加强道风建设，树立现象，加强责任心，为信众做好服务工作。具体工作总结如下：

（一）做好学习工作，引领全观人员做一名合格的道教徒。

围绕国际国内发生的重大事件和重要会议精神，组织全观人员认真学习，组织学习时事政治、全国两会精神、全国宗教工作会议精神等。在普法宣传中，通过学习和宣传，制作法制宣传栏，在道观内悬挂宣传横幅标语等形式，推动宗教界普法工作的深入开展。

（二）规范管理，重视制度，增强凝聚力

以文明道观的创建为目标，以规范道观管理为根本，道观各项工作有序开展。制度建设是道观工作开展的基石，有了制度的保障，工作的落实才能有可能。所以龙王庙不断完善道观管理制度，坚持从制度建设、人员管理、财务管理方面入手，立足龙王庙自身特点，依据"以人为本"的原则，查漏补缺，着重提供服务意识，全局意识，敬业意识，奉献意识。同时加强团队建设，形成共识，保持沟通，激发教职员工的积极性和主动性，努力让每一个人都有所作为。

尊重同道的意见，善于根据他们的能力和特长，促使他们各司其职、各负其责、各展其才，形成齐心协力、你追我赶的良好局面。同时，我们要适时肯定有成绩的道众，从而进一步激发他们的潜能，提高工作成效。

（三）开展全体道众讲经讲道，弘扬道教文化

道教的讲经讲道活动，在龙王庙是首次。区道协号召组织全区道长集体讲经活动，我们道观全体道众进行了一次集体讲经讲道活动。虽然质量不高，道长们全部参加，态度积极，应邀的信众反应良好。讲经讲道对道教而言比较困难，先天不足，我们这些晚辈后学努力不够，所以造成今日之局面。我们应该向讲经比较好兄弟道观学习，努力让这项活动能常态化。

（四）注重消防安全，强化安全意识

龙王庙道观一贯注重消防安全工作，严格按照"谁主管，谁负责"的原则，层层落实消防安全责任。道观定期对消防设施，器材进行检查，做好记录，发现问题及时解决。每逢春节和大型宗教活动期间，编制安全预案，张贴消防安全宣传资料，杜绝明火入殿，张贴指示标志，对道观内电气线路、煤气管线、应急照明、应急通道、消防器材等进行全面检查，按照消防部门的要求，接受专业部门的检查指导，在春节前举行一次消防演习，让每个人都能掌握灭火器的使用技能。

（五）继续推动龙王庙扩建工作

龙王庙扩建，前前后后已有多年，反反复复还是没有大的进展。今年稍有突破。2月26日，曹路镇镇长吕东胜亲自协调会，商议龙

王庙扩建选址事宜，明确了选址。4 月 28 日由曹路镇镇政府发文，要求"将龙王庙移至东川公路东侧重建"的请示。12 月 2 日在新区办公中心由区民宗委牵头召开协调会，协商选址事宜。至今还是没有进展。

以上是龙王庙 2016 年工作总结，我们在工作中还有很到缺憾和不足，龙王庙道观全体人员在今后的工作中共同努力，克服工作中不足，吸取工作中的教训，努力做好 2017 年的工作。

2017 年工作总结

时间过得很快，又到了年底，每当这个时候都要写总结和来年规划，为了更好地把龙王庙管理好、建设好，是要认真地考虑龙王庙的今天和未来。现将 2017 年度工作小结如下：

一、坚持学习，提高政治素质

每月一次学习时事政策，紧跟时代步伐，明确目标和方向，组织学习全国两会和上海两会精神，学习上海宗教工作会议精神，学习《中华传统文化发展实施意见》等相关文件，提高政治素质，做一个爱国爱教的好道士、好公民。

在普法月活动中，以"宗教法规宣传月"和"宪法宣传周"为契机，组织学习《宪法》和相关宗教的法律法规、《宗教事务条例》等。通过多种形式，引导广大道教徒，增强法制观念，懂得法律知识。

二、积极落实文明道观创建

积极响应和开展"文明和谐寺观教堂"创建活动，文明场所创建是有助于道观工作按照有利于社会，有利于宗教的规范进行工作。龙王庙组织全体人员学习，希望大家明白，文明场所创建是道观如何适应社会的具体表现，推动道观加强对场所宗教教职人员的教育引导和规范管理，从政治素质、道德品质、宗教学识、工作能力、文化水平等方面提升整体素质，促进行为规范。建立台账，每季度创建组自查，自找问题，对照标准，自我整改。

三、加强民主管理，注重自身建设

道观管理，必须注重制度建设和落实。龙王庙有一套管理制度，不管制度如何，如果我们能认真执行总是好的。在日常工作中，围绕"教风建设、信仰建设"等主题加强教育，注重教风建设，结合龙王庙的实际和管理组自身，查找问题，分析问题，解决问题。我们注重平日的沟通，谈心，发现有些苗头就了解情况，将问题解决在萌芽状态。

414

四、组织法会扩大道观影响

龙王庙地处海滨，所以对龙王的信仰是首要的选择，龙王是龙王庙的主神，龙王庙还有钦公神、鲁班神也是信仰人数较多、信仰基础较好的神仙。每年在这些神仙圣诞前后组织纪念法会，宣扬正信。龙王生日、鲁班生日、钦公庙会是龙王庙的特色。比如人们为了纪念钦公自发形成钦公庙会，几百年至今一直是人山人海，热闹非凡。

五、消防卫生工作勤勤恳恳

龙王庙比较注重消防安全工作，每天的值班人员在下班后必须检查店内有无明火，关锁门窗。消防器材每月检查，做好检查记录，每两年举行一次消防演习，在春节前，龙王庙制订春节敬香工作预案，认真准备，确保春节敬香圆满顺利。卫生工作是龙王庙最头痛的事，地处海边，风沙较大，打扫卫生的很辛苦，龙王庙的职工还是兢兢业业的工作。

六、扩建工作不遗余力

龙王庙扩建道路实在是非常困难、崎岖，早期时由于某些方面不支持，踢皮球，错失大好时机。经过不断的努力，总算看到希望了，由于目前的规划，又难以实施，目前多部门的意见只有等待时机，以原地扩建为主。

七、道观存在的问题

事物总是一分为二的，龙王庙还是有一些不如人意的地方。讲经讲道问题，我们也想定期与不定期地举行，可是我们由于水平有限，始终没能进行。扩建问题可能是我们主观上没努力到位，导致如今困难重重，但龙王庙没有灰心，继续努力，一定会成功。

【组织概况】

一、道观教职人员（2013—2017）

葛乃君、曹　健、黄发进、聂道龙、吴志东、颜海荣、吉　根

二、道观民主管理组织

管理组组长：葛乃君

管理组成员：黄发进、曹　健

【荣誉榜】

1. 2013—2015 年度上海市浦东新区"三星级"文明和谐寺观教堂。

2. 2013—2015 年度上海市"三星级"文明和谐寺观教堂。

3. 2015—2016 年度消防安全工作"优秀道观"荣誉称号。

4. 颜海荣在 2016 年浦东青年道长讲经交流活动（龙王庙分会场）中荣获一等奖。

陈王庙

　　陈王庙，原名"陈王庙功德堂"，位于上海市浦东新区金桥镇陆行村。据《上海县续志》记载，建于明嘉靖年间。明万历年间重修。清嘉庆七年（1802年）里人宋禹章、宋禹廷等捐金改建。嘉庆十一年（1806年）由董事曹鼎扬、王心一等捐资重修。嘉庆十二年（1807）曹鼎扬捐银一百两改建戏楼。

　　清末民初，陈王庙开设小学堂，名叫都川小学。1946年，都川小学改名为安国分校。新中国成立初期，安国分校又改名王家村小学，后曾内定为戴帽初中。这期间，由于学生人数增多，年级提高，教师队伍扩大，活动场全面铺开，室内神像逐渐搬到室外，供台全部撤除，庙宇基本上以学校教学为主。文化大革命中，庙内神像几乎全部被毁坏，宗教活动也完全停止。党的十一届三中全会后，宗教信仰自由政策得到贯彻落实，陈王庙于1985年恢复筹备工作，1989年正式对外开放。1995年5月14日申请登记，经浦东新区管委会宗教处核准，于1995年8月4日发放登记证。

　　陈王庙为道教正一派道观，主供汉代丞相陈平，故称陈王庙。陈王庙还供奉玉皇大帝、东岳大帝、三官大帝、慈航道人（观世音）、关圣帝君、城隍大神、纯阳祖师等神像。道观殿堂从前门、中

殿、后殿及厢房皆为原有建筑。原来的道观周围明沟环绕，2002年在金桥镇人民政府的帮助下，将明沟改建为暗沟。现在的办公用房为1998年所建，当时是为安置非法烧香点的神像而建的。道观在2005年将这批神像安置到道观主体建筑里面，而这些房屋就成了办公生活区。目前，道观内保存了明嘉靖年间的《陈王庙斋田碑记》和《重修陈王庙碑记》等两块古石碑。

陈王庙经济来源主要靠经忏收入和信徒捐献。每逢朔望日，特别是农历三月二十八、五月二十一日、六月初四日，信众络绎不绝，香烟袅袅，道乐声声，钟鼓齐鸣，祈福延生。如今，在各方面的帮助下，道观面貌不断改善，正在为社会主义建设、共建和谐社会起着积极作用。

2013 年工作总结

2013 年是全国宗教界的"教风年",陈王庙道观紧紧围绕主题,以实际行动学习和贯彻党的十八大精神,以实际行动推动"教风年"创建活动扎实开展,努力实现教风在整体上有一个大的改观。具体工作如下:

一、政治方面

契合"宗教政策法规学习月",准确把握"学习月"的主要内容,结合学习读本,认真学习和掌握党的宗教政策、宗教方面的法律法规,从而更加自觉地协助党和政府贯彻宗教政策,增强依法有序开展活动的自觉性和主动性,促进宗教与社会主义社会相适应。组织大家一起学习《上海道教清规榜》内容,自我对照,形成继承传统意识,积极贯彻落实精神,规范自身行为,树立良好道教徒形象。

二、信仰方面

信仰建设的关键在从道者本人,实质是每一位从道者的自身建设。道观全体员工从我做起、从点滴小事做起,坚持建设与规范并举、自律与他律并重、教育与实践相结合,扎扎实实地提高自身的思想道德素质。召开教职人员座谈会,耐心听取大家对场所工作中所存在的问题和建议，采纳对教风建设的良好建议与举措，交流有利于"教风"创建的好点子、好思路和好方法，形成共识。

三、教务方面

1. 2013年，国家宗教局提倡在全国范围内开展"教风年"主题创建活动。根据新区民宗委和新区道协教风创建总体工作部署，陈王庙就教风创建工作实施如下。

（1）召开"教风"创建活动专题学习会，认真贯彻落实"教风年"创建活动的精神，不仅以身作则，从我做起，还积极宣传"教风年"创建活动的意义，传播道教优秀文化，影响和带动信教群众，树立道教新形象。

（2）筹建领导小组，明确工作职责。根据要求，道观召开管理组会议，成立"教风"主题创建活动领导小组，负责创建活动的工作计划、制定工作措施、推进落实和整改、总结评估等具体事项。

（3）制定活动计划，切实推进创建。第一阶段：学习宣传，营造氛围；第二阶段：自查自正，树立导向；第三阶段：完善制度，有力落实；第四阶段：总结评估，建立长效。

2. 宗教活动正常有序。正月，道观组织一次拜太岁活动，道众虔诚为信徒阐演了法事科仪，祝福信徒男增百福，女纳千祥，四时无灾，八节有庆。参加人员来自金融企业界，活动举行得比较成功，多称将继续参加。坚持做好清明、冬至超度荐亡活动，参加人员来自一般信众。我们还组织好日常神诞活动，组织信众敬孝神灵，同沐神恩。

3. 参加各类讲经讲道学习班和交流会，探索讲经讲道的有效方法，宣传道教思想，展示当代道教徒形象。11 月 3 日，即农历十月初一，市道协和浦东新区道协在本崇福道观组织大规模的首次面向信教群众讲经布道交流会。

4. 落实道协《清规榜》和《浦东道教宫观管理制度》，加强宣传和教育，使宗教教职人员做到持守职分，模范遵守教义教规；品德良好，保持言行规整；潜心修持，努力提高宗教造诣。结合道观宗教活动管理细则，加强规范管理。

5. 建立"教风管理监督机制"。一方面，要接受道观教风组的监督，将教风建设纳入日常管理与考核之中；另一方面，要接受信众的监督，在道观显目处设立"教风监督意见箱"，公布全体教职人员照片及名单，接受社会和信徒的监督。

6. 争创文明宗教场所，制定创建规划。道观积极制定工作方案，拟定工作目标，确立具体措施和实施方案，发挥道观及信众积极性，虚心接受信教群众意见，坚持实事求是，贴近实际、贴近生活、贴近信众，围绕文明创建的主题，加强教职人员的思想道德教育，着力营造教风端正、爱国守法、团结和谐的宗教氛围。

7. 消防安全。年初制定预案，落实责任，分工实施。新区道协与场所负责人签订"消防安全责任协议"，道观根据协议精神，并分别与全体人员签订"消防安全承诺书"，分解责任，落实岗位职责。在全体教职人员学习会上，道观进行了消防四个能力的学习教育。同时，对于内部的消防设备进行全面检查和维修，日常加强巡查和安全防卫，加强对夜班值班情况的不定期检查和督促，确保消防安全。"11·9"消防宣传日，我们派员参加慰问消防官兵，学习消防知识。组织员工消防演练,提升灭火逃生能力,提高消防技能,锻炼自救自防能力。

8. 对外交流。5 月 31 日,参加新区道协组织的福建石竹山学习采访活动,学习先进管理方式,讨论道教发展大计;7 月 25 日,参加新区慰问消防官兵活动,学习消防知识,提高消防技能;9 月 13日,参加市政协民宗委组织的"佛道教生态论坛",主题是"随缘净心,道法自然";11 月 6 日,参加由上海市道教协会、华东师范大学明道道教研究所、华东师范大学宗教文化研究中心联合举办的"正一道教研究国际学术会议",研究正一道历史,探讨正一道发展方向;11 月 8 日参加由中国道协主办、上海城隍庙和香港蓬赢仙观联合承办的"第十三届道教音乐汇演",欣赏道教音乐,弘扬民族传统文化,其间,与教内外学者、教授、老师、教友结下深厚情谊。

道观还参与了崇福道院"三月半圣堂庙会"、十泽道院神像开光、钦赐仰殿神像开光及住持升座、诸翟关帝庙神像开光等活动,与兄弟道观共沐神恩,互相学习,共同进步。

9. 建立档案文档。7 月 2 日,道观派员参加档案培训工作,并结合道观情况,将材料分类归档,建立档案文档。

四、自养方面

道观的主要经济来源是信众奉献和道场收入。道观在此基础上不懈努力,还认真做好灵位寄存、福牌、光明灯、绿化、场地出租等工作。9 月 25 日,道观与上海市金桥云鑫装饰有限公司签订场地出租协议,将庙东侧出租给该公司,时间一年。与上海联谊光纤激光器械厂的场地出租协议也在积极酝酿之中。

五、服务方面

结合"宗教慈善周"活动，引导教职人员加入爱心活动，积极为社会和谐与扶贫帮困作贡献，树立良好社会形象。4月24日，上海道教界齐聚崇福道观举行为四川芦山地震灾区难民祈福消灾法会，现场各宫观合计捐款68万余元，十方信徒积极响应，爱心涌动，一方有难，八方支援，王进道长参加并代表道观和个人向灾区捐款。道观还向孤寡老人、病人等弱势群体提供适当的资助和慰问。

2014 年工作总结

2014 年按照道观年初工作计划，在各级领导部门的关心与支持下，积极服务社会，服务信众。坚持信仰建设，推动传统文化的发展与繁荣。贯彻教风创建宗旨，推动文明和谐宗教场所创建工作有序进展。具体工作总结如下：

一、认真学习，坚定信仰

1. 道观积极参加市、区道协中心组学习，认真组织道观政治和时事学习会议，及时学习了全国两会的会议精神、民族中国梦与道教中国梦、社会主义核心价值观和传统美德等内容，引导大家注重道德修养，树立当代社会核心价值观。

2. 学习习近平总书记在孔子诞辰 2565 周年的讲话，让大家认识到传统文化是祖国的根基和命脉，是治国理政的灵魂。

3. 学习习近平总书记在党的群众路线教育实践活动总结大会上的讲话精神，将"党的群众路线教育实践活动"和道观教风建设紧密联系。道心民心进一步凝聚，形成了推动道观发展的强大正能量。

二、正道行教，济世利人

1. 正月拜太岁，道观组织拜太岁活动，道众、信徒恭迎太岁降临，男增百福，女纳千祥，善果臻身，家庭幸福。拜太岁活动具有相当的参与度，是道教凝聚信徒的途径之一，道观要充分做好宣传和组织工作，发展和延伸。

2. 清明节是中国最重要的传统节日之一，它不仅是人们祭奠祖先、缅怀先人的节日，也是中华民族认祖归宗的纽带。我国传统的清明节大约始于周代，已有二千五百多年的历史。为了弘扬传统文化，体现道教在构建和谐社会中的积极作用，道观修建功德堂，为社区群众提供祭祖的清净之地。

3. 坚持做好日常神诞庆祝活动，组织信众敬孝神灵，同沐神恩。

4. 讲经布道，谦虚探索。为了弘扬传统和顺应形势发展，道观在讲经讲道工作上开始了自身的探索路程。一是做好拜太岁时对居士的说经讲道，二是日常每月初一、十五和香讯日，道观针对信徒，讲道教礼仪和道教教义。

三、维护稳定，服务社会

1. **成立宗教活动场所公共安全事务协调小组。** 成立了以王进为组长的"陈王庙道观公共安全事务管理协调小组"，明确了小组工作职责，制定了相关工作议事制度，研究日常安全工作计划。对事关场所安全的重大事项、问题进行集中议事，集体协商安排；传达上级有关会议精神和工作要求，分析场所安全工作特点，部署年度重点工作。经过近半年的实践证明，场所公共安全事务协调小组的成立，有利于切实推进宗教活动场所的管理，维护社会秩序和公共安全，促进场所和社区之间的和谐稳定。

2. **行道立德，广爱众生。** 慈善公益事业是人类爱心的生动展

426

现，也是社会文明进步的标志。道教宫观应发扬自身优良传统，积极参与扶贫赈灾、帮困助学、修桥铺路等社会各项慈善公益事业。今年，我们倡导道观和信徒联合参与募捐活动，共同参与慈善事业。云南鲁甸地震后，道观积极响应中国道教协会的倡议，带领信徒共同为地震灾区难民举行祈福捐款及超度活动，并向灾区奉献爱心。重阳节道观积极参与敬老活动，赠送重阳糕，同时抽出一些资金用于扶贫帮困。我们还选择了社区一位孤身老人，提供日常关注她的生活状况、帮助看病等服务。

3. **奉公守法，坚持正信。** 民族宗教法制宣传学习月和宪法宣传周期间，道观组织教职人员学习民族宗教知识，通过升国旗、拉横幅等方式扩大宣传，号召大家树立正信正念正定，珍惜来之不易的幸福生活，感恩共产党，增强法律法规意识，汲取传统宗教正能量，激发自身活力，树立社会主义核心价值观，去恶从善，共筑中国梦。

4. **以"文创"为契机，推进道观和谐发展。** 今年，市、区民宗委分别对道观进行了"创建和谐寺观教堂"工作检查，通过问询相关问题、听汇报等方式，对道观的创建工作进行检查。道观围绕创建标准，以活动为契机，不断加强自身建设、思想建设、组织建设和制度建设，以"和谐宫观，从我做起"，为主要载体，加强领导，统一思想，提高认识，创新机制，规范管理，切实推进道观各项教务活动的正常开展。

四、安全第一，教务跟上

1. **消防安全，职责重于泰山。** 年初，我们消防工作领导小组与道观教职人员签订"岗位安全职责承诺书"，并实行日巡查、月检查制度，做好记录。9月，道观结合消防日宣传活动，学习消防法，学习消防安全知识及专业技能，组织消防演练等安全教育活动，增强安全防范意识和责任感，切实做好安全防范工作。

2. 财务规范，公开公平。 2014年6月，浦东新区民宗委委托上海智星财务发展有限公司抽查了陈王庙道观2013年7月至2014年4月期间财务管理及会计核算工作情况，道观对抽查期间会计资料的真实性、完整性负责，并针对检查结果作出整改报告。日常财务工作，道观根据财务管理制度，加强财务人员培训，严肃财务纪律，严格执行上级的有关规定，在资金支出的审批程序及规范方面符合规章制度的要求，做到重大支出及时上报请示备案，合理使用资金。

五、与社会同步，与时代同行

1. 道观组织参观了"同心同德，大爱无疆"—上海宗教界喜迎国庆65周年公益慈善成果图片展。参观后大家认为，公益慈善事业是创新道观事务管理的重要组成部分，亦是道观自身发展的内在要求

2. 道观组织参观了区道教协会举办的迎国庆道教文化展。道教文化博大精深、源远流长，此次展览，展示了浦东道教的文化积淀和崭新风采。

3. 参加了浦东新区道协在浙江临海城隍庙召开民主生活会，会上王进道长代表道观在交流时自找不足和缺点，提高思想认识，努力争取在今后工作中提升自身素质和管理水平。

2015 年工作总结

2015 年，陈王庙道观工作从四个方面开展。一是政治层面，围绕时政学习展开；二是教制建设，围绕教风建设、戒律修持和道观制度展开；三是服务社会，从宣传民族宗教政策、宪法以及消防卫生等方面展开；四是服务信众，从宗教信仰、慈善事业以及讲经讲道等方面展开。

一、正教正信，光大爱国之精神。

首先，是政治理论学习。2015 年道观认真组织时事政治学习会，学习内容有全国两会精神、十八届五中全会精神、十三五规划及实施纲要、中央统战工作条例、中国道协第九届会议精神等等。着重加强对十八届三五中全会精神及习总书记系列重要讲话的学习，深刻领会和全面把握其科学内涵及精神实质，努力提高理论素养。

其次，是加强对道教经典的学习，不断提升自身的宗教造诣和素养。我们还学习了国家宗教局长王作安在中国道教协会第九次全国代表大会上题为"道教界要担当起弘扬中华优秀传统文化的神圣职责"的讲话精神，学习了李光富会长的重要讲话。

二、端正道风　秉持爱教之风范

我们秉承传统，适应时代，依据国家法律法规和道教规戒，建立了一套适应当代正一派宫观管理要求的规章制度，做到凡事有章可循、有章必行，用制度管人、管财、管事。庙管会坚持集体领导，民主管理，定期向信众公布财务收支情况，接受信众监督，逐步达到管理制度化、科学化。

继续加强教风建设，巩固教风建设成果。以开展玄门讲经活动为切入点，认真学习经典，树立纯正信仰，恪守教规教义，整饬道风道貌，提振道教的精气神。发挥我们在信教群众中有着特殊重要的影响力，不负神愿和己任，努力提高自身素质，以良好的道风道貌赢得信众，用严格的宗教操守影响信众，用适应时代要求的教义教理教化信众。

在文明和谐道观创建过程中，我们以教风创建为基础，明确指导思想，把握创建目标。制定创建方案，合理协调实施。坚持实事求是，接受信众监督。力求通过文明创建活动，提高场所管理和服务水平。以创建文明和谐宫观活动为契机，进一步健全各项机制，不断提升宫观管理水平，实现管理规范化、长效化。

三、服务社会 践行核心价值观

1. 做好消防和卫生工作，以安全整洁的场所服务社会。根据消防工作要求，道观在年初与全体人员签订"安全责任承诺书"。坚持日常消防卫生检查，消防负责人日常做好消防器材、电器电路、殿堂厨房等检查、整改记录，并自觉接受社区民警日常消防监督检查。根据新区民宗委"11·9"消防工作通知精神，道观召开安全工作会议，传达新区民宗委关于加强消防安全工作的通知精神，指导教职员工如何使用灭火器材以及逃生技能。积极发挥公共安全事务管理协调小组作用，通过召开安全工作会议，对文明道观检查时查出的安全隐患，积极制定整改措施，认真做好整改工作，确保道观良好有序的环境服务于社会。

2. 积极推进宗教政策法规宣传学习月和宪法宣传周，参与，围绕"学习宪法、尊法守法"主题，精心策划了形式多样、内容丰富的各类主题宣传活动。为广大信众参与法治宣传、体验法治精神、观赏法治文化、增强法治意识提供了多种渠道和平台。配合名为"我爱宪法、我守规则"的全民晒承诺公益行动，发动教职人员和信众广泛参与，晒出自己对于"爱宪法、守规则"的承诺，激发内心对宪法法律的尊重，推动大家尊法、学法、守法、用法，践行社会主义核心价值观，营造全社会合力推动法治上海建设。

3. 开展爱国主义教育，用一颗赤城的心服务于社会。今年是纪念中国人民抗日战争暨世界反法西斯战争胜利 70 周年，为弘扬中国人民在抗日战争中所表现出的不怕牺牲、前赴后继、英勇战斗的爱国主义精神，道观负责人参加了上海道教界在松江东岳庙举行的和平祈祷法会，用道教最隆重、最庄严的仪式缅怀先烈。道观还派员参加了崇福道院的纪念活动。道观组织大家一起观看阅兵实况直播，旨在以培育和践行社会主义核心价值观为根本、爱国主义为主旋律，引导大家树立正确的世界观、人生观、价值观，不断增强民族自尊心、自信心和自豪感，增强大家忧患意识及社会责任感和使命感，把民族精神教育融入日常工作和生活之中，激励和动员教职人员努力为社会服务。

四、服务信众　阐扬道德之古风

1. 摆正位置，端正服务思想。今年在宗教服务方面的项目有：正月拜太岁活动，清明节祭扫、祭祖活动，冬至荐祖斋事，信众集体延生醮事，以及日常斋醮和神诞日的庆祝活动等等。坚持和信众沟通，理顺信众情绪，关心他们生活。凡是涉及信众信仰要求和利益的事情，认真对待解决，力求做到信众满意，道观和谐。

2. 发挥传统，济世利人。一是进一步增强了道观的服务社会意识。活动参与人数多，道观全体教职人员参与；覆盖范围广，受益人群多；比如我们积极参与市道协倡议的各项慈善捐助活动等等。通过开展一系列公益慈善活动，我们服务社会意识进一步增强，参与公益慈善活动的热情日益高涨。二是进一步规范了道观公益慈善的活动方式。我们以宗教慈善周活动为契机，拟设公益慈善专项基金管理机构，建立稳定的志愿者队伍，健全各项管理监督制度。提高公益慈善的针对性，比如我们选择生病的信徒和弱势群体进行资助等等。更加注重长远规划，注重专业运作，建立公益慈善档案和受助对象数据库，增强公益慈善的长效性，推动道观公益慈善的制度化和规范化。三是进一步提升了道观公益慈善的社会效益，受到社会各界的普遍好评。比如我们结对社区孤寡老人，为其购物、看病等等。

3. 随方设教，弘扬道法。道观参加了江苏海安西场佑圣观的奠基和江苏南通排河观开光活动，奉上修缮善款，支援各方道观建设。

2016 年工作总结

回顾一年的工作，道观基本完成年初制定的工作计划。着重加强民主管理、争创文明和谐寺观教堂、增强服务意识，努力做好各项工作。现将主要工作总结如下：

一、加强教职员工的思想建设，积极提高整体素质。

了解国家大事，关心国家命运。道观每月举行一次集体学习会，围绕国家大事、社会形势，学习时事政治，激发爱国热情。学习全国两会会议精神，全国宗教工作会议精神，十八届六中全会公报。启发大家对照文件精神，认真做好本职工作，坚定信仰，用社会主义核心价值观来引领、教育教职员工和信教群众。提升自身素养，抵制宗教世俗化和庸俗化，致力于服务信众、服务社会。

二、完善规章制度，推进民主管理，提高管理水平。

1. 召开教职员工座谈会，听取大家对道观全年工作总结与来年计划的意见，做到意见从群众中来，工作落实到群众中去。起到人人做主，人人自觉的效果。

2. 明确管理组成员权利和义务，对道观各项事务进行分工，强调在岗尽责，杜绝出工不出力现象。

3. 加强教职人员思想建设。宗教教职人员是宗教活动场所的灵魂，我们紧紧围绕教风建设，注重教职员工思想教育。沟通思想、增强信任、增进共识。有针对性地做好引导工作，增强团结，进一步提高整体素质。

4. 做好信徒队伍和素质建设，充分利用网络平台，吸收义工，扩大信徒队伍。对现有的信徒和义工登记造册，慎重引导，召开信徒代表沟通交流会，通报一年来道观的工作和资金收支情况，自觉接受信众监督，倾听更多意见和建议。

5. 不断完善规章制度，明确清规戒律。根据"以人为本"的原则，立足道观自身实际情况，修订道观管理制度，力求以清规戒律为修道之本，以管理制度为修身之本。

三、注重文化建设，弘扬传统文化。

1. **做好传统文化的传播工作。** 道观充分利用宣传栏，积极宣传道教文化，传播道教教义思想。制作宗教文化展板，宣传传统道德伦理，充分展示了宗教文化内涵与特色。根据时代的发展，利用网站、微信等传播工具，开设了道观的网络平台，弘扬道教文化，传播社会正能量。派人学习"圣堂庙会"的举办方式和经验，提高道观宣传传统文化的能力。

积极参加抄经活动，根据浦东新区民宗委的工作要求和新区道协推动浦东道教开展讲经抄经的计划，道观积极落实具体工作，倡议和组织大家共同参与抄写《道德经》。

2. **与时俱进，做好讲经讲道工作。** 为了深入阐释道教义理，传承和弘扬道教讲经布道的优秀传统，道观组织人员分别参加了"浦东宫观负责人讲经交流活动"和新区道观联合组织的"2016 年浦东道教年轻道长讲经交流会"。围绕《道德经》和《太上感应篇》等经典，阐发道教修善积德、忠孝廉耻、知足常乐、道法自然等教义思想，倡导信徒重视内在精神和谐，共同促进社会健康发展。

四、以教风建设为抓手，重视文明创建工作。

2016 年是开展新一轮"文明和谐寺观教堂"检查评比起始之年。根据新区民宗委和市、区道协有关创建工作部署，道观按照创建要求，以"教风建设"为基点，以规范道观管理为根本。为确保创建工作有序进行取得成效，一方面，积极参加创建活动，有计划、有安排、有鲜活材料。坚持从制度建设、道风道貌、财务管理、服务社会、安全工作等方面开展创建活动，有力地推动文明创建工作的规范有序开展。另一方面，道观不断加强创建领导小组的工作力度，认真总结创建活动的成功经验和不足，不断提升创建工作的成效，使创建活动成为经常化、制度化。在文化建设、道观环境建设、信众互动等方面取得了显著成绩。

五、做好法制宣传工作。

道观认真组织开展"民族宗教宣传学习月"和"宪法普法教育宣传周活动"，深刻领会全国宗教工作会议对宗教法制宣传教育和民族宗教工作的新要求，引导全体教职人员和广大信教群众增强国家意识、公民意识、法律意识，明确责任和义务，做遵纪守法的好公民。

六、弘扬道教优良传统，做好社会公益事业。

道观秉承道教济世利人的优良传统。年初资助了因车祸而遭受严重伤害和损失的家庭。6 月 23 日，江苏省盐城市阜宁县遭遇龙卷

435

风灾害后，我们响应新区道协号召，捐资帮助灾区重建家园。九九重阳节敬老活动，我们探望社区老人，帮老人购物、看病。12月份宗教慈善周活动，我们资助道观因病手术的困难家庭。

七、做好道观修缮工作，美化道观外观形象。

年初，金桥镇人民政府帮助修建道观东侧围墙，整修思亲堂屋面和北侧围墙。5月份，在崇福道观的支持下，将部分道观门窗油漆，围墙粉刷，屋面捡漏。在维修期间，我们发现，由于道观年久，部分砖木和门窗腐烂，屋面漏水。为此，管理组协商将动用一切力量维修道观，特别是依靠政府之力。此项工作将作为以后几年的重点工作列入工作计划。

八、强化安全观念，做好消防安全和卫生工作。

1. 明确责任。贯彻"谁主管，谁负责"的要求，将安全工作落到实处。每年年初与区道协签订消防安全责任书，道观与消防工作组负责人以及教职人员签订"岗位安全职责承诺书"，将安全责任层层落实到人。我们及时安排人员维修更换消防安全监控设备，更新灭火器材，确保正常有效运转。每年春节前，我们对消防安全工作进行自查自纠，加大宣传文明敬香力度，张贴标识，杜绝明火进殿。按照各级部门检查要求，积极进行整改，消除安全隐患。制订头香活动的开放方案，落实各岗位人员，请求地方政府关心支持，确保头香活动圆满吉祥。

2. 注重安全培训，消除安全隐患，完善应急预案。实行日巡查和不定期检查制度，专人负责记录安全工作日志，记录当天道观的安全状况，杜绝安全隐患瞒报、不报现象。邀请专业人员来道观进行消防安全知识及专业技能培训，举办一次消防演练和安全防范知识的教育活动，增强自身防范责任感，提高自我消防应急能力，努力确保宫观内每年都能平平安安。

2016 年，陈王庙在社会各界的关心下取得了一定的成绩，社会关系有所提高，信教群众有所发展，管理能力逐步稳健，但我们也清醒地认识到不足，例如，文化建设需要加强，管理制度需加大落实力度，集体管理水平不高、能力不强，道观自养水平有待提高，年轻教职人员力量有待充实，社区关系有待发展，服务社会需要推进等等。在今后的工作和生活中，我们将克服困难，努力工作，争取更大的进步，创造更优异的成绩。

2017 年工作总结

2017 年，道观根据年度工作计划安排和具体工作实际，踏实推进工作，奋力前行，基本完成了各项工作。现将年度工作总结如下。

一、加强学习，提高政治觉悟

1. 坚持时政学习，思想意识不断提高。道观始终坚持每月一次的学习会，组织学习全国两会会议精神、全国宗教工作会议精神、十九大会议会议精神，学习全国道代会会议精神、王作安局长讲话、道教知识、道教教理教义等。通过认真学习和细心讨论提高认识，增强了教职人员服务社会的责任感。

2. 坚持普法宣传，法制意识不断增强。道观围绕"民族宗教政策宣传学习月"、"宪法宣传周"这两个主题，组织开展多层次学习，有利于更好地保障公民的宗教信仰自由权利，切实加强对宗教事务的依法管理，进一步提高宗教工作法治化水平。道观通过开辟法制宣传栏，悬挂横幅等内容丰富、形式多样的宣传活动，进一步推动了场所法制建设进程。

3. 坚持度化引导，学习意识不断巩固。为了进一步推动上海道教更好地发展，道观负责人参加了上海市道协在奉贤举行的协会领导班子成员及全市宫观负责人培训学习活动，并结合自身工作，深入交流了学习、参访的感悟和体会。

二、加强民主管理，完善规章制度

1. 切实抓好制度建设，依法进行宗教活动。不断完善道观管理制度，根据"以人为本"的原则，立足道观自身实际情况，查漏补缺，完善规范了人事制度，修改有关制度条款，确保各项活动规范有序开展。通过自身建设增强了责任感和紧迫感，形成了良好工作氛围，增添了自觉性，促进了工作的良性循环。

2. 重视文明和谐寺观教堂创建，各项工作有序进展。道观以创建市级文明场所为目标，以加强"教风建设"为抓手，组织开展教风建设的学习与实践；鼓励青年道长进入"人才库"，刻苦钻研道教专业知识，参加"玄门讲经"活动。通过各类学习培养和教育引导，提升了信仰，端正了教风，逐步实现教风建设制度化、常态化。创建工作以规范道观管理为根本，一方面，积极参加创建活动，有计划、有内容、有落实，有力地推动了道观各项工作的有序开展；另一方面，道观不断加强创建领导小组的工作力度，学习兄弟道观和友教的成功经验，不断提升创建工作的成效，使创建活动成为道观日常工作的重要内容。

三、加强道观内部管理，做好道观服务工作

1. 宗教服务人性化。为满足信众需求，道观根据内部特点和工作需要，建立了必要的工作计划，坚持在服务上下功夫，确保道观科仪活动质量不断提升，大型道教活动安全有序。

2. 宗教活动合理化。除了举行日常宗教活动外，道观还精心组织好拜太岁、清明、冬至等集体斋醮法事。响应中国道协"科学放

439

生、合理放生"的倡议，举行"济世利人普渡放生法会"。2017年5月20日，由道观、志愿者承办的水族生命义放和道门刊物、经书免费结缘活动成功举行，仗此良缘水族等生命被放生于庙前河流。十方善信踊跃参与，付出对生命慈悲和怜悯之心，收获对自身积功累德乃至全人类的一种关爱。

3. 公共安全制度化。道观与每位教职员工签订"消防安全责任书"，明确责任，落实到人。充分发挥"公共安全事务管理协调小组"的作用，专设"消防安全组"，选定消防志愿者，负责道观的公共安全和消防工作，接受相关部门的指导和监督，定期检查电路、电器，更换和维护消防器材，学习消防知识、开展消防演练。大型活动制定工作方案和应急预案。

4. 宗教事务合法化。积极参与新区道协换届工作，推荐和联络四届会议代表。参与上海城隍庙祭城隍大典；参加市道协举办的"陈莲笙大师百年诞辰纪念大会"；参与浦东新区民族宗教文化月活动；选拔人员参与"浦东道教界抄经作品展"，并提供《道德经》手抄一卷；参加道教圣地葛仙山、三清山的朝拜和学习活动；组织部分教职员工和信徒参访道教名山福地黄山等等。旨在学习经验，扩大交流，推动中华优秀文化的传承与发展，发挥道教应有的时代价值。

5. 财务、档案工作细致化。今年，全市宗教场所开展财务监督管理专项工作"回头看"活动，并将财务规范作为"规范年"的主要内容。道观为了巩固财务监督管理工作的成果，进一步规范了财务行为。财务工作严格按照财务制度进行，有合理的财务管理小组，

440

财务人员在协会和场所管理组织的领导和监督下负责本场所的财务管理工作。今年顺利完成了财务管理"回头看"工作任务,并按照财务制度,完成会记的调换和交接工作。档案工作非常重要,可以记录一个道观的历史。道观及时收集和整理各类文件,完成分类和归档,做好道观大事记等,档案工作正在有条不紊地推进。

四、做好公益慈善事业,共建和谐社区

继续做好社区帮老扶困的结对工作,适时看望社区病员,积极参与各类慈善活动。在上海慈爱公益基金会举办的"齐同慈爱·公益同行"拍卖会上,道观选送"见贤思齐"毛笔字一幅,拍得11000元。和其他善款一起捐赠上海慈爱公益基金会,用于基金会开展的各项公益活动。积极响应市道教协会倡议的全市道教各宫观开展"送'福'到万家"活动。活动现场,书法家和道长们将书写的大红"福"字免费赠送到善信和社区居民手中,并致以新春祝福。

【组织概况】

一、道观教职人员（2013—2017）

王　进、曹爱明

二、道观民主管理组织

管理组组长：王　进

管理组成员：曹爱民　居　勇

【荣誉榜】

2013—2015 年度上海市浦东新区"三星级"文明和谐寺观教堂。

姚家庙

【概况】

东海姚家庙是一座有着近百年历史的老庙。清朝末年,姚大仙救百姓出于霍乱。他火化成仙后,当地群众就在他升仙的地方立了一块石碑供人们烧香祈求,一时间香客源源不断。1927年,东海地区群众捐造姚仙家庙,内供姚大仙像,原碑也移于室内。20世纪40年代初,香客遍及奉贤、南汇、川沙三县甚至闵行和上海市区。由于小庙只有66平方米,过于拥挤,后扩建了40平方米,内供判官、小鬼泥像,并雇人看管。"文革"期间,该庙基本被毁。

1998年,当地村民自发捐款重建姚仙家庙,占地面积2000多平方米。当时建大殿三间,门面上建简易平房五间用作办公用房、厨房等,东侧建围墙。当年年底,由六如村安排汤树生、袁梅芳(女)、方洪根、周培德、姚野妹(女)等5人进驻庙内进行管理。1999年,大殿翻换屋面并在两头各扩建一间,使大殿增至五间,门面上简易平房又增三间。

2006年1月1日,南汇区道协正式接管姚家庙,由南汇区民宗办批准为宗教活动场所。区道协常务副会长邵志强任姚家庙法人代表,陆华平、姚正洁、顾兴官3位道长进驻姚家庙,组成管理小组实施庙务管理。2007年下半年,又增添了陆秋平、张春华2位道长进入庙内充实庙务力量。2008 年，新建东厢房和往生堂。2010 年，拆去原老庙 2 间破房，建成西厢房与东厢房，并在沿河岸建成傍岸护栏。自此，姚家庙的占地面积为 2683 平方米。

姚家庙自成为合法宗教活动场所并由区道协实行规范化管理后，香火日趋旺盛。为适应信众需求，在市、区道教协会的关心和祝桥镇政府的大力支持下，于 2010 年 10 月开始了对原有陈旧的硬件设施进行了脱胎换骨的更新。新建占地 415 平方米的大殿一幢，和占地 263.1 平方米的门楼一幢，原旧大殿和旧门面平房拆除。2012 年 11 月，隆重举行了翻建工程竣工暨新塑姚大仙神像开光庆典。

2013 年工作总结

忙碌之中，2013 年又走到了年底，现就本年度所做的工作做一下回顾总结。

一、春节香汛。 安全度过春节香汛，每年是新的一年开始的第一件大事。说它是大事，主要是安全上需要去化大气力的，经过几年的实践积累，我们已经形成了一套操作模式：

1. **做好预案。** 这是最主要的先期工作，这个工作一定要做仔细，我们会尽量把可能遇到的困难想得周到一点，设立出各个工作岗位，配全配足岗位人员，还做好了应急预案。

2. **消防预查。** 设立消防小组，预先对场所做一次安全自查，确保消防设施有效到位，测试最大用电量的承载能力，排除可能出现的安全隐患，如，通道有否障碍，河边护栏有否破损，上方有否容易坠落的物体等等。

3. **借助外援。** 当地政府部门相当关心支持，每年都会牵线公安等各个有关职能部门召开安全工作协调会，我们就借用政府供给的力量，为春节香汛安全多上一层保险。

4. **工作动员。** 这主要是要让每位教职员工知道自己的岗位位置和职责所在，给大家上紧安全警钟的发条，以"安全责任重于泰山"的主导思想，完全改变"春节香汛年年过，无需小题来大做"的麻痹思想。

二、消防安全。消防安全，虽说是老调常弹，但这一曲老调不弹不行，要常弹不懈，还一定要弹好，每年的工作计划中是必不可少的。按计划规定，我们履行每月一次对场所消防器材的自查，并配合、接受上级的检查。春节之前的自查更是加大力度，力求为香汛期安全度过提供有力的安全保障。

三、财务管理。严格把好财务关，尽力规范管理操作。在庙宇改造之后面临财力匮乏的当今，尽力节约开支，杜绝浪费。认真接受上级部门的督查，听取指导意见，努力改正不足之处。

四、香客联系。我们与香客信众的关系，不但是服务与被服务的关系，更是鱼与水的关系，没有了水，鱼何以为生？没有了香客，庙宇何以为存？所以，联系香客，也是我们的常规工作之一。按我们的传统惯例，每逢传统节日我们会去慰问一些香客代表，创造一些沟通的机会，联络感情，听取意见，力争通过他（她）们把道教信仰传播得更广，带动更多的信众。

五、档案管理。对于档案管理，以往我们还只停留在资料的收集之上，今年，新区道协为我们举办了档案管理学习班，使我们对档案管理操作有了初步的认知，年底我们初步尝试把学到的知识进行实践。这是一门技术性较高的操作知识，还有待于我们继续实践摸索，争取早日掌握，更好地做好档案管理。

六、教风创建。今年在由区民宗委领导、发起的"教风主题创建活动"中，我们道观和全区所有宗教团体一样积极参与其中，认真按每阶段的实施要求去努力完成（具体可参见"教风创建"的阶段总结）。我们感觉到，这次活动办得好，办得及时，办出了宗教界有识之士的迫切心声，办出了宗教场所新的面貌。就我们场所而言，现在信众一踏进我们庙宇，一看到醒目的《"教风创建"文明服务公约》、《教职人员照片公示栏》、信众意见箱及《坛场道职纪律》等，心里自然会对我们产生第一印象，那就是信任感。

2014 年工作总结

2014 年匆匆而过，转眼之间，又该为本年度的工作做一下总结了。

一、春节香汛。

1. **做好预案。** 设立出各个工作岗位，配全配足岗位人员；尽可能仔细考虑到可能会出现的问题，预备好应对措施，做好突发事件应急预案。

2. **消防预查。** 设立消防小组，预先对场所做一次安全自查，确保消防设施有效到位，测试最大用电量的承载能力，排除可能出现的安全隐患，如，通道有否障碍，河边护栏有否破损，上方有否容易坠落的物体等等。

3. **争取政府部门的帮助。** 承蒙当地政府部门的关心，每年都会牵线公安等各个有关职能部门召开安全工作协调会，我们就充分利用好政府提供的帮助，为春节香汛安全多上一层保险。但我们不能有依赖思想，要认清主角还是我们自己，人家肯帮忙那是人家的情分，可我们要确保安全是自己的责任。

4. **工作动员。** 这也是很重要的一个步骤，要让每个人明确自己的岗位所在和职责所在，责任到人。给大家上紧安全警钟的发条，防止因连年无事故后出现麻痹思想。

二、注重学习。制定了每月一次的学习计划，如果有上级布置的特定学习任务，就临时召集进行针对性的专项学习，例如5月29日紧急召集全体教职员工召开会议，传达5月27日区道协关于防恐怖排隐患的紧急会议精神及"上海市民族宗教法制宣传学习月"和"关于进一步做好'教风'主题创建活动的通知等，并积极参加上级布置的各项活动任务。

三、安全防范。历年来，我们一直把抓消防安全作为我们的常规工作，不但要每年制定在年前规划中，更要严格对照付之行动，所以今年我们当然也不例外。我们除了以认真的态度接受上级各有关部门的检查，还做到以负责的态度经常进行自查并做好记录。年底之前，我们把经自查因压力不合格而撤换下来的灭火器当做演练工具，让每个员工进行一次灭火操作演练。同时，还成立了道观公共安全事务管理协调小组。

四、财务管理。

1. **努力学习财管知识。** 作为场所的当家人，会不会当家，能否当好，很重要的一个方面就是看你在财务管理这一块做得如何。从狭义来说，场所的负责人是当家人，有把好全局总关的职责。从广义来说，场所的管理组是当家人，有监督辅助负责人把好关当好家的责任，所以我们管理组成员从上到下都能认真对待，努力学习财管业务，只要上级有什么财管培训，我们无论再忙也会去参加，例如由区民宗委举办的宗教场所负责人财务管理培训和"浦东新区宗教场所出纳岗位基础与实务"培训，我们管理组的张春华道长由此而取得了培训《结业证书》，规范了财务管理上必须的操作条件。

2. **认真接受监督检查。** 认真接受区民宗委、区道协的各次检查，针对查到的问题，仔细听取指导意见努力整改，尽力改正不规范操作。10 月份我们把仓库的所有库存作了一次全面大清点，做好详细登记，更换仓库管理员，启用年纪相对轻些、有过仓库管理经验、肯负起责任的人接任仓库管理，并启用经专业推荐的表格，严格规范货物进出手续，改变了以前手续不规范、库存一笔糊涂帐的杂乱状况。我们在管理中不断加强学习，在学习中逐步完善管理，目的就是要把财务工作做得更趋合格。

五、香客联系。我们觉得，有没有一定的香客源来到你的场所，是你这个场所有没有存在价值的具体体现。你就是喊上一千一万遍"我是合法宗教场所"的口号，假如没有香客光顾，要你场所何用？所以，历年来我们都很重视与香客的联系沟通工作，具体操作大同小异，历年的总结报告也都有记载，在此不再赘述。

六、档案管理。必须承认，这方面我们做的很不够，还是停留在去年的水平之上，也就是说还只停留在收集留存资料而未能作归类整理装订。虽然曾做过这方面的实习操作，但一碰到难题过不了关就缺乏了信心。也曾打算过带着问题去到有经验的兄弟场所请教，可有时其他事情一来就又被搁置下来了。究其主要原因，还是重视不够，决心不足，认为还拖得起。从现在起一定要重视起来，因为时间是不会为我们暂停的。

七、保持教风建设的持续性。去年的开创教风建设活动，给我们场所形象的提升创出了良好的开端，信众接触到我们场所教风氛围后明显能表露出一种对我们的信任感，使我们尝到了教风建设给我们带来的甜头，让我们深感教风建设的必要性、上级领导的远虑性。要想继续保住这种良性状况，当然就必须继续保持教风建设的持续性，所以，我们经常以开创初期的热情勉励自己，以制定的规章对照自己，就算没有上级督促，我们也能保持一定的自觉性，因为我们所做的努力不是为了给领导看，而是我们自己受益的。

八、慈善活动。我们接到市道协转发市民宗委《关于组织开展2014年"宗教慈善周"活动的通知》后，于 12 月 12 日联系了祝桥镇党群办，由党群办领导为我们与当地新如村委作了联系，由村委为我们推荐了两户特困户捐助对象，给两户分别捐赠了 500 元。

九、参与文明宫观的创建。参与新区文明宫观创建的申报，之后对照创建标准做了一些前期准备工作，但有些工作还没做好，例如档案整理装订等，必须抓紧完成。

十、争取使用土地的扩展。三年前，我们曾与当地村委前任村书记和主任沟通过，请求能在庙的东围墙外扩给我们两垄土地，这样，我们不但在庙墙外有了专门的安全焚烧处，还可增开一条消防安全通道，但一直未有明确的答复。今年，在镇党群办领导走访协调下，终于有了结果，对方同意放出庙傍边的两垄地给我们使用。

2015 年工作总结

一、搞好春节香汛，安全作为纲领。作为常规工作，这是每年进入新年后必须面临的第一件大事。说它是大事，主要是因为安全问题至关重要。在操作流程上，我们凭借以往的经验已经形成一套行之有效的模式，统领这套模式的总纲就是"安全"。基本步骤为：1. 做好预案。2. 消防预查。3. 争取和利用好政府部门的帮助。4. 战前动员。具体的操作流程在历年总结中都有提及，在此不再赘述。值得在此再多提一句的是这第四条"战前动员"，这一点看似在整个系统操作中比重不高，其实是特别引起我们重视的部分，这是个给全体人员上紧安全警钟发条的重要环节。为此，每年在动员会上当场与员工签订《安全职责履行书》，以确保本次香汛的安全度过。

二、平时加强学习，不断提高自己。坚持年初规划中制定的"原则上为双月开一次学习会，如有上级下达活动通知或本庙即发情况则及时召集会议"的学习会议计划落实到行动中。举例来说，例如，中国道协第九次全国代表大会召开后，我们利用双月例会，学习了这次会议的精神，并结合道风建设常态化和文明场所创建，再次强调道风道貌问题。11 月 2 日，距我们前一次学习会还不多

日，接到了区民宗委下发的"11·9消防学习和演练"通知后，随即于第二天也就召开会议，在第一时间布置实施《通知》要求。

三、注重消防安全，警灯常亮心间。春节之前，我们分别接受了1月15日祝桥镇政府及当地村委领导的"祝桥镇宗教场所元旦、春节安全检查，2月3日镇统战部、镇安监、村委会领导的安全工作检查，2月13日新区民宗委主任钟翟伟亲自带队、祝桥镇统战部领导随行的安全检查，以及公安消防、公安派出所和市、区道协的历次检查。按照检查意见，我们及时落实整改，例如，测试大功率电器用电负荷安全，给电铃接线加穿套管，室外液化气钢瓶加棚罩，安全出口指示牌重新安装提高到醒目位置，到期的灭火器更新，楼梯杂物清理，配备消防沙消防铲，把废烛油移至安全处，河边栏杆处设立警示标志，给食堂人员办理健康证，等等，真正做到有备无患，保障了春节香汛安全度过。同时，还组织全体教职员工进行消防培训和消防演练。

四、重视财务管理，是个永恒话题。我们之所以用这句话作为标题，是因为财务管理的确是一个永远必须十分警惕、不容踩踏的红线。我们在这方面所做的工作主要体现在以下方面：

1. 负责人力争不断提高财务知识，努力体现财务管理的规范性。监管好全局，让每一笔收入都要进账，每一笔支出都必须在账目中体现，审视开支的必要性、合理性，为增收节流认真把关，如有较大的开支，交由管理组集体讨论决定。

2. 要求财会人员认真规范做好每一笔账。监督提醒当家人的财务管理规范性，控制白条，严谨把好第二道关。

3. 召开管理组会议，交与管理组各组员对负责人的监督权力，要求大家共同监督好负责人的财务使用审批管理，协助当家人共同把好关当好家。

4. 制作财务公开栏，公示财务信息，接受群众监督。

5. 清点箱金必须有庙内全体人员参加并填写区民宗委推荐的规范表格，参加人员务必全部签字。

五、起步档案管理，开始基础实习。 档案管理，对于我们来说一直是个难题，因为在技术上我们还是一张白纸。趁这次浦东新区文明和谐寺观教堂创建活动的东风，在镇宣统部门派人前来推进指导时给我们作了现场辅导，让我们把 2014 年的档案素材为例，具体指导我们如何分类登记，使我们能把以前在理论培训时获得的理性知识转化为感性认知，可以进入实际操作。目前虽然还只是处于实习阶段，有些具体问题还需要请教，工作量还很大，但毕竟我们已经初步摸到了进入的门槛，往后需要的只是耐心、毅力和时间。

六、做好接受"文明宫观申报考核"的前期准备。 自这次我们申报了区文明和谐寺观教堂的创建，就着手制定创建计划，结合自身实际，积极争取各级组织的支持，努力贯彻教风创建宗旨，切实采取有效措施，强化队伍建设，坚持传统信仰，有序推动道观文明和谐创建，主要做了以下一些工作：

1. 以教风创建为抓手，做好学习和整改工作，创建文明宫观。一是推进教风创建，建立长效机制。二是加强政治学习，提高思想觉悟。

2. 以宗教活动为核心，凝聚信教群众，努力培育道观信仰

455

品牌。

3. 积极投入民族宗教法制学习宣传，引导教职人员及信教教徒树立守法观念。

4. 以消防安全为重点，加强场所自我保护能力。一是做好消防工作，提高自救能力。二是成立公共安全事务管理协调小组。三是加强财务管理。

5. 广结道缘，发展人脉。

6. 以力所能及的方式参加慈善公益，关爱社会，奉献爱心和阳光。

七、延续教风建设长效机制，力求服务信众更加优质。 教风建设是一项长期的工作任务，教风的的端正与否，关系到我们庙宇生存的生命力。自从教风建设开展以来，我们姚家庙的整体形象得到了很大的提升，服务质量得到了众多信众的认可。

1. 以创建文明和谐场所活动为契机，借风扬帆。借着这次文明和谐场所创建活动的东风，发起各种形式的宣传，如月会学习，写标语，拉横幅，制作宣传版面等，增强教风端正的长期延续意识。

2. 以实际行动关心群众需求，提高服务质量。在即将进入高温天气之时，我们提前对所有防暑降温设施进行一次检查，该修的修，该换的换。我们就把自己办公室里一台功率相对大些的空调与之对换，把更多的舒适度留给群众。

3. 定时查看信众意见箱。每到一个月的月初，我们会去打开查看一下信众意见箱，这样做，哪怕没有直接看到信众的意见文字信件，也能对教职员工起到经常性的提醒警示作用。

456

浦东道教年鉴·宫观篇

4. 制作宣传墙报，提供服务信息。我们利用三门两边的大幅墙面，制作巨幅喷绘墙报，为信众提供每年的运程信息和本庙的服务活动信息，让每个经过这里的人感受到我们道教对人民大众的爱心关怀，体察道教存在的合理性、必要性。让更多的人了解道教，走近道教。

八、利用微信网络，致力形象展扩。 今年我们注册了姚家庙微信公众号，尝试利用微信网络阵地弘扬道教文化。从宏观上，致力扩展道教的影响力，起着讲经弘道的作用；从微观上，也是在扩大姚家庙自身的影响力，起着展现自身形象的作用。

九、充实管理小组，增强管理力度。 在区道协领导的关心支持下，从钦赐仰殿道观抽调一位优秀道长来姚家庙管理组任副组长，已于 11 月 10 日前来报到。感谢区道协领导的关心帮助，相信姚家庙今后的管理工作定会走上一个新的台阶。我们会努力工作，力争作出成效，不辜负领导对我们姚家庙的期望。

457

2016 年工作总结

2016 年是"十三五"规划的开局之年，道观以"文明和谐道观"的要求为标准，围绕"规范管理、完善制度"这一中心，通过"加强学习，教风建设、制度完善，服务社会"等方面的主要工作，不断提升道观的管理水平，各项工作顺利有序开展。

（一）通过不断学习，提高思想觉悟

1. **时事政治学习、坚定爱国爱教。** 坚持教职人员每月初一的时事政治学习。今年道观组织道长们先后学习了，李克强总理政府工作报告中涉及到民族、宗教方面的文件；习主席在全国宗教工作会议上讲话；政协主席俞正声在全国各地调研宗教工作的讲话；传达学习市道协换届工作报告；中共十八届六中全会精神以及《人民日报》汇聚宗教正能量同心共筑中国梦的文章、《新华社》党的十八大以来全国宗教工作综述等文章等。通过学习，提高了认识，增强了觉悟，进一步激发教职员工爱国爱教的热情。

2. **法律法规学习、依法开展工作。** 第一、道观通过山门外墙的宣传栏以及内部的宣传，结合"民族宗教法制宣传学习月"和"宪法学习周"两大主题，开展"做一个遵纪守法的道教徒"为主题的宣传活动；第二、通过系统学习《宗教事务条例》《宪法》等法律法规并制

作宣传月横幅标语、宣传月黑板板等形式多样的宣传方式，进一步推动宗教界的普法工作并积极引导信徒群众做一个遵纪守法的道教徒。

3. **学习道教经典，提升弘道能力。** 第一，随着时代的发展，信众的信仰需求不断提高，道长们的弘道能力明显不足，为广大信徒解疑释惑的能力急需加强，所以道观在今年内每月组织道长们集体学习道教经典，通过集体诵读、讨论、背诵等方式提升道长们的讲经弘道能力，依据道教经典回答信众的疑问，取得明显的效果，得到信众的肯定；第二，道观非常珍惜浦东道协给予举办"浦东道教南片宫观道长讲经交流会"的难得机会，鼓励道长们积极参加，并于今年7月成功承办"浦东道教南片宫观道长讲经交流会"，道观三位道长登坛讲经，取得良好的开端；第三，道观积极鼓励并支持市区道协主办的讲经活动，多次派人分别参加浦东宫观负责人讲经交流会，市道教玄门讲经选拔赛，青浦区宗教讲经道教专场等活动，通过以上活动，提升了道长们的弘道能力以及道教理论水平，并将"讲经讲道"作为道观的一项长期的重要工作。值得一提的是，今年道观青年道长通过自学考入成人专科班，道观予以支持并给予学习时间上的帮助，鼓励其好好学习，增强自身文化素养。

（二）加强教风建设，提升道教信仰

1. **深入学习，提高认识。** 道观通过组织教风建设的主题学习会，进一步深入教职员工对于教风建设重大意义的认识与理解，每位教职深刻领悟到教风问题与道教的发展密切相关，直接关系到道教的生存与发展。因此，道观管理组决定必须要大力加强教风建设，提升道教信仰，规范教门规戒，促进道观健康发展并把"教风"创

459

建活动内容纳入道观日常管理工作之中，作为道观的常态化工作。

2. **形成共识，文明服务。** 道观作为面向社会开放的场所，服务并满足信徒的信仰需求是道观的首要任务，所以今年内，道观形成文明服务公约，做到文明接待，文明烧香，为信众提供一个庄严宁静、整洁平安的信仰场所，得到信徒的普遍好评，提升道观的服务质量。

3. **主动接受，信众监督。** 道观于今年内在山门口设立"意见箱"，主动接受信众监督管理，每周开箱一次，信众的意见及时做出整改并反馈给信众，得到信众的普遍欢迎。

4. **规范着装，提升形象。** 今年内道观对临时邀请的散居道长们提出统一着装的要求，规范道长们的形象，杜绝道长们着装不一致的现象，有效地提升了道长的整体形象。

5. **斋醮科仪，满足需求。** 随着信众对拜太岁的需求，道观组织道长们统一学习拜太岁仪式，诵读太岁经忏等业务能力学习，丰富道观的宗教活动内容，满足信众的信仰需求。

(三) 完善制度建设，规范道观管理

1. **完善制度，规范管理。** 今年道观重点针对道观存在的实际问题结合文明和谐道观的创建要求，对道观的各项制度进行修订完善。今年内重新修订、增加、完善道观《接待制度》《庙管组制度》《档案制度》《学习制度》《消防制度》《值殿制度》《宗教活动制度》等多项制度，全部上墙张贴公布，接受信教群众的监督，以此来全面规范道观的管理制度。

2. **财务制度，重中之重。** 今年道观在区道协的帮助下，对道观的财务工作进行了系统的审计，帮助道观规范了财务制度，完善

了财务的监管。今年内已经做到固定资产登记造册，"写缘簿"和"收款收据"，实行专人管理，规范功德箱管理，重大支出实行民主决策等多项制度，一切收支以及审批手续严格遵守财务制度规定执行，建立健全了财务长效管理机制，取得良好的效果。

3. **民主议事，促进管理。** 道观每月召开一次庙管组会议，民主决策，分工明确，职责到人，不得推诿，奖罚分明。每两个月召开一次教职员工大会，及时向教职员工传达文件精神并告知道观各项工作的开展情况。做到及时沟通，听取意见，做到民主管理。另一方面道观非常注重团体合作精神，教职员工的节日慰问，主动关心员工的身体健康，教职员工生病期间主动上门慰问并在生活上给予帮助，使道观凝聚力工作不断增强，工作效率和服务水平也不断提高。运用民主议事的有效形式来促进管理的水平。

4. **关心信徒，增进友谊。** 道观每年召开二次信徒代表的座谈会，认真贯彻落实党的宗教信仰自由政策，组织信徒学习宗教法规政策，增强法律意识，做到遵纪守法。并向信徒通报道观工作，听取信徒意见，做好信徒代表的联谊工作，做到节日上门慰问，生病主动关怀，中秋春节联谊会等，使道观的信徒队伍不断壮大，信徒的宗教素养也不断提高。

5. **重视消防，保障安全。** 为确保道观的消防安全，道观与每位教职员工都签订了安全责任书，明确每人的工作职责，并派专人负责每日检查消防安全工作，增强了道观教职员工的消防安全意识。

（四）发挥道教信仰，积极服务社会

1. **保障宗教活动，提升服务质量。** 道观在平常日为信众举行

的宗教活动之外，还举行了多场次的集体宗教活动，如新年烧头香、接财神、新春拜太岁、清明追思、姚大仙得道升仙纪念日、冬至祭祖黄箓法会等活动。今年，道观针对当地的信仰特点，进一步丰富了宗教活动的内容，例如：针对当地信徒在新年里有请道长做禳星解厄的需求，道观特举办新春顺星祈福的仪式，还有当地信众一般在端午节、中秋节来道观烧香的习俗，道观特举办端午辟邪祈福、中秋祭月祈福仪式等形式多样的宗教活动，既丰富了道观的宗教活动，也同时满足了信众的信仰需求。

2. **丰富法物流通、增加服务内容。** 今年内道观根据当地信众的信仰特点，结合道观自身特点，定制铜制镇宅符、许愿带、许愿亭、祈福袋等法器法物，道观按传统仪轨进行开光，给予信众恭请，既满足了信众的信仰需求，又丰富了道观的服务内容也提升了道观的经济自养能力。

3. **发扬道教传统，关心弱势群体。** 每年传统佳节期间，道观主动联系当地村委，上门慰问周边困难老人并送上慰问金。多年来，道观始终秉承道教济世度人的优良传统，积极开展敬老活动，关心社区老人，受到周边村民的好评。

4. **培育道观品牌，提升道观影响。** 今年道观结合浦东道协创建"一观一品"活动的倡议，道观根据自身的特点，结合当地信众的信仰需求，特组织香客代表进行讨论，初步形成道观的"姚大仙"的宗教信仰品牌，决定在每年的农历六月十七姚大仙升仙日举行集体诵经、礼拜、吃素斋等一系列活动，扩大道观的影响，满足信众的信仰需求。

5. **考证道观历史，还原真实事实。** 道观自恢复开放以来，一直以政府官方浦东区志办主编的《浦东镇志—东海镇志》中关于姚家庙的有关信息作为唯一标准予以引用，其始建年代上有一定问题。现经考证研究，初步确定道观始建于南汇建县时期的清朝雍正年间，对于道观历史的考证，能更好的培育道观主供神姚大仙这一信仰品牌，为道观的发展奠定扎实的文化基础。

（五）做好接待工作，加强对外交流

1. **做好接待工作，提升服务水平。** 今年内道观多次接待市、区道协领导的检查，对道观的各项工作提出了宝贵的建议，道观及时作出整改。又接待了市民宗委道观寺庙巡视组成员，对道观的各项服务工作做出了真知灼见的建议，提升了道观的服务水平。还接待了区民宗委财务审查，接待镇统战领导的安全检查，接待姚氏宗亲联谊会上海分会的领导成员，就上海姚氏与姚大仙的渊源进行了座谈交流。

2. **加强对外交往，增进宗教友谊。** 今年内道观派人参加了道教学院三十周年庆典、松江广富林道观开光活动、上海城隍庙祭城隍大典等活动，通过与兄弟道观的交流，增进了友谊，培养了宗教感情。

3. **参加组织活动，完成各项工作。** 今年内道观积极参加上级领导安排的各项工作，积极派道长参加市道协关于道教志工作、区民宗委信息员培训工作、市道协宗教政策学习会、市道协理事会、区道协各项会议，区道协爱国爱教参访活动、市道协换届会议等工作，做到积极完成上级部门的工作安排并做到及时向道观道长们的传达会议精神，把上级领导的各项指示落实到各项工作中，努力完成上级领导布置的各项工作。

2017 年工作总结

今年，姚家庙在浦东民宗委、区道协的领导下，以全面学习十九大精神为动力，以创建文明和谐道观为标准，围绕"政策学习，教务学习、教风建设，完善制度，弘扬文化、接待交往等方面的主要工作，不断提升道观的的各项工作，并圆满完成了道观全年工作计划。

（一）加强政治学习，提升思想觉悟

1. **深入学习十九大精神。** 道观组织全体教职员工收看党的十九大开幕式与闭幕式的实况转播，大家备受鼓舞，倍感振奋，一致表示，十九大的胜利召开，给包括道教界人士在内的全国人民莫大的鼓舞和激励。我们道教徒也要不忘初心，牢记弘道扬德、济世利人的使命，不断加强自身建设，团结带领道教信徒，高举爱国爱教旗帜，坚定不移地走与社会主义社会相适应的道路，坚持中国化方向，以社会主义核心价值观为引领，传承道教优秀文化，运用道教智慧，为弘扬中华传统文化，实现中华民族伟大复兴的中国梦发挥积极作用。

2. **学习新修订的《宗教事务条例》。** 道观分三次举行法规学习会，专题学习新修订的《宗教事务条例》，道长们分别对此次新修订

的《宗教事务条例》的细则予以解读，着重分析此次新修订条例中更加体现法治精神和法治理念的诸多创新转变，准确把握新修订《条例》的精神实质。道众们表示此次条列，对推进我国宗教工作法治化进程具有十分重要的意义同时更体现了党和政府对宗教的关心和重视。

3. **时事政治学习、坚定爱国爱教。** 道观坚持教职人员每月初一的时事政治学习。今年道观组织道长们先后学习了，全国"两会"精神、李克强总理所作的《政府工作报告》、传达学习新区道协换届工作报告、《关于进一步治理佛教道教商业化问题的若干意见》，通过学习，进一步增强教职人员的国家意识、公民意识、法治意识，大家决心深入学习贯彻党的宗教政策和习近平总书记重要讲话的重大意义和思想内涵，爱国爱教、同心同行，为实现祖国的宏伟蓝图作出应有的贡献。要进一步增强宗教界的国家意识、公民意识、法治意识。

4. **加强普法意识、共建法治中国。** 道观把"宣传学习月"活动作为本年度重要工作来抓。（1）道观宣道组紧紧围绕学习月主题，利用板报、横幅等户外宣传手段，与微信公众号等现代传播手段相结合，宣传宗教相关法规、政策知识；（2）主持召开教职人员学习会，专题学习民族宗教法律法规，学习月专题会上教职人员争相发言，畅谈学习感受，气氛热烈；（3）积极安排教职人员参加市区道协组织的各项"宣传学习月"主题讲座、和启动仪式，起到了良好效果。

（二）加强教务学习，提升弘道能力。

1. **道教经典学习，提高理论水平。** 年初道观管理组决定推荐学习型道观建设，着力提高服务社会的能力。第一、多次组织教职人员集体学习道教经典（道德经、南华真经），通过集体诵读，讨论等方式提升道长们的道教理论水平，明显提高道长们的道教学识；第二、道观积极鼓励并支持市区道协主办的讲经活动与讲经培训，多次派人分别参加市区道协玄门讲经，讲经培训等活动，通过以上活动，为道观筹备讲经活动提供经验。

2. **挖掘道教科仪、丰富宗教服务。** 道观按照年初的计划，分几次组织教职人员学习、排练新的道教科仪，例如九月九拜斗科仪，文昌祝愿仪式、中秋祈福仪式等道教科仪，提高教职人员的阐演道教科仪的能力，并丰富道观的宗教服务类型，取得很好的效果。

3. **学习管理经验，探索现代管理。** 本年度工作计划中，道观决定加强宫观管理，着力探索现代道观管理新模式。（1）完善道观各项制度，做到管理制度化，规范化。（2）通过参访学习其他宫观的管理模式，提升道观管理水平。

（三）巩固教风建设，坚定道教信仰

1. **重视教风建设、秉承道教本色。** 年内道观举行了二次"尊道贵德，学修并进"为主题的教风建设学习会。通过学习统一思想，大家懂得教职人员需要内修道德、外修庄严，更要为济世利人、服务社会而弘扬道教，以此来报教门滋养之恩、善信供养之德。

2. **通过信仰教育，坚定弘道理念。** 道观通过集体学习《道风集》，使道长们静下来体悟陈老会长的道教思想，提高宗教学识造诣，守法持守戒律，坚定信仰追求。

3. **注重形象，文明服务。** 道观作为宗教服务场所，按照文明

服务公约，做到文明接待，礼貌待人，为信众提供周到的服务，提升道观的服务质量。

4. **规范着装，提升形象。** 今年内道观对临时邀请的散居道长们提出统一着装的要求，规范道长们的形象，杜绝道长们着装不一致的现象，有效的提升了道长的整体形象。

（四）通过完善制度，提升道观管理

1. **争创文明、推动管理。** 道观围绕新一轮"文明和谐寺观教堂"创建活动，按照道教《清规榜》寻找各自不足的活动，通过相互监督的方式，找到各自存在的各项问题，逐一改正，并结合实际情况以及各自的岗位从"责任心""明确分工"和"以身作则"等方面，分析了道观存在以及自身存在的各项问题，并进一步提出解决问题的对策和设想。

2. **财务规范、民主决策。** 为了巩固道观各项财务规范的成果，结合市区民宗委会财务监督管理专项工作"回头看"工作，道观对各项财务制度进行细化，加强监督体制，建立健全财务长效管理机制，取得良好的效果。

3. **民主议事，职责分工。** 道观每月召开一次管理组会议，民主决策，分工明确，职责到人，不得推诿，奖罚分明。每两个月召开一次教职员工大会，及时传达上级领导的各项会议精神。做到民主管理。

4. **慰问信徒，增加情谊。** 道观每年召开中秋茶话会与春节联欢二次信徒代表的联谊活动，组织信徒代表学习宗教法规政策，增强法律意识，做到遵纪守法。并听取信徒意见，做好信徒代表的联

谊工作,做到节日上门慰问、主动关心信徒代表的生活,使道观的信徒队伍不断壮大,信徒的道教素养也不断提高。

5. **安全工作,重中之中。** 11月道观举行了"119消防周"消防安全演练活动。此次演练活动旨在提高道观教职人员和工作人员的消防安全防范意识,及时消除道观内的火灾隐患,预防火灾事故的发生。为确保道观的消防安全,道观与每位教职员工都签订了安全责任书,明确每人的工作职责,并派专人负责每日检查消防安全工作,增强了道观教职员工的消防安全意识。

(五)弘扬道教优秀文化,探索服务新的途径。

1. **加强宗教活动,提升服务质量。** 道观目前为止的主要自养能力的来源,基本上都是来源于为信众提供的宗教活动,所以宗教活动服务质量是道观的工作重点,道观要求教职人员必须做到着装规范,举止文明,坛场庄严。今年内道观在平常日为信众举行的宗教活动之外,还举行了多场次的集体宗教活动;如新年烧头香、接财神、新春拜太岁、清明追思、姚大仙得道升仙纪念日、九月九拜斗、中秋祈福、冬至祭祖黄箓法会等活动。今年,道观针对当地信徒切实精神信仰需求,进一步挖掘了道教的拜斗科仪以及中秋祈福科仪,丰富道观的宗教活动,满足了信众的信仰需求。

2. **加强法物流通管理、丰富道观服务内容。** 今年内道观根据信徒的信仰需求,结合道观自身特点,定制车神平安符等法器法物,道观按传统仪轨进行开光,给予信众恭请,既满足了信众的信仰需求,又丰富了道观的服务内容也提升了道观的经济自养能力。

3. **传承道教传统,服务社区民众。** 道观秉承道教慈爱理念,始终把帮助附近居民作为广行公益慈善的重点。今年 10 月，欢庆国庆中秋佳节之期，道观举行国庆中秋慈爱敬老活动。诚邀当地剧团奉上精彩的酬神戏，并为社区老人诵经祈福，同时祝福祖国繁荣昌盛，国强民富。12 月道观发扬慈善理念，开展慰问孤老，困难家庭等送关怀活动，以此弘扬道教"齐同慈爱、异骨成亲"的慈爱理念，为和谐社会建设作贡献。

4. **培育信仰品牌，提升道观影响。** 今年内，道观继续坚持"一观一品"活动的举措，特组织香客代表进行讨论，初步形成道观的"姚大仙"的宗教信仰品牌，在道观主供神姚大仙纪念日举行集体诵经、祈福拜忏、吃素供斋等一系列活动，扩大道观的影响力，一百多位信众积极参与，取得了很好的社会反响，满足的信众的信仰需求。

5. **加强宣传力度、提升道教影响力。** 重视新媒体的价值，充分发挥新媒体在传播道教文化中的作用，不断扩大道教的影响。道观开通道观微信公众号，发布道观信息，宗教活动信息，重大香讯活动以及道教文化信息等方式，向广大信徒传播道教文化以及道观资讯，今年道观微信公众号的关注量也超过一百人，取得很好的弘道效果。

（六）做好接待工作，加强对外交流

1. **做好接待工作。** 今年内道观多次接待市、区道协领导的检查，对提出的指导意见道观及时作出整改。接待了区民宗委财务"回头看"检查组，以及市民宗委道观寺庙巡视组成员，对道观的各项服务工作做出了真知灼见的建议，提升了道观的服务水平。

469

2. **加强对外交往，增进宗教友谊。** 今年内道观派人参加了上海城隍庙祭城隍大典，青浦区一文慈爱功德会启动仪式、川沙城隍庙祭城隍庆典等活动，通过与兄弟道观的交流，增长了见识，增进了友谊，培养了兄弟道教界的道谊。

3. **参加上级组织活动，完成各项活动会议。** 今年内道观积极参加上级组织安排的各项工作，派道长参加《上海市道教宫观人才库》建设、市道协讲经选拔赛、浦东道教书画展开幕仪式、市道协宫观负责人学习班、上海道教信息员座谈会、市道协理事会、区道协各项会议、区道协爱国爱教参访活动、区道协换届会议等工作，纪念当代道教陈莲笙大师百年诞辰，把上级领导的各项指示落实到各项工作中，努力完成上级领导布置的各项工作。

【组织概况】

一、道观教职人员（2013—2017）

教职人员名录	备　注
陆华平　成润磊　姚正洁 张春华　顾兴官　陆秋平	2015 年 11 月成润磊从钦赐仰殿道观调入姚家庙

二、历任道观民主管理组织

任　期	负责人	成　员
2013—2015	陆华平	姚正洁　张春华
2015—2017	陆华平	成润磊　姚正洁　张春华

三、道观工作小组组长

任　期	工作组组长
2013—2017 年	宗教活动组：陆华平 后勤法物组：成润磊 学习宣传组：成润磊 消防安全组：顾兴官 财务资产组：张春华

【荣誉榜】

获奖单位	荣誉称号	颁发单位
姚家庙	2013—2015 年度浦东新区 三星级文明和谐寺观教堂	浦东新区文明办 浦东新区民宗委

一王庙

【概况】

一王庙，原名雨花庵，是当地人办的一所家庙。后来，村中潘家有人当了官，才把它改名为一王庙。庙址在十七保一区的九图，即周浦镇北面鲜塘港雨花桥西畔，现为康桥镇营房村 3 组火家宅。原在本地区还有二王庙、三王庙之称的庙宇。清康熙元年（1662年）和乾隆年间，一王庙曾两度重建，20 世纪二三十年代尚有三大殿、四小屋，香火颇为旺盛。

473

一王庙虽然规模不大，但它在周浦乡、周西乡、周浦镇却有较大的影响，当地百姓无人不知。抗战时期，一王庙曾经遭到侵华日军的破坏，庙舍几乎焚毁殆尽。对于日本侵略者的这一滔天罪行，当地百姓当然是不会忘记的。1942 年，由善信赵天山等乡邻自动捐款，利用废旧木料，帮助一王庙重建了一埭庙舍、东西两厢房，以及前面的墙垣和山门。但因无力继续维修，至新中国成立初期，庙里仅存四间小屋，神像都已损毁。"文革"期间，庙宇被拆除。

直到 1989 年，一王庙才恢复香火。1991 年，由南汇县道教协会筹资，在原址北面 50 米处重建一王庙。占地面积 689 平方米，建筑面积 520 平方米，有庙舍 17 间，正中为大殿，两侧各为一间次间，东面为一幢二层楼房和 2 间西厢房。1997 年，又在庙的东侧增扩建殿房。1997年5月，经南汇县人民政府批准，一王庙登记为宗教活动场所。庙正殿供奉东岳圣帝等二十七尊神像。每年有两次重大活动，即农历三月二十八东岳圣诞和大年初一春节香讯，香客可达数千人。

2013 年工作总结

一、继续坚持学习，学习有关法律法规，加强思想建设，坚决走爱国爱教的道路，认清什么叫正常的宗教活动，什么是非正常的活动。

二、通过学习，加强内部思想意识，造就各位道长的本能意识，爱庙如家，尊教爱教。

三、增强自身素质，规范道风，热情待客，尊师爱友，努力自身修炼，政治上靠得住，学识上有造诣，时刻做一个合格的道士。

四、今年民宗委下达的财务监督一项，我庙坚决执行，账目日日清，报表月月上报。

五、加强内部管理，做到分工到人，责任到位，人人有事做，做事要踏实。

六、安全防火工作不得放松，是一项长期的重要工作。

七、改变原来我庙单一操作行为，放开眼界，向好的道观学习。

八、疏通香客关系，听取香客意见，取长补短。

九、尊重地方政府的领导，上级一有指令，无条件服从。

2014年工作总结

一、进一步加强学习，学习各级政府颁发的法律、法规和有关文件，结合本庙实际情况，展开讨论、畅所欲言。自我检查，发现问题及时整改，在整改过程中，纠正了道长们身上很多缺点，如：经常在大殿内随意走动、吸烟、高声谈笑、讲话粗言俗语、着装不整齐、玩手机、诵经不认真、交头接耳、受不得批评、对抗领导等，通过多次学习讨论，这些问题基本上已解决。

二、整改财务工作，是一件缺不可少的实际性工作，也是教风创建其中之一。在2013年基础上，通过自查和民宗委财务检查以后，我庙这类工作确实还存在一些问题，如：香烛销售来往单据不规范，发票报销不健全等，在今年工作中，列为重点整改措施之一。

三、消防安全工作，本庙列为工作重中之重的头等工作，各级政府三申五令，宗教场所一定要抓好防火安全工作，我庙在镇统战部和镇消防部门的指导下，在本庙范围内，实地操作培训，现场实施，使本庙全体人员消防知识做到应知、应会，万一发生了火灾不手忙脚乱。10月份我庙还派员专职到上海消防局专业培训，做到责任到位，分工有序，还专门制定了消防安全制度，明火不得进殿堂等，挂出醒目标牌，今年还先后二次对本庙陈旧照明线路，不规范

的用电器具全部更换，做到万无一失。

四、我庙坚决服从当地各级政府的领导，发展邻里关系，团结香客，搞好环境卫生，慈善乐助，帮困扶贫等。

五、注意培养年轻道长的自身素质，加强思想教育，道教自身修炼，进一步提高忏务质量，更好地服务信众，统一思想加强内部管理发扬民主管理。

2015 年工作总结

一、加强政治思想工作的引导，教育造就每位教职人员的思想意识，以宗教思想为主，进一步爱国爱教，增强法律意识，从本职实际情况出发，结合本庙实际情况，根据本地区的风俗习惯，宣传政府下达的各项政策。感谢政府对我们宗教事业的关心，并且对我们道教事业的要求，颁布一系列政策，多次组织学习，深入开展讨论，谈心得体会。

二、本年度一王庙多次召开会议，重点抓本庙全体教职人员的思想工作，认识到每一个教职人员应尽的义务，转变每个道长的个人思想意识。

三、抓好道教科仪质量，培养年轻道士的道教素质，讲究道场质量，加强自身修炼，进一步规范宫观管理。

四、顾及信众利益，实事求是，讲究道德信仰，做一个忠实于道教事业的老实人。

五、在 2014 年基础上，进一步加强财务工作管理，今年本庙接受新区民宗委组织的财务抽查，经过检查，发现一王庙在财务管理上仍有某些不规范的情况，再加上我们通过自查，把目前还存在的不足之处加以整改，一定要整改到完全规范为止。

六、今年一王庙工作之重点，放在消防安全这一项，确实做了大量的实际工作，在镇统战部和镇消防安全管理组等指导下，前后开展了二次消防实地训练，使每一个道士能掌握消防知识，还专门配备了一台高压消防泵以防不测。

七、每年一次大年三十烧头香一事，一王庙也列入工作重点之中，我们预先制定工作措施，对本庙所有消防器具和各个通道彻底检查和整改，并且还向外来香客们宣传政府下达的各项指令，使他们了解当前的形势，尽量做到万无一失。

八、继续发挥管理小组的力量，每月开一次班子人员会议，发现问题集体讨论解决。

九、积极投入社会公益活动，慈善帮困工作，发扬人道主义精神。

2016年工作总结

一、加强政治思想教育，提高每个教职人员的政治觉悟。坚持长期学习，学习有关法律法规，学习时事政治，学习上级下达的各项指令，长期做好本庙教职人员的政治思想工作。认清当前形势，结合本庙实际情况，进行多次讨论，畅所欲言总结工作中优点，查找工作中存在的不足之处，发扬优点，纠正和指出工作中存在的缺点，使每个道长在思想上有所进步。增强法律意识，永远保持高度的政治思想觉悟。

二、培养有用人才，刻苦钻研道教科仪技术。使本庙在道教科仪中后继有人，利用空闲时间，互相帮学，互相传授，发挥每个道长的一技之长，共同提高道教科仪质量和自身素质，并进一步提高信仰意识。

三、进一步搞好与信众的关系，发扬道教优良传统，注意服务质量，要使本庙长期生存，必须更好地为广大信众服务。以诚信为宗旨，使广大信众高兴而来满意而归，才能使本庙永立不败之地，更能提高自养能力，使本庙在各方面工作进一步提升。

四、完善和执行财务制度是一项长期性重要工作，在日常操作过程中，必须严格执行，使本庙财务工作长期得到规范，做到账目月月清，报表每月按时上交。

五、积极参加社会各种公益慈善活动，支援灾区、行善积德，发扬人道主义精神，树立道教界的优良传统和良好的形象。

六、坚决贯彻和执行本庙制定的各项规章制度。制度是方向、是轨道、是护栏，失去或不执行制度，任何工作是做不好的，甚至还会犯错。

七、支持和鼓励青年道长参加讲经活动。根据新区民宗委和道协的要求，每个宫观青年道长必须要参加，因为通过讲经讲道，会促进每个青年道长的知识面，提高每个青年道长自身综合素质。

八、消防安全工作要警钟长鸣。遵照政府各项指令，认清当前形势，加强宣传力度，倡导文明敬香。今年我庙在镇统站领导和镇消防管理部门的督导下，在经济不足的情况下，安装了两处消防栓以防不测，消防工作要以防为主，要做到时时警惕，责任到位，分工明确，定出制度，条条有序，落实措施，消除隐患，确保一方平安。

2017 年工作总结

一、坚持学习，学习时事、政治、法律和法规等相关文件。比如：拉横幅、出板报、升国旗等活动。坚持每月学习一次，先后学习了全国两会精神，习近平总书记在全国宗教工作会议上的重要讲话，通过学习使全体教职人员了解国家对宗教方面的政策，进一步增强政治意识和大局意识，激起爱国热情，坚定方向，永远走爱国爱教的道路。在每年的法制宣传月内，本庙结合实际情况，广泛宣传，召开座谈会，结合每个道长存在的思想意识，广泛宣传政府下达的关于宗教信仰自由政策，和各项相关的法律法规，努力营造学法、知法、守法以及用法的优良作风，不断提高国家意识、公民意识、法制意识，依法开展各项宗教活动。

二、进一步开展文明宫观创建工作，规范道观管理工作。我庙虽然没有正式申报创建文明宫观这一项，但在实际工作中，参照创建标准和要求，制定工作计划，精心策划，明确目标任务，力求通过创建活动，衡量本庙现状，改变落后面貌，使本庙规章制度更完善，道风更端正，管理更规范。

三、进一步加强消防安全工作，积极落实各项防范措施。消防安全工作责任重于泰山，这项工作主要从思想上抓起，改变"消防工作年年搞，年年都是老一套"的想法。消防消防，要以防为主，广泛宣传广大香客，结合倡导文明敬香，两项工作一起抓，要落实人员，分配责任，事事有人管，一管到底，为确保一方平安，做到万无一失。

四、进一步规范各项规章制度。一王庙对过去已有的规章制度进行逐项审议，废去有些已不适应当前形势的制度，进行修改，重新建立一整套行之有效的规章制度，有利于今后开展日常管理工作，为进一步规范化管理打好基础。

五、行善积德，济世利人。积极配合当地政府做好慈善公益活动，尽量多做一些好事，每年一次拜访本地区贫困老人，送上一份温暖，以表本庙一片心意。

六、抓好道教文化建设，弘扬道教传统文化。本庙今年着重做了这方面的工作，清规戒律，祖师圣诞榜，及其他道教宣传品，扩大了影响面，使道教文化在本庙进一步得到弘扬，让本地区广大信众对道教进一步认识，增强了道教信仰意识。

七、为了增强自养能力，发展多种服务项目。过去我庙只是单独服务做道场一项，不注重任何横向服务方式，现在我庙向其他道观学习，增加了服务项目，新年拜太岁，接财神等多种服务方式，收到了一定效果。

【组织概况】

一、道观教职人员（2013—2017）

戚右飞　傅元宏（2015.1调入）　李春荣　沈才新　陆利忠
朱大新　陈梅祥　陆利平

二、道观民主管理组织

管理组组长：戚右飞

管理组副组长：傅元宏、李春荣

管理组成员：沈才新、陆利忠

祝桥关帝庙

【概况】

关帝庙位于浦东祝桥镇红星村。据清光绪《南汇县志》记载，庙宇始建于乾隆二十九年（1764 年），原址在大沙路口、钦公塘上。乾隆五十五年（1790 年），由周廷楷重建。1931 年，周文葵、倪鹤亭等捐募修缮，塑雕戏名数十场，屋顶双龙抢珠活灵活现。庙有前殿、后殿、厢房等十多间，有关公、孟公、地母、西方三圣等神像。东厢房由地母宫人员管理，西厢房由佛教"三宝门"管理，正殿由庙主管理。关公神像前有大香台一座，每逢农历五月十三、九月十三的庙会和春节期间，烧香的人来往不断。新中国成立后，历经"破四旧"、"文革"等政治运动，庙宇、神像悉数遭到毁坏。目前，道观仅存当地善信于原址集资重建的大殿一间。2009 年 7 月 8 日，祝桥关帝庙为固定宗教活动处所，正式对外开放，为正一派道观。

485

2013 年工作总结

2013 年是教风建设之年，我庙做了一些工作。始终坚持发展为第一要务，稳定为第一责任。属地管理按"谁主管、谁负责"的原则，落实民宗委提出的教风年，以务实基础和创新工作为抓手，取得一定成效。现将主要工作总结如下：

一、积极做好教内工作，加强学习，学习宗教资料。

二、做好工作计划，加强自身建设。

三、做好宗教场所结合实际，认真做好法制宣传教育活动，张挂横幅。

四、做好消防安全，维护消防安全，积极预防火灾，消防设施隐患配置器材，确保安全。

五、响应号召，积极参与慈善事业，帮困救助。

2014 年工作总结

2014 年，道观以组织建设和制度建设为抓手，认真做好各类宗教活动，圆满完成年度工作安排。现将主要工作总结如下：

一、规范道观制度，实行公开张贴，并在日常工作中贯彻执行。

二、认真做好时政学习工作，重点学习政策法规和宗教法规等。

三、加强自身建设，认真做好各类宗教活动，树立良好形象。

四、结合场所实际，认真做好法制宣传教育活动，张挂横幅标语等。

五、做好消防安全工作，配备消防设施，消除安全隐患，确保道观安全。

六、积极参与慈善事业，发扬道教"济世利人"的优良传统。

2015 年工作总结

一、注重学习，坚持做好本职工作。学习时政两会精神，提高思想，加强组织建设，注重宗教法律法规。只有不断学习，才能紧跟时代的步伐，相互沟通谈心，确保道众之间团结一心，参加讲经讲道弘道活动，同心同德做好每一件事。

二、更新道观神像龙袍。借助关圣帝君圣诞日，发动信众们捐助，量身定制更换神像龙袍，尽力保持庄严与神圣，受到信众好评。

三、加强财务管理。财务人员持证上岗，账目明细公开，不足之处及时整改，财务工作逐步步入正规。

四、加强消防安全。道观虽然地方小，但也高度重视消防安全工作，加强宣传引导，组织消防安全演练，责任到人，守住底线，。

五、加强法制宣传。在"宗教法规宣传月"、"宪法宣传周"组织拉横幅，升国旗等活动，加强法制宣传，明确守法懂法的重要性。

2016 年工作总结

一、组织学习。一年来，我庙经常组织大众参与相关教育课程，了解时事政治，学习当合政府的大政方针和宗教政策，紧密联系信众，用实际行动积极贯彻党的宗教信仰自有政策，与时俱进、发扬爱国爱教、团结进步、服务社会的优良传统，取得了较好的成绩。同时，这些日积月累的学习，狠抓科仪的学习，使得道众做法事更加规范，也更受广大群众的欢迎，值得一提的是，9 月 2 日，庄慧君女士来到我庙捐款叁万元整，这充分证明了我关帝庙在群众心中的形象，真正从实际意义上表现出群众对我们工作的支持和肯定。

二、财务管理。与此同时，在过去的一年中，我们还加强了财务管理，制定了财务管理方案，加强了从业人员的职业素养和业务能力，在使得账目更加清晰、透明的同时，也大大提高了工作效率。

三、整修庙宇。我们铭记于心，例行的修葺、粉刷在这一年度也不例外，同样是不折不扣地完成，我们组织了全体道众和部分信众一起开展了整修关帝庙的工作。不仅将污损之处加以修缮，还将关帝庙里里外外重新粉刷一新，在保持优良传统的同时，更是寄希望来年，道众和信众能在环境整洁清爽地开展新一轮的工作。

四、消防安全。防微杜渐，一直是我们开展工作的首要考量，今年如同往年一样，做好了消防安全工作，消防器材维护保养工作落到个人担子，真正落到实处，每月对照标签检查器材是否过期，是否适合摆放于该位置。同时，组织了一次全体规模的消防演习，再一次重申我庙对消防的重视，坚决杜绝明火入殿等情况发生。

五、公益慈善。发扬道教慈善事业，奉献爱心。我们不忘道教宗旨，服务社会理念，响应市民宗委的慈善活动周。12 月在村委书记与村干部的陪同下，一起看望贫困老人，做慈善暖人心。尽我们一点绵薄之力，表示我们的爱心

六、管理制度。提高思想觉悟，注重规范管理，加强组织建设，学习时事政策，增加知识，传达会议精神。

七、参加活动。参加各种学习培训，充实人才团队建设，参与讲经讲道活动，深刻了解道教知识，提高自身修养，更好地服务信众。

490

2017 年工作总结

一、加强学习，提高教职人员思想觉悟。本庙时常组织教职人员加强学习，了解国家宗教政策，发扬爱国爱教、服务社会的美德，由区道协组织宫观负责人及时观看习总书记十九大的工作报告，回庙后立刻组织本庙教职人员继续学习总书记的工作报告，报告精彩，鼓舞人心，通过学习提高意识。

二、宣传法律法规，增强法制观念。通过学习民族宗教，法制宣制月活动，本观以拉横幅标语，升国旗的宣传形式，推动普法工作，引导信教群众遵纪守法，得到信众的好评。

三、消防安全，强化意识。消防安全工作责任重于泰山，严格按照"谁主管、谁负责"的原则，落实消防安全责任人，年初与教职人员签订消防责任书，并以定期检查消防器材、电线电路、应急照明、应急通道进行检查，一旦发现问题及时整改、消除隐患、确保安全。

四、财务管理。按照宫观制订财务管理制度，与缘簿、收款收据专人管理，收支审批手续按照财务管理制度执行，使帐目清晰、透明，提高工作效率。

五、加强交流，增进友谊。多次参加道协举办的活动，如道教书画展。参访奉贤东海观音寺，参加市道协举办陈老会长纪念日等，取长补短、相互沟通，通过学习交流，增加了友谊和宗教感情。

六、社会慈善工作。发展慈善事业，奉献爱心，由市道协举办的宗教慈善周活动尽本庙的一点微薄之力，捐赠善款 2000 元，以道教的优良传统奉献爱心，道观的发展离不开信众与社会的支持，为人民服务从小事做起，不要以金钱衡量。

七、道观实际情况。本观在这里也算是一座最小道观，总计 118 平方，由于今年的三围整改，道观前租赁的房屋已拆，比如说现在食堂、办公室、教职人员的休息室等都没有，多次向镇、村领导反应过，希望各部门领导多关心帮助沟通。

【组织概况】

一、道观教职人员（2013—2017）

金鹏飞、祝　军

二、道观民主管理组织

管理组组长：金鹏飞

管理组成员：祝　军

航头城隍庙

【概况】

  航头城隍庙位于浦东新区航头街道四组。明洪武十四年（1381年）左右，航头西街建城隍庙。《光绪南汇县志》载："航头城隍庙在西市称府城隍行署颇宏敞。"可见航头城隍庙规模较大，属松江府城隍老爷行署殿。庙宇占地面积 0.3 公顷，内置北宋吏部侍郎李若水神像，有山门、正殿、大殿、班房、戏楼等三进房舍 50 余间。"文革"期间，庙宇遭到毁坏，只保留了大殿，现为区级文物保护单位。1996 年，航头城隍庙山门重修，共三间，建筑面积 217 平方米，土地面积 130 平方米，位于居民区当中。至此，航头地区道教活动又有所恢复。1997 年经批准开放，2008 年 1 月正式登记颁证，为正一派道观。航头城隍庙现由新场东岳观兼管。春节"烧头香"和十月初五日城隍神圣诞庆典活动为道观的特色宗教活动。

2013 年工作总结

一、做好每月的香汛期开放工作。 每月初一、月半，新场东岳观安排专人前往航头城隍庙，明确工作职责和要求，及时上写缘善款和香烛销售所得，并做好日常流水账。

二、做好城隍庙的消防、安全工作。 消防和安全工作"责任重于泰山"，我们始终常抓不懈。2013 年，我们城隍庙做到每月集中燃点香烛，及时清理蜡烛油和锡箔灰，妥善安排架香山的地方，及时开启功德箱，每次关门前切断所有电源，每年年终前及时给灭火器换药，确保了城隍庙"不可移动文物"单位的"三防"工作到位。

三、妥善安排好主要宗教活动。 2013 年，我们认真做好大年三十夜的烧头香活动和十月初五城隍老爷圣诞庆典活动。我们城隍庙做到提早安排，广泛发动香客参与，落实安全措施，安排好道场活动和餐饮卫生等事宜，做到让每次活动圆满完成、安全有序。

四、坚持与信众保持好沟通联络。 航头城隍庙地方狭小，但香客热情高。每年夏季高温、新年春节期间，我们以团结为宗旨，坚持对香客进行慰问，相互沟通思想；香客们也一如既往为城隍庙做义工，相互关系融洽，对地区的社会和谐稳定起到了促进作用。

495

五、呼吁城隍庙的改扩建计划的实现。我们多次与镇政府和统战科沟通联系，希望能在航头镇中心小学搬迁后，将原城隍庙所属庙产归还，早日实现城隍庙的改扩建计划，让香客能过上正常的宗教生活，共襄善举，实现大家多年的夙愿。

2014 年工作总结

一、抓好香汛期工作。每月初一、月半，新场东岳观安排专人前往负责，明确了相关工作职责和要求，敦促及时上交写缘款和香烛销售所得，并做好日常流水账。

春节"烧头香"和 11 月 26 日航头城隍庙城隍老爷圣诞庆典活动，我们做到及早安排，专人负责，定点烧香，确保整个活动期间安全有序。

二、注重"三防"工作。"责任重于泰山"，"三防"工作我们始终常抓不懈，防火警钟长鸣。日常明火使用严格规范，做到每月开启功德箱，每次活动结束前切断所有电源，每年年终前及时给灭火器换药，多方的共同努力，确保了一方的平安。

2014 年 5 月 19 日、9 月 26 日，我们城隍庙先后两次迎接航头镇安监办、消防科、统战科共同组织的安全大检查，进一步促进了城隍庙消防工作的规范化。

三、保持与信众沟通联络。航头城隍庙地方狭小，为居民区所包围，但香客热情高。每年夏季高温、新年春节期间，我们以团结为宗旨，坚持对周边香客进行慰问沟通；香客们一如既往坚持为城隍庙做义工，日常生活中碰到问题也乐于和我们交流，相互间关系融洽，对航头地区的社会和谐稳定，起到了促进作用。

2015 年工作总结

一、抓好香汛期工作。 春节 "烧头香" 和十月初五日航头城隍老爷圣诞庆典期间，我们提早安排，专人负责，落实好宗教活动和安全保卫工作。

每月初一、月半，新场东岳观安排专人前往负责，在当地香客的协助下，保证香客的宗教信仰需求得到满足。且及时上交写缘款和香烛销售所得，做好日常流水账。每月定时开启功德箱，收纳锡箔灰，及时清理香灰和废油。

二、注重 "三防" 工作。 航头地小人多，"三防" 工作我们始终常抓不懈，做到警钟长鸣。日常使用明火严格规范，每次初一、月半开放活动结束前切断所有电源，按时关锁门窗。2015 年新购灭火器 6 只，大家的共同努力，确保了一方的平安。

2015 年，我们城隍庙先后多次迎接航头镇安监办、消防科、统战科共同组织的安全大检查，有效促进了城隍庙安全工作的规范化。

三、保持与信众沟通联络。 虽然我们硬件条件简陋，但航头城隍庙周边始终团结着一群信众，他们热心为城隍庙的日常工作和未来发展献计出力，也为地区的安全稳定和社会和谐发挥着积极作用。2015 年，我们航头城隍庙继续加强与香客的沟通联系，促膝谈心，节日期间关怀慰问，受到香客好评。

2016年工作总结

一、坚持做好香汛期工作。每月的初一和月半，由新场东岳观安排专人前往负责，在当地香客的协助下，做好开放工作。及时上交当日写缘款和香烛销售所得，做好日常流水账。月底定时开启功德箱，收纳锡箔灰，及时清理香灰和废油。大年夜"烧头香"和十月初五日航头城隍老爷圣诞庆典期间，我们提前安排，落实专人负责，落实好宗教活动和安全保卫工作。

二、注重"三防"工作。航头城隍庙地小人多，"三防"工作我们始终常抓不懈，做到警钟长鸣。2016年，我们接受地方政府安监办、消防科、统战科的多次不定期联合抽查，发现问题及时整改。庙内定期检查灭火器压力，严格规范日常明火。每次初一、月半开放活动结束前切断所有电源，及时关锁门窗。

三、保持与信众沟通联络。虽然我们航头城隍庙硬件条件简陋，但周边信众始终团结，大家热心为城隍庙的日常工作和未来发展献计出力，也为地区的安全稳定和社会和谐发挥着积极作用。2016年，我们航头城隍庙修缮庙宇的计划得到信众的大力支持，纷纷捐款帮助。

2016年，我们航头城隍庙各项工作有条不紊，全年任务基本完成。工作的进步与主管部门的关心支持和信众的厚爱是分不开。

2017 年工作总结

一、坚持做好香期开放工作。每月阴历初一、十五是我们城隍庙的香期时节，我们安排专人负责，落实措施，确保安全。按时上交香烛款，每月开一次功德箱，及时清理废蜡烛油和锡箔灰，做到人走灯灭。2017 全年我们做到了确保一方平安。

二、妥善安排殿堂修缮任务。2017 年年初，在信众的大力关心支持下，我们按照合同要求，认真开展殿堂修缮工作。扶正殿堂结构，重做屋面，铺平地坪，粉刷内外，并按照时间节点付清全部款项。修缮一新的城隍庙，为信众提供了一个更好、更安全的宗教活动场所。

三、持续开展"三防"工作。目前占地仅 130 平的城隍庙，属文保单位，安全工作不容忽视。我们坚持以防火、防盗、防意外为核心开展安全工作，线路穿管、新购灭火器材，专人负责，义工协助，做到及时切断总电源，关闭总水阀，消除隐患，确保安全。

【组织概况】

本庙由新场东岳观代管。

【新增道观】

川沙城隍庙

【概况】

川沙城隍庙,位于浦东新区川沙镇西市街 128 号,始建于明嘉靖三十六年(1557 年)。清乾隆五十三年(1778 年),盐场大使熊之垣组织重建。清嘉庆元年(1796 年),钱塘黄孙灿把重修的过程撰写成碑文,录于光绪《川沙厅志》卷五。清光绪二十五年(1899 年),营造业主杨斯盛再次捐资重修,使川沙城隍庙重显昔日之辉煌。文革期间关闭。2014 年 7 月,川沙镇政府出资重修。2015 年 11 月,归还浦东新区道教协会,并正式恢复开放。

今日的川沙城隍庙,红墙泥瓦,绿树葱葱,神像庄严。庙内主供川沙城隍神乔堂,配祀慈航真人、财神赵元帅、文昌帝君、药王真人、斗姆元君、六十甲子等道教尊神。庙内现有 400 余年树龄古银杏树一株,近年来树根周围又萌发幼枝七棵,成北斗七星状,谓之"七星环抱",郁郁葱葱遂成为川沙一景。古银杏树当地百姓誉为"川沙灵根",而庙宇亦被称为"祈福圣地"。

历史上川沙城隍庙一年最盛大的活动,当属每年农历十月初三日的"祭城隍"庆典。当天,川沙民众汇聚庙内,恭请川沙城隍神出庙巡查,收治本境乏祀孤魂和厉鬼,以确保一方平安。现如今,

503

每年祭城隍庆典期间，川沙民众依照惯例汇聚于古庙之中，张灯结彩，祭祀先贤，焚香祈福，共颂祭文，一派祥和、繁荣之景，成为川沙老城中最为重要的宗教和民俗节日。2017 年 11 月，川沙城隍庙恢复举行祭城隍庆典活动。

重新修复的川沙城隍庙正以全新的面貌融入川沙古城之中，为川沙古城的道教信众服务，为川沙古城的和谐与发展贡献力量。

【年度工作总结】

2016 年工作总结

2015 年 12 月，川沙城隍庙使用权交还新区道协，随即成立川沙城隍庙修复领导小组。2016 年，川沙城隍庙有条不紊地进行了庙宇的各项维修和修复工作，现将年度工作总结如下：

一、对道观进行基础工程改造，保证日后正常开放。

由于川沙城隍庙是在原有基础上进行保护性修复，一些基础设施不符合宗教活动场所，及公共场所开放的要求，如：地坪不平、下水不畅导致庙前广场大面积积水，照明线路和电源插座设置不合理等问题较为突出。为了保证日后庙宇的正常开放，决定首先对庙内基础设施进行合理化改造。如：将原来凹凸不平的鹅卵石地面更换为花岗岩石地坪；为了保证庙前广场下水问题，更换了庙内全部共 40 余个窨井盖；对庙内地下排水网络进行了合理化布局。为了改善庙内环境，对庙内绿化设施进行了保养、维护和添置，美化了庙内环境。同时，设立了食堂、接待室、办公室等。

二、为保证道观安全，建立和改造安全系统和设施。

1. 修建围墙，关闭居民侧门，保证道观安全。 川沙城隍庙恢复开放之初，殿堂四周没有围墙设施，存在诸多安全隐患，防盗及防火工作压力很大。鉴于以上情况，庙宇首先与川沙名镇开发公司进行商议，并与庙宇周围居民协调，在充分协商的基础上，确立了庙宇围墙的修建方案，并组织实施。由于历史原因，庙宇周围很多商铺在庙内开有侧门，为了保证庙宇安全，在充分协商的基础上，与居民达成共识，封闭居民在庙内开设的侧门，使得庙内安全得到保证。

2. **为了保证道观安全及正常开放，在此次修建过程添置了公共场所开放必须的硬件设施。** 为了加强防火和防盗监控，庙内添置了监控设施，以便对全庙区域进行监控，保证各类事件早发现，事后可追溯。为了保证庙内防火安全，在殿堂区域合理布局，安装了烟感报警设施，同时为了保证发生事故时，庙内人员的迅速转移，庙内添置了消防音箱，在日常开放时间段内，庙内音箱系统播放道教音乐，提升了庙内的道教文化氛围。根据《消防法》要求，庙内配置了足量的灭火器，并合理分布于庙内各处。

三、为满足信教群众的信仰需求，完善庙内宗教设施。

在川沙城隍庙修缮前，庙内已经供奉了城隍神、城隍娘娘、慈航真人、财神神像，但是由于当时的庙宇有信徒管理对道教文化不甚了解，造像有诸多不合理之处，所以在此次修复过程中，决定对庙内神像进行更换，主要供奉城隍神、配祀慈航、财神、文昌、药王等在信众中较有影响的道教神灵。按照原定计划，城隍神塑像、慈航、财神三尊神像连同神台等配套设施将于8月份迎请入庙，但因大殿出现结构问题，神像"入庙"计划暂停。争取在2017年春节前将新塑神像请入关帝庙暂供，待城隍庙修缮工程结束后，请回城隍庙供奉。

四、发挥庙宇的社会教化功能，重树庙宇正面形象。

川沙城隍庙在经过半年的修缮后，曾正式对外开放一段时间。由于川沙城隍庙是老庙新开，在此次开放之前，川沙城隍庙由本地香头进行管理，在管理过程中存在诸多问题，在当地信众中造成了恶劣的影响。重新开放后，一些本地香客对来川沙城隍庙进香，参加信仰活动存在疑虑。在恢复开放后，在本地信众中做了一些工作，主要是宣传道教文化，和道教"济世度人"的理念，逐步树立道教宫观的正面形象，改善了当地信众对道教的态度。

五、应对"大殿结构损坏"危机，协调善后事宜。

由于大殿前檐木结构出现损坏迹象，造成开放安全隐患。发现情况后，本庙迅速报告川沙名镇资产管理部门负责人，同时报告浦东新区道教协会。同时本庙会同有关部门迅速磋商大殿加固事宜，决定立即进行主结构加固，防止事态恶化，造成更大的经济损失。随后，在浦东新区道教协会的关系支持下，与相关单位进行磋商，协调大殿的维修工作。历经三个月，经过多次协调，对大殿进行落架大修，并对大殿周围基础设施进行了二次改造。

六、组织信徒，成功进行了神像迁址仪式。

由于大殿出现结构性损坏，决定进行落架大修，为了确保川沙地区道教信众的正常宗教生活，在于川沙新镇镇政府进行协商后，决定将大殿神像迁往关帝庙暂供。为了保证神像迁址仪式的神圣性，本庙组织信众有序的进行了神像迁座仪式。

在仪式开始前，本庙对整个活动进行了严密的组织和预演，对活动中可能出现的各种情况进行了预估，并制定了各种突发状况预案。迁座仪式于 2016 年 11 月 2 日上午 11 时举行，此次迁座神像为川沙城隍神、城隍娘娘、慈航真人、财神四尊神像，当天共约 500 名信徒参加了仪式，活动取得圆满的成功。

508

2017 年工作总结

2017 年，川沙城隍庙各项基础建设工程有序推进，庙内的各项宗教活动也逐步有序开展，并且逐步扩大在川沙社区和道教信众的中的影响力。现将年度各项工作汇报如下：

一、学习常抓不懈，主要围绕十九大报告展开。

党的十九大召开，是我国政治生活中的一件大事，庙内下半年的学习主要围绕这一中心展开。在浦东新区组织辖区内所有道教宫观主要负责人学习观看十九大开幕式的基础上，我庙组织庙内道众和职工学习十九大报告，让大家充分理解十九大报告的深刻内涵，加深对十九大报告精神的理解，并结合日常工作实际以及川沙道教面临的现状进行思考，务必做到深入学习、联系实际学习，让十九大报告的精神在日常工作中有所体现，并对宫观日常工作形成指导。

同时，我庙还组织道众学习道教知识，特别是道教科仪。为川沙地区的道教信众提供服务，其中一个重要的内容就是科仪方面的服务。老庙新开，道众的科仪能力有待增强。在原来学习的基础上，我们还组织道众进一步对科仪进行学习，以提升庙内道众的科仪能力，进而提升宫观为信众提供信仰服务的能力。

二、继续做好川沙城隍庙的基础设施建设

去年年底，川沙城隍庙开始进行庙宇改建工作，此次改建的主要内容是川沙城隍庙大殿的总体拆除和重建，直到今年 5 月份基本完工。今年上半年，川沙城隍庙的主要工作还是围绕大殿的重修展开，在对大殿建筑进行重新修复施工的同时，也利用这一时机，对庙内的基础设施进行了进一步的提升。主要工作包括对庙内的绿化设施进行了进一步的补充，在一些空旷地带添置了绿化和假山，向"园林式宫观"的建设目标迈进。

为了改造庙内环境，提升宫观卫生的总体水平，我们利用此次大殿整体改造，工程队在庙施工的机会，对庙内的卫生间进行了改造，增加了更高的隔离栏，并对卫生间内的设施进行了改造和升级，改造后的卫生间更加利于清扫，为今后的正常开放在卫生设施上提供了保障。

为了提升安全性，并让大殿内整体环境更加美观，我们今年对大殿内的地砖进行了更换，新更换的地砖，在防滑性、美观性方面有所提升。今年我们还对庙内仅有的两个停车位进行了升级改造，添置了电动升降隔离桩，保证了庙内的停车位，庙内配套设施进一步完善。

为了将来能更好的为道教信众服务，弘扬道教文化，特别是道教中医养生文化，借用大殿改造的机会，本庙添置了两间艾灸房，并在艾灸房内安装了空气过滤系统，待时机成熟开放道医养生馆，为信众提供服务同时弘扬道教传统养生文化，并择机以此项目参与社区慈善公益事业，提升庙宇的社会公众形象。

关于宫观因历史原因而造成的一些问题，比如宫观房产的房租问题，今年我们在浦东新区道教协会、民宗部门的关心和支持下，与川沙镇政府和新川物业关于进行了有效的沟通和协调，取得了一些成就，免除了部分租金，减少了宫观自养经济方面的负担。

三、在做好日常开放工作的同时，开始筹划实施特色宗教活动。

去年，川沙城隍庙在恢复之初，就克服各种困难开始为信众提供科仪服务，并赢得了信众的好评。今年，我们根据川沙城隍庙刚刚开放，道众数量较少甚至无法举行大规模道教科仪阐演的现实情况，对现在可以举行的道教科仪进行了梳理，在日常对信众服务过程中，主要举行一些仅依靠本庙道众就可以举行的道教科仪，以保证庙内宗教活动的正常开展。

今年，我们举行了首场城隍华诞庆祝仪式。川沙城隍庙在解放前，每年举行祭城隍仪式以及城隍出巡活动，后来由于政治气候逐步停止，文革后彻底停止。今年，在川沙城隍庙恢复开放后，我们于 11 月 20 日举行了首场城隍华诞庆典。活动内容主要有两部分组成，其一是"祭城隍"仪式，参加信众约 100 余人，受限于场地面积，控制人数以策安全，这类信众主要是庙内的老香客，以及为本庙建设作出过重大贡献的香客。其二就是城隍华诞庆典，这一部分参与的信众主要是普通香客，入庙参拜城隍神，并领取城隍华诞寿面，以取"带福还家"的吉祥寓意。

为了彰显道教"济世度人"的美德，同时有效利用现有的资源，我们在城隍华诞庆典中举行了义诊活动，邀请一些医院的专家医生为信众提供健康方面的咨询，在服务信众的同时，也展示了当代道教徒参与社会慈善公益事业的良好形象。

四、运用庙内有限空间，开展道教文化的宣传工作。

所谓"人能弘道"，作为当代道教徒，弘道是我们肩负的使命。川沙城隍庙恢复开放一年多来，我们有效利用庙内的空间以及庙门口的空白墙面，开设了道教文化展板。展板内容主要是向信众宣传道教的教义思想，道教的礼仪以及道教的传统节日，将对信众的教化寓于日常的信仰活动中，让道教思想指导信众的日常生活和信仰生活。

在弘扬道教文化的同时，将对中国优秀传统文化的弘扬也纳入其中。譬如，我们在"祭城隍"仪式的祭文中，也写入了尊老爱幼、弘扬社会主义核心价值观的内容，以及参与新时期中国特色社会主义现代化建设的内容。让信众在参与宗教仪式的过程中，接受教化，团结和带领广大信教群众参与新时期中国特色社会主义建设，将弘道与爱国、信仰与现代社会生活相结合，有效的实践了道教"厚人伦，益风俗"的社会责任。

五、初步开始尝试参与社会慈善公益事业

济世度人，是道教徒应肩负的社会责任。川沙城隍庙刚刚恢复，正在进行大规模基础设施建设，尽管如此我们依旧根据宫观自身的条件，积极参与社会慈善公益事业。

庙内条件简陋，但是依旧开设了艾灸馆和中医推拿项目，为川沙地区民众义务进行健康方面的指导，并尽可能提供一些中医方面的治疗。今年10月份，由于艾灸馆改造，此公益项目暂停，待艾灸馆改造完成后择机恢复。

　　城隍华诞期间，为了表示对社区民众和老人的关爱，我们向川沙城厢社区十三个居委以及养老院、福利院共捐赠城隍华诞寿面 2 万卷，将宗教活动与社会慈善公益事业相结合，取得了良好的社会效果。

513

【组织概况】

一、道观教职人员

袁　荣　薛　坤　高志祥

二、道观民主管理组织

管理组组长：袁　荣
管理组成员：薛　坤　高志祥

上海天后宫

【概况】

上海天后宫，又称"天妃娘娘庙"，坐落于浦东新区高桥镇镇北村钟家弄74-2号，原址在浦东高桥镇北天仙弄，是上海浦东地区最古老的妈祖庙。天妃宫建造年代无从查考。据传，明三保太监郑和第四次下西洋时，曾来此参观并到天妃宫朝拜，以求保佑航海顺利。嘉靖三十五年（1556年），遭倭寇抢劫，大部分建筑被焚毁。此后，屡经修葺，兴衰交替。2016年，在高桥镇人民政府的关心支持下，在钟家祠堂重新修复妈祖庙，并正式对外开放。天后宫占地面积近六亩，建筑面积1432平米，是浦东新区文物保护单位，也是目前上海地区恢复开放的第一座天后宫。

2017年工作总结

2017年，天后宫在新区道协、高桥镇人民政府、新区民宗委等方方面面的关心支持下，全面启动了相关筹备工作。现将主要筹备工作汇报如下：

一、完善基础设施。（1）梳理电路、更新老旧设备、增设路灯及室外照明等；疏通排水管道，合理增排用水管道及龙头等；更新灭火器、增加应急照明等消防安全设备，落实安全管理措施。（2）安排维修内部破漏屋面、墙壁等，整洁内部环境及绿化等。

二、完善内部功能。（1）信仰功能：道观主供神天后和护将，以及财神、文昌、观音、东岳、斗姆、上天王等神像及神台的塑造安奉。（2）辅助功能：完成道观食堂装修及相关设备安装；装饰、完善会议室、接待室等辅助设施等。

三、丰富文化内涵。（1）制作20多块道教信仰和文化宣传展板，引导和培育信徒。（2）组织召开"妈祖文化与浦东发展"研讨会，明确道观定位：把握好"传统与现代、传承与发展"的关系，突出妈祖信仰和文化这条主线，融合传统信仰和文化，融会贯通高桥地方特色文化，打造一所有文化内涵、良好氛围、特色鲜明的道观。

　　四、开展公益活动。适逢中秋佳节，秉持道教"济世利人"优良传统，组织购置100份月饼专程慰问相邻的高桥吉祥养老院，开展了力所能及的公益慈善活动，受到所在镇政府及信众好评。

　　五、健全管理组织，完善管理制度。道观通过一年多的筹备，规范开放各项工作渐趋成熟，经新区民宗委的同意，新区道协启动了设立上海天后宫固定处所登记的报批程序及相关材料准备工作，健全管理组织，完善管理制度。

【组织概况】

一、道观教职人员

刘喜宏　吕　东

二、道观民主管理组织

管理组组长：刘喜宏

管理组成员：吕　东　王桂勇（居士）

学术篇

【新书介绍】

《浦东名观崇福道院》

《中国道教文化之旅丛书》之一。黄景春主编，张开华、李琦编著，华夏出版社 2013 年 5 月出版。崇福道院位于浦东三林塘，相传始建于三国时期，宋徽宗赐额"崇福道院"。乡人认为道院能护佑一方，故奉为"圣堂"。每逢朔望日，特别是农历三月十五庙会，十方信众络绎不绝。依托于崇福道院的"圣堂三月半庙会"，现已列入浦东新区非物质文化遗产保护名录。本书围绕崇福道院的发展传承展开，兼述道院所在地的人文、历史、故事。全书共 192 页，18.2 万字，为小 16 开平装本，定价 39.80 元。

521

《沪上古观太清宫》

《中国道教文化之旅丛书》之一。丁常云主编，丁常云、李宏利、成润磊编著，华夏出版社 2014 年 1 月出版。上海太清宫，又名钦赐仰殿，为全国重点道观，是上海地区现存规模最大的道观之一。多年来，道观每年皆举行东岳圣诞祈福法会，为信众祈福消灾保平安，成为名副其实的祈福圣地，在广大信众心目中地位十分崇高。

本书重点介绍了太清宫的建筑特征、神仙信仰谱系、泰山信仰源流、道场科仪，以及道教对民间风俗的影响渗透。全书共 223 页，22.1 万字，为小 16 开平装本，定价 39.80 元。

《浦东道教年鉴 2008—2012》

丁常云主编，2015 年 1 月中西书局出版。本年鉴是浦东新区道教第二部年鉴，是浦东道教协会第二届理事会五年任期的工作总结，是浦东地区各道观五年来发展的真实记录，是当代浦东道教成长的历史见证。正文分为道协篇、宫观篇、学术篇三部分，卷首有大事记，附录部分包括人物名录和道教碑文。全书共 461 页，为 32 开精装本，定价 60.00 元。

《陈耀庭道教研究文集》

《上海太清宫道教文化丛书》之一。陈耀庭著，2015 年 3 月上海书店出版社出版。本书收录了陈耀庭先生三十余年来在国内外书刊、杂志上发表的文章 55 篇，集结了作者重要的道教研究成果。全书共分六章，包括：道教思想和经籍研究、道教神学研究、道教史研究、道教斋醮科仪研究、道教文化研究、道教教育研究，分上、下两册。上册 403 页，下册 451 页，共 65 万字，为 32 开平装本，定价 88.00 元。

道教文化要为中华民族伟大复兴发挥正能量

——在中国道教协会弘扬传统文化研讨会上的演讲

(2014 年 9 月 4 日)

丁常云

中华文化，博大精深，源远流长，是人类社会宝贵的精神财富。习近平总书记在山东考察时指出：中华优秀传统文化是中华民族的突出优势，中华民族伟大复兴需要以中华文化发展繁荣为条件，必须大力弘扬中华优秀传统文化。总书记的重要讲话，对于继承和弘扬中华优秀传统文化，促进社会主义核心价值体系建设，振奋中华民族精神，提升国家文化软实力，意义十分重大。

在全国人民深入学习习近平总书记重要讲话精神之时，中国道教协会专门组织召开"弘扬传统文化，坚持正信正行"座谈会，就新时期道教文化的传承与弘扬，道教文化的创造性转化和创新性发展等问题进行探讨，具有十分重要的现实意义。作为中华传统文化的重要组成部分，道教文化积淀着中华民族最深沉的精神追求，包含着中华民族最根本的精神基因，代表着中华民族独特的精神标识。

因此，我们当代道教要特别重视开展对于道教文化的整理和研

523

究，大力弘扬道教优秀文化，积极阐扬道教思想精华，赋予新的时代精神，增添新的时代价值，促进道教文化的创造性转化和创新性发展，为弘扬中华优秀传统文化和实现中华民族伟大复兴发挥正能量。

一、高扬道教爱国传统，
为凝聚中华民族精神发挥正能量

中华民族是一个历史悠久、文明深厚的伟大民族，爱国主义是中华民族几千年来血脉相承的民族精神。习近平总书记指出："在中华民族几千年绵延发展的历史长河中，爱国主义始终是激昂的主旋律，始终是激励我国各族人民自强不息的强大力量"。这就要求我们要大力弘扬以爱国主义为核心的民族精神。

爱国主义是道教悠久而光荣的历史传统。在早期道教经典《太平经》中，就已经有了"助国""保国"的主张，彰显着一种无私的爱国行为。此后的《老君音诵诫经》提出"佐国扶命"的思想，蕴含着强烈的爱国情感。还有《太上洞玄灵宝真文》提出"兴国爱民，普济群生"思想，《灵宝无量度人上品妙经》提出"国安民丰，欣乐太平"的主张，都表达了道教对赖以生存的国土的热爱。此外，还有相当一批道教经典名称冠以"护国"二字，同样表达着强烈的爱国思想，而且这种爱国思想在历代道教经典中都有传承，彰显着道教强烈的爱国热情。

道教的这些爱国思想和传统，是道教优秀文化，彰显着道教绵延不断的爱国精神和情怀。实现中华民族伟大复兴的"中国梦"，必须要大力弘扬中国精神，这就是以爱国主义为核心的民族精神，这种精神是凝心聚力的兴国之魂、强国之魄。爱国主义始终是把中华民族坚强团结在一起的精神力量。因此，我们广大道教徒要高举爱国主义伟大旗帜，传承道教爱国的优良传统，热爱祖国，拥护中国共产党的领导，为凝聚中华民族精神和实现中华民族伟大复兴发挥正能量。

二、弘扬道教传统美德，
为提高公民道德素养发挥正能量

中华传统美德是中华文化精髓，蕴含着丰富的思想道德资源。习近平总书记指出：社会主义文化建设的一个基础性工作，就是加强社会公德、职业道德、家庭美德、个人品德教育，全面提高公民道德素质。这就要求我们弘扬优秀传统文化，必须传承中华传统美德，发挥其在建设社会主义先进文化中的重要作用。

道教是一种伦理道德型宗教，重视自律修持，深信天道承负，倡导"诸恶莫作，众善奉行"。长期以来，道教的道德伦理对中华民族传统美德的形成有着重要影响。如老子的虚怀若谷、宽容谦让的思想，恬淡素朴、助人为乐、反对争名夺利的思想等。正是这种道德思想的阐扬，形成了中华民族开阔的道德文化襟怀，使中华民族古老的道德文化能够经久不衰。

道教的道德文化主要集中体现在对于"尊道贵德"的倡导和对于"行善积德"的规劝。道教"尊道贵德"的道德伦理，强调个人道德品质和内在修养，是一种积极向善的社会道德人生观，是提高

公民道德素质的重要内容。道教"行善积德"的道德伦理，强调的是劝善伦理，是一种道德式的说教，可以促进社会人心向善，促进社会公民道德素质提高。

道教的这些传统美德，是道教徒道德、人格修养的自我完善，也是一种道德操守的自我修持，对于当前增强个人品德、家庭美德、职业道德和社会公德都有十分重要的借鉴作用，对于引导民众和道教信徒自觉遵守社会公德、自觉履行家庭责任和社会担当，对于推动全社会形成讲文明、树新风、重诚信、作奉献的良好风尚，也将起到十分重要的积极作用。因此，我们要大力弘扬道教传统美德，为提高公民道德素养和实现中华民族伟大复兴发挥正能量。

三、阐扬道教和谐思想，
为促进和谐社会建设发挥正能量

构建和谐社会需要培育和谐文化，人与人的和谐需要和谐文化的熏陶，人与社会的和谐需要和谐文化的指导，人与自然的和谐则需要和谐文化的规范。习近平总书记指出：中华文化崇尚和谐，中国"和"文化源远流长，蕴涵着天人合一的宇宙观、协和万邦的国际观、和而不同的社会观、人心和善的道德观。这些都是中国传统的和谐文化，是中华民族所特有的精神财富。

道教是追求和谐的宗教。老子提出"知和曰常，知常曰明"，庄子提出"太和万物"，讲的就是一种和谐思想。道教的和谐思想内容十分丰富，涉及人与人、人与自然、人与社会等多方面，是和谐社会建设宝贵的文化资源。道教倡导"慈爱和同"和"济世利人"的

思想，强调人与人之间要和睦相处。道教倡导"天人合一"的思想，指出人与自然万物的生存是休戚相关的，要求人类社会必须认识自然、顺应自然，一切按自然规律行事。道教还倡导"众生平等"的思想，促进人与社会之间的和谐。老子《道德经》讲"天道无亲，常与善人"。这种天道与善说，就充分体现了一种平等思想。这种"众生平等"的思想与构建和谐社会所倡导的"公平正义"的思想基本是一致的。

社会和谐是人类社会的共同向往，也是国富民强和实现中国梦的根本保证。道教的和谐文化有着强烈的和谐思想精神和内涵，能够发挥其特有的心理辅导、思想教化功能，正确引导信教群众以平和心态看待转型过程中所显现的社会矛盾，自觉化解矛盾、理顺情绪，培育自尊自信、积极向上的良好心态。因此，我们要充分发挥道教的和谐思想，为促进和谐社会建设和实现中华民族伟大复兴发挥正能量。

四、倡导道教生态伦理，为推动社会环境保护发挥正能量

习近平总书记指出："走向生态文明新时代，建设美丽中国，是实现中华民族伟大复兴的中国梦的重要内容。"所谓"生态文明新时代"，就是实现人与自然协调发展、和谐共生的时代。这是对我国优秀传统生态文化的新阐述和新发展。

道教从保护自然环境、维护生态和谐的思想出发，积极倡导人与自然的和谐发展，形成诸多环保理念和生态伦理。首先，"道法自

527

然"的生态伦理，就是一种主张天、地、人三者之间自然共生，共同遵循"自然"法则的天人和谐观念。道教认为自然界万事万物的存在和发展，都有其自身固有的规律性，无不遵从一定的自然法则。任何人都不能违背，也无力违背。否则，就会导致灾难，形成生态危机。其次，"天人合一"的生态伦理，讲的是一种天、地、人和谐共生的理念。强调人与自然万物必须要和睦相处，才能共生共荣；主张关心爱护万物生命，以谦下的精神与自然万物和谐共处；要求人类必须要尊重自然规律，从而达到与自然和谐共处的目的。再次，"重生贵德"的生态伦理，强调的是自然万物的生长皆由"道"和"德"而成，人类的一切活动皆要遵守"道"和"德"的规律，否则就要受到自然的惩罚。还有"和合共生"的生态伦理，指出了大自然是万物众生的自然，是众生共享、共生的生存家园。世间万物互相依存，和谐共处，不可分离。保护自然生态环境已经成为当代社会发展的必然选择。因此，我们要大力倡导道教生态伦理，为全面推动社会环境保护和和实现中华民族伟大复兴发挥正能量。

道教的生态伦理告诉我们，只要人类存在，人与自然的关系便是永恒的主题。人类历史发展的经验教训也告诉我们，当代社会的人类既要关注和追求自身的生存和发展权利，也要尊重自然界其他生物的生存权利，在享有对自然的权利的同时，应主动承担起保护生态环境的责任。特别是在人类面临新发展、走向新未来的进程中，要积极倡导道教生态伦理，努力为推动社会生态环境保护和实现中国梦发挥正能量。

总之，道教文化是中华传统文化的重要组成部分，有着独特的优势和宝贵的文化资源。当代道教，唯有挖掘自身潜力，积极开展道教文化研究，努力提高自身素质，才能不断提高道教服务社会的能力。特别是在大力弘扬中华优秀传统文化的今天，我们要继续发扬道教爱国爱教的优良传统，自觉把自身的健康发展与中华民族的伟大复兴结合起来，继承和发扬道教优秀传统文化，与祖国人民同呼吸、共命运，积极发挥道教文化正能量，为实现中华民族伟大复兴的"中国梦"作出积极贡献。

道教生态智慧与当代社会环境保护

——在第三届国际道教论坛上的演讲

（2014 年 11 月 26 日）

丁常云

20 世纪以来，随着人类对自然控制与支配能力的急剧增强，以及自我意识的极度膨胀，人类开始一味地对自然强取豪夺，从而激化了人与自然之间的矛盾，加剧了人与自然的对立，严重破坏了自然环境与生态和谐。

特别是近年来，全球性生态危机的不断加剧，自然灾害的不断出现，再次给人类社会敲响了生命的警钟，也给当代社会环境保护工作提出了新要求。

道教是中国本土宗教，历来就有关爱自然的传统，道教文化中包含着诸多生态伦理思想，蕴涵着深邃的生态智慧，是当代社会环境保护重要的文化资源，对于当代社会环境保护具有十分重要的启示作用。

一、道教生态智慧是现代生态文明建设的宝贵资源

道教从保护自然环境、维护生态和谐的思想出发，积极倡导人与自然的和谐发展，形成诸多环保理念和生态智慧，成为现代生态文明建设的宝贵资源，主要表现为以下四个方面：

第一，道法自然的生态智慧。 道经说："人法地，地法天，天法道，道法自然"。意为道生万物以及天、地、人的活动过程都是"自然无为"的，不受任何外物所制约。"道法自然"的生态智慧就是一种主张天、地、人三者之间自然共生，共同遵循"自然"法则的天人和谐。自然界万事万物的存在和发展，都有其自身固有的规律性，无不遵从一定的自然法则。任何人都不能违背，也无力违背。否则，就会导致灾难，形成生态危机。

第二，天人合一的生态智慧。 道经说："天地合和，万物萌芽"；"天地不和，阴阳失度"。讲的就是一种天、地、人和谐共生的理念。道教认为，天与人是相互感应的，人与自然是相互影响的，人类社会必须要遵守这一自然规律。因此，维护自然界的和谐与安宁，是人类社会生存和发展的必然选择。

第三，重生贵德的生态智慧。 道经说："道生之，德蓄之，物形之，势成之。是以万物莫不尊道而贵德"。讲的就是一种"重生贵德"的生态伦理。即自然万物的生长皆由"道"和"德"而成，人类的一切活动皆要遵守"道"和"德"的规律，否则就要受到自然的惩罚。道教"重生贵德"的生态智慧，具有强烈的道德责任意识，它要求人类主动关心和爱护自然界，自觉为自然界承担道德义务，从而树立起尊重生命、善待自然的生态观。

531

第四，和合共生的生态智慧。道经说："道"的本性是"中和"的，是自然和谐的，只有天地自然和谐，才会有万物的生长和成熟。《太平经》还说："自然者，乃万物之自然也"。明确指出了大自然是万物众生的自然，是众生共享、共生的生存家园，要求人类在享有对自然权利的同时，应主动承担起保护生态环境的责任。

二、道教生态智慧对当代社会环境保护的重要启示

面对当代社会环境的破坏和生态危机问题，人们开始意识到"生态危机的实质是人性危机"。人性危机"使人类文明失去了道德和智慧的指引"。人性危机所释放出来的贪欲，直接导致了人类对自然界的掠夺与破坏。

道教在审视人与环境的关系时，表现出深邃的生态智慧，对于推进当代社会环境保护和生态文明建设具有十分重要的启示作用，主要表现为以下三个方面。

第一，对自然生态环境保护的启示。首先，是在大力发展经济、利用自然资源的过程中，要坚决摒弃所谓的"人类中心主义"思想，决不能采取耗竭资源、破坏生态和污染环境的生产方式，而是应当合理利用自然资源，及时修复由于人为或自然的原因造成的对自然环境的破坏。其次，是在加快物质文明建设的同时，要严格控制好以破坏自然环境为代价的过度消费问题，要积极加强对生态环境污染的治理和对生态环境的保护。再次，是必须从精神文明建设着手，重视对自然生态和谐的保护，要把精神文明建设与自然生态保护有机的结合起来，紧紧围绕弘扬生态文明观和文明发展观，努力提高

人们的生态文明素养，为生态文明建设与自然生态和谐发展创造良好的社会条件。

第二，对现代生态文明建设的启示。首先，是现代生态文明建设必须要实现自然观念的根本转变，既要达到人与自然的和谐相处，促进人与自然和谐发展，又要懂得尊重和保护自然，对自然的索取必须保持一种理性的节制。其次，是现代生态文明建设必须要实现价值观念的根本转变，即人类社会要树立正确的人生价值观，要用道德伦理去约束无限消费的欲望，就是将自身的幸福体现在和谐的、合理的消费之中，寻找消费行为与理性需要的平衡点，最终也将有利于人类更大利益的实现。再次，是现代生态文明建设必须要实现伦理观念的根本转变，即把人与自然的关系确立为一种道德关系，要求我们尊重自然、爱护自然环境，确立人与自然之间和谐相处的新的伦理观念。同时，现代生态文明建设还必须要实现生产观念的根本转变，即人类要在认识自然、尊重自然、保护自然和博爱万物的前提下利用自然，从而实现人类与整个自然生态系统的和谐发展。

第三，对自然环境保护责任意识的启示。首先，是要坚持可持续发展战略。要在全社会逐步形成以资源节约型、科技先导型、质量效益型为基础的可持续的文明发展观，我们既着眼当前，又考虑未来，实现经济社会和人口、资源、环境的协调发展。其次，是在处理人与自然关系上，要加强社会生态伦理道德建设。我们既要通过建构与弘扬生态伦理道德，唤醒人类的生态良知，增强人类生态伦理责任感；又要牢固树立尊重自然、顺应自然、保护自然的生态文明理念，并将其变成建设生态文明的自觉行动。再次，是人类社会应该把道德关怀扩展到自然界，对自然界或其他自然存在物承担起社会道德责任。我们要在全社会倡导"崇尚自然、关爱生态"的责任意识，不断增强人们自觉维护生态环境的责任感和使命感，使环境保护成为公民个人的自觉行为，从而推动人与自然的和谐发展。

总之，道教的生态智慧，强调的是一种自然之道、和谐之道，是一种人与自然和合共生的生存之道。当代社会，我们必须要大力弘扬道教生态智慧，服务社会，造福人类，为化解全球生态环境危机发挥正能量。我们要积极行动起来，牢固树立生态文明观念，努力开创生态文明新时代。

在市道协成立三十周年庆祝大会上的致辞

上海市道教协会副会长　丁常云

2015 年 11 月 30 日

各位领导、各位来宾、各位道长：

大家下午好！

欣逢盛世，国运昌隆。今天，我们与"道"有缘，在此隆重聚会，热烈庆祝上海市道教协会成立三十周年。这是祖国繁荣富强、民族伟大复兴的盛世善缘下，上海道教界的一次重要盛会。

在此，我谨代表上海市道教协会，向在座的各位领导、各位来宾、各位道长以及多年来一直关心、支持上海道教工作的朋友们，致以最诚挚的感谢和最热烈的欢迎！

三十年前，上海市道教协会经过 28 年的筹备后正式成立，实现了上海道教界空前的大团结，为上海道教事业的健康发展奠定了坚实的组织基础，在上海道教史上谱写了划时代的光辉篇章。

在上海市道教协会成立三十周年之时，我们在此隆重举行庆祝大会，旨在：回顾上海市道教协会三十年的发展历史，总结上海道教所走过的历程和所取得的成就，记录上海道教与时俱进的足迹和

535

服务社会的善举，展望上海道教未来的发展之路，意义重大而深远。

三十年来，上海市道教协会始终高举爱国爱教的伟大旗帜，始终坚持拥护中国共产党的领导和社会主义制度。团结、带领广大道教徒，积极投身社会主义现代化建设，积极弘扬道教文化和教义思想，积极参加社会主义物质文明、精神文明和生态文明建设，各项工作都取得了可喜的成绩，道教事业稳步健康发展。

三十年来，上海市道教协会始终坚持正确的发展方向，不断加强团体和宫观的自身建设，树立了良好的道教形象。始终坚持协助党和政府贯彻宗教信仰自由政策，道教宫观得到恢复开放和稳步发展。始终坚持开办上海道教学院，培养道教事业接班人，使上海道教队伍整体素质全面提升。始终坚持办好《上海道教》杂志，探索、研究和弘扬中国道教文化，扩大了上海道教的对外影响。始终坚持发扬道教"济世利人"的优良传统，积极开展社会慈善公益事业，服务社会，利益人群，受到社会各界的好评。

当今社会，我们正处在一个伟大的时代，全国各族人民，正沿着中国特色社会主义道路，为全面建成小康社会，实现国家富强、民族复兴、人民幸福的中国梦而努力奋斗。党和政府全面贯彻党的宗教工作基本方针，努力促进宗教关系和谐，鼓励宗教界人士和信教群众为促进经济发展、社会和谐、文化繁荣发挥积极作用，为道教事业健康发展提供了宝贵机遇和广阔空间。

因此，我们上海道教界要继续高举爱国爱教的伟大旗帜，继续发扬道教优良传统，始终与党同心同德、同心同向、同心同行，始终与祖国人民同呼吸、共命运，把握机遇，顺势而为，促进上海道

536

浦东道教年鉴·学术篇

教事业的稳步健康发展。我们要以本次庆祝大会为契机，积极开拓，勇于进取，不断前行，努力开创上海道教更加光明美好的未来。

让我们共同祈祷：祖国繁荣，国家富强，民族复兴！

让我们共同祝愿：社会和谐，人民幸福，世界和平！

预祝，本次庆典大会圆满成功！

祝愿，各位来宾，身心康泰！如意吉祥！谢谢大家！

在上海道教学院成立三十周年庆典会上的致辞

上海道教学院副院长　丁常云

2016 年 6 月 24 日

各位领导、各位来宾、各位道长、各位校友：

大家上午好！

三十华诞，峥嵘岁月载史册，收获硕果，玄门学子襄盛会。

今天，我们迎来了上海道教学院三十周年庆典，可喜可贺。在此，我谨代表上海道教学院，向在座的各位领导、各位来宾、各位道长，以及多年来一直关心、帮助和支持上海道教学院工作的朋友们，致以诚挚的感谢和热烈的欢迎！

三十一年前，上海市道教协会正式成立，为上海道教事业的健康发展奠定了坚实的组织基础。与此同时，上海道教界的接班人培养问题也被提上了议事日程。特别是随着上海道教宫观的恢复与开放，上海道教有识之士，敏锐的看到，道教事业的发展需要道教接班人的培养，道教未来的面貌、兴衰存亡，关键要看今天我们培养的人才数量和质量，我们今天的道教教育事业将决定明天道教的命运。

三十年前，在上海市宗教事务局领导的关心支持下，在上海市道教协会陈莲笙道长等老一辈的共同努力下，创办了首届"上海道学班"，1993 年更名为上海道学院，2005 年改名为上海道教学院。上海道学班的创办，开创了全国道教界地方办学的先河，在上海道教史上谱写了划时代的光辉篇章。

在上海道教学院成立三十周年之时，我们在此隆重举行庆祝大会，旨在：回顾上海道教学院三十年的发展历史，总结其所走过的历程和所取得的成就，展望上海道教学院未来的发展之路，探索道教人才培养与道教复兴之良策，意义重大而深远。

三十年来，上海道教学院始终高举爱国爱教的伟大旗帜，始终坚持以培养合格道教事业接班人为己任，取得了可喜的成绩。如今，上海道教各宫观的年轻道长，都毕业于上海道教学院，他们已经肩负起道教振兴发展的历史重任，为上海道教的恢复与发展作出了积极贡献。今天的上海道教学院，是上海道教人才培养的摇篮，毕业的各位校友，他们有的住持一方，有的担任道教团体负责人，有的在道教学术上取得成绩，有的在道教科仪上有所建树，有的在讲经弘道方面有所作为。正是因为有了上海道教学院的创办，才有上海道教年轻道长的不断成长；正是因为有了上海道教学院的创办，才有上海道教人才的不断涌现；正是因为有了上海道教学院的创办，才有上海道教事业的健康发展。

三十年华诞，是上海道教学院发展史上的重要"里程碑"，也是上海道教学院迈向未来的"新起点"。在三十年的办学中，上海道教学院形成了许多好的优良传统，积累了诸多宝贵的教学经验，它是上海道教学院未来发展的动力和源泉。我们要在传承老一辈道长办学理念的基础上，根据未来道教发展的实际需要，以培养道教"弘教"人才为目标，使每一批毕业的学员都真正成为"有信仰、有学识、有品德、有担当"的道教人才。

岁月如梭，征程漫漫。我们相信，未来的上海道教学院，一定会迎来更好地发展机遇，也一定会成为全国道教著名的高等学府，成为上海乃至全国道教人才的摇篮，为新时期道教的复兴输送更多合格人才，为上海道教在中国道教走向新的辉煌中续写新的篇章。

我们衷心祝愿：上海道教学院的明天更加美好，学院的事业更加辉煌。预祝，本次庆典大会圆满成功！祝愿，各位来宾，身心康泰！如意吉祥！谢谢大家！

传承道教文化　贡献中国智慧

——在第四届国际道教论坛上的演讲

（2017 年 5 月 12 日）

丁常云

当今社会，我们要以中华传统文化"走出去"战略目标为契机，深入挖掘道教文化内涵，积极传承道教文化思想，大力弘扬道教文化精神，服务社会，造福人类，充分发挥道教在当代社会中应有的时代价值。

一、深入挖掘道教文化特有的思想内涵

道教文化具有独特的思想内涵，对于凝聚民族精神、促进科学发展、推动文明进步，皆具有十分重要的现实意义。

第一，传承道教爱国情怀，凝聚中华民族精神。爱国主义是道教光荣的历史传统。道教历来就有了"助国"、"保国"的优良传统，倡导"爱国、忠君"思想，主张"国安民丰，欣乐太平"的教义精神，彰显着道教强烈的爱国情怀。我们要深入挖掘道教"爱国"思想内涵，为凝聚中华民族精神作贡献。

第二，传承道教贵生理念，促进生命科学发展。道教崇尚自然，追求长生。在内修外养的过程中，形成了一套完整的养生理论和技术，在探索与实践中，构建了系统的益寿延年的人体科学体系，成为中华民族的瑰宝。我们要深入挖掘道教"贵生"思想内涵，为促进人类生命科学发展作贡献。

第三，传承道教普世价值，推动社会文明进步。道教倡导"慈爱、和同"，要求人与人、人与社会、人与自然之间都要彼此尊重。倡导"慈心于物"，要求人类社会关爱自然生命。主张"行王道"、"反霸道"，要求推行"仁政"和"德治"，反对"强权"和"战争"，成为人类社会的普世文化。我们要深入挖掘道教普世文化内涵，为促进社会文明进步作贡献。

二、充分发挥道教文化应有的时代价值

当代道教要大力弘扬其优秀传统文化，积极阐扬其思想精华，赋予时代精神，增添时代价值，充分发挥出道教文化应有的时代价值。

第一，弘扬道教道德文化，为和谐社会建设作贡献。道教的道德文化蕴含着丰富的和谐理念和伦理规范，潜移默化地影响着人们的行为方式和生活习俗，不仅在传统社会中发挥过重要的积极作用，而且对于现代社会的和谐构建仍具有重要的时代价值。

1. 要积极弘扬道教的"寡欲"思想。 所谓"寡欲"，就是要求为人心地纯洁，行事真诚朴实，少存私心和过分的欲望。道教的"寡欲"思想，强调的是一种"心性"修炼，可以消解现代社会"人

心浮躁"和"物欲横流"等不良现象，净化人的心灵，促进人类身心和谐。

2. **要积极弘扬道教的"诚信"思想。** 所谓"诚信"，是指待人处事真诚、讲信誉。道经说："天地之道，至诚忠信"，又说："夫天道不欺人也，常当务至诚"这是道教对人类社会的要求，希望人人都能讲诚守信，人与人之间的关系自然就会和谐。

3. **要积极弘扬道教的"贵德"思想。** 所谓"贵德"，是道教徒对于"德"的一种尊崇和奉行，倡导的是一种道德文化。道教的"贵德"思想，具有独特的教化功能，有利于化解矛盾、理顺情绪，培育自尊自信、积极向上的良好心态，促进社会关系的和谐发展。

第二，弘扬道教慈善文化，为社会公益事业作贡献。道教的慈善文化根植于中华文化传统和道教伦理之中，有着更加深厚的精神动因。我们要善用道教的慈善文化，积极为社会公益事业作贡献。

543

1. **要积极弘扬道教"慈善"理念。** 《道德经》提出"天道自然"的慈善伦理。《太平经》提出"财富均平"的慈善思想。《度人经》则倡导"慈爱和同"的慈善观。道教的这种"慈善"理念，蕴含着道教关爱人类社会的功德善举，与现代社会所倡导的"慈善事业"是一致的，有利于民众社会公益意识的提升。

2. **要传播道教"慈爱"精神。** 道教以"普度天人"的思想立论，宣称"无量度人"的慈爱精神，要求世人"慈爱"一切众生。道教的"慈爱"精神，实质上是对世人心灵的净化和提升，有利于促进社会人心向善，提升民众慈善意识，引导民众参与社会公益事业。

3. 要践行道教"济世"传统。 道教就历来就有"济世利人"的优良传统。早期道教就有"设义舍布施"的传统，帮助困难民众。此后，历代道教徒都将"济世利人"作为关爱社会的善功、善行。当代社会，我们要践行道教的"济世"传统，发挥道教服务社会公益事业的积极作用。

第三，弘扬道教养生文化，为人类身心健康作贡献。道教养生文化是一种生命文化，是道教对于生命科学的探索和实践，对于促进人类身心健康有着十分重要的指导作用。

1. **要弘扬道教"贵生"思想，增强民众养生意识。** 道教注重"贵生"，珍惜生命、崇尚生命，既重视个体生命，又重视群体生命和自然生命。弘扬道教"贵生"思想，树立民众"热爱生命，尊重生命"的理念，有利于不断增强民众养生意识，促进人类生命健康发展。

2. **要弘扬道教"修心"理论。** 道教认为，修心之道，要"心态平和"，更要"顺应自然"。既要保持健康的心态，又要尊重宇宙、自然和社会发展规律，顺天时、合地利、谐人和，工作中劳逸结合，生活中顺应四时、和合阴阳。弘扬道教"修心"理论，有利于培育健康心态，促进民众养生理念的提升。

3. **要践行道教"养生"方法。** 所谓"养生"，就是指以生命发展规律为依据，通过调理饮食、修炼形体、调养精神等方法，以达到提高体质、防止疾病、延年益寿的目的。道教养生，关注的是身心修炼，追求的是健康长寿。践行道教"养生"方法，就是要积极服务人类社会。

第四，弘扬道教生态文化，为现代生态文明作贡献。道教文化中蕴含着十分丰富的生态智慧，对于推进生态文明建设和化解全球生态危机，皆具有十分重要的时代价值。

1. **要弘扬道教"自然"理念。** 《道德经》称："人法地，地法天，天法道，道法自然"。认为人的行为要符合"天道"，顺应"自然"，弘扬道教"自然"理念，不断增强社会民众保护自然环境的自觉意识，从而促进人与自然的和谐发展。

2. **要传播道教"共生"思想。** 道教认为，人与自然都是"道"的化生，人与自然万物都是"共生、共荣"的生命体。历代以来，道教总是以积极的姿态，要求人类认识自然、顺应自然，一切按自然规律行事。我们要积极传播道教和谐"共生"思想，不断加强社会生态文明建设。

3. **要践行道教"生态"智慧，化解人类生态危机。** 面对当代社会环境的破坏和生态危机问题，人们开始意识到"生态危机的实质是人性危机"。人性危机直接导致了人类对自然界的掠夺与破坏。这就需要我们到道教文化中去寻找生态智慧，用道教生态智慧来化解全球生态危机。

总之，道教文化是人类文明的宝贵财富。挖掘道教文化内涵，传承道教时代精神，我们守土有责；发挥道教时代价值，以优秀的文化服务伟大的时代，我们责无旁贷。我们坚信，中国道教文化中蕴含着源源不断的智慧和力量，一定能够成为中国文化走出去最有效、最独特的战略资源！我们也坚信，中国道教文化的活力和潜力在中国的、世界的舞台上迸发，必将赢得整个世界的赞叹与喝彩！中国道教必将大放光彩、再创辉煌。

坚持中国化方向是当代道教发展的新境界

——在中央社会主义学院学术研讨会上的演讲

（2017 年 9 月 6 日）

丁常云

当前，坚持宗教中国化方向，已经成为我国宗教工作的基本准则，成为各宗教生存与发展的必然要求。道教作为中国本土宗教，同样需要坚持中国化方向，所不同的是，道教中国化主要解决的应该是"与时俱进"的问题。坚持道教中国化方向，就是要在保持本有的中国特色基础上，不断推进道教与时俱进、创新发展，就是要在坚持道教文化自信，坚持对中华优秀文化认同、融合与发展的基础上，充分发挥道教应有的时代价值。

一、坚持中国化方向要始终高举爱国主义伟大旗帜

高举爱国主义伟大旗帜，是坚持我国宗教中国化方向的坚实基础。中国化的根基是中国，如果不爱中国，就没有基础可言，更谈不上中国化了。习近平总书记指出：要大力弘扬伟大爱国主义精神，大力弘扬以改革创新为核心的时代精神，为实现中华民族伟大复兴

的中国梦提供共同精神支柱和强大精神动力。这就是说，爱国主义是坚持我国宗教中国化的方向，这是根本，不能动摇。

第一，坚持道教中国化方向，必须要积极传承道教的爱国传统。道教历史表明，爱国始终是道教同祖国共命运的牢固精神纽带，也是道教悠久而光荣的历史传统。当代道教，我们要积极传承这一优良传统，要通过凝心聚力，倡导一切有利于民族团结、祖国统一、人心凝聚的思想和精神，倡导一切有利于国家富强、社会进步、人民幸福的思想和精神，把广大道教徒的智慧和力量，凝聚到建设中国特色社会主义事业中来，使爱国主义始终成为道教坚持中国化方向的坚实基础。

第二，坚持道教中国化方向，必须要大力弘扬道教的爱国思想。当代社会，我们要继续高举爱国主义伟大旗帜，大力弘扬道教的爱国思想，不断推进道教爱国思想的创新发展，积极引领广大道教徒热爱伟大的社会主义祖国，拥护中国共产党的领导，要在本职工作岗位上爱岗敬业、勇于担当、奋发有为，为国家的繁荣富强贡献力量。我们道教界要始终坚持做爱国的表率，自觉担当起传扬爱国思想的先行者，不断助推道教中国化方向的时代进程。

二、坚持中国化方向要始终保持道教与社会相适应

积极引导宗教与社会主义社会相适应，是我国宗教坚持中国化方向的重要条件。引导宗教与社会主义社会相适应，其关键在引导，重点在适应。习近平总书记指出：积极引导宗教与社会主义社会相适应，必须坚持中国化方向。这一重要论述，为进一步引导我国宗

教与社会主义社会相适应指明了方向，为我国传统道教坚持中国化方向明确了路径。

第一，坚持道教中国化方向，必须要继续传承道教与时俱进的时代精神。历史表明，道教自诞生之日起就一直趋于变化和与社会相适应之中。新中国成立后，随着我国社会主义制度的完善和发展，道教思想、组织和仪式、规戒等都相继发生，而且在继续发生着适应社会的根本变化。改革开放之后，道教更是得到快速发展，社会的变革和时代的进步，需要我们紧密结合社会实际情况，回应社会和信教群众需求，继续传承道教与时俱进的时代精神。

第二，坚持道教中国化方向，必须要不断推进道教与当代社会相适应。道教以"道"名教，以"道"为其教义思想的核心。我们当代道教徒，应该对"道"作出适应时代进步的阐释，要在继承传统道教教义思想的基础上，丰富和发展前辈道长们对于"道"的论述，增添新的时代内涵，阐扬新的时代精神。要不断增强道教文化自信和理论自信，自觉促进道教与社会主义社会相适应，继续坚持道教中国化方向不动摇。

三、坚持中国化方向要积极助推中华文化繁荣发展

加强当代道教文化建设，助推中华文化繁荣发展，是坚持道教中国化方向的重要内容。宗教历史表明，宗教文化中国化，是宗教中国化的灵魂。道教历史同样表明，道教文化中国化，也是道教中国化的重要标志。

第一，坚持道教中国化方向，必须要积极传承道教优秀文化。

548

当代社会，我们要积极倡导尊道贵德、重生贵命、诚实守信等道德规范，倡导和平向善、慈爱和同、济世利人的理念，培育自尊自信、宽容平和、积极向上的精神，引导广大信教群众投身全面建设小康社会的伟大事业，爱岗敬业，尊重科学，诚实守信，与人为善，用实际行动见证道教信仰，彰显道教文化内涵，以道教优秀文化助推道教中国化进程。

第二，坚持道教中国化方向，必须要助推中华文化的繁荣发展。当代社会，我们要善用道教的道德伦理，助推社会道德文化建设，促进社会公民道德素质的提高。要善用道教的和谐伦理助推和谐文化建设，促进社会和谐发展。要善用道教的生态伦理助推生态文化建设，化解人类生态危机。道教的优秀文化，与中华传统文化相得益彰，相互影响，共生共荣。我们要充分发挥道教传统文化优势，展示道教文化魅力，助推中华文化繁荣发展。

四、坚持中国化方向要积极践行社会主义核心价值观

坚持与时俱进，推进道教创新发展，积极践行社会主义核心价值观，是坚持道教中国化方向的重要途径。习近平总书记指出：培育和弘扬社会主义核心价值观，必须立足中华优秀传统文化。当代社会，我们要积极推进道教与时俱进和创新发展，弘扬道教优秀文化，发挥道教特殊优势，引领道教坚持中国化方向，积极践行社会主义核心价值观。

第一，坚持道教中国化方向，必须要努力推进当代道教的创新发展。面对当代道教现状，我们要主动肩负起道教振兴发展的历史

使命，积极探索当代道教的发展之路。我们必须要在不断加强自身建设中完成现代转型，要在不断适应时代进程中实现创新发展，这是道教坚持中国化方向和融入现代社会的需要。

第二，坚持道教中国化方向，必须要积极践行社会主义核心价值观。当代社会，我们要大力弘扬道教优秀文化，以社会主义核心价值观为引领。积极倡导道教道德伦理，自觉担当起理顺情绪，化解矛盾，促进和睦，维护社会稳定的责任。要自觉担当乐善好施、扶贫济困、服务社会的责任，主动担当保护自然、关爱自然、维护生态和谐的责任，为坚持道教中国化方向提供力量源泉。

总之，坚持道教中国化方向，是道教与时俱进、创新发展的必然要求。我们要始终高举爱国主义伟大旗帜，始终坚持走与社会主义社会相适应，积极助推中华文化的繁荣发展，努力践行社会主义核心价值观。只有这样，才能更好地传承道教优秀文化，完善道教的中国化进程，促进道教事业的健康发展。

【论文发表】

浦东道协教职人员学术论文一览表

(2013—2017)

作者	论文题目	刊物（论文集）	日期
丁常云	共建平安社会，共创和谐世界	《中国道教》	2013 年第 1 期
丁常云	关于加强新时期道教养生文化建设的几点思考	《上海道教》	2013 年第 1 期
成润磊	浦东地区张相公信仰及其社会影响	《上海道教》	2013 年第 1 期
丁常云	道教济世伦理在和谐社会建设中的积极作用	《江西道教》	2013 年第 1 期
丁常云	元代著名道士黄公望	《恒道》（广州）	2013 年第 1 期
丁常云	论东岳信仰的形成及其社会思想内容	《海峡道教》	2013 年第 2 期
范诚凤	秉道祖仙风　扬善慈正信	《上海道教》	2013 年第 2 期
丁常云	陈国符对《道藏》研究的贡献	《中国道教》	2013 年第 2 期
丁常云	新时期道教发展与教风建设的若干思考	《中国道教》	2013 年第 3 期
丁常云	义工，城市因你更美好	《中国政协》	2013 年第 3 期
丁常云	试析道教中和之道的生态观	《上海道教》	2013 年第 3 期

作者	论文题目	刊物（论文集）	日期
丁常云	东岳祈福祈求幸福人生	《上海道教》	2013 年第 3 期
丁常云	三清神灯照亮增延福寿之路	《上海道教》	2013 年第 4 期
张开华	开展讲经讲道　促进道风建设	《上海道教》	2013 第 4 期
张开华	吉祥人生靠"三宝"	《联合时报》	2013 年 12 月 3 日
丁常云	关于新时期正一道教戒律建设的几点思考	《上海道教》	2014 年第 1 期
丁常云	财神神灯护佑招财利市	《上海道教》	2014 年第 1 期
曹岁辛	我的从道生涯	《上海道教》	2014 年第 1 期
叶有贵	上海十泽道院史略	《上海道教》	2014 年第 1 期
丁　伟	道教送亡仪式中焚化冥楮蕴义	《上海道教》	2014 年第 1 期
丁常云	文昌星灯：通达学业仕途	《上海道教》	2014 年第 2 期
丁常云	施道渊的生平及主要贡献	《中国道教》	2014 年第 2 期
丁常云	关于当代道教徒修养问题的几点思考	《凝眸云水》	2014 年第 2 期
丁常云	道教要为实现中国梦发挥正能量	《上海民族和宗教》	2014 年增刊（总第 56 期），荣获征文一等奖
高信勤	正己化人　众善奉行	《上海道教》	2014 年第 2 期
丁常云	道教的北斗崇拜及其科仪	《上海道教》	2014 年第 3 期
丁常云	药王仙灯是人类健康的期盼	《上海道教》	2014 年第 3 期

续　表

作者	论文题目	刊物（论文集）	日期
吕　东	《太上感应篇》修正法门略谈	《上海道教》	2014 年第 3 期
丁　伟	道教灯仪及其宗教内涵——以上海钦赐仰殿常用灯仪为例	《上海道教》	2014 年第 3 期
丁常云	月老仙灯庇佑和合姻缘	《上海道教》	2014 年第 4 期
丁常云	建立老子学院　拓展公共外交	《检察风云》	2014 年第 8 期
张开华	试谈道教对中华民俗文化的影响	《联合时报》	2014 年 3 月
丁常云	钦赐仰殿道观碑廊的文化价值	《联合时报》	2014 年 12 月 25 日
沈　岚	敦煌文献中的道家文化	《上海道教》	2015 年第 1 期
丁　伟	神霄雷法与梵天密咒的完美结合	《上海道教》	2015 年第 1 期
丁常云	《太上感应篇》及其伦理思想	《上海道教》	2015 年第 2 期
丁常云	关于道教自身建设与发展问题的思考	《上海道教》	2015 年第 3 期
高信勤	忠孝友悌　正己化人	《上海道教》	2015 年第 3 期
成润磊	清代正一道士娄近垣	《上海道教》	2015 年第 3 期
沈　岚	从"勿弃字纸"说起	《上海道教》	2015 年第 3 期
丁常云	道教伦理建设要赋予新的时代内涵	《上海道教》	2015 年第 4 期

作者	论文题目	刊物（论文集）	日期
成润磊	祸福无门　惟人自召	《上海道教》	2015 年第 4 期
丁常云	上海道教的一张亮丽名片	《上海道教》	2015 年增刊
范诚凤	与"道"有缘伴我行	《上海道教》	2015 年增刊
邵志强	南汇道教的变迁与发展	《上海道教》	2015 年增刊
夏光荣	我与协会同成长	《上海道教》	2015 年增刊
徐炳林	传承历史　再续辉煌	《上海道教》	2015 年增刊
袁　荣	古观逢盛世　重修再辉煌	《上海道教》	2015 年增刊
崔洪波	回眸历史话今朝	《上海道教》	2015 年增刊
刘广军	砥砺前行　更上层楼	《上海道教》	2015 年增刊
成润磊	培养人才　继往开来	《上海道教》	2015 年增刊
丁常云	五缘文化与当代和谐社会建设	《上海道教》	2016 年第 1 期
夏光荣	做一个虔诚的道教徒	《上海道教》	2016 年第 1 期
丁　伟	心平气和才是真境界	《上海道教》	2016 年第 1 期
丁常云	从道教北斗信仰看中华北斗文化	《上海道教》	2016 年第 2 期
丁常云	道教践行社会主义核心价值观的责任与使命	《人民政协报》	2016 年 4 月 21 日第 8 版
丁常云	加强道教团体建设，发挥桥梁纽带作用	《中国民族报》	2016 年 7 月 5 日第 6 版
沈　岚	贵德是人格修养的基石	《上海道教》	2016 年第 3 期
丁常云	道教的现代转型与创新发展	《上海道教》	2016 年第 4 期

作者	论文题目	刊物（论文集）	日期
丁常云	道教文化及其人文关怀	《中国道教》	2016 年第 5 期
丁常云	道教在当代社会的使命与担当	《中国宗教》	2016 年第 10 期
丁常云	发挥传统文化在建设平安社会中的积极作用	《国是建言》第一辑	中国文史出版社 2017 年版
丁常云	传承道教文化 贡献中国智慧	《上海道教》	2017 年第 2 期
丁 伟	孝心传承与家庭幸福	《上海道教》	2017 年第 2 期
丁常云	探颐索隐，正本求真——读安伦教授新著《老子指真》	《上海道教》	2017 年第 3 期
丁常云	山高水长忆恩师——深切缅怀陈莲笙大师	《上海道教》	2017 年第 3 期
范诚凤	缅怀恩师陈莲笙道长	《上海道教》	2017 年第 3 期
丁 伟	秉承大师风范 践行"传帮带"精神——纪念陈莲笙会长诞辰一百周年	《上海道教》	2017 年第 3 期
成润磊	当代道教杰出贡献者陈莲笙大师	《上海道教》	2017 年第 3 期
丁常云	坚持中国化方向是当代道教发展的新境界	《上海道教》	2017 年第 3 期
丁常云	道教的创新发展之路	《中国宗教》	2017 年第 3 期
丁常云	道教北斗文化与"一带一路"建设	《上海道教》	2017 年第 4 期

555

附

录

【人物名录】

浦东道教界担任各级人大代表、政协委员一览表

(2013—2017)

地区	届　　期	委员、代表	姓　名
全　国	第十二届（2013—2017）	政协委员	丁常云
浦东新区	第五届（2013—2016）	人大代表	丁常云
浦东新区	第五届（2013—2016）	人大代表	范金凤
浦东新区	第五届（2013—2016）	政协委员	张开华
浦东新区	第五届（2013—2016）	政协委员	邵志强
浦东新区	第六届（2017—）	人大代表	丁常云
浦东新区	第六届（2017—）	人大代表	范金凤
浦东新区	第六届（2017—）	政协委员	张开华
浦东新区	第六届（2017—）	政协委员	夏光荣

浦东道教界选任中国道教协会领导成员表

(2013—2017)

届　别	副会长	常务理事	理　事
第八届 （2010—2015）	丁常云	丁常云	丁常云　范诚凤
第九届 （2015—）		丁常云	丁常云　范诚凤　张开华

注：2015 年丁常云当选中国道教协会第九届理事会咨议委员会副主席

浦东道教界当选上海市道教协会领导成员表

（2013—2017）

届　别	副会长	副秘书长	常务理事	理　事
第六届 （2011—2016）	丁常云 范金凤	张开华 叶有贵 窦维春	丁常云、王进、叶有贵、刘喜宏、张开华、邵志强、陆象之、范金凤、钟再虎、袁荣、徐炳林、崔红波、葛乃君、窦维春	丁常云、王进、叶有贵、刘喜宏、苏诚喜、张开华、陆华平、邵志强、范金凤、郑土有、钟再虎、袁荣、夏光荣、徐炳林、高勤珠、黄迈人、威右飞、崔红波、葛乃君、窦维春
第七届 （2016—）	丁常云 范金凤 张开华 窦维春	叶有贵	丁常云、王进、叶有贵、刘喜宏、张开华、邵志强、范金凤、钟再虎、袁荣、徐炳林、崔洪波、葛乃君、郑土有、窦维春、高勤珠	丁常云、刘喜宏、张春鸿、窦维春、陈志刚、袁荣、崔红波、郑土有、谢安银、范金凤、高勤珠、张东英、张开华、刘红军、叶有贵、邵志强、王进、陆华平、葛乃君、威右飞、夏光荣、徐炳林、钟再虎

孙根元道长生平

孙根元（1929—2015），法名宏璋，祖籍上海。出生于道教世家，12岁随祖父学道，20岁成为高功法师。1950年，参加中国人民解放军，担任机要文书。因工作认真勤恳，荣立两次"三等功"。1958年退伍后回乡务农，曾担任村治保主任。

1988年，浦东龙王庙恢复开放，孙根元道长受邀担任道观筹建负责人。1993年重阳节，升座为道观住持。同年，荣获全国道教界爱国爱教先进个人。1995年，于江西龙虎山授箓。2007年底，退养在家。孙根元道长在龙王庙修道近三十年，始终坚持爱国爱教，信仰虔诚，工作上兢兢业业，勤勤恳恳，为道观的建设与发展倾注了大量心血并作出巨大贡献，得到了浦东新区民宗部门和新区道协的充分肯定。

孙根元道长曾任中国道教协会第五届代表会议代表，上海市浦东新区道教协会第一届理事会理事，历任上海市道教协会第二、三、四、五届理事会常务理事。

2015年12月12日羽化，享年87岁。

（孙逸天供稿）

【其他组织】

上海市浦东道教书画院概况

上海市浦东道教书画院，原名浦东道教书画联谊会，是由浦东道教界和社会各界书画爱好者自愿组成的民间组织，隶属于浦东道教协会。书画院以道教书画家为核心，广泛团结社会各界书画艺术家，为弘扬中华传统书画艺术搭建交流平台。

2015年3月25日，浦东道教书画联谊会成立大会在钦赐仰殿道观举行，新区统战部副部长、民宗委主任钟翟伟出席并讲话。会议推选丁常云为会长，陈嘉宾为常务副院长，王优民、周玉恒、张翔宇为副会长，李丰为秘书长。聘请王贵荣、沈志勇、田学波为顾问。

2017年1月20日，浦东道教书画联谊会更名为浦东道教书画院，并对班子成员进行调整，推选张翔宇为院长，陈嘉宾、王优民、周玉恒为副院长，张春鸿为秘书长。聘请丁常云、王贵荣、沈志勇为顾问。

浦东道教书画院成立以来，定期开展书画交流笔会，开设书画培训班，积极参加协会组织的各项公益慈善活动，成为浦东道教文化的一块品牌。

上海市浦东道教书画院章程

第一章 总 则

第一条 名称：上海市浦东道教书画院。

第二条 性质：本院是由浦东道教界及各界书画爱好者自愿组成的民间组织，是具有文化性、交流性、慈善性的艺术机构，是浦东新区道教协会联系教内书画者的桥梁和纽带。

第三条 宗旨：拥护中国共产党领导和社会主义制度，遵守国家宪法和法律、法规。弘扬中华传统优秀文化，振兴中华传统书画艺术，联系道教界及各界书画艺术家，为构建社会主义和谐社会发挥正能量。

第四条 本院在浦东新区道教协会的领导下开展工作。院址设在浦东新区道教协会。

第二章 任 务

第五条 以道教界书画家为核心，广泛团结社会各界书画艺术家、书画工作者，为弘扬中华传统优秀文化、振兴中华传统书画艺术服务。

第六条 积极配合新区道教协会做好文化艺术交流及社会文化活动工作。

第七条　举办各种联谊活动，提供信息沟通和学术交流服务，增进道教书画爱好者的联络和友谊。

第八条　举办书画笔会、竞赛展览、教学培训，为社会和道教信徒做好服务工作。

第九条　积极参加区道协组织的社会公益活动，支持社会福利事业和慈善事业。

第三章　组织机构

第十条　本院可根据工作需要设顾问若干名，聘请德高望重的书画家、老领导、相关专家、知名人士，以及对本院有重大贡献和有极大经济支持者担任。

第十一条　本院实行民主集中制的组织原则，本院设理事会，理事会由会员大会选举产生。理事会代表全体会员负责管理本院重大事务，每届任期五年。

第十二条　本院设院长一名，副院长若干名，秘书长一名，由理事会选举产生。

第十三条　本院院长根据本《章程》有权委托一位副院长或秘书长主持负责日常工作。

第十四条　根据工作需要，本院可内设若干工作机构，也可由院长提名、经理事会研究通过，聘任若干名副秘书长承担具体工作。

第四章　会　员

第十五条　本院实行会员制。面向本道教协会及社会各界，邀

请书画艺术家、书画爱好者和书画理论、收藏、装裱等专业人士参加。

第十六条 会员实行聘任制，任期5年，连聘连任。

第十七条 凡有意成为本院会员者，可直接向本院提出申请，亦可由理事推荐，经考察、审核，报经理事会议批准，履行入院手续，由本院颁发证书。

第十八条 会员的权利：1. 有自由加入和退出的权利。2. 在院内有选举权、被选举权和表决权。3. 参加本院举办的活动，了解本院工作情况并提出意见和建议。

第十九条 会员的义务：1. 必须维护本院名誉及遵守本院章程。2. 执行本院决议，完成本院委托的工作。3. 积极参加本院活动，促进交流和友谊。

第二十条 本院会员退会，应向理事会提出书面报告。会员如有严重违反本院章程的行为，经理事会讨论决定，可劝其退会或注销其会籍。

第五章 其 他

第二十一条 本院活动经费自筹，并接受社会个人捐赠和协会资助。

第二十二条 本院完成宗旨或其他原因注销时，由院长提出终止动议，经理事会表决通过并报区民宗委备案。

第二十三条 本章程的解释权归本院理事会。

第二十四条 本章程经本院理事会通过后实施。

上海市浦东道教养生委员会概况

上海市浦东道教养生委员会，是由道教界人士、养生专家及医务工作者自愿组成的民间组织，隶属于浦东新区道教协会。道教养生委员会以研究和弘扬道教养生文化为核心，广泛团结各界养生专家，服务社会，服务信徒。

2017 年 1 月 12 日，浦东道教养生委员会在钦赐仰殿道观正式成立。会议推选王祥瑞为会长，张翔宇、余大松为副会长，张春鸿为秘书长，聘请陈嘉宾为顾问，有会员 30 余名。

浦东道教养生委员会成立以来，定期开展养生讲座，积极参加道协组织的公益慈善义诊活动，影响逐步扩大，获得社会好评。

上海市浦东道教养生委员会章程

第一章 总 则

第一条 本会名称：上海市浦东道教养生委员会。

第二条 本会性质：本团体的性质是由医药医疗、保健、教育、科研、预防、康复、保健的医务工作者和道教界人士自愿组成的学术性社团。

第三条 本会宗旨：拥护中国共产党领导和社会主义制度，遵守国家宪法和法律、法规。弘扬中华道教养生文化，联系及服务各界信教群众，为构建社会主义和谐社会发挥正能量。

第四条 本会在浦东新区道教协会的领导下开展工作。本会会址设在浦东新区源深路 476 号钦赐仰殿道观内。

第二章 任 务

第五条 以道教养生为核心，广泛团结社会各界养生专家、医务工作者，积极弘扬中华传统道教养生文化。

第六条 做好道教养生文化的研究、弘扬工作，开展健康养生活动的普及和推广，促进道教养生文化的对外交流。

第七条 举办各种活动，提供信息沟通和学术交流服务，增进道教健康养生专家与信众的联络和友谊。

第八条 举办健康养生讲座、竞赛展览、教学培训，为社会和道教信徒做好服务工作。

第九条 积极参加区道协组织的社会公益活动，支持社会福利事业和慈善事业。

第三章　组织机构

第十条 本会设顾问若干名，聘请德高望重的医学专家、老领导、相关专家、知名人士，以及对本会有重大贡献者担任。

第十一条 本会设名誉会长一名，由浦东道教协会会长担任。

第十二条 本会设会长一名，副会长若干名，秘书长若干名，由会员大会选举产生。

第十三条 本会秘书长在会长的领导下主持日常工作，落实安排各类活动。

第十四条 本会每届任期五年，每年召开一次年会，每季度召开一次会长办公会议。

第四章　会　员

第十五条 本会实行会员制。面向本道教协会及社会各界邀请专家参加本会担任会员。

第十六条 会员实行聘任制，任期 5 年，连聘连任。

第十七条 凡有意成为本会会员者，可直接向本会提出申请，亦可由会长或副会长推荐，经考察、审核后，履行入会手续，由本会颁发证书。

第十八条　会员的权利：1. 会员有自由入会和退会的权利。2. 在会内有选举权、被选举权和表决权。3. 参加本会举办的活动，了解本会工作情况并提出意见和建议。

第十九条　会员的义务：1. 会员必须维护本会名誉及遵守本会章程。2. 执行本会决议，完成本会委托的工作。3. 积极参加本会活动。

第二十条　本会会员退会，应提出书面报告。会员如有严重违反本会章程的行为，经讨论决定，可劝其退会或注销其会籍。

第五章　其　　他

第二十一条　本会经费来源：自筹、社会个人捐赠、企业资助。

第二十二条　本会活动经费实行专款专用，独立管理，严格按照财务制度操作。

第二十三条　本会完成宗旨或其他原因注销时，由会长提出终止动议，经会员大会表决通过并报区道协备案。

第二十四条　本章程经本会会员大会通过后实施。

大事记

2013 年

1 月 1 日，三元宫坤道院向上海市慈善基金会浦东分会捐赠善款壹万元。

1 月 2 日，钦赐仰殿道观接待浦东新区少数民族联合会会长法金生一行。

1 月 4 日，钦赐仰殿道观召开 2012 年下半年民主生活会。同日，举行 2013 年组长竞聘工作会议。

1 月 7 日，新区道协召开三届三次会长办公（扩大）会议。

1 月 12 日，川沙关帝庙举行"关帝殿"上梁仪式。

1 月 15 日，钦赐仰殿道观召开道观"2013 年新聘组长工作会议"。

1 月 17 日，新区道协丁常云会长参加"上海宗教界代表人士团拜会"。

1 月 18 日，钦赐仰殿道观接待陆家嘴街道党工委书记吴安桥、主任周小平一行。

1 月 21 日，钦赐仰殿道观住持丁常云等前往沪新中学举行"爱心助学"慰问座谈会。

1 月 23 日，市民宗委、市道协相关领导来钦赐仰殿道观进行消防安全检查。

1月24日，新区道协丁常云会长应邀参加"2013龙华古寺新春祈福慈善招待会"。

1月25日，全区各宫观负责人，参加"2013年浦东新区春节香讯安全工作会议"。

1月26日，三元宫坤道院走访慰问老一辈坤道和社区困难家庭。

1月29日，新区道协接待区委统战部副部长、民宗委主任张杰一行。

2月1日，新区道协丁常云会长继续当选全国政协第十二届委员会委员。

2月5日，市民宗委主任赵卫星一行，来钦赐仰殿道观检查工作。

2月6日，十泽道院召开门前环境治理综合协调会。

2月8日，上海财神庙召开《整体规划讨论会》，区统战部副部长胡志国、唐镇党工委书记曾爱君等参加。

2月8日，新区政协副主席方柏华一行来钦赐仰殿道观调研。同日，《浦东道教年鉴》（第2卷）编写工作正式启动。

2月9日，新区统战部部长陈庆善一行来钦赐仰殿道观调研。

2月15日，浦东新区唐镇书记曾爱君来财神庙商讨有关修复工作事宜。

2月19日，新区统战部副部长张杰等来上海财神庙慰问。

2月22日，新区道协召开三届四次会长办公（扩大）会议。同日，召开中心组学习会。

2月25日，新区道协丁常云会长参加"在沪十二届党外全国人大代表和全国政协委员座谈会"。

2月27日，新区道协丁常云会长参加陆家嘴社区第三届社区代表第一次会议，继续当选为副主任。

3月2日—12日，新区道协丁常云会长在北京参加全国政协十二届一次会议。

3月5日，上海财神庙负责人夏光荣参加"上海市第九期宗教界人士培训班"学习。

3月6日—3月12日，三元宫坤道院监院范诚凤参加马来西亚沙巴州"世界道教节开幕式"活动。

3月14日，钦赐仰殿道观接待长宁区宗教代表团一行20余人。

3月25日，新区道协召开中心组学习会，丁常云会长传达全国政协十二届一次会议精神。

3月29日，著名道教学者陈耀庭教授来三元宫坤道院授课。

4月12日，钦赐仰殿道观举行真武大帝神像开光法会。

4月15日，上海财神庙召开"道观规划工作研讨会"。

4月16日，新区道协丁常云会长在钦赐仰殿主持召开《道教大辞典》编修工作会议。

4月17日，钦赐仰殿道观接待黄浦区老年大学离退休学员一行20余人。

4月20日，崇福道院召开"圣堂庙会的传承与展望"座谈会。

4月20日，"三月半"圣堂庙会在崇福道院隆重开幕。

4月24日，上海道教界在崇福道院，为四川芦山地震灾区难民

举行祈福消灾法会暨捐款仪式。

4月25日，钦赐仰殿道观接待国家宗教局政策法规司《历代宗教管理法令》研究课题组一行。同日，接待黄浦区人大侨民宗委一行。

4月27日，钦赐仰殿道观召开以"教风"为主题创建活动专题学习会。

5月3日，新区道协召开三届五次会长办公（扩大）会议。

5月5日—7日，钦赐仰殿道观举行东岳圣诞祈福法会。

5月6日—10日，新区道协丁常云会长参加"上海市第十期宗教界人士培训班"学习。

5月7日—8日，新区道协丁常云会长参加"东岳信仰与北京东岳庙学术研讨会"。

5月10日，上海财神庙公共安全事务小组成立，夏光荣任组长。

5月13日—14日，全区各宫观青年道长，参加"浦东新区宗教界人士培训班"学习。

5月16日，市道协在钦赐仰殿道观举行"讲经学习班"。

5月18日至27日，钦赐仰殿道观成润磊、丁伟道长，参加由国家宗教局举办的"2013年全国道教界代表人士读书班"学习。

5月19日，三元宫坤道院开展"教风"建设、创和谐道观暨讲经活动。

5月25日，新区道协丁常云会长参加中国道教协会教务委员会工作会议。

5月28日，新区政协民宗委视察三林崇福道院，区政协副主席方柏华参加。

5月29日，上海财神庙在唐镇政府会议室召开修复工作座谈会。

5月31月—6月3日，新区道协新一届班子成员赴福建参访学习。

6月6日—7日，新区道协丁常云会长应邀为中国道教学院举办的"全真派部分省级道协和主要宫观负责人"培训班授课。

6月8日，湖北省道教协会副会长任宗权来三元宫坤道院参访。

6月10日，上海道教学院45名学生来三元宫坤道院参访学习。

6月11日—14日，钦赐仰殿道观组织全体教职人员赴江西参访学习，区民宗委副主任胡志国等参加。

6月17日，钦赐仰殿道观召开"教风建设领导小组工作会议"。

6月21日，钦赐仰殿道观接待新区人大常委会组成人员一行50余人，区人大常委会主任唐周绍、副主任花以友陪同视察。

6月26日，钦赐仰殿道观公开张贴《教风建设公约》，接受社会和信众监督。

6月27日—28日，钦赐仰殿道观选派青年道长史海荣、唐义军、成润磊、钟广成，参加由市道协举办的中青年教职人员学习班学习。

6月28日，新区道协开展"教风建设"工作检查，分别赴三元宫坤道院、十泽道院调研。

6月30日，三元宫坤道院成立教风建设监督小组，范诚凤任

组长。

7月1日，钦赐仰殿道观开始恢复传统素食制度。同日，道观召开"教职员工教风建设专题座谈会"。

7月2日，新区道协在钦赐仰殿道观举行"宫观档案工作培训班"，全区各宫观主要负责人和相关档案工作人员参加。同日，召开区道协三届六次会长办公（扩大）会议。

7月5日，新区道协丁常云会长荣获"浦东新区反邪教协会"征文比赛二等奖，并应邀参加"浦东新区反邪教理论研讨会"。

7月10日，浦东新区三元宫坤道院、钦赐仰殿、崇福道院、社庄庙、陈王庙，荣获"2010—2012年度上海市文明宗教场所"称号。

7月11日，新区民宗委、花木街道领导，来三元宫坤道院调研"教风"建设第二阶段工作。

7月15日，上海财神庙召开第二次规划设计论证会。

7月16日，新区道协丁常云会长应邀参加"区人大侨民宗、外事工委第六次全体会议"，作《道教禁忌》专题讲座。

7月17日，市政协副主席方慧萍一行来钦赐仰殿道观调研。

7月18日—21日，新区道协丁常云会长应邀参加香港中文大学举行的"第一届全国道教中青年骨干培训班结业典礼"。

7月23日，新区道协召开各道观"教风"主题创建活动第二阶段专题会议。

7月26日，钦赐仰殿道观召开"修复竣工暨神像开光活动"筹备工作会议，成立筹备工作领导小组。

7月26—8月1日，三元宫坤道院监院范诚凤应邀参加吉林省玄帝观神像开光法会。

8月2日，新区道协丁常云会长参加在上海城隍庙举行的"第十三届全国道教音乐汇演"工作协调会，并代表中国道协作总结讲话。

8月5日，市、区民宗委和市、区道协相关领导，来上海财神庙检查"道风"建设情况。

8月7日，钦赐仰殿道观召开专题工作会议，决定向市道协"两个基金"各捐款5万元。

8月13日，钦赐仰殿道观丁伟道长，参加市道协举行的"中国道协第五届玄门讲经上海选拔赛"，荣获二等奖。

8月15日，新区道协丁常云会长参加由市政协民宗委召开的"宗教界从事社会公益慈善情况"课题调研座谈会。

8月16日，上海财神庙规划设计论证会在钦赐仰殿道观召开。同日，新区道协举行中心组时政学习会。

8月19日，三元宫坤道院召开"中秋祈福迎祥同圆中国梦"信众筹备工作会议。

8月21日，新区道协丁常云会长应邀赴北京主持"中国道教学院第二届国外道教徒进修班开学典礼"。

8月23日，新区民宗委来钦赐仰殿道观组织"住持升座民主测评会"。

8月24日，上海五缘文化研究所在钦赐仰殿道观召开"刘勰与中国文化学术研讨会"。

8月27日，市道协专题讨论钦赐仰殿道观住持升座，会议举手表决，全票通过。

8月28日，新区道协丁常云会长在上海城隍庙参加接待"东亚道文化国际学术研讨会"的部分学者。

9月2日，钦赐仰殿道观丁常云道长赴沪新中学参加助学慰问座谈会。

9月2日，上海财神庙由夏光荣道长带队前往唐镇敬老院进行中秋节慰问。

9月4日，钦赐仰殿道观召开"重修竣工、神像开光暨住持升座庆典"筹备工作座谈会。同日，召开新区道协三届七次会长办公（扩大）会议。

9月6日，新区道协丁常云会长参加市民宗委召开的"上海宗教院校庆祝2013年教师节茶话会"。

9月11日—13日，新区道协丁常云会长参加在华山主办的"第五届玄门讲经暨华山论道"活动，并代表中国道协在闭幕式上作总结讲话。

9月14日，三元宫坤道院举办"道在身边"讲经讲道活动。

9月16日，新区道协丁常云会长参加由上海佛协和道协联合举办的"随缘净心，道法自然：弘扬佛道教生态理念论坛"，并主持会议。

9月17日，新区道协丁常云会长参加在苏州穹窿山举行的"施道渊与江南道教学术研讨会"。

9月19日，三元宫坤道院举办"中秋佳节祈福迎祥共聚三元宫同圆中国梦"团圆法会。

9月23日，新区道协丁常云会长应邀参加由青浦区民宗办主办的"同一颗心，同一个梦——青浦区宗教界讲经讲道佛道教专场"活动。

9月24日，钦赐仰殿道观召开工作会议，推荐成润磊、薛坤、马永超赴龙虎山参加授箓。

9月26日，十泽道院举行迁建竣工暨神像开光庆典。

9月30日，新区道协召开"浦东道教教风创建活动第三阶段整改方案交流会"，全区各道观负责人参加。本月，"三月半"圣堂庙会被命名为上海市第四批非物质文化遗产。

10月10日，崇福道院联合三林镇杨南二居委，举行"九九重阳"敬老活动。

10月13日，钦赐仰殿道观举行传统敬老活动，邀请光辉居委部分老人来道观吃长寿面，并赠送重阳糕。

10月14日，崇福道院黄发明、吴晓东道长，参加江西葛仙山开光和文化交流活动。

10月16日，钦赐仰殿道观隆重举行"重修竣工、神像开光暨住持升座"庆典活动。

10月21日—27日，新区道协丁常云会长参加全国政协民宗委"关于推动宗教界办好公益慈善事业的情况"（江苏、上海）的调研。

10月20日—22日，三元宫坤道院应邀参加西安都城隍庙修复开放暨神像开光活动。

10月30日—31日，新区道协丁常云会长参加由国家宗教局举

办的"国家宗教事务局贯彻实施两个《办法》试点工作培训班"学习。

11月1日，新区道协召开三届八次会长办公（扩大）会议。

11月3日，市道协和新区道协联合在崇福道院举行讲经交流会。

11月5日，新区道协丁常云会长应邀为"杭州市道教界人士培训班"授课。

11月8日，钦赐仰殿道观接待香港蓬瀛仙馆理事会全体理事21人。

11月8日，茅山乾元观道友来三元宫坤道院作科仪交流。

11月9日，钦赐仰殿道观接待新加坡道教经乐团全体成员32人，新加坡道教总会陈添来会长参加。

11月10日—13日，钦赐仰殿道观住持丁常云参加"2013年中国内地正一道初授箓"活动，担任护经大师。道观成润磊、薛坤、费颖参加授箓。

11月15日，新区民宗委领导莅临三元宫坤道院指导工作。

11月19日，新区区长姜樑一行来钦赐仰殿道观调研，区委统战部部长陈庆善陪同。

11月19日，国家乒乓球队前著名队员张林携夫人来上海财神庙参观，道观负责人夏光荣道长陪同接待。

11月22日，新区道协丁常云会长应邀赴江西龙虎山，参加天师府名师讲堂第四期讲座，主讲《道教生态智慧及其现代启示》。

11月29日，三元宫坤道院道长赴花木街道敬老院走访慰问。

12月3日，新区道协丁常云会长应邀参加"乾元观恢复二十周年暨紫光坛神像开光庆典"活动，并代表中国道协讲话。

12月3日，崇福道院、三元宫坤道院，参加茅山乾元观神像开光典礼及道教文化交流会。

12月13日，崇福道院举办第五届书画结缘活动。

12月16日，钦赐仰殿道观举行年度"爱心助学"活动，沪新中学领导和受助学生参加。

12月17日，钦赐仰殿道观住持丁常云荣获全国创建和谐寺观教堂先进个人。

12月17日，三元宫坤道院组织学习十八大报告专题学习会。

12月19日，上海财神庙"规划内河道协调会"在新区河道署举行。

12月20日，新区道协召开"浦东道教宫观2013年度工作总结暨2014年工作计划"交流会。

12月23日，钦赐仰殿道观袁荣道长随市道协代表团赴广州参访学习。

12月24日，钦赐仰殿道观举行"2014年管理组长竞聘会"和"先进教职员工评选会"。

12月25日，钦赐仰殿道观接待"世界宗教与环境保护基金会"中国项目部主任何韵等2人。

12月30日，新区道协在钦赐仰殿道观召开三届二次理事会，审议通过《浦东道教宫观管理办法》。

2014 年

1 月 2 日，钦赐仰殿道观接待新区统战部副部长、区民宗委主任张杰一行。

1 月 5 日，三元宫坤道院召开信徒代表迎春座谈会。

1 月 8 日，钦赐仰殿道观就《陈耀庭道教研究论文集》出版工作，与上海书店出版社进行商讨。

1 月 9 日，钦赐仰殿道观召开信徒代表迎春座谈会。

1 月 15 日，钦赐仰殿道观召开 2013 年下半年民主生活会。

1 月 18 日，上海五缘文化研究所在钦赐仰殿道观召开迎春座谈会，并就五缘文化的现状、影响和发展等问题进行座谈。

1 月 20 日，钦赐仰殿道观山门新制作铜钟正式安装。同日，道观接待市民宗委副主任王君力一行。

1 月 20 日，市民宗委副主任王君力来三元宫坤道院调研。

1 月 21 日，浦东新区各宫观负责人，参加"2014 年浦东佛道教场所春节香讯工作协调会"。

1 月 22 日，新区道协丁常云会长参加市委统战部举行的"上海宗教界人士迎春团拜会"。

1 月 23 日，新区道协丁常云会长、刘喜宏秘书长，分别前往崇福道院、三元宫坤道院、十泽道院进行安全检查。

1 月 25 日，钦赐仰殿道观召开年度"先进个人表彰会"和"道观新春香讯工作动员会"。

1 月 28 日，浦东新区唐镇党政班子主要领导来上海财神庙慰问。

2月4日，新区道协丁常云会长前往陈行关帝庙、上海财神庙检查工作。

　　2月20日，新区道协会长丁常云、秘书长刘喜宏，参加川沙古镇开发专题会议，就川沙镇城隍庙、城内关帝庙等修复工作进行商讨。

　　2月26日，新区道协丁常云会长参加国家宗教局召开的"2014年宗教院校两个《办法》实施工作推进会"，并代表中国道教协会作交流发言。

　　2月28日，新区道协丁常云会长、刘喜宏秘书长，在唐镇政府参加"上海财神庙保护修复工作协调会"。同日，新区道协召开会长办公（扩大）会议，讨论通过了"浦东道教文明敬香倡议书"。

　　2月28日，上海财神庙改扩建工程协调会在唐镇镇政府召开，区委统战部副部长胡志国、唐镇党委书记曾爱君等相关领导参加。

　　3月3日—12日，新区道协丁常云会长参加全国政协十二届二次会议。

　　3月4日—10日，三元宫坤道院监院范诚凤参加印度尼西亚世界道教节活动。

　　3月16日，浦东新区民宗委批复同意"上海财神庙危房修建"。

　　3月21日，三元宫坤道院邀请著名道教学者陈耀庭教授授课。

　　3月27日，钦赐仰殿道观与上海书店出版社签定《陈耀庭道教研究文集》出版合同。

　　3月31日，钦赐仰殿道观接待江西省道协副会长李绍华一行。

　　4月3日，浦东新区道协组织中心组时政学习会，主要学习全国两会精神。

4月12日，第三届上海民俗文化节"三月半"圣堂庙会，在崇福道院开幕，三林镇镇长宋建平向道院授"圣堂庙会"市级非遗铭牌。

4月13日—20日，新区道协丁常云会长应邀参加全国政协民宗委赴江西、湖北，就"宗教教职人员社会保障政策落实情况"进行专题调研。

4月25日—27日，钦赐仰殿道观举行传统"东岳圣诞祈福法会"。

5月5日，新区道协召开三届十一次会长办公（扩大）会议。

5月8日，新区道协丁常云会长参加中国道协在武当山召开的"全国道教院校贯彻实施两个《办法》工作推进会暨中国道教协会道教教育委员会会议"。

5月11日，新区道协丁常云会长为市道协第二期"畅玄"讲道班授课。

5月14日，新区道协丁常云会长参加市政协民宗委组织的"自贸试验区宗教服务与管理"课题调研。

5月15日，钦赐仰殿道观召开专题会议，就上海"亚信会议"有关接待工作进行安排，并讨论决定向中国道协第三届国际道教论坛捐款伍万元。

5月17日—30日，新区道协丁常云会长应邀赴新加坡道教学院授课。

5月25日，三元宫坤道院接待台湾养生协会38位养生专家成员。

6月4日，新区道协丁常云会长参加市政协民宗委组织的"关于宗教活动场所合理布局"专题视察活动。

6月10日，新区道协丁常云会长参加"第四届中华梦乡福清石竹山梦文化节开幕式"，并代表中国道协致辞。

6月11日，新区道协丁常云会长参加在福建福清举办的"第六届海峡论坛——两岸宫庙叙缘交流会"。

6月16日，钦赐仰殿道观接待马来西亚道教协会会长严家建教授一行。

6月19日，新区道协召开中心组学习会，主要学习"社会主义核心价值观"。

7月1日，新区道协召开三届十二次会长办公（扩大）会议。

7月2日，上海财神庙修复工程推进会在唐镇政府召开。

7月12日，上海财神庙举行新建财神大殿奠基典礼。

7月15日，钦赐仰殿道观召开"公共安全事务管理协调小组"成立会议。

7月17日—18日，新区道协丁常云会长参加浙江省道协第二届玄门讲经活动，并在闭幕会上作总结讲话。

7月20日，新区道协丁常云会长参加"中国道协第六届玄门讲经上海选拔赛"，担任评委。

7月20日，三元宫坤道院召开年度第二次信众代表会议。

7月22日，市政协民宗委在钦赐仰殿道观召开"学习贯彻习总书记重要讲话专题学习会暨界别（道教界）委员谈心会"。

7月23日—26日，新区道协组织全区各宫观负责人，赴浙江台州临海、雁荡山参访学习，并在临海城隍庙召开"民主生活会暨慈善工作座谈会"。

8月1日，钦赐仰殿道观召开上半年度组长以上成员民主生活会。

8月5日，钦赐仰殿道观接待市妇联主席徐枫、市侨联主席沈敏一行40余人，区民宗委副主任胡志国陪同。

8月10日，崇福道院向云南鲁甸地震灾区捐款贰万元。

8月11日，钦赐仰殿道观向云南鲁甸地震灾区捐款叁万元。

8月13日，市民宗委、市道协领导来上海财神庙调研，道观负责人夏光荣陪同接待。

585

8月14日，陆家嘴街道在钦赐仰殿道观召开所辖区域部分区人大代表工作会议。

8月15日，钦赐仰殿道观"道学讲堂"装修工作正式启动。

8月18日—19日，新区道协丁常云会长应邀为浙江天台山道教科仪学习班授课。

8月20日，新区道协召开中心组成员学习会。

8月20日，三元宫坤道院全体教职人员组织学习党的十八大会议精神。

8月26日，钦赐仰殿道观举行"2014年情系社区，爱心助学捐款活动"。

8月27日，钦赐仰殿道观在沪新中学举行"爱心助学慰问座谈会"。

8月29日，崇福道院成立公共安全事务管理协调小组，张开华任组长。

8月29日，新区道协丁常云会长参加"纪念丘处机创立龙门山场835周年暨龙门洞丘祖殿落成典礼"和"龙门洞道文化论坛"。

9月1日—3日，新区道协丁常云会长在山东泰山参加"中国道教第六届玄门讲经暨泰山论道"活动。

9月4日，新区道协丁常云会长在山东泰山参加"中国道教协会弘扬传统文化座谈会"，并作会议主旨发言。

9月8日，三元宫坤道院开展祈拜"迎星"金秋月圆纳祥会。

9月10日，浦东新区民宗委相关领导，来三元宫坤道院检查创文明工作情况。

9月11日，钦赐仰殿道观接待区民宗委、区文明办领导，就"文明宗教场所"评比工作进行检查。

9月12日，新区道协丁常云会长为青浦区散居道士培训班授课。同日，召开新区道教协会会长办公（扩大）会议。

9月16日，新区道协丁常云会长参加在北京召开的"中国宗教界和平委员会第四届第一次会议"。

9月17日，钦赐仰殿道观召开管委会班子成员民主生活会。

9月20日，崇福道院邀请专业人士来道观举行消防安全知识及专业技能培训。

9月23日，钦赐仰殿道观被陆家嘴街道老龄工作委员会评为敬老先进单位，并颁发荣誉证书。

9月25日，钦赐仰殿道观向所在地光辉居委70岁以上老人赠送"重阳糕"。

9月25日，崇福道院联合杨南二居委，共同举行"情暖夕阳红"重阳敬老与帮困献爱心活动，捐善款6000元用于扶贫帮困。

9月26日，新区道协主办的"庆祝建国65周年·浦东道教文化展"在陆家嘴金融文化中心开幕。

9月29日，三元宫坤道院重阳节为由由社区老人送重阳糕。

10月4日—5日，新区道协丁常云会长参加"香港道教联合会庆祝中华人民共和国成立六十五周年纪念（系列）活动"。

10月15日，新区道协组织中心组学习会。

10月24日，新区道协丁常云会长参加安徽省道教协会第四次代表会议，并代表中国道教协会讲话。

10月24日，崇福道院举行"2014讲经讲道法会"，500多位信徒参加。

10月25日，新区道协在三元宫坤道院举行"浦东道教玄门讲经活动"，高信勤、成润磊、宋小龙分别讲经。

10月30日，市民宗委新任副主任王凡来钦赐仰殿道观调研，区民宗委副主任胡志国陪同。

11月3日，新区道协丁常云会长参加在茅山举行的"第五届长三角（东南）地区道教论坛暨江苏省第二届道教文化艺术节"。

11月6日，新区道协召开三届十四次会长办公（扩大）会议。

11月8日，新区道协丁常云会长参加在江苏省江阴市召开的"第四届君山论道—陈国符先生百年诞辰纪念暨《道藏源流考》（新修订本）首发式"，并在会上作总结讲话。

11月9日，四川省二王庙五位坤道来三元宫坤道院参访交流。

11月11日，新区道协召开"浦东道教书画联谊会"筹备工作会议。同日，浦东清真寺组织相关人员来三元宫坤道院参访交流。

11月16日，新区道协丁常云会长参加由上海宗教文化研究中心、普陀区基督教桃浦堂主办的"宗教文化与当代社会"研讨会。

11月17日，钦赐仰殿道观新塑六十甲子神像迎请入观供奉。同日，道观接待马来西亚道教总会会长陈文成一行20余人。

11月19日，新区道协丁常云会长参加中央统战部召开的"中央领导与宗教领袖（佛道教）座谈会"，并就道教教育工作作汇报发言。

11月22日，新区道协丁常云会长在北京师范大学，就《道教生态智慧与生态环境保护》作专题演讲。

11月24日，崇福道院邀请三林本地及部分上海书画名家，相聚道院举行笔会。

11月25日—26日，新区道协丁常云会长参加在江西鹰潭举行的"第三届国际道教论坛"，并主持分论坛发言。

11月27日，上海财神庙大殿地下室工程竣工验收。

12月3日，钦赐仰殿道观接待香港六大宗教慈善团体代表一行50余人，道教蓬瀛仙馆、青松观、圆玄学院等慈善团体参加。

12月4日—7日，新区道协丁常云会长参加江西龙虎山举行的"甲午年中国内地正一道授箓"活动，担任箓坛护经大师。

12月27日，三元宫坤道院范诚凤监院，参加武汉长春观神像

开光暨监院升座活动。

2015 年

1月5日，新区道协与全区各道观签订年度消防安全责任书。

1月7日，市民宗委党组书记赵卫星一行三人，来钦赐仰殿道观检查消防安全工作，新区统战部部长陈庆善等陪同。

1月9日，新区道协召开三届十五次会长办公（扩大）会议。

1月9日，浦东新民宗委主任钟翟伟来上海财神庙检查工作。

1月16日，新区道协丁常云会长参加中国道教协会八届十次会长会议，讨论中国道协第九次全国代表会议筹备工作。

1月19日，钦赐仰殿道观接待浦东新区政协副主席方柏华一行。

1月20日，崇福道院参加三林镇"爱满三林"公益慈善联合捐活动，捐助善款8000元。

1月21日，新区道协召开浦东道教书画联谊会筹备工作会议。

1月22日，新区公安局副局长刘忆雷一行，来钦赐仰殿道观进行消防安全检查。

1月24日—28日，新区道协丁常云会长列席市政协十二届三次会议。

1月26日，钦赐仰殿道观召开信徒代表座谈会。

2月1日，三元宫坤道院召开迎新年信徒代表座谈会。同日，吴康康道长调入上海财神庙道观。

2月5日，钦赐仰殿道观接待区人大侨民宗委副主任王春族一行四人。

2月6日，市道协副会长刘巧林等来钦赐仰殿道观进行安全检查。

2月7日，钦赐仰殿道观召开道观春节香讯安全工作会议。

2月11日，川沙镇原党委书记陆雄来新区道协，就川沙关帝庙、城隍庙有关事项进行交流。

2月12日，新区道协丁常云会长参加市委统战部召开的"2015年全国'两会'行前会"。同日，接待区政协副主席方柏华一行。

2月13日，新区统战部副部长、民宗委主任钟翟伟来姚家庙调研。

2月17日，市民宗委主任花蓓一行来钦赐仰殿道观调研。

3月3日—11日，新区道协丁常云会长在北京参加全国政协十二届三次会议。

3月13日，新区道协丁常云会长参加中国道协工作会议，就中国道协九次代表会议有关文件稿征求意见。

3月14日，新区道协丁常云会长参加中国宗教界和平委员会四届二次会议。

3月19日，新区道协召开三届十六次会长办公（扩大）会议。同日，区道协组织中心组成员学习会。

3月23日，三元宫坤道院赴杭州玉皇山参访学习。

3月25日，浦东道教书画联谊会举行成立会，新区统战部副部长、民宗委主任钟翟伟出席并讲话。

3月28日，由上海五缘文化研究所主办的《庆祝林其錟教授八十岁论文集》出版暨学术思想研讨会在钦赐仰殿道观召开。

4月2日，新区道协丁常云会长在龙虎山老子学院作专题讲座，主讲《太上感应篇》及其现代价值。

4月13日，新区道协丁常云会长参加由新加坡道教总会主办的"2015年新加坡道教论坛"。

4月15日，新区道协丁常云会长参加新加坡道教总会举行的"和谐晚宴"，并代表中国道协分别向新加坡道教总会、新加坡国立大学、南洋理工大学赠送线装本《道藏》和《老子集成》，新加坡总理李显龙见证。

4月17日，新区道协在三元宫坤道院举行"浦东道教文明和谐道观创建工作推进会"。

4月19日，钦赐仰殿道观文化丛书《陈耀庭道教研究文集》（上下册）出版。

4月26日，三元宫坤道院为宝山贫困家庭捐款2000元。

4月30日，第四届上海民俗文化节暨三月半圣堂庙会祈福仪式在崇福道院举行。

4月30日，澳门京沪庙宇节庆文化访问交流团来崇福道院参访。

5月1日，澳门道教代表团一行41人来钦赐仰殿道观参访。

5月3日，三元宫坤道院召开泥城仙鹤观借款协议签订沟通会。

5月7日，新区道协召开三届十七次会长办公（扩大）会议。同日，邀请陈耀庭教授作专题讲座，主讲"道教神学概论"。

5月10日，三元宫坤道院监院范诚凤，参加无锡市三山道院神像开光活动。

5月14日—16日，钦赐仰殿道观举行东岳圣诞祈福法会。

5月19日，市道协副会长姚树良、刘巧林来上海财神庙检查大殿工程进展情况。

5月28日，新区道协就祝桥关帝庙与区佛协作置换交接仪式。

5月29日，傅元宏道长调至一王庙，任道观管理组副组长。

6月2日，上海财神庙举行财神大殿上梁仪式。

6月5日，浦东道教书画联谊会前往茅山举行道教书画笔会。

6月17日，新区道协在十泽道院举行"自身建设与宫观管理"学习会。

6月19日，三元宫坤道院举办"唱经班"开班典礼。

6月25日—30日，新区道协丁常云、范诚凤、张开华赴京参加中国道协第九次代表会议。

7月3日，钦赐仰殿道观举行首届信徒皈依法会。

7月7日，新区民宗委、区道协领导，赴三元宫进行文明宗教场所评审检查。

7月9日，浦东道协丁常云会长在市道协参加《上海宗教志·道教篇》编修工作会议。

7月10日，新区道协召开三届十八次会长办公（扩大）会议。

7月14日，新区道协丁常云会长应邀为"2015年上海市道教协会中青年教职人员培训班"授课。

7月21日，浦东陈王庙召开安全工作现场会。

7月24日，花木街道妇联主席及各居委代表，在三元宫坤道院召开创建巾帼文明岗推进会。

7月30日，市道协文明道观检查组来钦赐仰殿道观、三元宫坤道院检查工作。

8月11日，三元宫坤道院全体坤道去花木街道文化中心学习书法。

8月23日，三元宫坤道院召开第二次信徒代表会议。

8月27日，钦赐仰殿道观接待黄浦区政协副主席、统战部部长张浩亮一行。同日，道观举行年度"倾情社区、爱心助学"活动。

8月28日，崇福道院举行纪念祈祷和平仪式。

9月1日至2日，新区道协丁常云会长在上海社院参加"贯彻中央和市委统战部工作会议精神，推进民主政治建设研讨班"学习。

9月3日，浦东姚家庙举办"抗战英烈七十祭，公祭超度表敬意"公益性超度法会。

9月5日，三元宫坤道院举行爱国主义教育活动，邀请花木街道市民讲师团成员作忆古思今讲座。

9月6日—8日，新区道协丁常云会长参加由市委统战部组织的党外全国人大代表、政协委员赴安徽学习考察。

9月7日，三元宫坤道院举办卫生急救知识培训学习。

9月10日，新区道协召开三届十九次会长办公（扩大）会议。

9月11日，新区道协丁常云会长应邀参加浦东新区天主教第三次代表会议。

9月14日—17日，三元宫坤道院派出三名高功参加沈阳观音阁的拨职仪式。

9月21日上，上海财神庙道长前往唐镇敬老院慰问，并送上中秋月饼。

9月22日，钦赐仰殿道观接待浦东新区八大民主党派负责人，新区统战部陈庆善部长陪同。

9月24日，三元宫坤道院举办"中秋拜星祈福"法会。

10月5日，钦赐仰殿道观住持丁常云参加太仓玉皇阁玉皇殿落成竣工典礼。

10月10日，浦东高桥镇镇长沈应军一行来区道协，就区人大代表丁常云《关于尽快落实高桥天后宫用地》的提案进行沟通答复。

10月10日，崇福道院负责人张开华道长随上海道教乐团观摩昆明真庆观财神开光庆典活动。

10月11日，三元宫坤道院参加第十五届道教音乐汇演活动。

10月18日，新区道协丁常云会长参加"上海城隍庙恢复开放20周年暨住持升座庆典"活动，并主持庆典仪式。

10月19日，钦赐仰殿道观举行重阳敬老活动，向所作居委老人赠送"重阳糕"，邀请老人品尝寿面。

10月20日，崇福道院举行重阳敬老活动，向社区捐助善款6000元。

10月21日，崇福道院隆重举行"乙未年拜斗祈福大典"活动。

10月22日，新区道协在川沙关帝庙举行"宫观负责人时政学习会"。

10月27日—11月3日，崇福道院负责人张开华参加上海道教代表团赴新西兰、澳大利亚参访学习。

10月30日，钦赐仰殿道观接待上海宗教文化研究中心主任晏可佳一行。

10月31日，钦赐仰殿道观接待新加坡道教总会陈添来会长一行。

11月10日，成润磊道长调至浦东姚家庙，担任副组长。

11月12日，市道协在十泽道院举行"玄门讲经巡回演讲"活动。同日，崇福道院举行年度大型讲经讲道法会。

11月14日，钦赐仰殿道观崔红波、崇福道院刘红军，参加南通排河观开光庆典活动。

11月16日，新区道协丁常云会长作为区人大代表，参加在高桥镇召开的"关于尽快落实高桥天后宫建设用地"督办会。

11月17日，川沙城隍庙正式开始接管。同日，泥城仙鹤观召开奠基典礼工作协调会。

11月18日，新区道协丁常云会长在上海城市酒店，参加"基督教在现代社会的作用：《圣经》与环境保护国际学术研讨会"。

11月26日，三元宫坤道院参加浦东新区巾帼文明岗创建活动。

11月30日，新区道协丁常云会长参加"上海市道教协会成立三十周年"纪念大会，并在会上致欢迎辞。

12月1日，新区道协召开"川沙城隍庙城隍神考证会"。

12月2日，新区道协赴新场东岳观、姚家庙，开展"宫观管理工作调研"。

12月10日，钦赐仰殿道观丁常云为"青浦区第二届散居道士培训班"授课。

12 月 11 日，钦赐仰殿道观召开组长以上成员民主生活会。

12 月 14 日，浦东龙王庙住持孙根元道长追悼会在浦东殡仪馆举行。

12 月 15 日，新区道协召开"2015 年度工作总结及来年计划交流会"。

12 月 17 日—21 日，三元宫坤道院监院范诚凤参加高雄道德院举办的"2015 年宗教生命关怀国际学术研讨会"。

12 月 24 日，三元宫坤道院参与由由社区联合捐活动。

12 月 24 日，钦赐仰殿道观举行年度组长竞聘暨年度先进个人表彰会。

12 月 28 日，泥城镇仙鹤观举行奠基典礼仪式。

12 月 30 日，新区道协召开第三届理事会第四次会议。

2016 年

1 月 4 日，新区道协与全区各道观签订消防安全责任书。

1 月 5 日，钦赐仰殿道观与香烛门市部签订工作岗位责任书。

1 月 6 日，新区道协丁常云会长参加由上海斗舍文化传媒有限公司主办的"第一届北斗文化研讨会"。

1 月 7 日，新区道协召开三届二十一次会长办公（扩大）会议。

1 月 10 日—13 日，新区道协丁常云会长、范诚凤副会长，参加浦东新区人大五届七次会议。

1 月 12 日，新区道协丁常云会长参加区人大召开的"积极应对人口老龄化挑战，加强推进浦东社会养老服务体系建设"专题审议会，并就《关于做好"十三五"时期浦东新区养老机构规划布局的建议》作交流发言。

1月19日，钦赐仰殿道观召开春节香讯安全工作会议。

1月20日，新区道协丁常云会长参加在市道协召开的《上海宗教志·道教篇》的编修工作会议。

1月21日，全区各道观负责人参加新区民宗委召开的"2016年春节香讯安全工作会议"。

1月22日，浦东道教书画联谊会在钦赐仰殿道观召开工作年会。

1月23日，钦赐仰殿道观举行皈依信徒学习会。

1月24日，上海财神庙举行送"福"（送春联）进万家活动。同日，钦赐仰殿道观举行"2016年道观先进个人表彰会暨年度工作会议"。

1月24日，三元宫坤道院举行送"福"到万家活动。

1月26日，新区道协丁常云会长参加市委统战部举行的"上海宗教界迎春团拜会"。同日，三元宫坤道院召开春节烧头香安全工作会议。

1月28日，钦赐仰殿道观接待市民宗委王君力副主任一行。同日，崇福道院对社区特困家庭进行慰问。

1月31日，著名主持人曹可凡和滑稽戏演员王汝刚来三元宫拜访。

2月2日，钦赐仰殿道观举办"送福进万家公益活动"。同日，上海财神庙举行谢太岁法会。

2月3日，新区道协召开迎春茶话会，区委统战部部长陈庆善、民宗委主任钟翟伟等参加。

2月12日，上海财神庙举行接财神法会。

2月22日，三元宫坤道院举行首次信徒皈依活动。

2月25日，新区道协丁常云会长参加"陆家嘴社区第四届社区代表第一次会议"，当选为副主任。

2月26日，钦赐仰殿道观举行"爱心助学"捐款仪式，沪新中学领导和受助学生参加。

2月28日，钦赐仰殿道观开始倡导文明敬香活动，并公开张贴《文明敬香倡议书》。

2月29日，新区道协召开三届二十二次办公（扩大）会议。

3月3日—14日，新区道协丁常云会长参加全国政协十二届四次会议。

3月10日，上海财神庙举行首次书法笔会。

3月16日，浦东道教书画联谊会召开工作会议。

3月20日，新区道协丁常云会长参加"上海市宗教学会理事会"。

3月22日，新区道协举行中心组学习会，丁常云会长传达全国"两会"精神。

3月23日，新区道协与高桥镇政府签订"高桥天后宫修复开放协议"。

3月29日，新区道协丁常云会长参加"浦东新区建言献策联谊会成立大会"，被聘为"特聘顾问"。

4月1日—30日，新区道协丁常云会长应香港中文大学道教文化研究中心邀请，赴香港讲学与交流。

4月21日，崇福道院举行"2016第五届上海民俗文化节暨三月半圣堂庙会"祈福仪式，并向镇慈善基金会捐助善款伍万元。

5月1日，川沙城隍庙在继续内部修复的情况下恢复对外开放。

5月3日，新区道协丁常云会长参加在天师府召开的《正一盟威经箓》初稿审议研讨会。

5月4日，钦赐仰殿道观举行东岳圣诞祈福法会暨爱心助学捐款活动，并向区侨联和街道社区捐赠福面。同日，上海财神庙举行东岳圣诞法会。

5月6日，钦赐仰殿道观接待"华山医院时空项目"活动人员130余人。同日，丁常云住持为该项目活动人员举行《道教文化及其人文关怀》的专题讲座。

5月10日，新区道协召开会长办公（扩大）会议。同日，举行全区宫观负责人学习会，主要学习全国宗教工作会议精神。

5月11日，钦赐仰殿道观组织青年道长赴太仓学习参访。同日，道观接待美国佛罗里达大学副教授王岗先生。

5月14日，三元宫坤道院组织信徒抄写《道德经》。

5月15日，上海财神庙完成围墙工程。

5月20日，新区道协丁常云会长作为宗教界代表，与新区各民主党派负责人参加市委统战部调研组来浦东召开的调研工作座谈会。

5月21日—22日，浦东道教书画联谊会赴杭州福星观举行书画笔会。

5月23日，新区道协丁常云会长参加"市、区两级代表联系社区立法调研会"。

5月25日，钦赐仰殿道观接待市政协民宗委主任曹斌一行。同日，浦东道教书画联谊会首期书画班举行结业典礼。

5月27日，新区道协丁常云会长参加"浦东新区文明和谐寺观教堂表彰暨民族宗教法制宣传月动员会"，并代表区级宗教团体作交流发言。

5月28日，钦赐仰殿道观举行传统文昌帝君法会。同日，市道协副会长姚树良来上海财神庙调研。

6月3日，新区民宗委主任钟翟伟、副主任黄建祥一行来钦赐仰殿调研。

6月4日，新区道协在十泽道院举办首届茶艺班。

6月8日，全国政协副秘书长张秋俭和"中宗和"秘书长拉灿一行，来钦赐仰殿道观调研。

6月8—12日，上海财神庙负责人夏光荣道长赴台湾寺庙参访学习。

6月11日，三元宫坤道院开展道教知识讲座活动。

6月12日—13日，新区道协丁常云会长参加由中国道协主办、崂山太清宫承办的"崂山论道"活动，并在论坛作大会发言。

6月15日，上海财神庙接待台湾万元宫通天大道院住持一行。

6月16日，高桥天后宫（钟家祠堂）正式移交新区道协。

6月20日，新区道协召开会长专题会议，讨论决定成立高桥天后宫修复委员会。

6月22日，钦赐仰殿道观举行第二届信徒皈依活动。

6月23日，新区道协在钦赐仰殿道观道学讲堂举行"2016年浦东新区首届道教宫观负责人讲经交流会"。

6月24日，新区道协丁常云会长参加"上海道教学院成立三十周年庆典暨新校址奠基仪式"，并代表市道协致辞。

6月29日，新区道协丁常云会长应邀为闵行区第一届散居道士培训班授课。

6月30日，钦赐仰殿道观接待市政协民宗委组织的政协委员学习参访活动，道观住持丁常云作《道教文化及其人文关怀》的专题讲座。

7月5日，新区道协召开三届二十四次会长办公（扩大）会议。

7月6日，新区道协丁常云会长代表新区道教界，向江苏盐城市"6·23"龙卷风自然灾害捐款11.2万元。

7月9日，三元宫坤道院举行"仙鹤大帝历史文化研讨会"。

7月10日，浦东道教书画联谊会在大团镇大团桃园举行书画笔会。

7月15日，钦赐仰殿道观召开青年道长讲经工作推进会。

7月22日，市民宗委外事处处长修彦彬一行来钦赐仰殿道观调研。同日，川沙城隍庙大殿前厅大梁脱落导致道观对外开放暂停。

7月28日，姚家庙举行"浦东道教南片宫观讲经交流活动"，姚家庙、东岳观、一王庙、关帝庙共八位道长参加讲经交流。

8月3日，新区道协在财神庙举行"2016年浦东道教年轻道长讲经交流会"。

8月9日，新区道协在三元宫坤道院举行"中心组成员学习会"，主要学习上海宗教工作会议精神。

8月20日，新区道协在三元宫坤道院举行"讲经交流会"。

8月22日，钦赐仰殿道观举行陆家嘴街道困难大学生"爱心助学"捐款活动。

8月24日，市民宗委张元祥处长前往上海财神庙调研。

8月28日，钦赐仰殿道观丁常云、财神庙夏光荣等，参加"茅山道院崇禧万寿宫落成暨神像开光庆典"。

9月1日，高桥镇镇长黄克鹏一行，走访天后宫并座谈交流。

9月2日，新区道协丁常云会长参加"2016年上海市宗教团体负责人会议"。

9月5日，新区道协丁常云会长参加"浦东新区五大宗教团体、民族联负责人联席工作会议"。

9月5日，上海财神庙一行五人到唐镇敬老院慰问，并送上中秋月饼。

9月7日，新区道协在上海财神庙召开"区道协三届二十五次会长办公（扩大）会议"。同日，在财神庙举行"2016年浦东新区道教协会班子成员民主生活会"。

9月8日，崇福道院举行联合（十泽道院、崇福道院）讲经讲道交流会。

9月8日，上海财神庙道长前往武警四大队慰问，并送上中秋月饼。

9月10日，钦赐仰殿道观举行"首届皈依信徒早晚功课学习班"。同日，三元宫坤道院赴安徽涡阳参访学习。

9月11日，上海财神庙道观举行"喜相逢　共团圆　迎中秋"茶话会。同日，财神庙道长到浦东"积孝敬老院"慰问，并送上中秋月饼。

9月13日，陆家嘴街道社委会"科教文卫专业组"，在钦赐仰殿道观召开工作会议。

9月15日，三元宫坤道院举行"庆中秋，祈福迎祥"法会。

9月19日—23日，新区道协丁常云会长参加全国政协民宗委"关于做好宗教界青年代表人士培养工作"的专题调研。

9月23日—27日，三元宫坤道院应邀参加吉林省吉林市举办"首届中国道教文化艺术周"活动。

10月7日，崇福道院举行重阳敬老座谈活动，请社区老人吃长寿面，赠送重阳糕，并捐资6000元。

10月9日，新区道协与高桥镇联合召开"高桥天后宫修复方案征求意见座谈会"。同日，崇福道院西厢房一期工程如期开工，三元宫坤道院慰问社区老人。

10月10日—13日，新区道协组织宫观负责人赴安徽涡阳、江苏徐州、山东枣庄等地参访学习。

10月16日，市道协在钦赐仰殿道观召开"上海市道教协会第七次代表会议"。

10月18日，英国学校师生一行38人来钦赐仰殿道观参访，菊园小学书记王换文陪同。

10月19日，经川沙镇政府多次协调，川沙城隍庙再次对大殿实施落架大修。

10月24日，市道协在钦赐仰殿道观召开《道教大辞典》编修工作会议。

10月24日，台湾万元宫通天大道院住持来上海财神庙参访。

10月25日，新区道协丁常云会长参加"浦东新区民族宗教文化工作座谈会"。

10月27日—29日，三元宫坤道院监院范诚凤，参加福州市鹤山道观大罗宝殿落成暨神像开光庆典活动。

10月28日—11月1日，新区道协丁常云会长，参加2016年龙虎山内地授箓活动，担任箓坛监度大师。

11月1日，上海财神庙举行"太极拳学习班"开班仪式。

11月3日，钦赐仰殿道观召开月度工作会议。

11月4日，钦赐仰殿道观接待上海评弹团老艺术家一行10余人。

11月7日，新区道协召开三届二十六次会长办公（扩大）会议。

11月8日，钦赐仰殿道观接待市政协组织的委员视察活动，并就"本市文明和谐寺观教堂创建工作"进行座谈，市政协副主席方慧萍出席并讲话。

11月12日—15日，新区道协丁常云会长赴江西龙虎山参加"2016年海外授箓"活动，担任监度大师。

11月14日—12月12日，三元宫坤道院派出两名坤道参加中国道协在湖北武汉长春观举办的丙申年全真派道士传戒活动。

11 月 15 日—18 日，新区道协丁常云会长在山东曲阜参加"第四届尼山世界文明论坛"。

11 月 23 日，钦赐仰殿道观接待新区人大侨民宗委一行。

11 月 28 日，新区道协在社庄庙道观举行中心组学习会。

11 月 29 日，新区道协丁常云、张春鸿应邀参加《文化书法进上海——王岳川书法作品展》开幕式。

12 月 6 日，崇福道院向三林敬老院捐助壹万元善款。

12 月 8 日，钦赐仰殿道观在"慈善周"期间，通过陆家嘴街道向区慈善基金会捐款贰万元。

12 月 13 日，钦赐仰殿道观召开组长以上成员参加的民主生活会。

12 月 15 日，新区道协在十泽道院举行"浦东新区道教宫观2016 年度总结暨来年计划交流会"。

12 月 25 日，新区道协丁常云会长在茅山参加"纪念黎遇航道长诞辰 100 周年追思座谈会"。

12 月 28 日，新区道协召开三届五次理事会。

12 月 29 日，钦赐仰殿道观召开年度组长竞聘工作会议。

2017 年

1 月 1 日，薛坤道长调入川沙城隍庙工作。

1 月 5 日，新区道协在三元宫召开"三届二十七次会长办公（扩大）会议"。

1 月 6 日，市道协副会长姚树良等来钦赐仰殿道观进行安全检查。

1月6日，川沙城隍庙大殿重修上梁。

1月7日，钦赐仰殿道观道学讲堂邀请安伦教授作首场讲座，主讲内容为"话说《道德经》"。

1月9日，新区道协丁常云会长在北京参加"第三届全国创建和谐寺观教堂先进集体和先进个人表彰大会"，并代表道教界作交流发言。

1月9日上午，市道协吉宏忠会长等来上海财神庙进行安全检查。

1月12日上午，上海财神庙举行"赐福迎财进万家"活动。

1月15日，三元宫坤道院召开迎春信众代表会议。同日，举办送福到万家活动。

1月16日，钦赐仰殿道观召开迎春团拜会，道观管委会成员及组长参加。

1月18日，新区道协丁常云会长参加市委统战部举行的新年迎春团拜会。

1月19日，市道协七届二次理事会议在钦赐仰殿道观"道学讲堂"召开。

1月20日，新区区委常委、统战部部长金梅一行来钦赐仰殿道观调研。同日，川沙城隍庙举行神像安座仪式。

1月23日，上海天后宫成立公共安全事务管理协调小组。

1月25日，市民宗委主任花蓓一行来三元宫坤道院视察指导工作。

1月26日，市委统战部副部长、市民宗委党组书记房剑森一行，赴上海财神庙视察调研。

1月27日，浦东新区区委书记翁祖亮一行赴钦赐仰殿道观调研，区委统战部部长金梅等陪同。

1月28日，新区统战部部长金梅一行赴三元宫坤道院检查工作。

1月31日，上海财神庙举行丁酉年"迎财神"祈福法会。

2月8日，钦赐仰殿道观与上海通俗文艺研究会联合主办"新春书画联谊笔会"。

2月11日，新区道协在上海财神庙召开中心组成员学习会暨浦东道教抄经书法展开幕式。

2月11日，唐镇统战人士参加"上海财神庙2017年元宵佳节座谈会"。

2月13日，市政协民宗委主任闵卫星一行来钦赐仰殿道观调研。同日，五缘文化研究所在道观召开工作会议。

2月13日，三元宫坤道院制作"三元宫坤道院官网"。

2月21日，新区道协丁常云会长被任命为区人大常委会陆家嘴街道工作委员会委员，同时被任命为区人大常委会华侨民族宗教事务工作委员会、外事工作委员会委员。

2月23日，新区道协在上海财神庙举行"上海道教宫观工作总结交流会"。

2月24日，浦东道教书画院组织部分人员前往河南鹿邑举行书法笔会。

2月27日，上海财神庙和小兰亭书画院举办书画笔会活动。

2月27日，市道协在钦赐仰殿道观召开《道教大辞典》出版工作会议。

2月28日，新区道协在川沙关帝庙举行"区道协三届二十八次会长办公（扩大）会议"。

3月3日—13日，新区道协丁常云会长在北京参加"中国人民政治协商会议第十二届委员会第五次会议"。

3月12日，三元宫坤道院举办第二届信徒皈依法会。

3月16日，上海财神庙举行慈航圣诞法会活动。

3月17日，新区道协丁常云会长在市委统战部参加"2017年全国两会总结会"。

3月18日，钦赐仰殿道观举行"道学文化专题讲座"，复旦大学历史系教授刘平主讲。

3月20日，新区道协在社庄庙举行"浦东新区道教协会中心组学习会"。

3月21日，浦东道教书画院与上海第十人民医院联合举行书画笔会。

3月23日，新区人大代表一行视察上海财神庙，区人大副主任谢毓敏参加。

3月26日，钦赐仰殿道观举行"信徒联谊会成立会"，贺凤珍当选首任会长。

3月29日，钦赐仰殿道观接待新区各街镇统战干部学习班成员50余人。

3月31日，新区道协组织部分人员前往昆山妈祖庙参访学习。

4月5日，三元宫坤道院监院范诚凤，参加安徽涡阳天静宫太上道祖圣诞拜祖大典暨太上道祖与道教文化学术研讨会。

4月9日，第六届上海民俗文化节暨三月半圣堂庙会祈福仪式，在崇福道院举行。同日，道院负责人张开华参加中国道协在中央社会主义学院举办的学习班。

4月11日，上海财神庙举行财神圣诞庆典法会。同日，财神庙举行首届清信弟子皈依法会。

4月11日—20日，新区道协丁常云会长在中央社会主义学院，参加"第一期各省（区、市）道教协会负责人研修班"学习。

4月19日，天后宫举行天后圣诞开光祈福法会。

4月20日，由浦东新区道协主办、财神庙承办的书画交流笔会在财神庙举行。

4月22日—24日，钦赐仰殿道观举办传统"东岳圣诞祈福法会"。

4月23日，钦赐仰殿道观举办"首届公益慈善义诊"。

4月29日，钦赐仰殿道观举行《历代高道传》编委会成立会，编修工作正式启动。

4月30日，钦赐仰殿举行"道观义工团"成立会。

5月5日，新区道协召开"区道协三届二十九次会长办公（扩大）会议"。

5月9日，新区道协丁常云会长在武当山参加"第四届国际道教论坛"，并在分论坛作交流发言。

5月14日，江苏省道教协会副会长孙敏财道长来上海财神庙参访。

5月16日，三元宫坤道院邀请林其锬教授主讲全真道历史知识。

5月19日—21日，上海财神庙组织部分信徒代表去浙江金华参访学习。

5月20日，钦赐仰殿道观举行"文昌帝君法会"。

5月24日，高桥镇书记苏锦山一行，来天后宫调研修复工作。

5月29日—6月2日，新区道协丁常云会长应邀赴湖南南岳坤道院授课。

5月30日，三元宫坤道院为由由社区敬老院老人送爱心。

6月4日，上海财神庙举行首届皈依弟子宣道交流活动。

6月7日，川沙关帝庙举行首届慈善公益义诊活动。

6月12日，钦赐仰殿道观举行第三届信徒皈依法会。

6月13日，浦东道教书画院与绍兴画院联合在钦赐仰殿道观举行书画笔会。

6月15日，新区政府副区长陈希来钦赐仰殿道观调研。

6月17日，三元宫坤道院举办法制宣传暨中国传统文化讲座。

6月20日，上海中医药大学30余名学生来钦赐仰殿道观参访。

6月22日，新区道协召开全区各宫观负责人参加的"浦东道教民主生活会"。同日，钦赐仰殿道观向中国道协"上善若水慈善基金"捐款20万元。

6月27日，新区政府副区长陈希来上海财神庙调研。

7月4日，新区道协召开三届三十次会长办公（扩大）会议。

7月6日，浦东龙王庙举行鲁班祭祀纪念活动。

7月7—13日，崇福道院负责人张开华随市道协参访团赴台交流参访。

7月8日，川沙城隍庙举行药王神像安坐仪式。

7月13日，新区道协丁常云会长参加"国教宗教局宗教研究中心一行上海调研"座谈会。

7月20日，新区民宗委在钦赐仰殿道观召开"道教宫观负责人暨财会人员培训学习"。

7月26日，新区人大副主任谢毓敏一行来钦赐仰殿道观调研。

8月8日，上海天后宫召开"妈祖文化与浦东发展"座谈会。

8月10日，新区道协举行中心组成员时政学习会。同时，进行区道协换届班子（四届）成员民主推荐。

8月16日，钦赐仰殿道观举行"青年道长道教知识竞赛活动"。

8月17日，新区道协丁常云会长参加"杨建臣书道德经"签名售书活动。

8月18日，上海财神庙举行首届皈依弟子体道交流会。

8月18日—9月16日，三元宫坤道院两名坤道去青岛崂山太清宫受戒，监院范诚凤受方便戒。

8月21日，新区道协丁常云会长在昆山参加"2017海峡两岸'道教文化与台商精神家园'学术研讨会"。

8月31日，钦赐仰殿道观举行陆家嘴街道困难大学生"爱心助学"捐款活动。

9月6日，新区道协丁常云会长在北京中央社院参加"中华文化与宗教中国化"高层论坛，并作专题发言。

9月9日，新区道协丁常云会长在常州参加"第四届横山论坛—道教与养生研讨会"。

9月21日—27日，新区道协丁常云会长参加全国政协民宗委组织的（河南、江苏）"基层贯彻落实全国宗教工作会议精神情况监督性调研"。

9月23日—27日，三元宫坤道院监院范诚凤参加新加坡韭菜芭城隍庙庆典活动。

9月25日，高桥天后宫置办100份净素月饼赠送高桥吉祥养老院。

9月28日，上海财神庙功德会前往唐镇敬老院慰问。

9月29日，浦东道教书画院和财神庙联合举办"浦东道教书画精品展暨丁常云著《道教与当代社会》新书首发式"。同日，崇福道院举行首次清信弟子皈依活动。

9月30日，市作家协会副主席赵丽宏带领外国作家一行十人来钦赐仰殿道观参访。

9月30日，上海财神庙功德会开展中秋走访慰问部队武警官兵活动。

10月3日，崇福道院联合上海慈爱公益基金会，举办道教养生功法公益教学活动。

10月10日，新区道协在钦赐仰殿道观召开"区道协三届六次理事会"。

10月11日，新区道协召开第四次代表会议筹备工作会议。

10月12日，新区道协丁常云会长参加"陈莲笙大师百年诞辰纪念活动"，并主持开幕会。同日，中国道协副会长张凤林等来财神庙参访。

10月13日，钦赐仰殿道观接待马来西亚道教总会原会长陈文成一行。

10月13日，苏州工业园区道协和无锡道协来上海财神庙参访。

10月14日，由浦东新区道协、陆家嘴街道主办，钦赐仰殿道观承办的"《道德经》系列讲座暨太极拳展演"活动在道观举行。

10月15日，钦赐仰殿道观举办的"信徒早晚功课学习班"开班。

10月18日，新区道协组织全区各道观负责人，在钦赐仰殿道观集体收看"中国共产党第十九次全国代表大会"开幕式。

10月19日，新区侨办、台办、工商联等相关领导在区统战部副部长黄建祥的陪同下来崇福道院参访。

10月25日，三元宫坤道院与花木街道联合举办花木侨界老人祝寿活动。

10月27日，崇福道院联合杨南二居党总支举行"欢度重阳"庆祝活动。

10月28日，钦赐仰殿道观举行"福禄寿三星开光暨首届公益延生大法会"。

10月29日，浦东新区道教协会第四次代表大会在钦赐仰殿道观隆重召开，会议选举产生新一届区道协班子成员。

11月3日，上海财神庙举行"龙穴点金"两岸道教文化交流会。

11月8日—10日，新区道协组织区道协新一届班子成员前往江西葛仙山、三清山等地参访学习，并在葛仙山召开"浦东新区道教协会四届一次会长办公扩大会议"。

11月14日，新区道协丁常云会长为金山区散居道士培训班授课。

11月16日，三元宫坤道院监院范诚凤参加湖南南岳黄至安升座方丈仪式。

11月20日，川沙城隍庙恢复举行祭城隍庆典活动。同日，台湾高雄道德院翁太明住持一行30余人，分别来钦赐仰殿道观、三元宫坤道院参访。

11月29日，新区道协丁常云会长参加国家宗教局在上海召开的"《互联网宗教信息服务管理办法》征求意见座谈会"。

11月30日，花木妇联带领三元宫坤道院全体坤道参访蘑菇种植基地。

12月1日—3日，新区道协丁常云会长在天师府参加"丁酉年海外授箓活动"，担任箓坛监度大师。

12月5日，新区道协在钦赐仰殿道观举行中心组成员学习会，主要学习中共"十九大"会议精神。

12月5日，三元宫坤道院组织学习新修订《宗教事务条例》。

12月6日，市道协2017年"宗教慈善周"在钦赐仰殿道观举行启动仪式。

12 月 7 日，钦赐仰殿道观参加"慈善公益联合捐"活动，捐赠善款贰万元。

12 月 10 日，崇福道院负责人张开华参加南通城隍庙"叙乡情，谋发展"恳谈会。

12 月 13 日—16 日，新区道协丁常云会长在天师府参加"2017 年内地初授箓活动"，担任箓坛监度大师。

12 月 18 日—22 日，新区道协丁常云会长在天师府参加"2017 年内地升授箓活动"，担任箓坛监度大师

12 月 26 日，市道协在钦赐仰殿道观举行"上海道教界学习贯彻党的十九大精神专题报告会"。

12 月 27 日，钦赐仰殿道观举行"2017 年道观组长竞聘及先进个人评选活动"。

12 月 28 日，社庄庙举行"更名文昌宫论证会"。

12 月 29 日，新区道协在钦赐仰殿道观举行"浦东新区道观 2017 年度总结交流考评会"。

615

后　记

　　经过近二年时间的努力，《浦东道教年鉴（2013—2017）》的整理、编修工作全部完成，这是浦东道教文化建设的又一成果。回顾2008 年出版《浦东道教年鉴（2002—2007）》、2013 年出版《浦东道教年鉴（2008—2012）》以来，得到教内外人士的一致好评，大家普遍认为《年鉴》具有极高的史料价值，是功在当代、利在千秋的善举。

　　2012 年 8 月，浦东新区道教协会召开第三届代表会议，选举产生了新一届理事会，浦东新区道教进入稳步发展时期。五年来，浦东道教圆满完成了本届工作任务，求真务实，创新发展。其间，恢复开放了川沙城隍庙和高桥天后宫。经历了上海太清宫"重修竣工、神像开光暨住持升座"庆典，经历了十泽道院"迁建竣工暨神像开光"庆典。同时，上海财神庙财神大殿修建竣工，陈行关帝庙危房重建工程完成。全区各道观稳步前行，浦东道教事业健康发展，各项工作取得了显著成绩。

　　《浦东道教年鉴》是浦东道教过去五年工作的全面总结，也是浦东道协和各道观主要工作足迹的真实记录。《年鉴》由新区道协办公室全面负责，聘请上海社会科学院历史所段炼副研究员具体组织编修。其内容主要以浦东新区道协、各宫观主要工作及活动情况为主，力求全方位反映浦东新区道协和各宫观工作情况以及道教教务活动

等内容。《年鉴》的材料均由协会和宫观提供，经多次审核与修改。因此，《年鉴》具有很强的历史性、真实性和权威性。

《浦东道教年鉴》是浦东道教成长的历史与见证，也是浦东道教工作的全面展示。《年鉴》详细记载了浦东道教所走过的工作历程和所取得的成绩，记载了浦东道教宫观的恢复开放和发展过程，记载了浦东道教与时俱进的足迹和服务社会的善举，记载了浦东道教悠久的历史和灿烂的文化。因此，《年鉴》是当代浦东道教历史的真实记录，具有较高的史料价值。

《浦东道教年鉴》的出版，凝聚了诸多专家学者和道长的辛劳与智慧，得到大家的关心和支持，各道观组织积极提供相关资料，丰富了《年鉴》的基本内容，编辑人员的精心修订，确保了《年鉴》的较高质量。段炼副研究员、张春鸿秘书长、侯程主任，做了大量的具体工作，在《年鉴》编修过程中发挥了重要作用。三联书店出版社为《年鉴》的出版提供了条件，吴慧编辑为《年鉴》提出了许多修改意见，为《年鉴》的顺利出版做了大量工作。在《年鉴》付梓之际，谨向所有关心、帮助和支持《年鉴》编修工作的各道观组织、专家学者和道长表示衷心的感谢并致以崇高的敬意！

丁常云

2020 年 12 月

图书在版编目（CIP）数据

浦东道教年鉴. 2013—2017/丁常云主编. —上海：上海
三联书店，2022.2
ISBN 978 - 7 - 5426 - 7545 - 3

Ⅰ. ①浦… Ⅱ. ①丁… Ⅲ. ①道教–浦东新区– 2013 -
2017 -年鉴 Ⅳ. ①B959.2 - 54

中国版本图书馆 CIP 数据核字（2021）第 227929 号

浦东道教年鉴（2013—2017）

主　　编/丁常云

责任编辑/吴　慧
装帧设计/徐　徐
监　　制/姚　军
责任校对/张大伟　王凌霄

出版发行/上海三联书店
　　　　　（200030）中国上海市漕溪北路 331 号 A 座 6 楼
邮购电话/021 - 22895540
印　　刷/上海颛辉印刷厂有限公司

版　　次/2022 年 2 月第 1 版
印　　次/2022 年 2 月第 1 次印刷
开　　本/890 mm×1240 mm　1/32
字　　数/410 千字
印　　张/19.625
插　　图/5 页
书　　号/ISBN 978 - 7 - 5426 - 7545 - 3/B·758
定　　价/120.00 元

敬启读者，如发现本书有印装质量问题，请与印刷厂联系 021 - 56152633